权威·前沿·原创

皮书系列为
"十二五""十三五"国家重点图书出版规划项目

中国社会科学院创新工程学术出版项目

上海蓝皮书
BLUE BOOK OF SHANGHAI

总　编／张道根　于信汇

上海社会发展报告（2019）

ANNUAL REPORT ON SOCIAL DEVELOPMENT OF SHANGHAI (2019)

关注民生

荣誉主编／卢汉龙
主　　编／杨　雄　周海旺

社会科学文献出版社
SOCIAL SCIENCES ACADEMIC PRESS (CHINA)

图书在版编目（CIP）数据

上海社会发展报告. 2019：关注民生 / 杨雄，周海旺主编. -- 北京：社会科学文献出版社，2019.1
（上海蓝皮书）
ISBN 978-7-5201-4213-7

Ⅰ.①上… Ⅱ.①杨… ②周… Ⅲ.①社会发展-研究报告-上海-2019 Ⅳ.①D675.1

中国版本图书馆 CIP 数据核字（2019）第 016230 号

上海蓝皮书
上海社会发展报告（2019）
——关注民生

荣誉主编 / 卢汉龙
主　编 / 杨　雄　周海旺

出 版 人 / 谢寿光
项目统筹 / 郑庆寰
责任编辑 / 张　媛　陈　颖　王　展

出　　版 / 社会科学文献出版社·皮书出版分社（010）59367127
　　　　　　地址：北京市北三环中路甲 29 号院华龙大厦　邮编：100029
　　　　　　网址：www.ssap.com.cn
发　　行 / 市场营销中心（010）59367081　59367083
印　　装 / 三河市东方印刷有限公司

规　　格 / 开　本：787mm×1092mm　1/16
　　　　　　印　张：25.25　字　数：380 千字
版　　次 / 2019 年 1 月第 1 版　2019 年 1 月第 1 次印刷
书　　号 / ISBN 978-7-5201-4213-7
定　　价 / 128.00 元

本书如有印装质量问题，请与读者服务中心（010-59367028）联系

▲ 版权所有 翻印必究

上海蓝皮书编委会

总　　编　张道根　于信汇

副 总 编　王玉梅　谢京辉　王　振　张兆安　权　衡
　　　　　　干春晖

委　　员　（按姓氏笔画排序）
　　　　　　王德忠　王中美　叶必丰　阮　青　李安方
　　　　　　朱建江　沈开艳　杨　雄　邵　建　周冯琦
　　　　　　周海旺　荣跃明　徐清泉　屠启宇　强　荧
　　　　　　惠志斌

《上海社会发展报告（2019）》
编 委 会

荣誉主编 卢汉龙

主　　编 杨　雄　周海旺

编　　委（按姓氏笔画为序）
　　　　　　叶　青　左学金　朱建江　晏可佳　徐中振
　　　　　　屠启宇　孙甘霖　陆晓文　李　骏　金春林
　　　　　　程福财

主编简介

杨　雄　上海社会科学院社会学研究所所长，研究员、社会学博士。兼任上海社会科学院社会调查中心主任，《当代青年研究》杂志社社长、总编辑，上海儿童发展研究中心主任，上海家庭教育研究中心主任，上海社会科学院慈善研究中心主任等。目前还担任中国社会学会常务理事、中国社会学会青年社会学专业委员会理事长、中国教育学会家庭教育专业委员会副理事长、上海社会学会副会长、国务院妇儿工委智库咨询专家、上海市消费者保护委员会常委、十三届上海市政协社会法制委员会副主任等。研究方向：青年社会学、社会治理与社会调查研究、社会思潮与青年文化、独生子女与家庭教育。曾主持国家哲学社会科学规划办、中央文明办、教育部、上海哲学社会科学规划办、国际奥委会等重要课题和规划课题30多项。曾多次获全国教育科学规划办、上海市哲学社会科学规划办、市政府决策咨询优秀成果奖励和中央常委、政治局委员肯定性批示。出版论著《巨变中的中国社会》《巨变中的中国青年》《社会阶层新构成》《网络时代与社会管理》《中国青年发展演变研究》《青春与性》《激情与理性：中国青年知识分子激进主义思潮研究》等10多部；发表论文《努力走出一条符合特大城市特点和规律的社会治理新路》《关于重大决策与社会稳定风险评估思考》《独二代成长状况与未来家庭、社会的风险》等100多篇。曾获中央文明委授予的"全国未成年人思想道德先进个人"、全国妇联授予的"全国家庭教育先进个人"，以及"中国青少年研究突出贡献奖"、"全国百名家庭教育公益人物"、"首届上海十大社会工作杰出人才"等荣誉称号。

周海旺　上海社会科学院城市与人口发展研究所副所长，研究员，兼任上海市老龄科研中心老年人口研究所所长，上海社会科学院长三角与长江经济带研究中心副主任，上海社会科学院社科创新智库《人口发展与公共政策》首席专家。中国人口学会会员，上海人口学会理事，上海老年学会理事，上海人才研究会理事。主要从事人口发展与公共政策、社会发展、人口老龄化与社会保障、流动人口与就业问题等领域的研究，承担完成两项全国哲学社会科学基金课题，作为核心成员参与完成两项国家社科基金重大项目、一项重点项目，2018年作为核心成员获得一项国家哲学社会科学重大项目，主持完成20多项上海市哲学社会科学基金和上海市政府决策咨询课题，完成80多项省市委办局委托课题项目，关于上海人口发展战略、人口管理、人口发展预测、生育政策、婴幼儿托育服务、人口老龄化对策的多项研究成果被政府部门采纳，获得十多项省部级及以上奖励。主编《上海社会发展报告》9本，共获得8项全国皮书奖项，该系列蓝皮书是了解上海社会发展进程的重要参考书。

卢汉龙 上海社会科学院国家高端智库资深专家组特聘专家，社会学研究员，中国社会学会学术委员会委员，享受国务院特殊津贴专家。主要研究领域为应用社会学理论和发展社会学。在现代化与社会结构转型、社会指标与生活质量、消费文化与时间分配、就业与社会阶层、都市化与社区理论研究方面均广有建树。曾先后在美国纽约州立大学、杜克大学、明尼苏达大学、康内尔大学、耶鲁大学、布朗大学和英国社会发展研究院等著名学府从事讲学和客座研究工作。专长于社会统计与社会调查，并在将社会学实证研究方法推广于决策研究方面有积极贡献，在国内外社会学界和决策咨询方面均享有良好声誉，曾受聘担任上海市人民政府参事，还担任英国《社会学》(*Sociology*) 杂志国际编委，香港《中国评论》(*China Review*) 杂志编委，香港人文社会研究所顾问，中国城市国际研究网络理事等学术职务。2001年起，负责和参与《上海社会发展报告》的研究编写工作。

摘 要

党的十九大报告指出,我国社会主要矛盾已经转化为人民日益增长的美好生活需要和不平衡不充分的发展之间的矛盾。这要求我们高度关注民生福利事业,在发展中补齐民生短板、促进社会公平正义。改革开放以来,上海市在教育、住房、就业、医疗、社保等方面积极改善民生福利,广大市民的生活质量不断提高,但是仍然存在发展不平衡不充分的问题,比如优质教育资源短缺,0~3岁托幼服务缺口大,影响了市民的生育意愿,造成本市人口结构失衡越来越严重;在经济下行压力下,就业矛盾日益尖锐;社会保障水平虽然不断提高,但是仍然有300万左右的从业人员没有参加本市社会保险,社会保障制度的可持续性面临巨大挑战。这些社会矛盾和问题如果不能得到很好的解决,将直接影响上海社会经济的和谐稳定发展。因此,2019年的《上海社会发展报告》以"关注民生"为年度主题,深入分析上海有关民生福利政策的发展进程和存在的问题,提出一系列具有前瞻性的对策建议。

本书共有七个大的部分,第一部分是总报告,利用2018年上海民生民意调查的数据,分析了上海民生民意的整体状况,提出了促进就业、增加居民收入、提高社会保障可持续性、促进社会融合和价值认同的一些对策建议。第二部分是社会发展与城市管理篇,对"十三五"以来上海社会发展的总体情况进行了评价,展望了未来几年上海在民生和社会稳定方面可能面临的潜在问题,提出了提高城市管理水平、夯实社会民生基础、处理好社会阶层利益关系、控制好城市矛盾与风险等对策建议。第三部分是生育与青少年发展篇,利用2017年全国生育状况调查数据,分析了上海生育水平的现状和问题,提出了改进生育福利政策、提高生育意愿和生育水平的一系列建议；在本部分中还有两章内容关注青少年的健康发展问题。第四部分是就业与社会保障篇，利用大量的调查数据对本市就业服务情况、女性就业问题等进行了深入分析；并对2011～2017年上海五大社会保障的发展情况和存在的问题进行了系统分析，提出了一些需要重点改进的方面。第五部分是社会事业与社会福利篇，利用权威的调查统计数据，对上海义务教育、社区卫生服务体系发展、精准扶贫等问题进行了深入剖析，提出了前瞻性建议；本部分中还有一章研究了外来媳妇的城市融合发展问题，这也是关系上海婚姻与家庭和谐稳定的重要问题。第六部分是案例篇，其中三章内容分别介绍了依靠党建引领，黄浦区南京东路街道建设"零距离家园"、黄浦区淮海中路街道探讨商务楼宇社区治理模式、普陀区石泉路街道推动社会治理创新的经验；本部分还有两章分别介绍了杨浦区利用社会资本推进养老服务事业发展和养老护理员队伍建设情况。第七部分是附录，用统计数据记录了上海以及几个直辖市社会发展的进程。

关键词： 社会发展　关注民生　美好生活

目 录

Ⅰ 总报告

B.1 坚持在发展中保障和改善民生…………………… 杨 雄 华 桦 / 001
    一 新时代民生建设的新特征和新发展………………………… / 003
    二 上海民生民意发展指数总体状况…………………………… / 007
    三 新时代民生建设的新面向…………………………………… / 012

Ⅱ 社会发展与城市管理篇

B.2 改革再出发："十三五"以来上海社会发展
    评价与预测………………………………… 杨 雄 张虎祥 / 020
B.3 上海创新卓越全球城市综合管理的实践与展望………… 陶希东 / 039

Ⅲ 生育与青少年发展篇

B.4 上海生育水平变化的影响因素分析及生育福利
    政策探讨………………………………………… 周海旺 高 慧 / 056
B.5 上海未成年人成长发展状况研究………………… 魏莉莉 裘晓兰 / 080
B.6 关注青春期性健康，促进青少年健康发展……………… 裘晓兰 / 098

001

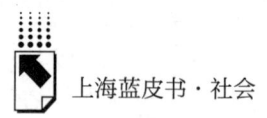

Ⅳ 就业与社会保障篇

B.7 加强人力资源供需对接，提高公共就业服务水平………… 乐 菡 / 114

B.8 全面二孩政策背景下上海女性就业问题研究…………… 王大犇 / 135

B.9 上海社会保险发展成就、问题与对策建议 ………… 周海旺 等 / 161

Ⅴ 社会事业与社会福利篇

B.10 上海义务教育优质均衡发展情况研究
……………………………… 上海市政协科教文卫体委员会 / 206

B.11 上海市社区基本公共卫生服务体系发展情况研究…… 金春林 / 231

B.12 上海外来媳妇的社会融合和家庭发展问题研究………… 胡 琪 / 253

B.13 上海精准救助管理的实践与对策探讨 ………………… 曹 康 / 274

Ⅵ 案例篇

B.14 在零公里社区建设"零距离家园"
——上海市黄浦区南京东路街道党建引领社区治理实践
………………………………………………… 张婷婷 等 / 295

B.15 黄浦区淮海中路街道商务楼宇社区治理模式的
探索与实践 ………………… 刘 杨 张乃心 于 腾 / 306

B.16 以党建引领推动社会治理创新：上海市普陀区石泉路
街道的探索 ……………… 宋胜利 张虎祥 李友权 / 315

B.17 杨浦区社会资本参与养老服务事业的现状、
困境和建议 ……………………………………… 刘汶蓉 / 328

B.18 杨浦区养老护理员队伍建设的成绩、问题与对策 …… 于 宁 / 336

Ⅶ 附录

- B.19 附录一 上海社会发展统计指标 …………………………… / 349
- B.20 附录二 全国直辖市主要社会指标 …………………………… / 357
- B.21 附录三 上海小康生活标准综合评价值 ……………………… / 364

- B.22 后记 ………………………………………………………………… / 366

Abstract ……………………………………………………………… / 368
Contents ……………………………………………………………… / 371

总 报 告
General Report

B.1
坚持在发展中保障和改善民生

杨雄 华桦[*]

摘 要： 新时代的民生民意充分体现了人民对美好生活的向往，呈现新的时代特征和发展趋势。研究发现，2018年上海民生民意发展的整体状况持续处于中等偏上水平，客观民生与主观民意的发展水平较为一致，但后者略高于前者。幸福感、安全感、信心度等主观民意指数的得分较2017年均有较为明显的上升。一些传统的民生建设"短板"得到一定程度的弥补，例如社会保障的覆盖面有所扩展，公益文化的均衡性有所提高，住房配套功能有所提升等。但是，在劳动就业的环境优化、收入消费的差距弥合、社会服务的多元优质等方面离民众的需求还存在一定距离。因此，上海的民生建设还需进一

---

[*] 杨雄，上海社会科学院社会学研究所所长、研究员；华桦，上海社会科学院社会学研究所副研究员。

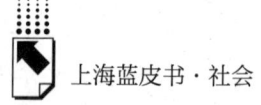

步创设体面劳动环境、拓宽居民收入渠道、加大社会保障供给力度、提升公共服务优质体验、健全社会风险治理机制、促进社会融合和价值认同。

关键词： 新时代　民生民意　美好生活

民生民意问题是人类社会生存和发展的基本问题。《孟子·离娄上》云："得天下有道，得其民。得其民有道，得其心。"古今中外的治国经验表明：得民心者得天下，重民生者，天下和谐。我国经过40年的改革开放，人民的生活水平和生活质量明显提高。然而，伴随着经济增长，住房难、就业难、看病难、上学难、养老难等关系百姓切身利益的民生问题日益突出。进入新时代，我国的基本矛盾转化为人民日益增长的美好生活需要和不平衡不充分的发展之间的矛盾。发展不平衡性的一个重要方面就是民生福祉与经济发展的不平衡，如何应对这一不平衡性，需要进一步"在发展中保障与改善民生"。党的十九大报告指出，"必须多谋民生之利、多解民生之忧，在发展中补齐民生短板、促进社会公平正义。在幼有所育、学有所教、劳有所得、病有所医、老有所养、住有所居、弱有所扶上不断取得新进展，深入开展脱贫攻坚，保证全体人民在共建共享发展中有更多获得感，不断促进人的全面发展、全体人民共同富裕。"

建设卓越的全球城市和具有世界影响力的社会主义现代化国际大都市，是上海未来的发展定位。进口博览会的胜利召开，将进一步推动上海营商环境的优化、未来产业竞争力的提升、全球资源配置中心功能的确立，这些成果终将进一步转化为百姓共享的机遇和资源。在改革再出发的道路上，上海以质量持续提高为经济发展的目标，加快迈向全球制造卓越基地，推动民营企业做大做强、走向世界，自贸区"新扩容"……这一系列目标和任务都昭示着上海已从理念、战略、制度、技术、政策上为"改革再出发"做出了路径选择。

满足人民群众对美好生活的需求，是高质量发展的最终目的。在经济增长模式转变、国际贸易争端顿生的形势下，上海将进一步发挥功能优势、先发优势、品牌优势和人才优势，让改革成果更多和更公平地惠及全体人民，使市民有足够的"获得感"，从而产生足够的内需动力，在保障民生和经济发展中行稳致远。

为了全面、真实、客观地反映民生、民意和民情发展变化的动态和趋势，为党政部门全面提高决策水平提供科学、可靠的第一手资料和决策依据，上海社会科学院哲学社会科学创新工程"社情民意调查与公共政策评估"智库团队通过连续跟踪调查，形成权威和具有公信力的"上海民生民意发展指数"。本报告将就民生民意既有研究、指标体系、测量方法等进行回顾，分析2018年上海民生民意发展状况的同时，还与近四年（2015～2017年）数据进行纵向对比，总结民生民意的发展趋势及其规律，以期提供有益的学术启示和政策启示。

一 新时代民生建设的新特征和新发展

从新常态到新时代，我国社会主要矛盾已经转化为人民日益增长的美好生活需要和不平衡不充分的发展之间的矛盾。随着我国社会生产力水平显著提高，人民的需要不再仅仅局限于物质文化方面，民主、法治、公平、正义、安全、环境等方面的需求也与日俱增。[1] 对人民"美好生活需要"的满足是新时代民生建设的出发点。

（一）新时代民生建设的新特征

民生建设是一个不断发展变化的过程，随着时间的推移、问题的更迭、实践的发展，与时俱进地体现出新时代的特征。首先，民生建设的地位得到

---

[1] 韩振峰：《新知新觉：全面把握人民日益增长的美好生活需要》，人民网，http://theory.people.com.cn/n1/2018/0330/c40531-29897803.html，2018年3月30日。

新提升。党的十九大报告提出，"必须始终把人民利益摆在至高无上的地位"，"永远把人民对美好生活的向往作为奋斗目标"。这表明，民生建设不只是作为经济发展的补充，而上升到国家治理层面，保障和改善民生成为创新社会治理、维护社会和谐稳定、确保国家长治久安的重要工具。[1] 其次，民生建设的内涵和外延得到充实和拓展。2007年十七大报告就指出民生建设的"五个有"，十九大报告将其扩充为"七个有"，即"幼有所育、学有所教、劳有所得、病有所医、老有所养、住有所居、弱有所扶"，形成了全周期的民生国家建设体系，在衣食住行、业学医休等不同生活情景中，都有民生体系可以依托，解决个体在不同的生存际遇中所面临的民生问题。[2] 民生建设内涵的拓展意味着，民生惠及的对象更加全面，对民众生活的影响更加广泛，民众福利和普惠凸显出"生活化""生态化""生命化"的特征。最后，民生建设体现出多层次性。有研究者将新时代的民生问题概括为生存型民生问题、发展型民生问题、发达型民生问题。这是由于不同的发展阶段会出现不同的民生问题，目前中国的生存型民生问题并未完全消除，发展型民生问题突出，而发达型民生问题开始凸显，处于三种类型民生问题叠加的阶段。[3] 这要求新时代的民生建设不仅要保证基本的民生托底政策不放松，同时还要进一步满足中高层次的多样化民生需求。民生新特征折射出当前民生问题的复杂性。要满足民众多元化、多层次的需要，民生建设必须提供精准的服务和保障，这依赖于全面、深入、持续的社会调查提供充分的数据和信息支撑。无论是作为民生建设的实证调研手段还是政策评估工具，定量的民生民意调查都具有重要的价值和意义。

（二）获得感：新时代社会发展的新动力

新时代的民生定位决定了民生不仅以经济增长为基础，而且成为经

---

[1] 高和荣：《准确理解新时代下民生发展的新思想》，求是网评，http://www.qstheory.cn/wp/2018-03/01/c_1122470419.htm，2018年3月1日。
[2] 鄢一龙：《新时代与民生国家建设》，《中央社会主义学院学报》2018年第1期。
[3] 鄢一龙：《新时代与民生国家建设》，《中央社会主义学院学报》2018年第1期。

济增长的新动力。2018年中国经济从高增长模式转向了高质量增长模式，去杠杆、去产能让经济进入阵痛期。加之中美贸易摩擦加剧，国内金融市场低迷，依靠内需拉动经济增长，成为当下的破局之棋。在2018年4月23日的政治局会议上，中央提出"持续扩大内需"。统计数据显示，5月全国社会消费品零售总额同比增速继续放缓，增速创下过去15年来的新低。① 激发人民的消费欲望，其前提是有效减轻负担，消除妨碍人民消费的后顾之忧。扩大内需的关键点在于切实的民生保障让老百姓有获得感。

获得感是民生导向的社会政策作用的结果。扩内需、促消费，关键要解决两个层面的问题，即百姓"没钱可花"和"不敢花钱"。社会政策可以通过财富再分配与促进就业两种手段，使得百姓有钱可花。但是要让老百姓"敢花钱"，则必须要有覆盖城乡、统一协调的住房、医疗、教育、养老等社会保障作为支撑。② 民众有足够的获得感，才有足够的内需动力，来支持经济的中高速增长。只有实现改善民生与经济发展的良性循环，民生改善才会拥有源源不断的动力。③

获得感是美好生活的基础，在物质层面，它是对生活水平提高的切身感受；在精神层面，则要让每个人有梦想、有追求，同时活得更有尊严、更体面，能够享受公平公正的同等权利。④ 从社会调查的角度，获得感是民生与民意的综合体现。一方面，获得感是民众对当下生活水准的真实反馈；另一方面，民众获得感直接影响了安全感、幸福感和社会信心。因此，深入全面的社会调查能够进一步揭示民生－获得－内需－发展之间的内在关系，为社会经济政策如何更好地促进民生和发展提供依据。

---

① 《2018年5月中国社会消费品零售总额同比增长8.5%》，深圳商业数据采集，https://blog.csdn.net/szdszxyj/article/details/80705493，2018年6月15日。
② 方舒：《论后危机时代中国社会政策的发展条件与目标定位》，《开发研究》2015年第1期。
③ 王道勇：《民生发展进入新时代，人民生活站在新起点》，光明网－理论频道，http://theory.gmw.cn/2017-10/25/content_26606132.htm，2017年10月2日。
④ 商海春：《让人民群众有更多"获得感"》，《光明日报》，http://www.xinhuanet.com/politics/2015lh/2015-03/14/c_127579695.htm，2015年3月14日。

（三）民生民意发展指数构成

在现代社会中，民生民意调查日渐成为世界上许多国家政党执政、管理社会、反映民情、贯彻民意、考核民生的重要手段，成为实现民主决策、科学决策的基本途径和方法。当前，上海经济结构、城乡布局、人口总量与结构、社会组织管理体系已经发生了重大变化。政府必须通过实证调研，发现问题、研究问题，才能不断提高决策水平和决策质量，对错综复杂的现实问题实行有效干预。2018年，全市开展了"不忘初心、牢记使命，勇当新时代排头兵、先行者"大调研，这是上海贯彻落实中央精神的重大举措，也是上海当好新时代改革开放排头兵、创新发展先行者的现实需求，同时还是了解基层、找准问题、进一步提高政府系统调查研究水平的重要实践。从专业的社会调查视角出发，上海民生民意调查通过4年的连续追踪，较为充分地掌握了上海社会民生需求方面的动态演变趋势，成为各级党政部门"问政于民、问需于民、问计于民"的桥梁和纽带。

民生民意发展指数在指标选取过程中，主要遵循下列原则：客观性、特殊性、可应用性、可操作性。

"民生"主要涉及民众衣食住行、医疗健康等基本生存、发展与保障问题。本研究将它具体化为劳动就业、收入消费、文化教育、社会保障、医疗健康和居住环境六个二级指标。其中，"劳动就业"包括工作状况、劳动关系和就业状态三个三级指标。"收入消费"包括收入水平、消费能力、分配平等三个三级指标。"文化教育"包括公益文化、商业文化与学校教育三个三级指标。"社会保障"包括覆盖率、参与率和享受率三个三级指标。"医疗健康"包括医疗服务、健康保健和公共卫生三个三级指标。"居住环境"包括住房质量、配套服务和社区环境三个三级指标。

"民意"是民众对当前生活各方面的态度评价，包括幸福感、安全感、认同度和信心度四个二级指标。其中，"幸福感"包括身心健康、家庭和谐与工作满意三个三级指标。"安全感"包括公共安全、经历安全和制度信任三个三级指标。"认同度"包括身份认同、价值认同和管理认同三个三级指标。"信心度"包括个人发展、城市发展和国家发展三个三级指标。

二 上海民生民意发展指数总体状况

本研究基于科学性与实际可行性考虑,将调查样本量设定为2000个。抽样方案采用的是PPS抽样法,其优点是使用辅助信息,减少抽样误差,提高样本代表性。具体的抽样步骤为:首先,根据上海民政局2012年统计数据,上海共有居委会3850个,按照1%的比例抽取居委会,则确定抽样单位为40个;其次,第一次抽取的初级抽样单位(居委会)比较分散,故而对第一次抽取的初级抽样单位(居委会)进行修正;最后,确定徐汇区、长宁区、杨浦区、闵行区、浦东新区和松江区6个行政区共40个居委会,并在社区内抽取居民进行调查。

调查时间为2018年3~4月,委托专业调查公司实施调查。考虑到样本缺失问题,实际调查过程略增调查样本,故实际回收的有效样本为2120份。其中,74.8%的样本属于二期调查的追踪样本。在本次调查的被访者中,男性占50.0%,女性占50.0%。在年龄方面,"30岁及以下"占21.4%,"31~40岁"占33.9%,"41~50岁"占25.4%,"51~60岁"占17.6%,"60岁以上"占1.7%。在婚姻状况方面,"未婚"者占16.4%,"已婚"者占83.6%。在学历方面,"初中及以下"者占5.0%,"高中或中专、职校与技校"(即高中学历)者占21%,"大专及以上"学历(接受过高等教育)者占74%。在政治面貌方面,"中共党员"占14.2%,"共青团员"占7.9%,"民主党派"占0.2%,"群众"占77.7%。在出生地与户籍方面,出生地为"上海"的占79.2%,"国内其他省市"的占20.8%。受访者户籍为"上海本地户口"的占82.3%,"外省户籍"的占17.7%。从在沪居住时间来看,"1年及以下"者占0.2%,"2~3年"者占2.2%,"4~5年"者占3.2%,"6~7年"者占5%,"8年及以上"者占89.4%。

社会调查中,各测量指标的测量层次并不一致,既有连续性的类型,也有有序分类和无序分类的类型。为了便于理解和对比，本研究将各测量指标均转换为以100分为基准分的指数值。指标（指数）得分大于100分，则表示其发展程度超过中等水平。指标（指数）得分越高，则表明发展状况越好。其中，民生民意发展指数为10个二级指标的平均值；民生指数与民意指数分别为其二级指标的平均值；二级指标得分则为其三级指标的平均值。

（一）民生民意发展指数

调查显示，2018年上海民生民意发展指数得分为126.75分（标准差为4.61），其中民生指数得分为126.7分（标准差为6.21），民意指数得分为126.77分（标准差为5.93）。这表明上海社会发展的整体状况持续处于中等偏上水平，客观民生与主观民意的发展水平较为一致，但民意指数略高于民生指数。与2015年、2016年、2017年的数据相比较，2018年上海民生民意指数得分分别高出1.92分、1.31分、0.13分。其中，民生指数相较2017年，得分下降0.53分，相较2015年和2016年分别高出3.1分和0.32分；民意指数相较2015年、2016年、2017年分别高出0.09分、3.49分、2.1分。由此可见，经过2015~2017年持续三年上升之后，上海客观民生指数得分在2018年略有下降。主观民意指数得分在经历2016年的下跌之后，2017年、2018年持续走高，2018年幸福感、安全感、信心度等主观民意指数得分较2017年均有较为明显的上升。

从民生指数来看，2018年"劳动就业""收入消费""文化教育""社会保障""医疗健康""居住环境"六个二级指标的平均得分分别为135.25分、116.44分、130.48分、122.23分、127.44分、125.61分。这表明，在民生发展状况方面，"劳动就业""文化教育""医疗健康"的情况最好，均高于民生指数得分均值。"社会保障""收入消费""居住环境"得分低于民生指数得分均值。从高于民生指数得分均值的指标来看，"文化教育"与"医疗健康"相较2017年有所上升，而得分最高的"劳动就业"相较2017年有一定幅度的回落。从低于民生指数得分均值的指标来看，"社会保障"相较于2017年有明显上升,而且得分为2015年以来的最高分,表明"社会保障"在经过2016年、2017年的得分下滑之后,逐渐回调至发展上升态势。"收入消费"的得分虽然较2017年略有提高,但依然位于较低的得分区间。"居住环境"得分相较2017年下降6.69分,但相比2016年略有回升。

从民意指数来看,市民的"幸福感""安全感""认同度""信心度"得分均值分别为125.89分、126.20分、122.01分、132.97分。由此可见,市民对未来发展的"信心度"水平最高,并且2015~2018年"信心度"得分一直呈现稳中上扬的趋势。"幸福感"和"安全感"得分相较2016年和2017年均有一定提高。"认同度"相较2017年有所下降,但仍高于2016年得分。这表明,2018年市民对民生领域的改革发展基本保持了较为积极的心态,相较于客观民生指数而言,主观民意指数的各个指标得分更加稳定。

(二)民生指数

调查显示,在劳动就业方面,"工作状况""劳动关系""就业状态"指标的得分分别为128.68分、137.66分、139.42分。这表明市民的"就业状态"情况最好,"工作状况"得分则相对较差。与2017年相比,"工作状况"与"就业状态"指标得分分别上升1.48分和1.26分。"劳动关系"得分较2017年有明显下降,但比2015年、2016年分别高出4.26分和5.79分。

在收入消费方面,"收入水平""消费能力""分配平等"三个指标的得分分别为134.89分、99.91分、113.75分。其中,"收入水平"的得分相对较高,而"消费能力"得分则明显较低并且首次跌破100分。与2017年相比,"收入水平"和"分配平等"指标得分分别上升了1.01分和4.64分,但"消费能力"指标在历年持续低分的趋势下进一步下降了1.7分。这反映出在当前的经济形势下,市民消费支出趋于保守。

在文化教育方面,"学校教育"指标得分最高,为143.49分,延续了历年的高分趋势，2016~2018年连续三年得分超过140分。"公益文化"和"商业文化"指标得分分别为126.07分和121.87分，相较2017年分别上升0.16分和3.47分。纵观过去四年的数据，"公益文化"的得分一直稳定，波动幅度微小，但标准差从2015年的10.32缩小到2018年的4.91，说明市民对"公益文化"场馆和服务的体验以及评价的差异度降低，从侧面反映了"公益文化"服务的均等性提高。"商业文化"得分经历2016年高峰和2017年回落之后，2018年得分呈现上升趋势。

在社会保障方面，"覆盖率""参与率""享受率"指标得分分别为127.54分、107.73分和131.41分。"覆盖率"得分较2017年上升2.65分，说明上海居民的基本社会保险如养老、医疗、失业保险等覆盖人群较为广泛，并在日常生活中发挥了重要作用。随着社会保障内容的不断拓展，保障力度的不断提升，市民社保"享受率"有了大幅度提升，较2017年上升29.85分。相比之下，社保"参与率"较2017年下降8.25分，基本恢复到2016年水平，应当引起进一步关注。

在医疗健康方面，"医疗服务""健康保健""公共卫生"三个指标得分依次为140.18分、109.19分和132.95分。市民对"医疗服务"的评价维持在较高的得分区间，自2015年以来呈现不断上升的趋势。"公共卫生"得分较2017年上升7.88分，达到四年以来的最高水平。"健康保健"得分较2016和2017年小幅下降。总体上医疗健康的得分稳定，并且与2015年相比，"医疗服务""健康保健""公共卫生"三个指标的得分标准差均有明显的下降，说明医疗健康服务的均衡化程度有所提高。

在居住环境方面，"住房质量"得分为114.53分，相较2017年上升6.97分。"社区环境"指标的得分为129.45分，从2017年的峰值大幅回落，尽管从得分来看依然在各项指标中处于较高水平，但与历年相比处于最低点。"配套服务"得分为132.83分，较2017年上升了3.82分。2016~2017年"五违四必"环境大整治的开展，在一定程度上改善了社区环境，也得到了市民的认可，2017年"社区环境"得到高分。但"社区环境"更多依靠的是长期持续有效的建设和维护,如何更加切实地优化社区环境仍需不断探索。

(三)民意指数

调查显示,在幸福感方面,"家庭和谐"指标得分最高,为129.59分,较2017年上升1.54分,"工作满意"指标得分次之,为127.24分,较2017年上升2.77分,"身心健康"指标得分120.84分,较2017年上升3.72分。三个指标在2017年基础上均呈现不同程度的上升,说明幸福感的整体水平有所提升。

在安全感方面,"公共安全""经历安全""制度信任"指标得分分别为123.37分、123.86分、131.36分。三个指标得分相较于2017年均有所上升。其中,"经历安全"在2016年、2017年得分较低,2018年得分上升后与2015年的124.08分比较接近。"公共安全"和"制度信任"四年来的得分都比较稳定,呈现稳中向上态势。

从认同度来看,市民"身份认同"指标的平均得分为115.48分,比2017年下降了4.12分。"价值认同"指标的平均得分为139.06分,"管理认同"指标的平均得分为111.46分,均比2017年轻微上升。值得注意的是,"身份认同"指标得分在过去四年中出现了大幅度下滑,与2015年的140.82分相比,2018年下降了25.34分。要进一步提升市民的身份认同感,需要更加完善的政策支持和环境营造。

在信心度方面,"个人发展""城市发展""国家发展"指标的得分分别为132.67分、133.54分、132.69分。这三个指标的得分都较高,说明市民对于个人发展、城市发展和国家发展普遍充满信心。与2017年数据对比,"个人发展"的信心得分微降0.9分,"城市发展"的信心得分提高4.61分,"国家发展"的信心得分提高6.32分。反映出在较为严峻的经济形势下,个体对宏观层面的城市发展和国家发展依然保有信心。在对大环境有信心的鼓舞下,尽管市民的个人发展信心略有下降,但依然维持在较高水平。

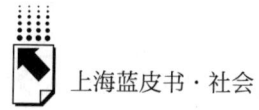
上海蓝皮书·社会

三 新时代民生建设的新面向

经过改革开放40年的不断探索和积累,上海形成了较好的经济基础和社会环境,民众对美好生活也提出了更高的要求,在方方面面体现出对高品质生活的向往:更高端的产品和更优质的服务,更放心的衣食住行用,能耗更低的单位GDP,更蓝的天、更清的水,更加均衡、更加协调的发展。要满足美好生活的需求,不仅需要更精准的民生产品供给,还要着力于环境、平台、机制建设,"最大限度地调动每一个人的积极性、主动性和创造性,不断扩大人民群众参与品质生活创造活动的深度与广度,赢得民心民意,才能使民众真正成为推动高质量发展、创造品质生活的主力军"。①

(一)民生建设的新需求

劳动就业方面,在工作环境、职业匹配、劳动关系、劳动补偿等基本的劳动就业指标上有较好的表现,但是,从业人员超时工作的比例仍旧较高,2018年这一比例首次超过50%。通勤时间上,尽管有95%以上的从业人员上班单程时间在1小时之内,然而从2015~2018年的数据来看,上海从业人员的平均通勤时间呈现不断增加的趋势,短程上班的人数从2017年开始明显减少。此外,对职业发展环境的评价和职业前景的预测上,得分有待进一步提升。例如职业歧视依然存在,未来失业风险加大,晋升空间有限,职业培训机会不足,职业前景不乐观。从整体上看,仍有相当部分从业人员未能达到"体面劳动"水平。

收入消费方面,上海居民的工资收入持续增长,低工资人群比例逐渐降低,中、高工资收入人群比例逐年上升,尤其是外地来沪人员的工资收入在2018年得到明显提升。不过,低学历人群的收入仍然相对较低,一些小业

---

① 石建勋:《以高质量发展绘就品质生活的新画卷》,《文汇报》2018年1月12日,第005版。

主、自雇者的收入较不稳定，技术工人、农民群体的收入增长较为缓慢。居民收入仍以工资性收入为主，理财手段也较为单一。从消费结构来看，大部分的上海居民在2018年都达到小康生活水平，消费收入比近三年来持续提升。网购与移动支付已经成为上海居民尤其是年轻居民主要的消费和支付方式。不过，大部分居民认为自己的消费水平处于社会中层和社会下层，其中文化消费比例不高，增速也较为缓慢。

社会保障方面，"五险一金"参保率持续增加，超过九成市民加入养老保险和医疗保险。但是私民营企业的就业人员参保率低，灵活就业人员参保形势不容乐观。高收入高学历的劳动者，其各种基本社会保险的缴纳率也较高，低收入低学历群体的参保率问题依旧显著。在社会保障的享受上，八成居民享受过社会保障项目，基本医疗保险的使用率居首位，住房公积金使用率逐年上升，失业保险领取率大幅提升。在社会保障的使用状况上，本地户籍群体的"五险一金"基本社会保障使用率高，外来人口最低生活保障、生活困难补助等生活补助类项目的社会保障使用比例较高。总体上，超八成市民对社保制度表示满意，但"负担沉重""改革滞后"是市民对社保制度的主要意见。

教育发展方面，家庭对于孩子的教育期望仍然保持在较高水平，尤其是对本科教育的期望有所提升。虽然家长对于上海各层次教育质量总体较为满意，并且补习现象和时长都有所回落，但仍占有相当比例，补习费用有所上升。在择校方面，学校的教育质量、离家距离、名气仍然是决定学校选择的重要因素，值得注意的是国际化因素的影响日益显现。不同受教育程度、收入状况以及职业阶层的市民，在对孩子的教育期望、补习以及择校等行为取向上存在着明显的差异，在追求高质量教育的同时也对政府推进教育均等化提出了新的要求。

医疗服务方面，居民反映当前医疗服务的六大瓶颈分别是"多做检查"占48.7%，"开贵药"占33.0%，"排队时间长"占32.7%，"检查太分散"占22.7%，"多开药"占18.8%，"医生不耐心"占16.7%。药品、医疗检查、就医等候、医生态度等方面的问题仍旧是当前医疗服务中的顽疾，目前尚未得到很好的解决。市民认为报销比例低、缴费率过高、公平性不够仍是现行医疗保障制度的主要问题。相较前两年，上海居民对医疗卫生服务的关注点发生了一个明显的转变，从过去主要关注医疗服务的内容和效果转向外部的环境因素。2018年，市民认为就诊环境成为当前医疗卫生服务中最应改善的地方。这表明，人们需要更良好的医疗体验，因此对医疗卫生服务提出了更多更高的要求。过去重数量轻质量、重结果轻过程、重任务轻服务的做法已经不能满足人们对美好生活的需求，亟须加以改变。

在居住环境方面，上海市民主要依靠市场化方式解决住房问题，其中购买商品房占63.2%，租房占25.0%；保障性住房在解决市民住房问题上发挥了一定作用，4.6%的市民享受到保障性住房福利。市民住房自有率近七成，但市民人均居住建筑面积尚不够理想，仅有24.53平方米。但市民对当前居住状况比较满意，对住房地段、价位、生活便利、交通便利、子女入学、安全、绿化、住户素质、物业管理、周边环境、配套设施、医疗设施等配套建设的满意度都超过九成。80%以上的市民去菜场、超市、大卖场、公交换乘站点、社区医院、绿地、广场、公园等，都在15分钟步行范围内。

在公共文化服务方面，上海大力推进公共文化服务向社会化、数字化方向发展，形成了城乡一体、纵横贯通、资源共享的四级网络结构，在全国率先实现了"15分钟公共文化服务圈"的要求，使市民的文化生活获得感持续提升。但是，一些市民对于公益性文化场所与商业性文化场所的离家距离评价不高，商业性文化场所的收费高问题仍然受到诟病，且商业性文化场所在需求满足度、分布均衡性、交通便捷性方面较之公益性文化场所要略逊一筹。同时，工薪阶层、低收入者、外来人口的文化休闲时间偏少，文化休闲生活内容单一，光顾各类文化休闲场所的频次偏低，事实上正在成为公共文化服务的"弱势群体"或"边缘人"。

在安全感方面，市民的整体安全感有所提升，超九成市民对"生活在上海"感到安全。其中，本地户籍市民和外地户籍有居住证群体更有安全感。市民对社会治安、交通出行的安全感维持高位，对生态环境、医疗保健的安全感有所提升，对互联网、私人信息的安全感处于低谷。相比于本地户籍人口，外来人口在交通出行、医疗保健、生态环境等生活领域表现出较低的安全感。不同收入、年龄群体的安全感呈现不同特征，收入越高越对生态环境和食品药品的安全感越低，低收入群体和高龄者最担心私人信息安全和互联网安全。

在认同感方面，多数市民有着较强的国民认同感、市民认同感、城市融入感、地域归属感、社区认同感和收入公平感，且这些认同感与2017年相比多有不同程度的上升。但青年群体以及一些社会弱势群体（低学历、低收入和无居住证的常住人口）的国民认同感、市民认同感、城市融入感仍有待提高，外来人口的地域归属感有待提升；市民的社区认同感与2017年相比有所下降，外来常住人口搬离现居地的意愿较为强烈；市民的社会经济地位评价呈"下移"趋势，更多的市民将自己定位于社会下层（沪籍人口亦是如此）。此外，超过六成的市民认为外地人导致上海人福利水平下降和房价上涨，66.2%的受访市民认为上海户籍政策过严，越来越多的市民对"年轻人应该逃离北、上、广"的说法表示赞同。这可能会导致上海面临人才流失的风险。

在社会信心方面，个人发展信心较高，88%的居民群体对自己过上高品质生活是有信心的。在城市发展信心上，九成居民对上海建成一座全球城市有信心。对上海营商环境、上海城市精细化管理的能力和水平、上海重振四大品牌表示有信心的比例分别为90%、91.9%和90.1%。在国家发展信心上，对新时代党中央治国理政新局面、未来五年中国主导全球治理进程表示有信心的比例分别为90%和92%。从连续四年的数据看，居民对身心健康的信心度总体保持上升态势，对未来个人收入增加的信心度高位徘徊，对国家未来政局形势的自信心集中大幅度提升。

（二）新时代民生建设的对策思考

1. 主动实施积极的就业政策，为保障"体面劳动"提供良好有序的就业市场环境

首先，政府要坚定就业优先的战略导向，实施积极的就业政策，加强对

劳动力市场信息的跟踪、反馈和监督,在操作层面上切实减少就业障碍和就业歧视。其次,政府要加强保障劳动者的合法权益。一方面,进一步精简社保转移接续的流程,避免出现劳动者漏保、退保等制度漏洞。另一方面,政府也应通过各项配套措施加强对农民工、女性和大学毕业生等弱势劳动群体的劳动权利保障。再次,政府应提供更多公共性福利性培训机会和渠道,尤其是在对底层劳动者提供的职业技能开发与培训上,要提高行业针对性和培训的有效性。最后,重塑工会的中间桥梁角色,通过集体谈判、职工代表大会等民主机制,促进劳资双方平等对话,在维护劳动者合法权益的同时,促进劳动关系和谐发展。

2. 进一步深化收入分配制度改革,拓宽收入渠道,缩小居民收入差距

首先,深化收入分配制度改革。通过国有企业改革,进一步打破垄断,减少因为行业垄断带来的收入分配不公。加快科技成果向现实生产力转化,促使工厂从"制造"向"创造"转变,促进一线技术工人的收入提升。调整优化农业产品结构、产业结构和布局结构,促进农村一、二、三产业融合发展,切实提升农民经济收入。其次,健全法律法规,保证公众参与收入分配的意见表达。进一步发挥人民代表大会、工会、职工代表大会的作用,保证劳动者对涉及自身利益分配的重大事项拥有建言献策的渠道。再次,上调个人所得税起征点,研究制定"以家庭为单位申报个人所得税"。最后,积极创造政策环境,拓宽居民的收入渠道。开发更多适合普通居民的投资理财产品,满足居民财富保值增长的需求,为居民提供多元化的投资渠道,同时加强对居民金融理财知识的宣传和培训,培养居民理财意识。

3. 提升教育公共服务的质量和水平,引导教育市场健康有序发展

首先,在进一步推进教育服务均等化的前提下鼓励教育服务提供的多渠道、多样化,使得多样化的社会教育需求得到满足。其次,在推动"减负"的同时,进一步探索提高教育内涵与质量的路径,积极引导社会力量参与,拓展学生视野、提升学生综合能力,并由此形成推动教育质量提升的合力。最后,进一步规范教育市场,在发动市场和第三方参与教育服务的过程中,积极引导、严格执法,使得校内外教育活动都能得到有效的规范。

4. 加大社会保障供给力度，推进社会保障资源的均衡配置

首先，在进一步巩固全民医保的基础上，加紧促进养老、失业、工伤、生育等社会保险的法定人员全覆盖。重点推动广大中小微企业就业人员、灵活就业人员依法参保，积极探索推进网络就业、创业等新型业态群体的参保率。进一步完善相关政策措施以及加强政策宣传，引导和促进被征地农民、进城务工人员等群体的依法参保。其次，扩大政府财政中社会保障相对支出总量，加大对基本公共服务的财政投入力度，努力使基本社会保障惠及全体人民。在增加供给的同时，做好统筹协调，加大对弱势地区、弱势群体的社会保障支出力度，做好各类重点人群的社会保障财政资金供应，在社会基本公共服务供给质量得到保障的前提下，提高社会保障服务的供给效能。最后，将养老服务业纳入上海社会发展总体规划，同时进一步对服务设施建设、社会组织培育、服务主体扶持、公共财政保障、服务队伍建设等进行总体设计，引导社会资本有序进入养老服务市场，全面构建养老服务的总体规划。

5. 继续推进医疗领域的智能化建设和应用，进一步提升居民的就医体验

首先，积极探索将人工智能技术纳入医疗服务的具体方法和实施路径，统筹考虑、协调推进。可以试点人工智能技术在居民就诊中的导诊作用，由 AI 机器人医生来完成患者的"初诊"。其次，充分借助微信、APP 等新媒体技术，为患者提供信息查询、就诊预约、费用结算等服务，引导患者错峰就诊，提高就诊效率，减少患者排队次数和缩短排队时间。最后，建议全国医院尽快实现联网，并且建立统一的医疗检查标准，从而减少患者的重复检查，提高医疗资源使用效率。

6. 健全公共文化服务的多元化供给格局，不断改善基层文化设施的不均衡性

首先，进一步依托市政规划，根据服务人口、服务半径，健全和完善社区文化活动中心的布点和配置，形成与市政规划相匹配的设施网络体系。根据服务人口数量、服务对象特征以及服务半径，通过盘活存量、用好增量、资源置换、加强整合等方式，提升现有设施资源的使用效率。其次，大力推动居村委会综合文化活动室标准化发展，充分发挥基层公共文化场所的服务

功能和文化功能。在充分考虑建设适当性和地域协调性的前提下，有条件的地方建设与基层公共文化场所相匹配的文体广场。再次，鼓励支持社会资本参与文化建设，采取税费减免、以奖代补、给予荣誉等多种手段，激发文化市场的发展活力和运行效率，鼓励社会力量兴办公益性文化事业，形成多元化的公共文化生产供给体系。最后，进一步推动"文化上海云"升级，进一步丰富线上公共文化服务主体、服务内容和活动品牌。

7. 加大保障性住房建设力度，盘活住房租赁市场，破解"夹心层"住房问题

第一，政府应完善廉租住房、共有产权房、公共租赁住房和征收安置房"四位一体"住房保障体系，重点解决难以通过市场化方式改善住房的市民住房问题，切实满足市民住房"刚需"。第二，明确通过市场化方式破解"夹心层"住房问题。一方面，盘活住房租赁市场，在人员准入、行业管理、系统运行、资金支持、政策转变等方面有所突破，打击欺诈、失信等行为，规范住房租赁市场，保障"夹心层"在市场机制下改善市民居住状况；另一方面，积极探索提高住房自有率的社会机制，以解决"夹心层"住房问题为突破口，在社会保障性住房政策上向"夹心层"倾斜，降低"夹心层"购买社会保障性住房的准入线，鼓励"夹心层"通过购买社会保障性住房解决住房问题。

8. 健全社会风险治理机制，重视源头预防，提升社会安全系数

首先，改被动应对为主动治理，通过积极有效的风险治理，防范和化解风险，提升社会安全指数。强调预防，努力实现从末端救助向源头预防、从单一应对向综合减灾、从减少灾害损失向减轻灾害风险转变，提升社会安全系数。其次，推进多元参与风险治理机制的建立。树立共治的理念，推进政府、企业、社区、非营利组织、居民等共同参与的风险治理共治机制建设，共同应对未来可能发生的风险，保障社会安全。再次，建立公共安全的法律法规体系，推进公共安全立法进程，加强公共安全监督主体间的协调合作，建立严格问责机制，强化对公共安全领域中公共安全法律法规实施情况的监督和评估，为公共安全提供有效的程序性法治监督保障。最后，推进信息化发展，提升公共安全保障能力，构建立体化公共安全网络技术体系，通过对

城市公共安全风险防控技术体系的全面布局，推进城市治理能力现代化。

9. 深化人才政策，优化外来人口的基本公共服务，促进社会融合和价值认同

首先，重视发挥户籍政策和人才政策的激励和导向作用，营造人才宜居宜业环境，做好各类人才住房、医疗、教育等方面的配套服务（尤其是保障房配建、人才公寓建设等），缓解高房价背景下人才的后顾之忧。其次，逐步消除劳动就业的户籍歧视政策，为外来人口提供同等的就业创业服务和劳动权益保护，逐步加大学前教育、高中教育与职业教育资源向外来人口随迁子女的开放力度，构建适应外来人口需求的多样化住房保障体系、外来人口社会保险异地对接机制，并为经济困难者和特殊外来人口提供必要的社会救助服务和更多的政治参与机会。最后，进一步加强价值引领，不断提升市民的道德风尚。通过创新手段、加强思想引领，引导青年自觉抵制各种不良社会思潮，增强国家和民族的认同意识。弘扬中华优秀传统文化，强化国民的集体记忆，增进民众的文化认同。有效结合思想道德教育的自律作用、制度的他律作用以及良好的社会实践，通过自律和他律、内在约束和外在约束的共同作用，引导人们培育良好的公民责任意识，不断促进市民的道德意识和道德行为。

社会发展与城市管理篇

Social Development and Urban Mangement

B.2
改革再出发:"十三五"以来上海社会发展评价与预测

杨 雄 张虎祥*

摘 要: "十三五"规划实施两年多来,上海社会发展整体状况持续处于中等偏上水平,社会发展取得了积极的成就,极大地改善了社会民生,市民的满意度、获得感与幸福感等主观感受也处于较高的水平。展望"十三五"后半期的发展,上海面临深度老龄化、新旧"二元结构"叠加、经济风险传导并引发社会矛盾、特大城市管理及风险易发多发以及社会持续分化、社会组织引导和管理等挑战,需要在夯实社会民生基础、处理好社会阶层利益关系、控制好城市矛盾与风险、激发社

---

* 杨雄,上海社会科学院社会学研究所所长、研究员;张虎祥,博士,上海社会科学院社会学研究所助理研究员。

会活力及促进城市认同与社会融合、营造开放宽和的社会心理场等方面着力加强工作。

关键词： "十三五"规划　社会发展　改革再出发

改革开放40年来，上海经济社会实现了跨越式发展，社会发展水平得到了快速提升。尤其是近五年来，在党中央、上海市委的坚强领导下，上海深入贯彻习近平新时代中国特色社会主义思想，践行经济社会发展的五大理念，在"十三五"规划中期推动社会发展进程中取得了较好的发展业绩。作为对上海"十三五"规划"共享发展"部分的评估，本研究将对标党的十九大精神、市委十一次全会以及"十三五"规划理念，客观总结和展现上海"十三五"规划执行以来的成就、经验及其存在的问题，并结合近来国内外经济社会发展环境的变动，为"十三五"后半期及"十四五"规划的制定提供参考建议。

一　"十三五"以来上海社会发展取得良好进展

两年多来，上海市在贯彻落实"十三五"规划的社会事业发展中，秉承共享发展、增进市民福祉的理念，在持续推进实现更高质量的就业、增加城乡居民收入、完善社会养老服务体系、提升教育质量及健康和医疗服务水平、改善市民居住条件和居住环境以及完善社会保障体系等方面，民生领域持续改善、体制机制持续创新，取得了积极的成就。"十三五"期间，我们以总体和各领域的指数评估为基础，对上海社会建设领域内的相关进展进行了持续跟踪。通过对国内外关于劳动就业、文化教育、住房与社会保障等民生问题以及幸福感、满意度等民意问题的文献梳理，结合国情和市情，建构了一套由一手数据组成、客观指标与主观指标相结合的"上海民生民意指数"。"民生"主要涉及民众衣食住行、医疗健康等基本生存、发展与保障问题。本研究将它具体化为劳动就业、收入消费、文化教育、社会保障、医疗健康和居住环境六个二级指标。"民意"是民众对当前生活各方面的态度评价。它在本研究中具体包括幸福感、安全感、认同度和信心度四个二级指标。

（一）"十三五"以来上海社会发展总体评价

总体上看，"十三五"规划实施两年多来，极大地改善了社会民生，反映在民生指数方面则是稳定上升；同时，市民的满意度、获得感与幸福感等主观感受，总体上也处于较高的水平，并且较"十二五"末期有所回升，反映出"十三五"规划社会发展已经取得了积极的成就。"十三五"以来，上海社会发展整体状况持续处于中等偏上水平，客观民生与主观民意的发展水平基本一致、总体持平。从近年的发展来看，虽然"十三五"以来略有起伏，但民生指数较"十二五"末期有极为明显的提升，2015年民生指数得分为123.60分，2018年为126.70分，总体提升3.1分。从民意指数得分来看，相较于2015年的126.68分，2018年为126.77分，略有提升。近三年来，上海客观民生指数得分进一步提高，民生状况不断得到改善；幸福感、安全感等主观民意指数得分则经历了微降到再回升的演化过程，反映出"十三五"期间上海民生事业保持着平稳发展状态。

从"十三五"中期民生指数分项指标得分来看，以文化教育的改进最为突出（得分提升9.37分），其后依次为医疗健康（提升6.68分）、劳动就业（提升2.33分）、社会保障（提升1.38分）以及收入消费（提升0.79分），居住环境得分在2017年明显提升后有所回落，低于2015年水平，反映出环境大整治的长效化仍面临挑战。在民意指数方面，以信心度的提升最为明显（提升3.34分），然后依次为幸福感（提升0.49分）、安全感（提升0.29分），反映出市民对"十三五"以来社会发展的认同。值得注意的是，认同度得分下降3.77分，但从三年趋势来看则相对稳定。可见，"十三五"以来民生领域的改革和发展成果，切实提高了市民的满意度和获得感。

(二)"十三五"以来上海社会发展分项指标比较

如前所述,上海"十三五"期间的社会发展,无论是从客观水平的提升,还是主观民意的认同来看,都呈现积极向上的态势。总体而言,上海社会发展正呈现城市变美、治理变好、环境变佳、品质变高的总体特征。以下我们将对社会发展的各分项指标进行分析,以进一步凸显"十三五"期间上海社会发展的局部特征。

1. 劳动就业:劳动关系持续改善,工作状况有待提升

"十三五"前半期,在劳动就业领域,上海聚焦重点人群,以创业为突破口积极促进就业服务。2016年全年新增59.93万个就业岗位;全市城镇登记失业人员24.26万人,城镇登记失业率为4.1%。2017年新增就业岗位57.90万个;城镇登记失业人员22.06万人,城镇登记失业率为3.9%,相较于2016年下降了0.2个百分点。同时,上海着力推动创业带动就业,加大创业培训力度,鼓励创业带动就业三年行动计划持续深化,创业人数持续增加,2016年全年帮扶引领成功创业人数11795人,2017年全年帮扶引领成功创业12628人。积极推进职业培训,培训人数持续增加。2016年全年共完成职业培训64.94万人,其中农民工职业培训27.77万人;2017年全年共完成职业培训106.84万人,其中农民工职业培训49.56万人。总体上看,劳动就业数据持续向好。

从市民对劳动就业的切身感受来看,其总体呈现积极改善的态势。"劳动关系"、"就业状态"以及"工作满意度"等指标的得分近年来分别提升了5.79分、2.96分和2.01分,反映出"十三五"以来就业、劳动关系等方面改进明显,由此也使得市民工作满意度得以提升。但同时需要指出的是,"工作状况"得分则下降了1.49分,反映出部分劳动者的工作状况不容乐观。

2. 收入消费:收入水平持续提升,生活压力较为明显

在收入消费领域,"十三五"前半期,市民收入水平持续提升,2016年、2017年全市居民人均可支配收入分别为54305元和58988元,均相较

于上年分别增长8.9%和8.6%,扣除价格因素实际分别增长5.5%和6.8%。同时,市民消费支出也呈现快速增长趋势,2016年全市居民人均消费支出37458元,比上年增长7.7%;2017年全市居民人均消费支出39792元,比上年增长6.2%。总体上,收入和消费均呈现快速增长的趋势。

市民对收入消费方面的感受度也呈现积极向好的态势,尤其是在"收入水平"和"分配平等"方面,"十三五"以来其得分分别提升了3.46分和1.85分,反映出在收入方面近年来既实现了收入增长,同时也实现了相对公平。但值得注意的是,"消费能力"得分在"十三五"期间基本持逐年下降趋势,较2015年下降1.82分,这体现出市民的生活成本较高,生活压力体验明显。

3. 文化教育:公共文化更加均等化,教育服务有待优化

"十三五"前半期,上海在教育方面更加重视均衡、全面发展以及内涵建设。从整体上看,教育均等化发展得到了进一步推进,尤其反映在郊区教育资源的布局优化、全市统一义务教育生均基本标准的推行和落实等,并初步形成了基础教育优质均衡发展的政策体系。同时在公共文化均等化建设方面,在剧场、图书馆、书店、博物馆、美术馆等文化设施不断增加的同时,上海在2016年已基本形成市、区、街道、村(居委会)四级公共文化基础设施网络,市民身处"15分钟公共文化服务圈"。2018年,上海进一步打通公共文化服务的"最后一公里",将全市4500家村居综合文化活动室(中心)服务功能优化提升纳入政府实事项目,进一步推动公共服务的均等化。

从市民对文化教育方面的感受度来看,则呈现较为明显的分歧。"十三五"期间,市民"商业文化"指标得分增长最为明显,提升5.84分,说明近年来商业文化(设施、产业)等的发展较快;同时,市民对"公益文化"的评价则基本持平,说明政府主导的公益文化场所得到了进一步发展,服务设施日趋完善,同时也获得了市民越来越多的认可;需要指出的是,在"学校教育"方面,2018年得分虽有所回升,但仍较2015年降低了0.83分,作为社会热点的学校教育得分在下降,反映出市民对教育发展有着迫切

的诉求。

4. 社会保障：基本保障较为完善，覆盖率有待提升

"十三五"前半期，上海继续深化社会保障体制改革，有效改善了社会保障制度碎片化状态，从2016年4月起，逐步形成了面向全体从业人员（包含外来从业人员）的社会保险制度，并由此破除了社会保障领域的"二元结构"，实现制度全面接轨；同时，通过实施《上海市城乡居民基本医疗保险办法》，破除了医疗保险领域的城乡"二元结构"，建立了城乡居民统一的基本医疗保险制度。在破除体制性障碍的同时，进一步扩大居民基本生活救助对象覆盖面，实现了应保尽保。社保待遇持续提升，两年来，建立了低保动态调整机制，企业退休人员退休金在全国省级城市中位居前列。从实践来看，改革的力度、覆盖面和保障水平均得到了很大的提升。

在市民对社会保障的感受度方面，"十三五"期间，市民对社会保障"参与率""享受率"等方面的评分均有所提升，分别提升了6.82分和6.39分，说明上海居民的基本社会保障较为完善，并在日常生活中发挥了重要作用。但需要注意的是，社保"覆盖率"得分则呈逐年下降趋势，2018年较"十三五"初期下降了9.08分，可见，社会保障覆盖面的有效扩展仍有待进一步加强。

5. 医疗健康：医疗服务处于较高水平，居民身心健康值得关注

"十三五"前半期，上海在进一步完善医药价格体系、加快医药卫生体制改革的同时，完善基于大数据的公立医院医疗服务评价办法，推动各级医疗机构控制单体规模，合理控制医疗费用，追求内涵发展；并进一步夯实基层医疗卫生体系，深化社区（农村）卫生服务综合改革；同时，结合"健康上海2030"规划纲要的落实，通过"共建共享"，充分利用政府主导、多部门合作、全社会参与的工作机制，促进健康与经济社会协调发展。上海社会科学院发布的"健康上海指数"显示，上海健康水平指数为99.36，健康综合指数为109.58，总体呈现均衡发展的态势。

在市民对医疗健康的感受度方面，总体呈现逐年增长的态势。"十三五"以来，"医疗服务""健康保健""公共卫生"等指标的得分依次提升

了9.93分、4.80分和5.31分，反映出近年来上海医疗服务和公共卫生正在不断优化，健康保健水平持续提升。但与此同时，还应注意到市民"身心健康"得分则呈现下降态势，2018年虽有回升，但仍较2015年降低了0.14分，反映出居民健康保健状况以及公共卫生感受度有所下降，今后有必要进一步加强相关工作。

6. 居住环境：住房质量与配套持续完善，社区环境长效化需要关注

"十三五"前半期，面对城市环境中存在的现实瓶颈和短板，上海各区深入推进环境综合整治，通过大力拆除违法建筑，全力取缔违法经营，积极查处无序设摊，积极整治垃圾乱象，着力消除安全隐患，社区居住环境持续优化。同时，近年来住房保障机制不断完善，保障性住房的申请审核、分配供应等管理流程越发成熟，进一步扩大了住房保障覆盖面，有效缓解了市民的住房困难。

在市民对居住环境的感受度方面，"十三五"以来"住房质量""配套服务"等指标得分有所提升，虽然各年略有起伏，但2018年较2015年分别提升了2.64分和1.70分，反映出住房质量及配套服务已经得到持续的改善。但同时需要指出的是，"社区环境"得分有所起伏，且2018年较2015年下降了5.23分，可见近年来"五违四必"环境大整治已经在一定程度上改善了社区环境，也得到了市民的认可，但其常态化、长效化有待进一步关注。

7. 安全感：制度信任程度高，安全感受有所波动

"十三五"前半期，上海在公共安全方面持续改善，尤其是大力推进交通大整治的实践，取得了积极成效。市统计局进行的民意调查显示，90%以上的受访市民对交通大整治感到满意，反映出交通大整治得到了大多数市民的认同。此外，上海整体安全环境持续向好，2017年上海获评国内最有安全感的城市，其中8个单项的评分中，上海在"交通安全、社会治安安全、旅游服务安全"等6项上均获得满分，剩余项目也达到9分的极高评分，反映出上海在安全环境建设方面已经取得积极的成就。

在市民的安全感方面，"十三五"以来，市民"制度信任"的得分有了明显提升，2018年较2015年提升了3.06分，说明上海在"十三五"期间

政府各项制度建设和执行均持续优化；但相比之下，"公共安全""经历安全"等指标得分则有所下降，分别下降了0.22分和1.92分，尤其是"经历安全"的下降分数较高，由此凸显出的问题就是，在整体安全环境不断优化改善的同时，如何进一步提升个体在社会活动中的安全度。

8. 基层社会治理：体制优化与队伍加强

"十三五"规划前半期，上海深入贯彻习近平总书记"加强和创新社会治理，核心是人，重心在城乡社区，关键在体制创新"的要求，以落实2014年市委市政府"一号课题"创新社会治理、加强基层建设的"1+6"文件为主线，积极探索创新上海特大城市的基层社会治理新路。

主要体现在以下几方面，首先是不断完善党建引领下的社会治理格局，初步建立了以各级党组织为领导核心，各驻区单位、社会组织和居民等多元主体参与的社区治理工作机制，上海通过区域化党建引导基层治理、拓展提升服务群众能力实现党建模式转型。目前16个区县全部以联席会议形式，建立区域化党建协调机构，各区县、街镇通过建立"项目化运作""供需对接"等新机制，做深做实区域化党建。其次是进一步加强了社会治理基层队伍建设，尤其是强化了基层带头人队伍，拓展基层领导选拔渠道，落实村支部书记、居民区书记队伍相关政策。目前，已经形成了规模为4.5万人、平均年龄38周岁且大专及以上学历占82.5%的社区工作者队伍，人员队伍结构进一步优化，职业体系也已初步建立。再次是进一步拓展了社会组织参与社会治理渠道，有效推进政府购买服务，为社会组织参与社会治理提供了空间。截至2017年底，上海拥有1.7万余个社会组织，位居全国第一，保持了历年优势地位，上海市及其大多数城区已先后制定出台了政府购买社会组织服务的相关政策，扶持优秀社会组织健康持续发展。最后是进一步深化城市网格化综合管理，网格化管理平台实现了全市所有街镇的全覆盖，并开始从城镇向村居延伸。网格化管理内容得到进一步拓展，基本管理单元建设逐步做实，不断提升公共服务可及性和居民参与便捷性。

总体上看，上海在"十三五"规划前半期的社会发展呈现逐步提升优化的态势，在社会发展的均衡程度方面要优于国内其他城市，这也是上海社

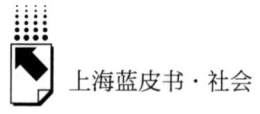

会发展的重要特征。从联合国全球人文发展指数看，上海在国内城市中名列前茅，正反映了上海在社会发展方面拥有极高水准。

（三）"十三五"以来上海社会发展实践与经验

从"十三五"规划前半期来看，在各方面的共同努力下，上海社会发展各领域均取得了积极的进展。在规划实施推进的实践中，各推进主体在实践社会发展理念的同时也摸索出一些行之有效的经验。

1. 从管理到治理，注重多元主体参与

近年来，随着上海经济社会的快速发展，社会结构加速分化并日趋复杂，尤其是需求结构和利益结构的多元分化。这从深层次上对基层治理的体制机制创新提出了更高要求，也要求社会治理创新主动将社会力量纳入多元共治结构之中。"十三五"前半期，上海社会发展的经验首先就是从管理到治理，注重多元主体参与，如在基层社会治理中，构建了以区域化党建、网格化管理、社区代表大会或社区委员会为主干的共治平台体系，各种社会力量通过社区委员会、社区代表大会等共治平台，参与公共事务的民主协商与多元利益表达。可以说，推动多元主体参与公共社会事务，是"十三五"前半期社会发展的主要经验。

2. 从重数量增长到重质量内涵提升

20世纪90年代以来，上海经济社会快速发展，连续保持16年的两位数增长，GDP平均增长12.7%，增速超过全国（10.7%）2个百分点，快速的经济增长使得上海经济实力迅速增强，并由此为社会发展提供了坚实的物质基础。当前，上海正在从规模扩张向存量优化的内涵式发展转型，在社会发展领域尤其是如此。如前述公共文化服务方面加强村居文化站建设，以打通文化配送的"最后一公里"；再如浦东新区提出实现"生活小事不出村居、教育服务就在身边"，以村居综合性服务站建设为抓手，破解服务群众"最后一公里"问题，构建"家门口"服务体系；又如社会治理精细化，"如同绣花针一般精细"，着力推动基层社会治理体制机制创新；等等。这些都反映出当前上海社会发展已经从规模扩张转向内涵式发展，进一步贴近基层，围绕老百姓多样化、个性化需求来匹配资源，体现出内涵式、精细化的特征。

3. 从重视硬件设施完善到重视功能等软体建设

从上海社会发展的历史脉络来看，改革开放以来，上海着重纠正以往"重生产、轻生活"的发展思路，在经济发展的同时不断建设和更新各种社会服务设施，经过20世纪90年代以及21世纪前十年的大规模建设，上海在民生服务等各项硬件设施方面已经较为完备，但同时也面临"规划建设用地规模负增长"和"以土地利用方式倒逼城市发展转型"的现实背景，迫切需要转变社会发展思路，也就是从以往注重硬件设施的建设转向注重功能开发等软体建设，这就意味着要在现有的硬件设施基础上，不断开发其内在功能并使其能够服务于市民多样化、个性化的社会需求。从实践来看，如公益组织"四叶草堂"在面对"滨江规划""社区氛围营造"等城市治理挑战时，引导和动员居民参与，把社区景观拓展为社区共治的平台；在为滨江东岸提供规划时，设计团队眼睛向下，真正实现了"市民的东岸，公众的规划"，以及硬件设施的功能开发。正是这种从注重硬件建设到软件提升的转变，为"十三五"社会内涵式发展确立了基本方向。

4. 从强调发展的速度到注重人文关怀的温度

如前所述，20多年来上海经济社会的高速发展，在使得上海经济规模不断扩大的同时，也使得社会变动性流动性增强，整体文化氛围产生了变化，人与人之间的冷漠和隔阂增加了。正是在这一背景下，"十三五"规划前半期的社会发展，更加注重发展中的人文关怀，尤其是在涉及百姓的社会事务方面，更加注重严格执法、有情操作。如黄浦区市场监管部门在处理"阿大"葱油饼相关事宜时，倾听市民希望保留城市烟火气息、市井味道的呼声，协调各方力量，最终促成其与网络订餐平台、饭店的合作并实现合规经营。这种"严格执法，有情操作"的案例在"十三五"规划的实施过程中还有很多，充分体现了上海社会发展中的人文精神。正如李强书记所指出的，"把全社会动员起来，人人出力、人人奉献爱心，使我们的城市更加体现人文关怀，让市民群众更加感受到城市的温度。"

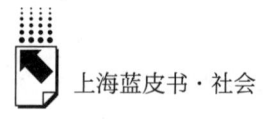

二 "十三五"后半期上海社会发展面临的新挑战

"十三五"以来,上海在社会领域取得了明显的成绩和进步,但对标"五个中心"建设以及卓越全球城市的发展要求,上海在多个领域还存在不足,有待进一步完善。尤其是在近来国际国内形势持续变动的态势下,如何进一步发现、应对当前上海社会发展中的不平衡、不充分问题,是上海实现社会发展与社会治理优化的关键所在。

(一)上海"十三五"后半期社会发展形势研判

从全球来看,"二战"以来全球化的进一步深入,使得全球经济一体化程度持续提升,资本、信息以及人口的全球流动,在促进全球经济社会发展的同时,也造成了极为严重的国家间、阶层间的贫富分化,随之而来的是西方国家民粹主义、贸易保护主义抬头所引发的逆全球化趋势。进入"十三五"后半期,我们可能将面对经济社会发展的新国际环境,尤其是随着中国在全球政治经济体系中迅速崛起,我国所处的国际环境正在调整和重新构建之中。如近来中美贸易摩擦日趋激烈,将对我国40年来快速发展的经济产生不利影响,由此引发的贸易冲突会延伸到社会领域,由此可能带来就业、生活品质降低等问题,都将对社会民生与治理产生极为深刻的影响,这就构成了理解今后几年上海经济社会发展的基本背景。

随着我国社会发展进入新时代,社会领域也面临着新的形势,主要体现在:首先是社会结构的高度分化与定型化带来民众诉求的差异性及多样性,经济发展所带来的社会地位与阶层结构日趋固化,不同利益群体在形成的同时其需求也日益多样化。其次是社会的快速流动、利益格局及资源配置方式的深刻调整导致社会多主体间关系的高度复杂化,并带来更加多样化、常态化的社会矛盾与冲突;而与此同时,经济发展的中高速意味着解决这些问题的经济手段面临极大的制约。最后是现代信息技术及互联网科技、大数据、现代金融等技术的快速升级换代,不断冲击和改变社会的认知、认同及传统的管理组织方式,社会生活的不确定性日益增强,群体、组织、空间等有形的边界日益模糊,组织和整合社会生活、秩序的主导权力来源和机制将持续发生改变。从现实来看,这些挑战都对经济与社会的发展模式、治理模式提出了新的要求。

从上海40年发展历程来看,上海正是充分利用改革和开放的交互作用,持续推进政府和市场的良性互动,不断凸显经济增长和社会发展的协调关系,即在经济增长中增强上海的竞争力和财政能力,以此实现对社会等领域的资金投入和政策倾斜,进而依靠社会环境改善推动经济持续发展,这也是上海改革开放的重要经验。如前所述,在国际国内形势急剧变动的态势下,上海自身也面临着土地、劳动成本攀升及老龄化加剧,营商成本渐趋提高,日趋积累的全球金融、信息、科技、人才等制高点的竞争,以及特大城市发展所面临的社会风险日益显现的挑战,这也成为我们分析"十三五"后半期上海社会发展的出发点。

(二)"十三五"后半期上海面临的社会风险与挑战

1. 深度老龄化与人口优化困局

人口老龄化呈现程度高、速度快、高龄化突出等特点。根据我们的预测,到2045年,上海户籍人口中60岁及以上老年人口数量会突破640万人,占户籍总人口的比重将达到45%;根据对上海常住人口老龄化的预测,60岁及以上人口占总人口的比重将在2015年达到18.6%,到2050年则将上升至44.8%,80岁及以上人口占总人口的比重也将相应地由3.0%上升至8.3%。从未来发展来看,2020年以后上海常住人口中总抚养负担将超过50%,人口红利将消失,上海进入深度老龄化、少子化社会,养老保障和为老服务事业面临巨大压力。与此同时,在人口结构优化方面,值得注意的是,近年来上海每十万人高等教育在校学生数持续下降,人才储备下降将有可能对经济活力和文化多样性产生不利影响;在高层次人才方面,上海的国际人才综合竞争力虽领先于全国,但在"国际人才社会保障"等指数上还落后其他省(区市),仅处于全国中下等水平。

2. 新旧"二元结构"叠加制约均衡发展

在上海经济社会发展中，城乡发展、区域发展、增长方式、收入增长不平衡等一系列问题也开始显露出来，并逐渐上升为上海经济与社会发展的主要矛盾；同时，新"二元结构"也日益凸显，从原先的外来从业人员与本地城市户籍从业人员的"二元"差别待遇问题逐步扩展到就业、就医、就学、住房、社会管理以及社会保障等权利和待遇方面，不利于社会融合；此外，还需要注意的是由于人工智能技术的运用而形成的智能"二元结构"，主要表现为社会财富会快速向获利更高的智力密集型产业和资本聚集，而一般的劳动密集型行业的收益会持续降低，并由此形成落差和鸿沟。这种以智力和资本为分水岭的二元结构，有可能与现存的城乡二元结构、城市内部二元结构相互叠加并交互作用，使社会公平受到更严峻的挑战。

3. 防止经济风险传导并引发社会矛盾

随着外部不确定因素的增加，经济领域内的风险极有可能向社会领域传导，从而引发社会领域内的风险，如贸易摩擦可能影响出口企业并由此导致企业倒闭、就业问题突出，股市震荡引发社会（恐慌性情绪）连锁反应，都有可能激发既有的社会矛盾或冲突。尤其是经济继续下行将影响居民生活，特别是一些低收入、低保等弱势群体，客观上需要加大社会保障的力度；但经济下行本身又会给财政收入造成巨大压力，政府提供社会保障的能力将受到制约。此外，社会保障制度内部不平衡，不同类型群体社保待遇差别较大，可能会引发并加剧不同群体之间的矛盾，如何对接，以及对接后续问题如何处理，如何正确操作以满足人民群众的需求，将考验政府执政能力和执政水平。

4. 特大城市管理及风险易发多发

作为超大型国际化大都市，上海在经济快速发展的同时，社会领域的复杂性、变动性也在不断提升，并由此形成了复杂的利益格局，这种多因素的共存、聚合与相互作用，使得城市生活运行的方方面面都容易产生和积聚安全风险，进而对公共政策、公共工程、公共安全、城市运行和社会生活、经济活动等各个领域产生消极影响。这些风险既是本领域及相关领域的风险，也是社会风险的条件性风险。这些城市安全风险如果在本领域或相关范围内得不到有效化解和遏制，极容易演变为社会风险，引起社会结构和功能紊乱，导致社会矛盾、社会冲突，甚至演化为社会危机。上海在国际国内具有重要地位，一旦发生社会风险有可能转变为现实，极易造成传播放大、连锁反应、矛盾聚合、社会动员等多种效应相互叠加，甚至转向变质。相比之下，公共服务资源相对缺乏，事中事后监督体系不完善，监管不力、执法能力较弱等问题仍然存在，城市公共管理和服务类社会组织体系发育不成熟等，也制约了社会风险防控体系的完善。

5. 中产阶层"塌陷"现象与社会持续分化

无论是从全球还是各民族国家内部来看，近年来收入两极化均呈现不断加剧的趋势，而各国中产阶级又面临不断攀升的失业风险以及沉重的债务负担，这就使得中产阶级面临坍塌的危机，原有相对稳定的橄榄形社会有可能向变动性更强的"M形社会"演变。在高房价以及最近的高房租的裹挟下，中产阶级的消费水准在不断下降，近来"消费降级"的争论就凸显出经济领域的隐忧。由此延伸到社会领域，就是社会中间层的萎缩与社会极化可能性的增加；与之相应的就是在现实社会乃至于网络中，任何公共事件的发生都能被建构成贫富之间、高低阶层之间的冲突和对立，反映出社会结构日趋分化的现实以及公众的焦虑，不利于产生稳定和发展的社会预期。从上海的现实来看，今后将有1300多万人步入中产阶层，其经济地位的跃迁与其生活方式、价值观念和社会心态的形成与引导，将是发挥其"稳定器"作用的关键所在。

6. 社会组织引导和管理成为新挑战

截至2017年底，上海的社会组织数量已突破1万个，每万户籍人口拥有的社会组织数量远远超过全国平均数，但与发达国家每万人拥有社会组织的数量一般超过50个的水平相比，还存在着较大的差距。从上海建设卓越的全球城市的进程来看，上海社会组织在今后将有可能进入发展的快车道，并由此进一步推动上海社会治理的多样化，但同时大量社会组织的涌现及其运作也将给政府有效管理带来挑战。这些挑战体现在：一是支撑社会组织改

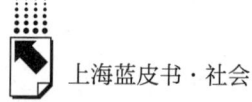

革的法律法规还不健全;二是传统的行政管理模式与功能多元化的社会组织不适应;三是政府购买社会组织服务的政策不完善;四是对某些境外社会组织的管理缺乏有效措施。

三 改革再出发:对"十三五"后半期上海社会发展的思考与建议

(一)贯彻、践行习总书记对上海发展的新要求,努力走出一条符合超大型城市规律特点的社会治理新路

从全国层面看,随着中国特色社会主义进入新时代,社会领域的建设和发展也成为重中之重。党的十九大报告指出,中国特色社会主义进入了新时代,我国社会主要矛盾已经转化为人民日益增长的美好生活需要和不平衡不充分的发展之间的矛盾,再次强调了"必须始终把人民利益摆在至高无上的地位,让改革发展成果更多更公平惠及全体人民,朝着实现全体人民共同富裕不断迈进",并在此基础上进一步指出了未来社会民生的发展方向,即"在幼有所育、学有所教、劳有所得、病有所医、老有所养、住有所居、弱有所扶上不断取得新进展"。在"十三五"后半期的上海社会发展实践中,要紧紧围绕中央的这些精神加以落实。

改革开放40年来,上海始终坚持民生优先,在经济社会发展中保障和改善民生,并由此成为全国的排头兵和先行者。习近平同志在上海视察时,对改革开放排头兵、创新发展先行者的上海,寄予了新的历史使命和时代嘱托,社区服务要用心用情,城市管理要注重科学化、精细化、智能化。市委十一届四次全会提出,要努力实现高质量发展、创造高品质生活。李强书记指出,面对国际环境深刻变化和不确定因素增多,要保持清醒头脑,牢固树立底线思维,把各方面困难估计得更充分一点,把工作做得更扎实一些,从容应对各种风险挑战。最关键的是要练好内功,把面临的挑战转化为结构调整、创新转型的机遇,转化为倒逼改革、扩大开放的动力,从根本上增强更

高质量、更可持续发展的潜力和后劲。这些要求意味着上海要立足于更高水平的小康社会建设，全面提升民生领域的发展水平，努力补齐社会发展领域的短板，使上海城市发展跨上一个新台阶。

（二）依据"高质量发展、高品质生活"目标定位，实现上海改革再出发、社会再进步

改革开放40年来，上海社会发展再出发，面临着与40年前不同的经济社会背景，而明晰新时代的这些背景与现实条件，将是上海社会发展自我提升的关键所在。具体来说，主要体现在以下几方面。

1. 上海形成了党领导推动社会发展的格局

经过长期的发展，上海的区域化党建已经臻于成熟并在社会发展与社会治理的实践中愈加显现其重要性。各级党委结合本地区实际确立社会建设和社会治理基本思路和工作重点，对社会建设和社会治理重大事务的综合协调、组织实施、督促检查，是确保社会治理沿着正确方向发展的必要条件，是我们党发挥"总揽全局、协调各方"领导核心作用的具体体现。只有坚持党委统筹协调的理念，才能使社会治理的各个主体朝着共建共享的目标相向而行，这是上海今后社会发展的领导核心。

2. 上海形成了较为完备的公共服务和社会治理体系

上海基本公共服务形成了较为完备的体系，基本公共服务均等化实践既有政策指导，也有配套措施；既有总体目标，也有具体目标；既有定性要求，也有数量分解。基本公共服务的地域和人群覆盖范围越来越广泛。从最初的中心城区到农村郊区，逐步推进区域之间的均等化；从城镇人口到农村人口，逐渐实现个体之间的均等化。另外，通过2014年"1+6"街道体制改革的落实与实践，上海已经形成了较为完备的社会治理体系，"党委领导、政府负责、社会协同、公众参与、法治保障"的社会治理格局已经成形并不断完善，这些都为上海社会下一步的发展提供了有力的支撑。

3. 上海社会发展的体制机制持续创新

近年来，上海持续推进了市委"一号课题"，从2014年的"创新社会

治理，加强基层建设"，到 2015 年的"科创中心建设"，再到 2016 年的"补短板"，乃至于 2017 年底以来持续推进的大调研，都形成了直面经济社会现实问题，从根本入手加以解决的体制机制创新模式。其实，在经济社会发展中，上海始终将创新作为主要的推动力，着力化解体制机制上的瓶颈，要解决这些问题，还是要通过创新，尤其是制度创新最为核心、最为关键。可以说，近些年来，上海已经形成了推动体制机制创新的现实方法和路径，这也是确保上海社会发展始终能够坚持正确方向，不断取得成就的重要基础所在。

4. 上海不断吸引各方面人才为社会发展注入活力

随着上海市进入高质量发展与高品质生活时期，城市社会结构迅速发生了变化，尤其是外来人口发生了转变，即由原先大规模建设时期的以农民工群体为主的外来人口逐步转变为高层次人才。随着上海建设全球城市步伐的加快，接受过高等教育、拥有中高级职业技能的专业技术人员（"海漂"）成为外来人口的主要构成部分。这部分高技能人群随着工作经验的累积，将成为上海提升核心竞争力所需的重要人力资源。从上海自身发展来看，近年来面向全国全球不断引进高层次人才，并为他们提供良好的发展环境和公共服务，这些新生力量的注入，不仅推动了经济的发展，同样也为社会发展和进步提供了活力和动力。

（三）改革再出发："十三五"后半期上海社会发展政策建议

基于以上分析，"十三五"后半期上海在经济社会发展中将有可能面临严峻的挑战，外部经济发展环境的变化将有可能传导到内部经济社会领域，进而引发一些新的社会风险，由此，今后一个时期内上海在社会发展方面要着力推动创新，以实现社会建设内涵式的跃迁。正如熊彼特所指出的，发展是"从内部自行发生的变化"，"它永远在改变和代替以前存在的均衡状态"，而创新则是发展的本质规定。正基于此，上海必须要立足市情、符合国情、放眼全球，通过全面深化社会体制机制改革，从维护最广大人民根本利益的高度，立足于防范经济社会风险，夯实社会民生基础，加强社会凝聚和社会包容，激发社会内在活力，确保社会和谐稳定，为上海基本建成"五个中心"与国际大都市提供坚实的支撑。

1. 夯实社会民生基础，发展社会事业，进一步改善民生

进一步提高城乡居民家庭可支配收入，改善民生，争取2020年在全市基本实现基本公共服务均等化。完善就业服务体系、教育服务体系、养老服务体系、住房保障体系，以及卫生、文化等公共服务体系。要进一步完善公共财政制度建设，在推进基本公共服务均等化的同时，逐步优化和完善社会保障制度。同时，尤其是要注意加强应对突发性经济社会公共事件的应急民生保障，确保在发生重大风险时能够及时反应，确保社会长治久安。

2. 践行"平衡公平观"，处理好社会阶层利益关系

践行"平衡公平观"，建立确保社会成员付出与回报的良性机制，并由此建构良性的阶层间、群体间关系。要为社会不同阶层之间的沟通、和谐关系的建立创造良好的氛围与环境，就要完善收入分配秩序，打击各种非法牟利行为，平衡各行业的收入差距，尤其是协调好劳动收益与资本收益的关系，建立职工正常的工资增长制度，进一步缩小收入分配差距，维护社会公平正义，让全体人民共享改革发展的成果。

3. 消除社会隐患，控制好城市矛盾与风险

面对经济社会发展中的各种风险，要借助大数据平台建立健全统一高效的社会风险预警系统，建立风险协同管理机制，加强政府部门与相关企业之间的数据共享工作，把传统自上而下的行政化预警模式与以大数据为平台的"互联网+"社会预警模式有机结合，形成"双向治理格局"。加强完善社会风险应急处置机制，重点是要进一步完善应急联动机制。深化公共安全监管体制改革，着力健全完善"政府协调+专业监管+基层执法"的监管体制，进一步提高安全监管的权威性、专业性和科学性。

4. 激发社会活力，增强城市"幸福感"

大力发展社会组织，激发社会活力，增强城市"幸福感"。加强基层社会治理能力及配套制度建设。加快居委会（村委会）"去行政化"，夯实街镇社会共治平台。完善社会治理配套制度体系，探索"大社会"治理体制

改革,进一步推进社会诚信体系建设。积极培育和发展社会组织,推动社会组织登记准入制度创新,立足社区孵化推动社会组织发展,引导居民参与社区事务,强化居民的社会网络关系培育,营造和谐邻里关系。完善政府购买社会组织服务机制,形成"政社分开、权责明确、依法自治"的现代社会组织体制。

5. 加强公民教育,促进城市认同与社会融合

加强公民社会公德教育。着力践行社会主义核心价值观,坚持教育倡导与惩戒相结合,提升公民道德素养。践行上海城市价值取向。增进社会包容,减少社会歧视。推进上海地方性立法,加大弱势群体利益补偿和照顾力度,有效践行上海的城市价值。鼓励志愿行动,倡导社会援助。弘扬世博志愿精神,推动志愿服务事业发展,不断提高城市文明程度和市民文明素养。进一步完善社会救助制度体系,加大社会救助协调力度,统筹社会救助城乡发展。营造和谐氛围,升华"土客关系"。增强对外来人口的包容与理解,促进"城市融入"。

6. 吸收民智、听取民意,营造开放宽和的社会心理场

完善个体表达自由的制度设计。真正尊重民心,善于倾听民意。完善信访制度,健全人民调解、行政调解和司法调解联动的调解体制。探索多元共治体系建设,强化社区自治管理。创新社区治理模式,推进公共服务提供方式的社会化,初步形成多层次、多元化的公共服务体系。进一步优化社区综合服务平台的功能,优化调整社区治理结构,加强"三社"(社团、社区、社工)联动。形成开放宽和的社会舆论氛围,创新社会主流价值的传播路径,营造良性的社会心理场,提升社会凝聚力。

B.3
上海创新卓越全球城市综合管理的实践与展望

陶希东*

摘　要： 全球城市特有的多要素集聚性、复杂性、多元性和不确定性等特征，决定了城市的综合管理能力和水平，对城市安全高质量发展具有极其重要的功能和作用。而作为卓越的全球城市，更需要实施集政府、市场、社会于一体的综合管理。近年来，全面树立综合管理理念，采取综合管理实践，上海已经积累了相关经验。本文主要对上海城市综合管理的实践进行了总结，并提出了未来深化改革的方向与路径。

关键词： 上海　卓越全球城市　综合管理

2017年全国两会上，习近平总书记在参加上海代表团审议时强调，上海的城市管理应该像绣花一样精细，要求超大城市不断提高综合管理水平和能力，实现城市管理的科学化、精细化、智能化。2018年初发布的《上海市城市总体规划（2017－2035年）》提出，到2035年，上海要建成"卓越的全球城市"。因此，从城市综合管理体制机制的视角切入，研究上海建设卓越全球城市需要配套的城市综合管理新体制、新机制和新策略，有利于提升城市竞争力、吸引力和创新力，构筑上海卓越全球城市的软实力，这是一个十分紧迫且具有重大理论和现实意义的研究议题。

---

* 陶希东，博士，上海社会科学院社会学研究所研究员。

一 实施综合管理是构筑卓越全球城市的充要条件

我们认为,拥有开放、协同、整体的综合管理思维、综合管理体制机制、综合管理能力和水平,是一座真正的卓越全球城市有效破解城市问题、保持高效运转、和谐发展的充要条件。

(一)城市综合管理的概念与特点

城市管理是对城市的运行、城市功能的发挥和城市的发展进行"管"和"理"的双重行为。城市综合管理是基于城市管理的一个全新理念和管理方式方法上的创新之举。学术界对此进行了大量的学理探讨,观点各异,不尽一致,目前尚没有一个统一的概念界定。笔者以为,所谓城市综合管理,就是针对城市系统的复杂性、多元性、不确定性等特点,顺应重大社会经济问题具有的内在关联性,发挥政府、社会、市场的多元力量,采取行政、经济、法律、道德、科技等多元手段,通过多部门共同参与、跨边界合作、协同联动的方式,协同解城市社会经济问题的集体行动过程,旨在实现城市各类市政基础设施的完好安全运行,城市各要素的功能得到充分有效发挥,经济、社会、环境效益有机统一,为市民提供一个优美、整洁、舒适、方便、安静的工作、学习、生活、休息环境的整体性行政管理工作。城市综合管理具有如下几个基本特点。

1. 管理要素或管理对象的广泛性、复杂性

如果从城市管理的内容与范围上看,可以说,城市综合管理是一个包罗万象的管理行为,既有经济管理、社会管理、文化管理、环境管理等管理子系统,又有城市人口管理、公共服务供给、信息数据管理等软件管理,外延非常广泛。可见,超大城市巨大的人口数量和繁杂的公共事务,使得综合管理的对象具有显著的多元性、广泛性和复杂性,这也决定了管理上的高难度特征。

2. 管理主体的多元化和管理目标的一致性

城市综合管理不是政府单方面的事情,更不是某一职能部门所能胜任的

事情。与一般专业部门管理相比，城市综合管理最大的特点就是管理主体的多元化和管理目标的一致性。一方面，城市综合管理的主体多元，包括党组织、政府、市场和社会等领域的多个主体；另一方面，在政府为主的管理中，尽管存在部门利益化倾向，但综合管理工作的终极性利益是相同的，都是旨在为市民创造良好的城市生活环境，维护城市安全，提高生活质量。

3. 管理运行过程的全覆盖、连续性

综合管理不是"头疼医头、脚疼医脚"，而是从源头出发，努力构筑纵向到底、横向到边的全过程、全覆盖管理，整个管理工作具有显著的链式性、连续性和一体化特性，如针对食品安全管理而言，综合管理就是从田间到餐桌的纵向一体化管理过程；针对城市运行管理而言，综合管理就是连接城市规划、建设、管理、运行、维护、更新等全过程。

（二）全球城市综合管理的基本要求

如果从城市管理和城市治理的角度看，城市管理更强调的是政府职能，要求政府积极有为，主动采取措施，解决制约全球城市安全、公平、可持续发展的重大公共问题。而全球城市综合管理作为一项多要素、多部门、多功能的跨界性整体管理，并不是一个简单的管理行为，需要具备多方面的要求，才会收到综合管理应有的效益。具体而言，全球城市综合管理，需要具备如下六个方面的基本要求。

1. 一个以政府为主导的城市跨界综合管理体制

任何管理类议题，首先要解决的是"谁来管、管什么"的问题，这就是最根本的管理体制安排问题。全球城市综合管理也同样如此。既然在原有体制基础上，推行所谓的综合管理，就得首先做出合理、高效的综合管理体制安排，明确谁是实施综合管理的主体（或平台），类似美国在20世纪初广泛实行的城市委员会制，充分明确了城市委员会全权负责城市的综合管理事务，在解决杂乱无章的城市问题方面取得了显著成效。这一点启示我们，全球城市综合管理的实施和运行，必须拥有一套以政府为主导的跨界综合管理新体制，即设置相应的城市综合管理部门，明确综合管理职责，制定综合管理的法律依据，配套相应的人财物资源，为有效实施真正的综合管理提供可靠的组织保障。这是全球城市综合管理的根本基础和首要条件。

2. 一套以协调联动合作为主的综合管理共治机制

管理机制是与管理体制安排紧密相关的制度运行过程，有什么样的体制，就可能需要或配套什么样的管理机制。在传统的城市管理体制中，基本遵循和沿用的是典型的科层体制，往往根据城市管理的对象，设置不同的管理部门，明确各自管理边界，凸显不同管理部门的专业化特性，下级部门主要对上级负责。这种体制在提高专项管理效率的同时，容易造成各自为政、相互推诿、横向合作乏力等体制弊端，难以适应当今经济全球化、社会流动化、社会经济事务跨界融合发展的新趋势、新要求。尤其是在当今共享经济大发展的背景下，上下互动、泾渭分明的管理体制及运行机制，远远无法胜任全球城市综合管理的现实需求。因此，全球城市的综合管理，在确立了跨界综合管理体制的基础上，更要依法明确综合管理的新型运行机制，关键是要依法明确分散化、多元化专门管理部门之间的职能关系、利益关系、权责关系，要突出强调目标协同、联动合作、信息互通、责任共担、利益共享、相互负责等共治机制，构筑无缝隙连接的公共管理链条与服务链条，逐个破解限制全球城市发展与运转的诸多棘手问题。

3. 一套以综合执法为核心的综合管理手段体系

综合管理是一个主要由管理者和被管理者双方组成的城市人类行为系统，采取科学、必要的管理工具，是开展管理行为、取得管理实效的关键所在。一般而言，行政手段、经济手段、法律手段、科技手段、教育手段是任何城市管理都经常采用的管理工具。在此笔者想强调的是，全球城市的综合管理依然需要配套采用这些手段和方法，但面对全球城市巨大而复杂的物质流（人流、车流、货物流等）、资金流、信息流等管理对象，要想实现城市的整洁、安全、有序、和谐、文明，强有力的法治手段显得更为重要，特别是整合分散在多个部门的执法队伍，实行区块化、功能化、一体化的综合执法，对及时快速地处置发生在街面上的诸多社会问题，具有十分重要的作用。对此，我国全球城市从体制上进行了诸多行之有效的探索和实践。

4. 一系列以大数据为主的现代信息技术支撑体系

管理的本质就是决策，而决策的依据则是信息。因此，信息的获取能力、分析判断能力，是管理工作的核心环节，也直接决定着管理的成效。因此，在当今的互联网时代背景下，推动组织内跨层级以及组织间跨部门的信息数据整合与集成，实现信息数据更科学、更准确、更全面，对全球城市综合管理具有特殊的价值和意义，是真正实现城市管理数字化、智能化、精细化的基础所在。因此，现代全球城市综合管理，就得顺应互联网时代的趋势和要求，必须利用大数据、移动互联网、云计算等新技术，深度掌握全球城市社会的内在运行规律，推行"拿数据说话""靠数据决策"的开放式科学决策，全面提高管理的智能化、精细化水平。为实现这一目标，需要满足两点：一是城市管理部门要树立大数据治理的思维，深度挖掘利用深藏在部门内部的各类数据，掌握社会运行规律，为科学决策提供依据。二是加强政府部门的数据开放、网络连通与数据共享，全面破除管理部门间的数据信息孤岛，为综合管理决策与服务提供一站式、即时性的数据信息支撑。

5. 一个以满意度为导向的综合管理绩效评价体系

全球城市的综合管理是一个包括决策、执行及监督评价等过程的完整体系，理应形成一个有始有终的闭环，尤其是要强调结果导向，拥有一套以群众满意度为导向的综合管理绩效评价体系，通过第三方独立评价与调查研究，将综合管理的成果和效果及时反馈给政府部门，以便为进一步优化综合管理体制机制提供科学依据。唯有如此，才能不断推动全球城市综合管理向常态化、长效化方向发展。

6. 一系列以财政金融创新为核心的综合配套政策体系

任何管理活动都是需要支付一定成本的。财政资源是城市政府开展一切公共活动的重要物质保障，其也需要一套完整的预决算制度体系加以贯彻执行。在传统的城市管理体制安排下，不同部门拥有自己的财政预算和公共事务安排，"一个萝卜一个坑"，一般不会形成过度的结余，也不会在预算外开展其他事务活动。而全球城市的综合管理，更多的是诸多部门集体开展的公共管理活动，突出项目导向，甚至有时候存在临时性、应急性特征，这种管理行动方案就需要新的财政经费划拨与灵活的经费使用制度相配套，以便顺利地完成综合治理的任务和目标。而现有的条线分明的财政拨付制度以及严格规定的经费使用制度，显然不符合抑或无法顺应全球城市综合管理应有的激励原则。除了财政政策创新外，还需要有利于综合管理的人事管理制度等相配套。

二 上海卓越全球城市实施综合管理的实践探索及经验

上海是一座拥有2400多万人口的超大城市，也是一座全球城市。2014年的两会上，习近平总书记要求上海要走出一条符合超大城市规律和特点的社会治理新路，像绣花一样实施精细化管理，提高城市的综合管理水平。为此，上海市委、市政府按照补短板的思路，选择城市管理中人口调控、交通违法、环境保护等诸多重大问题，深化体制机制的改革创新，构筑多部门参与、联动协作的综合管理新模式，取得了显著成效，城市环境得到了明显改善，营商环境得到了极大的优化。综观上海的综合管理实践，其主要采取以下相关举措，获得了一些有益的经验。

（一）党建统领：积极搭建多层次的区域党建新体制，在城市综合管理中发挥强有力的领导作用

党的十九大报告指出，"党政军民学，东西南北中，党是领导一切的。"在城市综合管理中，始终强调党的领导，发挥党建联建的组织优势，充分发挥党建工作对城市管理的统领作用，是上海超大城市综合管理的首要经验。在实践中，除了加强各级党政机关、企事业单位、两新组织等治理主体内部的党组织建设外，从不同规模、区域视角出发，通过采取区域化党建、跨部门党建联建等跨界党建方式，率先整合党建资源，既发挥党的领导作用，又充分发挥党建力量在综合管理中的社会动员和资源整合功能，最大限度地形成综合管理的共识，提高协同行动的能力。截至目前，全市建立了三级联动的开放型区域化党建平台，统筹全市不同层面的城市综合管理工作，如在区

层面，16个区县全部建立了党建工作领导小组和党建联席会议制度，整合驻区单位的党建资源，打造城区利益共同体；在街道层面，建立党建工作领导小组和联席会议制度，整合驻街区的各单位资源，实现资源共享、供需对接，协同解决街区发展和管理中的诸多难题，强化属地化综合管理；在居民区层面，普遍推行"大党委制"[①]，有效吸纳居民区各类自治组织、经济组织、社会组织的党建力量，带领当地居民共同商议解决关于基层稳定、民生改善等的重大问题。这些党建联建平台，为全方位实施城市综合管理创造了良好的社会氛围，也为综合管理搭建了有效的共商共建共治的载体和渠道。

（二）体制创新：市区层面探索建立城市综合管理新主体，构筑综合管理新机制

这里首先要指出的是，2018年末，国家批准了上海市机构改革方案，根据国家统一要求，对相关机构职能进行了调整重组，也新建了诸如应急管理局、生态环境局、文化旅游局等新机构，可以说是一次最新、最有力度的全国性体制改革。实际上，此次改革，从中央到地方，基本上解决了政府管理中普遍面临的职能交叉问题，想必可为未来城市综合管理提供强有力的组织保障。但在此之前，上海已经实行了诸多综合管理的体制探索与创新，主要有以下举措。

1. 在市层面，整合机构职责，明确城市综合管理主管部门

上海市在新一轮机构改革中，整合城市建设管理机构职责，组建了"市住房和城乡建设管理委员会"，作为城市综合管理的主管部门，综合协调市有关部门以及区县政府，共同推进有关城市住房、城市建设、城市运行（应急、燃气）、城市综合执法、城市公共空间等领域的城市综合管理工作。值得一提的是，上海市城管执法局由原来在市绿化市容局挂牌调整为单独设置，由市住房城乡建设管理委员会管理，副局级建制，增加行政编制50人。

---

① 徐敏：《上海建立区域化党建平台 六成居民区推行"大党委制"》，《解放日报》2015年12月8日。

同时，16个区县均单独设立城管执法局，为区政府组成部门，作为城市管理领域相对集中行政处罚权的执法主体，在区级明确了区公安分局分管治安的副局长兼任执法局副局长，强化执法保障。改革后，16个区县城管执法局共新增行政编制248人。

2. 在区层面，借助自贸区改革优势，率先探索卓有成效的综合管理新模式

最典型的就是浦东新区，如在全国率先整合原来的工商、质监、食药监和价格监督部门为单一的市场监管部门（简称四合一），推行城市综合执法体制改革，推进市场准入"综合窗口""单窗通办"等，为后来整个上海全面推行营商环境建设、实施"一网通办"等跨部门综合管理改革打下了坚实的基础。如今，浦东新区企业服务大厅，已经成为全市"一网通办"、综合服务的典型创新案例。

（三）项目化运作：围绕重大问题开展跨部门综合整治，真抓实干见成效

1. 实施交通大整治

针对上海交通存在的诸多短板问题，2016年3月开始，市公安局发布《关于加强本市道路交通安全管理的通告》，2017年3月25日起施行新版《上海市道路交通管理条例》，对十类道路交通违法行为开展"全覆盖""零容忍"的依法集中整治，取得了常态化、长效化管理的显著成效。从城市综合管理的角度看，这一整治行动属于典型的城市综合管理行为，体现在两个方面：其一，多部门力量共参与。上海警方全警动员，各警种参与，推行"队社联动"，集中整治长期存在的交通违法行为。其二，多种管理手段齐上阵。大整治采用了法律、宣教（采用各类媒体的广泛宣传）、科技（全方位推广运用8000套电子警察、行车记录仪、违法鸣号现场查处辅助系统、电子警察违法抓拍即时告知系统、官方微博和微信、上海交警APP等现代科技）等综合治理手段。

2. 推进"五违四必"区域环境综合整治

上海超大城市发展过程中，在中心城区的旧里弄和城乡结合部地区的城

中村、村中厂、厂中村、营边村等城市形态中，违章搭建和环境脏乱差问题极其严重，严重影响人民生活质量。2016年以来，市委、市政府聚焦"五违四必"（违法用地、违法建筑、违法经营、违法排污、违法居住；安全隐患必须消除、违法无证建筑必须拆除、脏乱现象必须整治、违法经营必须取缔）区域环境综合整治，取得了显著的成效。这一整治行动的综合管理特性主要体现在：一方面，统筹谋划，市区多部门形成合力，强调联合执法、综合执法，打"组合拳"，多部门执法联合行动，为基层开展"五违四必"整治创造了良好环境。另一方面，整治业务的综合，从2017年开始，"五违四必"整治开始与中小河道综合整治、与中央环保督察组提出的环保违法违规建设项目清理整顿、与正在进行的部队全面停止有偿服务工作等结合起来，形成城市管理多业协同整治、共同改进的新格局。

3. 实施住宅小区综合治理

住宅小区是市民群众生活的基本场所，是城市管理的基础单元，也是社会治理的重要领域，面对住宅小区矛盾问题的不断凸显，全面开展住宅小区综合治理，成为近年来上海实行超大城市综合管理的主要抓手。为此，上海市建设管理委、市住房保障房屋管理局联合制定了《关于加强本市住宅小区综合治理工作的意见》和《上海市加强住宅小区综合治理三年行动计划（2015－2017年）》，对小区综合治理做出了顶层设计和系统安排，建立健全了小区综合管理联席会议等制度，有效解决了小区内部多主体关系不顺的问题，加强了综合治理。①

4. 开展中小河道综合整治行动

上海城市水系丰富，中小河道众多，但沿河乱搭乱建、企业违规排污、村民生活污水直排河道、环境脏乱差现象突出。为此，从2017开始在全市启动了中小河道综合整治工作，是"五违四必"区域环境综合整治的深入和延续性工作，侧重从水系和流域的角度通盘考虑，综合施策，根据河里岸

---

① 《上海市人民政府办公厅转发市建设管理委、市住房保障房屋管理局关于加强本市住宅小区综合治理工作意见的通知》（沪府办发〔2015〕3号），2015年1月21日。

上、上游下游联动治水、全覆盖的原则,围绕谁来管、管什么、怎么管,建立健全以"河长制"为主的综合管理机制,一些区县创造了联动治理的成功模式与经验。如青浦区的"一河一档""一河一策""一河一长""一河一景";金山区积极采取"五举治水""河长治水""全民治水""联动治水"相结合的模式开展中小河道综合整治工作。

(四)网格化平台为依托:区、街镇搭建信息化支撑的城市网格化综合管理新平台

1. 区、街镇普遍设立直属的城市网格化管理机构——城市网格化管理中心

城市网格化管理中心,有的称为区网格化中心,有的称网格化管理中心,有的则称网格化综合管理中心等,不尽一致。市和区都建立了本级政府的城市网格化管理信息平台,乡(镇)人民政府或者街道办事处建立城市网格化管理信息分平台,这是运用数字化、信息化手段,实现市区联动、资源共享、部门协同的一种城市综合管理新模式。城市网格化综合管理平台主要发挥"发现(问题)、分派(案件)、监督(处置)"三大新功能,保障城市网格化管理各环节的高效运行和顺畅衔接。

2. 拓展城市网格化管理内容,并逐步将更多管理领域有关事项纳入网格化管理范围

一方面,以能通过街面巡查方式来发现的事项为依据,将对公用设施、建设管理、道路交通、交通运输、市容环卫、环境保护、园林绿化、工商行政、食品药品监督、安全生产监督、公共卫生等管理领域内可以通过巡查发现的事件问题,纳入城市网格化管理的范围,管理内容有了进一步拓展。另一方面,全面推动城市网格化综合管理向居民区、住宅小区和农村拓展延伸,帮助居民区、住宅小区实现综合管理,化解诸多城市管理的疑难杂症。如徐汇区居委会的网格平台和市、区、街道网格平台联网,居委会将违建、群租、私装地锁、损坏房屋承重结构等问题"发单"给街道网格中心后,网格中心牵头工商、房管、城管、市容等相关执法部门,直接实施行政执法处置,小区治理效率显著提升。

3. 城市网格化管理发现机制与区联勤联动综合处置机制实现有效对接

针对实践中碰到的情况复杂、跨部门、跨区县的案件，因处置部门或单位职责单一的局限而不能得到及时解决的，通过建立城市网格化管理与现有的联合执法体系对接机制加以处置落实和解决。对于具体案件的分派、处置，分为三种情形分别做了规定：①对于情况复杂、需要多个行政管理部门共同处置的案件，由区网格化管理机构上报区人民政府，组织相关行政管理部门采用联合执法等方式对案件进行处置。②对属于跨区级行政区域或者在职责分工上应由市级有关部门管理的案件，区城市网格化管理机构应当上报市数字化城市管理机构予以分派。③对处置部门或单位存在争议的案件，市建设交通行政管理部门应当负责案件处置的协调；必要时，可以直接指定。

4. 在城市网格化管理的基础上，个别区县创新提升网格化管理2.0版，推行综合管理新模式

这有两个典型代表：其一，虹口区从实际情况出发，全区构建网格化综合管理服务片区，作为街道网格化管理中心的延伸，提供包括助餐、助医、助健、日间照护在内的为老综合服务，以及包括区域化党员活动中心、群团工作室、共治议事厅、社会组织服务中心等在内的区域化党建引领共治，建设"15分钟社区综合管理服务圈"。① 其二，徐汇区在区层面整合网格化中心的职能，设立了集"行政审批办理、公共资源交易、网上便民服务、网格化综合管理、效能评价监督、权力公开运行"于一体的综合治理新平台——"徐汇区行政服务中心（城市网格化综合管理中心）"，是一家面向企业和社会公众办理行政审批和公共服务事项的综合性行政服务平台。

（五）信息化大数据为支撑：以"互联网+政务服务"和大数据为依托，积极创建符合网络经济时代的城市跨部门、智能化、精细化的综合管理新模式

在网络信息时代，充分发挥大数据、物联网等信息化技术优势，推动政

---

① 叶锋：《上海基层建设"15分钟社区综合管理服务圈"》，新华网，2017年1月18日。

府数据开放、数据整合,开展城市科学决策与智能化管理,成为当今全球城市管理的世界性潮流和趋势。近年来,上海根据国务院印发的《关于加快推进"互联网+政务服务"工作的指导意见》《推进"互联网+政务服务"开展信息惠民试点实施方案》等要求,结合"放管服"改革和营商环境建设,以大数据为支撑,创造性地构建了符合网络社会发展趋势和要求的新型智能化、科学化综合管理模式,旨在彻底解决市场主体和群众办事过程中"办证多、办事难"等问题。

1. 积极推进网上政务"单一窗口"(网上政务大厅)建设

近年来,上海以"互联网+政务服务"思维和"单一窗口"的理念,围绕"24小时全天候""一站式""全流程"的要求,以数据对接、一码贯通、身份认证、并联协同、信息共享为特色,启动市、区网上政务大厅建设(市级政务网上大厅设在上海政府"中国上海"网站的显明位置,在网上政务大厅中,"个人"一个入口,"法人"一个入口,所有事项围绕审批、服务和事中事后监管三个核心),通过跨部门数据资源的流动共享,联通各部门审批、监管、服务和公共资源交易等业务系统,积极推动一站式、全流程、全覆盖的服务体系和跨部门、跨层级、跨区域的协同应用,为公众提供市、区两级一体化的网上政务服务,实现用数据跑路,替代群众跑腿。

2. 以数据公开共享和大数据为支撑,建设事中事后综合监管平台

2016年以来,上海市政府颁发《上海市事中事后综合监管平台建设工作方案》,方案提出:建立以综合监管为基础、专业监管为支撑、信息化平台为保障的事中事后监管体系框架,强化部门联动和联合惩戒,增强监管合力,提升综合监管水平。事中事后综合监管平台是全市统一的监管信息共享和业务联动平台,其功能是实现各领域监管信息的实时传递和无障碍交换,为本市有关部门在实施综合监管过程中的协同工作提供支撑。[1] 截至目前,

---

[1] 上海市人民政府办公厅:《上海市事中事后综合监管平台建设工作方案》(沪府办发〔2016〕29号),中国上海网站,2016年7月18日。

完成了市、区两级综合监管平台框架搭建,实现了与各监管业务系统对接和数据资源共享,推动了双告知、双随机、日常监管、联合惩戒等主要功能应用,平台建设成效初步显现。

3. 上海法院系统联合43家部门联合惩戒被执行人

法院解决执行难的问题,是一个典型的综合监管问题。对此,上海市高级人民法院在智慧法院建设中,用互联网新技术和多部门联合惩戒的方式来破解"执行难"问题,取得了显著成效。具体而言,一是研制执行大数据分析系统,二是上海市高院、市发改委等46个部门联合签署了《关于加快推进本市失信被执行人信用监督、警示和惩戒机制建设的合作备忘录》,联合惩治"老赖"问题,大大提高了执行率。这一做法为全球城市跨部门综合管理提供了方向。

4. 全面推行"一网通办"

2017年以来,围绕全面优化城市营商环境,上海市推行了打破部门数据壁垒、"让数据多跑路、最多跑一次"的"一网通办"工程,搭建上海市大数据中心,推动政府部门数据的开放、共享与整合,提升城市服务能级。2018年10月17日,"一网通办"总门户正式上线运行,目前上海市46个市级部门、16个区县、220个街镇网上办事服务已经入驻[①],一站式实现100多项社会服务事项的办理。这一系统是目前上海城市综合管理方面最新、最高级的管理方式和平台,在全国具有可复制、可推广、可借鉴的价值。

三 上海深化卓越全球城市综合管理改革的展望

根据上海城市综合管理多元实践的系统分析,虽然在综合管理方面取得了非常显著的成效,甚至在有些领域已经呈现引领世界的趋势,但从卓越全球城市的科学化、精细化、社会化、智能化等管理要求看,当前上海的综合

---

① 《"一网通办",如何让魔都海量政务服务一站式上云?》,《IT时报》2018年10月19日。

管理依然面临着诸多市区综合管理体制不健全、综合管理工作存在碎片化约束、管理与执法衔接机制不够紧密、城市基层综合管理的网格化平台功能弱化等问题和挑战。上海作为中国经济高度繁荣、世界性全球城市，已经进入"管理引领建设"的新型发展阶段，2035年要建成"卓越的全球城市"。为此，统筹策划、顶层设计，组织协调好多元城市管理部门之间的关系，构筑符合卓越全球城市特点和要求的综合管理架构，切实提高城市综合管理水平，提高管理的科学化、精细化、智能化、法治化水平，真正达到"像绣花一样"的格局，是上海当前及未来一个时期必须破解的重大现实议题。其中，城市综合管理体制机制的创新，是核心议题和首要环节。为此，为进一步深化改革创新上海综合管理体制机制，笔者提出以下策略。

（一）制定一部符合超大城市特点的城市综合管理地方法律

尽管国家在2017年5月颁布实施了首部《城市管理执法办法》，为上海和全国各地的城管综合执法活动提供了法律依据，但这依然无法弥补上海超大城市综合管理方面的立法空白。为此，建议市政府在不断完善和严格执行《上海市道路交通管理条例》《上海市城市管理行政执法条例实施办法》《上海市食品安全条例》等专项法律法规的基础上，加快制定关乎超大城市综合管理问题和领域的单独地方性法律，如《上海全球城市综合管理条例》或《上海全球城市综合管理法》，依法明确城市综合管理主体及职责、多部门联动、信息支持、运行保障、约束激励等问题，全面理清多层、多个管理职能部门之间的合理关系，重点是加强行业管理和综合执法的衔接，强化多部门联合执法，形成工作合力；用好用足法律资源，切实做到违法必究、执法必严，树立法律权威。

（二）组建一个权威、统一、上下对应的城市综合管理部门

在传统体制安排下，由于城市管理机构设置与职能的分散化，综合管理会产生难以避免的碎片化问题，而针对一些特殊领域，实行适度的部门合

并，是一种较为理想的改革模式，但大部制也是有边界的。对一个拥有几千万人口的上海超大城市而言，由不可能由一个部门来管理。因此，建立健全具有权威性、统一性的协调型机构，对城市综合管理开展总体谋划和顶层设计，有效整合分散在多个管理部门中的资源，统筹协调城市建设、规划、管理等不同环节上的问题，无疑是超大城市综合管理的必然选择。具体而言，建议以"市住房和城乡建设管理委员会"下属的"城市管理处"和"城市管理执法局"为母体，重组新的"上海城市综合管理委员会"（简称"城市综管委"），并努力建成政府序列中第一委，由市委书记任主任，全面开展上海超大城市综合管理的顶层设计、信息平台搭建（由该委员会协调若干信息平台，保证多部门信息在一个平台上实现互通共享）、项目协调（诸如"五违四必"、交通大整治、小区综合治理等整治项目）、队伍建设、数据分析、监督考核等工作，全面增强综合协调与综合管理的权威性。

与此同时，与市层面保持一致，在各区层面，也相应地组建成立"区城市综合管理委员会"，按照"城市综管委"的指导和要求，整合区里面的资源力量，实行城区的综合化、精细化、智能化管理。

（三）整合搭建一个跨部门数据联通共享的综合管理信息平台

以现有的市、区、街镇三个层次城市网格化综合管理平台及"一网通办"为基础，重点围绕城管、交警、公安、房管、工商、税务、环保、城建、应急等相关城市管理部门之间网络连接、信息联通、数据共享，全面打造上海卓越全球城市全域空间综合管理的信息平台，进一步完善平台的"发现、派单、处置、督查"等基本功能，管理和执法部门各尽其责，在第一时间内，协同消除影响城市公共安全、公共秩序的各类潜在问题。在此基础上，实现全市电子政务大厅的"事中事后综合监管平台"及"社会信用信息平台"与市、区、街镇三个层面城市网格化综合管理平台的相互连接、信息联通，全面实现市、区、街镇纵向一体化的多部门信息共享格局，对在全市任何时间、任何地点构成违法犯罪事实的法人和个人，实行全市范围内的联合惩戒机制。

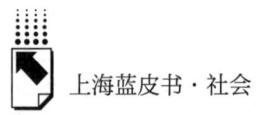

（四）整合形成一个全民皆知的市民参与管理热线和微信 APP

目前，在市层面，有市民服务热线 12345、城建热线 12319 等不同领域的热线电话，一些区县的城市管理还设立有自己的投诉热线。虽然 12345 热线已经对原有多部门服务热线实现了有机整合，但从全球城市综合管理的角度来说，拥有全民皆知、易记、易拨的统一热线，如纽约的 311 热线，是一个基本趋势。因此，建议在现有基础上，加大改革力度，将市民服务热线 12345、城建热线 12319 合并成立为一个统一的市民服务热线，并与市、区城市网格化综合管理平台全面对接整合，仍然按照网格化管理中心"接听（发现）、服务（转接相关专业部门）、派单、督办"的机制开展工作。通过这一改革，全面实现让全市任何市民只要一个电话热线，就能够获得相应服务咨询、参与城市建设管理活动。

在此基础上，在全市范围内，吸收借鉴浦东城管创立的"浦东 e 家园"APP 的相关经验和做法，复制推广开来，进而在全市城市综合管理委员会层面，以区县城市网格化综合管理平台为主体，创建全市统一的"城市综合管理"APP，让所有市民随时随地都能拍摄上传城市建设管理中的问题，发挥社会监督的力量，消除城市安全运行中的各种社会问题和安全隐患。

（五）夯实一支拥有现代装备和高素质的综合执法队伍

在现有基础上，在全市范围内推广浦东新区城管试点探索建立的符合执法工作规律与行业职业特点的单独序列管理制度、"首席执法员"工作室等相关成熟经验，加强人事改革与专业培训，加大城管软硬件投入力度，全面建立健全有效的激励约束机制，并形成向基层一线执法岗位倾斜的正确用人导向，努力建设一支符合现代化国际大都市管理要求的高素质、职业化、专业化行政执法队伍，有效提升综合执法效能。

（六）建立一套以大数据分析为主的第三方绩效评估体系

实施以客观事实和民众满意度为核心的绩效管理，是检验检测并不断提升城市综合管理效果的重要抓手之一。目前，尽管在市、区层面的网格化管理平台，积累了涉及综合管理多个方面的大数据资料，但这些数据并没有被整理、挖掘和分析，更无法判断城市综合管理的实际效果到底如何。为此，建议在市、区层面，城市综合管理部门采取政府购买服务的方式，与权威的第三方专业决策咨询机构合作，研制上海城市综合管理绩效评价指标体系，并定期或不定期开展实际效果测评，分门别类地发布上海城市综合管理指数。需要指出的是，在指标体系研制和具体实践测评中，除了关注市民的感受度、满意度等主观感受测量外，更多的是要大力发掘蕴藏在城市综合管理网格化管理平台中的大数据，让数据说话，用实事说话，增强综合管理绩效测评的科学性，为科学决策、优化决策提供更有价值的依据。

生育与青少年发展篇

Fertility and Adolescent Development

B.4 上海生育水平变化的影响因素分析及生育福利政策探讨[*]

周海旺 高 慧[**]

> **摘 要：** 本文利用"2017年全国生育状况抽样调查"中的6000个上海样本数据，分析了全面二孩背景下上海生育水平的变化情况，以及影响生育水平和生育意愿的主要因素，并结合55个育龄妇女的深入访谈和一系列座谈交流，提出了应对上海超低生育水平的一些政策建议：加快研究生育政策全面放开的可能性和应对方案，完善生育相关的就业政策法规，完善生

---

[*] 本文是上海市卫生计生委2017年课题"全面二孩政策背景下上海生育水平变化及其影响因素研究"的部分成果。参与本项目调研的还有上海社会科学院城市与人口发展研究所的研究生惠竞和谭若愚等。

[**] 周海旺，上海社会科学院城市与人口发展研究所副所长、研究员；高慧，上海社会科学院城市与人口发展研究所助理研究员。

育保险制度，加大对二孩家庭的支持力度，提供公益性婚介服务。

关键词： 上海 二孩政策 生育水平

继2013年11月15日我国实施"单独二孩"政策后，2016年1月1日我国开始实施"全面二孩"政策。在全面二孩政策背景下，当前低生育水平下我国生育水平变化问题越来越受到重视。上海生育水平长期处于超低水平，近几年有所上升，但2017年户籍人口总和生育率也仅为1，在全国乃至全世界都处于很低的水平。长期过低的生育水平，再加上人口预期寿命的延长，造成上海少子化、老龄化等人口结构失衡问题越来越严重，迫切需要研究出台有关对策措施，促进人口长期均衡发展。

本文主要利用上海市生育统计数据和"2017年全国生育状况抽样调查"数据，分析在全面二孩背景下上海生育水平的变化情况，以及影响生育水平的因素，并在开展深入访谈和一系列座谈交流调研活动①的基础上，提出应对上海超低生育水平的针对性政策建议。

一 上海生育水平变化趋势及宏观影响因素分析

本部分主要利用2010年以来上海历年生育统计数据，分析上海生育水平的变化趋势及宏观影响因素。

---

① 根据课题研究需求，2018年5月13日、16日、20日，课题组分别在静安区、浦东新区、奉贤区的三个居委会开展了"上海女性生育意愿及需求"个案访谈，每个对象的访谈时间是40分钟至1个小时，共访谈了55位妈妈。2018年6月11日，课题组在浦东新区召开由区、街/镇、居委/村三级计生干部11人参与的"浦东新区生育情况与公共服务供给"座谈会，另外2018年6月7日、6月12日课题组还参与了两次企业访谈。

（一）上海生育水平变化趋势

1. 出生人口规模变化趋势

自 2003 年开始上海迎来了新一轮户籍人口出生高峰，再加上 2014 年"单独二孩"、2016 年"全面二孩"生育政策实施的影响，符合政策生育二孩的数量增加，上海出生人口规模趋于扩大。

从户籍出生人口规模变化看，2010 年以来整体处于增加趋势，尤其是 2014 年、2016 年因为生育政策的放开，出生人口规模有了大幅度的增加，2014 年户籍人口出生 12.41 万人，比 2013 年增加了 1.52 万人，2016 年出生 13.07 万人，比 2015 年增加了 2.48 万人，达到这几年中的最大规模。外来常住出生人口规模变化趋势与户籍出生人口基本一致，其中 2016 年出生 8.92 万人，比 2015 年增加了 1.11 万人，总体来说外来人口出生规模受生育政策的影响比户籍人口出生规模小。相应地，上海常住人口出生规模也一直趋于增加，2014 年、2016 年增加尤其明显，分别比 2013 年、2015 年增加了 0.58 万人、3.65 万人，分别达到 20.20 万人、21.84 万人，2016 年也达到这几年中的最大规模（见图 1）。

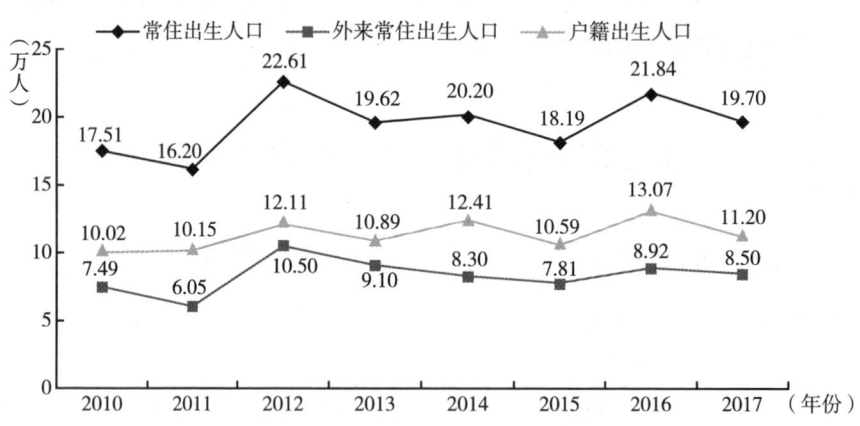

图 1　2010 年以来上海出生人口规模变化

资料来源：各年份《上海统计年鉴》及《2017 年上海经济和社会发展统计公报》。

从表1可以明显地看出，上海户籍出生人口的波动增加主要是因为二孩的快速增加。2010年以来，上海户籍二孩出生规模持续增加，尤其是2014年、2016年因为生育政策调整①，二孩出生规模快速增加，分别比2013年、2015年增加了0.72万人、1.18万人，2013年以来上海户籍二孩出生规模增加了2.5万人，而一孩出生规模反而在波动中减少，2013年以来减少了2.29万人。

表1 2010年以来分孩次上海户籍出生人口规模变化

单位：万人

年份	合计	一孩	二孩	多孩
2010	10.02	9.39	0.61	0.01
2011	10.15	9.42	0.72	0.01
2012	12.11	11.08	1.02	0.01
2013	10.89	9.74	1.14	0.02
2014	12.41	10.54	1.86	0.02
2015	10.59	8.16	2.40	0.03
2016	13.07	9.40	3.58	0.08
2017	11.20	7.45	3.64	0.10

资料来源：2010~2016年的出生人口数量来源于《上海统计年鉴2017》；2017年出生人口数据来源于《2017年上海经济和社会发展统计公报》；分孩次的出生人口数量根据上海市卫生和计划生育委员会提供的孩次率推算。

2. 出生人口孩次变化趋势

近几年随着政策放开，出生二孩的家庭增多了，上海户籍和外来出生人口的孩次都发生了明显的变化。

从图2可以看出，上海户籍出生人口孩次构成中，2010年尤其是2013年以来一孩率大幅度下降，由2013年的89.4%下降到2017年的66.5%，

---

① 2014年、2016年出生人口规模大幅度增加，除了与2014年"单独二孩"、2016年"全面二孩"生育政策有关外，还与人们的生肖偏好（如倾向于生龙宝宝、猪宝宝，不愿生羊宝宝）等导致的生育挤压有关，如2015年是羊年，很多人避开这年生育而挤压到2016年生育。但总体说来这两年出生人口规模的大幅度增加主要原因还是二孩生育政策的放开。

下降了22.9个百分点，而二孩率则大幅度上升，由2013年的10.5%上升到2017年的32.5%，上升了22个百分点。

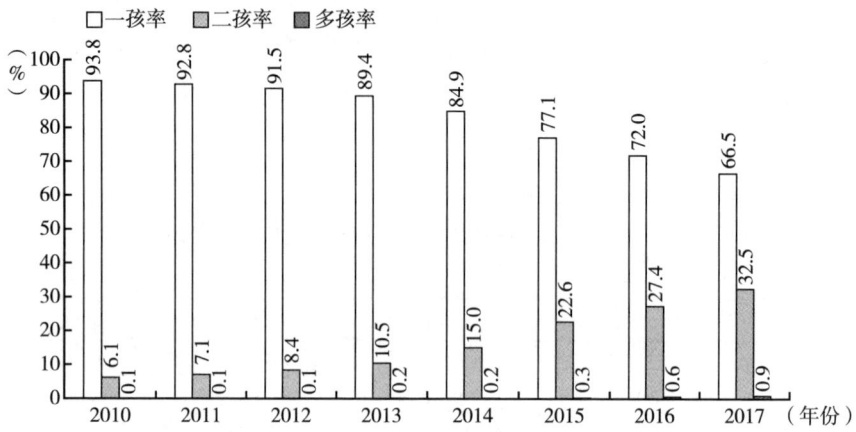

图2　2010年以来上海户籍出生人口孩次变化

资料来源：上海市卫生和计划生育委员会。

从图3可以看出，上海外来出生人口孩次构成中，2014年以来一孩率趋于下降，由2014年的64.3%下降到2017年的47.0%，下降了17.3个百分点，而二孩率持续上升，由2014年的32.7%上升到2017年的47.5%，

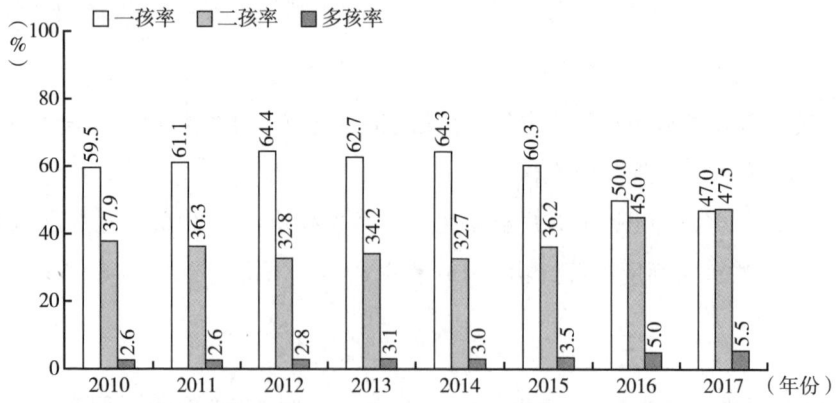

图3　2010年以来上海外来出生人口孩次变化

资料来源：上海市卫生和计划生育委员会。

上升了14.8个百分点,并且在2017年超过了一孩率,同时多孩率由2014年的3.0%上升到2017年的5.5%。

3.总和生育率变化趋势

随着户籍出生人口的增加,上海户籍人口总和生育率总体上趋于增加,由2010年的0.89增加到2017年的1.00,其中2014年达到最高值1.13,2016年也达到第二高值1.10(见图4)。

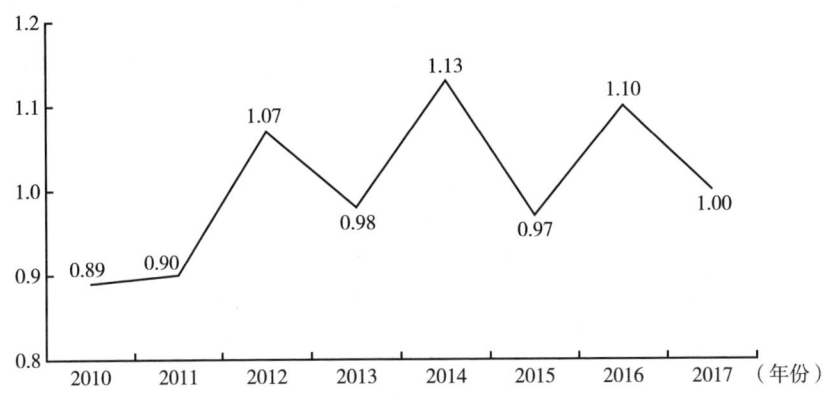

图4 2010年以来上海户籍人口总和生育率变化

资料来源:上海市卫生和计划生育委员会。

从以上宏观数据分析可以发现,无论是2014年"单独二孩"还是2016年"全面二孩"政策的实施,对上海生育水平提升都起到了一定的促进作用。

(二)影响上海生育水平的宏观因素变化

尽管2010年以来户籍人口出生规模趋于增加,尤其2016年全面二孩政策放开时增加更明显,但因总和生育率、已婚育龄妇女规模、平均初育年龄、生育意愿等因素的变化,未来上海户籍出生人口状况不容乐观。

一是总和生育率持续偏低,低生育率趋势难以改变。上海户籍人口总和生育率持续偏低,并且大多数年份不到1,远远低于国际公认的维持人口新老更替的2.1,在全世界各个国家和地区中都属于超低的生育水平,而且根据国际发展经验这种低生育水平很难逆转。

二是已婚育龄妇女规模持续大幅减少，人口出生规模也将减少。随着户籍人口年龄结构的变化，上海已婚育龄妇女规模持续大幅减少。由2010年的217.13万人减少到2017年的200.92万人，平均每年减少2.32万人，这种趋势还会持续，将导致出生人口规模减少。

三是平均初育年龄不断推迟，不利于人口出生。一般说来，女性的生育年龄在23~30岁为最佳时间。上海已婚育龄妇女初育年龄呈现不断推迟的趋势，由2010年的28.25岁推迟到2017年的29.81岁（见表2），即将错过最佳生育年龄，不利于人口出生。另外，晚婚晚育可以在相同的时间内降低代数，抑制人口增长。

表2 2010年以来上海户籍人口婚育指标变化

单位：万人，岁

年份	已婚育龄妇女	平均初育年龄
2010	217.13	28.25
2011	217.12	28.44
2012	214.48	28.46
2013	210.04	28.65
2014	208.23	28.66
2015	204.85	29.01
2016	204.23	29.37
2017	200.92	29.81

资料来源：上海市卫生和计划生育委员会。

四是户籍女性再生育意愿低，影响二孩政策效果。户籍女性再生育意愿低问题后面会重点分析。

二 上海女性生育二孩的现状、特征

近几年上海二孩家庭增加，分析这些家庭中女性的基本特征及生育二孩的原因，有助于判定影响上海女性生育行为的因素。

（一）上海女性生育二孩的现状

在"2017年全国生育状况抽样调查"6000人的上海样本中，有一个孩子和两个孩子的女性4461人，其中1031人生育了两个孩子，占23.1%。从户籍性质差异看，户籍女性中只有164人生育了二孩，仅占6.7%，而外来女性中有867人生育了二孩，占比高达42.8%（见表3）。可见，上海女性二孩生育率不足1/4，而户籍女性更低。

表3 分户籍性质上海女性生育二孩情况

单位：人，%

户籍性质	样本数			比例		
	一孩	二孩	合计	一孩	二孩	合计
户籍女性	2270	164	2434	93.3	6.7	100.0
外来女性	1160	867	2027	57.2	42.8	100.0
合计	3430	1031	4461	76.9	23.1	100.0

（二）上海二孩家庭女性的基本特征

通过不同类别女性生育子女的对比，分析2017年上海二孩家庭中女性在年龄、文化程度、职业、家庭收入等方面的基本特征，同时考虑到户籍女性与外来女性存在差异，因此对这两类人群分别进行分析、比较。

1. 二孩家庭户籍女性的基本特征

通过不同类别女性生育子女数量/生育二孩比例的对比发现，户籍女性具有以下特征（见表4）。

一是分调查时年龄看，30~39岁的女性生育二孩比例最高，50岁及以上的女性生育二孩比例最低。从分年龄组的平均生育子女数来看，30~39岁年龄组最多（1.13个），其他3个年龄组比较接近；从分年龄组的二孩比例看，30~39岁年龄组比例最高（12.7%），其次是30岁以下，再次是40~49岁年龄组，而50岁及以上年龄组最低。也是说1978~1987年出生的

表4 分类别户籍女性生育二孩的比例

单位：%

类别		一孩	二孩	合计
调查时年龄	30岁以下	93.6	6.4	100.0
	30~39岁	87.3	12.7	100.0
	40~49岁	94.6	5.4	100.0
	50岁及以上	95.4	4.6	100.0
	合计	93.3	6.7	100.0
文化程度	初中及以下	93.3	6.7	100.0
	高中中专	95.9	4.1	100.0
	大专及以上	90.8	9.2	100.0
	合计	93.3	6.7	100.0
职　业	蓝领职业	92.8	7.2	100.0
	白领职业	91.6	8.4	100.0
	合计	92.2	7.8	100.0
家庭年收入	10万元及以下	93.4	6.6	100.0
	10万~20万元	95.2	4.8	100.0
	20万元及以上	89.6	10.4	100.0
	合计	93.3	6.7	100.0

注："白领职业"指国家机关/群组织/企事业单位负责人、专业技术人员与办事人员和有关人员；"蓝领职业"包括商业、服务业人员与生产、运输设备操作人员及有关人员；"农业及其他"包括农林牧水利业生产人员和其他人员。在一些图表中，如果"农业及其他"的样本量比较少，就将其并到"蓝领职业"中，下同。

户籍女性生二孩的比例高，1978年之前出生或者1987年之后出生的户籍女性生二孩的比例都比其低。

二是分文化程度看，大专及以上的女性生育二孩比例最高，而高中中专的女性生育二孩比例最低。分文化程度的平均生育子女数来看，大专及以上女性最多，为1.09个，高中中专最少，为1.04个；从分文化程度的二孩比例看，大专及以上女性的比例最高，为9.2%，而高中中专最低，为4.1%。

三是分职业看，白领职业女性生育二孩的比例略高于蓝领职业女性。从分职业的平均生育子女数来看，白领职业女性为1.08个，略多于蓝领职业女性的1.07个；从分职业的二孩比例看，白领职业女性的比例为8.4%，略高于蓝领职业女性的7.2%。

四是分收入看,高收入家庭的女性生育二孩比例最高,中收入家庭的女性生育二孩比例最低。从分家庭收入的平均生育子女数来看,20万元及以上高收入家庭的女性最多（1.10个）,10万~20万元中收入家庭的女性最少（1.05个）；从分家庭收入的二孩比例看,20万元及以上高收入家庭女性的比例最高（10.4%）,而10万~20万元中收入家庭女性的比例最低（4.8%）。

另外从表5可以看出,户籍女性中,20万元及以上高收入家庭、大专及以上高文化程度者生育二孩的比例最高（11.2%）,10万~20万元中收入家庭、高中中专中文化程度者生育二孩的比例最低（3.2%）。

表5 不同文化程度与不同收入户籍女性生育二孩的比例

单位：%

类别	10万元及以下	10万~20万元	20万元及以上
初中及以下	7.8	3.5	3.6
高中中专	4.4	3.2	6.3
大专及以上	8.1	6.9	11.2
合计	6.6	4.8	10.2

可见,二孩比例高的户籍女性具有以下特征：调查时年龄在30~39岁,文化程度在大专及以上,职业为白领,家庭收入处于高水平。

2. 二孩家庭外来女性的基本特征

通过不同类别女性生育子女数量/生育二孩比例的对比发现,二孩家庭外来女性具有与户籍女性基本相反的特征：调查时年龄在50岁及以上,文化程度在初中及以下,职业为蓝领,家庭收入处于低水平（见表6）。

一是分调查时年龄看,女性年龄越大,生育二孩比例越高。从分年龄组的平均生育子女数来看,随着年龄的增加,外来女性平均生育子女数增多,50岁及以上女性最多（1.5个）；从分年龄组的二孩比例看,随着年龄的增加,外来女性生育二孩的比例上升,其中50岁及以上的比例最高（50.2%）。

表6　分类别外来女性生育二孩的比例

单位：%

类别		一孩	二孩	合计
调查时年龄	30岁以下	72.1	27.9	100.0
	30~39岁	54.6	45.4	100.0
	40~49岁	52.5	47.5	100.0
	50岁及以上	49.8	50.2	100.0
	合计	57.2	42.8	100.0
文化程度	初中及以下	45.5	54.5	100.0
	高中中专	65.2	34.8	100.0
	大专及以上	78.4	21.6	100.0
	合计	57.2	42.8	100.0
职业	蓝领职业	52.1	47.9	100.0
	白领职业	81.4	18.6	100.0
	合计	58.4	41.6	100.0
家庭年收入	10万元及以下	50.6	49.4	100.0
	10万~20万元	57.6	42.4	100.0
	20万元及以上	70.7	29.3	100.0
	合计	57.2	42.8	100.0

二是分文化程度看，女性文化程度越高，生育二孩比例越低。从分文化程度的平均生育子女数来看，随着文化程度的升高，外来女性平均生育子女数量减少，大专及以上女性最少（1.22个）；从分文化程度的二孩比例看，随着文化程度的升高，外来女性生育二孩的比例降低，其中大专及以上的比例最低（21.6%）。

三是分职业看，蓝领职业女性生育二孩的比例高于白领职业女性。从分职业的平均生育子女数来看，蓝领职业女性为1.48个，多于白领职业女性的1.19个；从分职业的二孩比例看，蓝领职业女性的比例为47.9%，远高于白领职业女性的18.6%。

四是分收入看，女性家庭收入越高，生育二孩的比例则越低。从分家庭收入的平均生育子女数来看，随着家庭收入的增加，女性平均生育子女数减少，20万元及以上高收入家庭的女性最少（1.29个）；从分家庭收入的二孩比例看,随着家庭收入的增加,女性生育二孩的比例下降,20万元及以上高收入家庭女性的比例最低(29.3%)。

另外从表7可以看出,外来女性中,20万元及以上高收入家庭、大专及以上高文化程度者生育二孩的比例最低,为19.6%,20万元及以上高收入家庭、初中及以下低文化程度者生育二孩的比例最高,为63.5%。

表7 不同文化程度与不同收入外来女性生育二孩的比例

单位:%

类别	10万元及以下	10万~20万元	20万元及以上
初中及以下	55.2	51.5	63.5
高中中专	29.5	39.8	36.7
大专及以上	26.8	23.6	19.6
合计	49.4	42.5	29.3

三 上海女性生育二孩的意愿及其主观因素分析

生育意愿反映了女性的生育需求,并且在一定程度上决定了生育行为,而女性生育意愿又受多种因素的影响。在"2017年全国生育状况抽样调查"6000人的上海样本中,有一个孩子且在15~49岁年龄段的女性有2172人,其中户籍女性1137人,外来女性1035人。本部分主要分析这些已生育一孩的女性生育二孩的意愿及其影响因素,同时比较户籍女性与外来女性存在的差异。

(一)有一孩的上海女性生育二孩的意愿

1. 有一孩的女性打算生二孩的比例低,户籍女性更低

抽样调查数据显示,在2172位有一个孩子的15~49岁女性中,仅有16.4%打算生二孩,其中户籍女性打算生二孩的意愿尤其低,仅为7.6%,而外来女性相对高一点,为26.2%(见图5)。

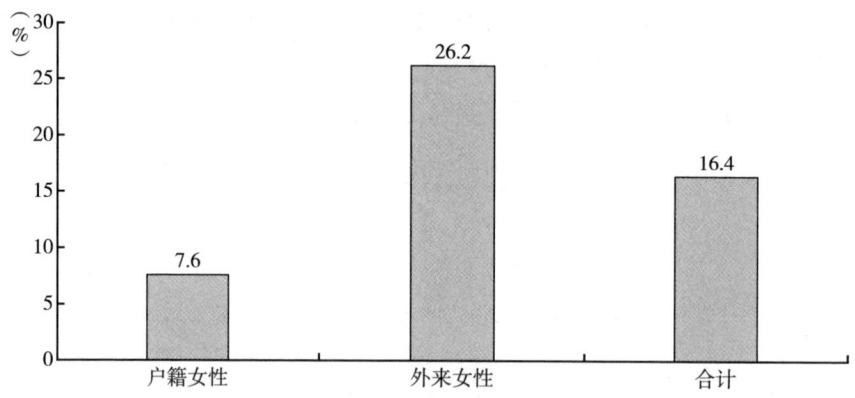

图 5　有一孩的上海女性打算生二孩的比例

2. 有一孩的女性打算生二孩的主要原因是让孩子有个伴

女性个案访谈资料表明，女性打算生二孩（生育意愿）的原因，与女性生育二孩（生育行为）的原因类似，主要是让孩子有个伴，同时包括没有经济、孩子照料方面的顾虑。

3. 近半数还没有想好何时生二孩，不生二孩的可能性会大

女性不仅生育二孩的意愿低，而且即使想生二孩的对何时生二孩，也有45.5%表示还没有想好，其中外来女性的比例为46%，另外分别有31.6%的女性打算2018年生，14.5%的女性打算2019年生（见表8）。近半数还没有想好的女性今后不生二孩的可能性会比打算最近两年生的女性大。

表 8　上海女性打算生二孩的时间

单位：%

户籍性质	2018 年	2019 年	2020 年及以后	没想好	总计
户籍女性	35.1	16.0	4.6	44.3	100.0
外来女性	30.2	13.9	2.7	46.0	100.0
合计	31.6	14.5	8.3	45.5	100.0

（二）上海女性生育二孩意愿的主观因素分析

影响女性生育意愿的因素很多，限于对问卷中涉及的变量进行定量分析的可能性，本文仅选择了调查时年龄、文化程度、户口性质、职业类别、家庭年收入等5个变量，并与女性生育意愿进行交叉分析。

1. 年龄因素

随着年龄的增长，无论是户籍女性还是外来女性打算再生育的意愿减弱。20~24岁年龄组户籍女性、外来女性打算再生育的比例分别高达33.3%、50%，到35~39岁年龄组则分别大幅度下降到6.1%、20.7%，40~44岁年龄组进一步下降，45~49岁年龄组有所反弹，但反弹幅度很小（见图6）。

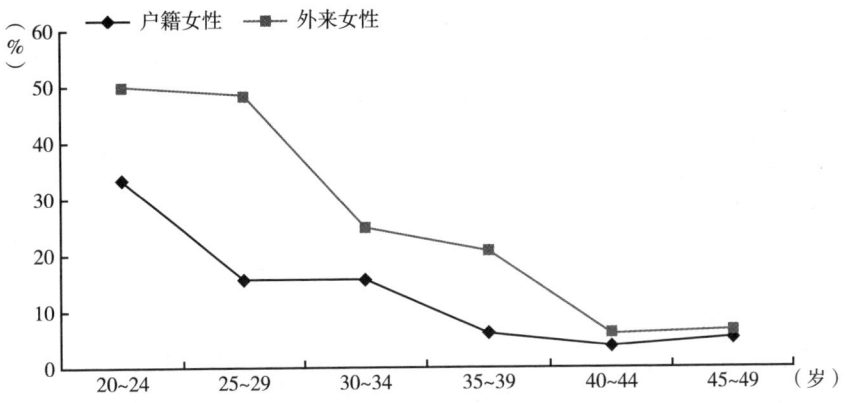

图6 分调查时年龄组上海女性打算再生育的比例对比

2. 文化程度因素

随着文化程度的提高，户籍女性打算再生育的意愿增强，由初中及以下文化程度女性的3.3%上升到大专及以上文化程度女性的10.1%；而外来女性则先增强后减弱，其中高中中专女性的意愿最强，为31.0%，初中及以下文化程度女性最弱，为21.8%，大专及以上文化程度女性位于两者之间（见图7）。

3. 户口性质因素

户籍女性中，非农业户口的女性打算再生育的比例（8.2%）高于农业户口者（3.6%），而外来女性正好相反，非农业户口的女性打算再生育的比例（20.8%）低于农业户口者（29.7%）（见图8）。

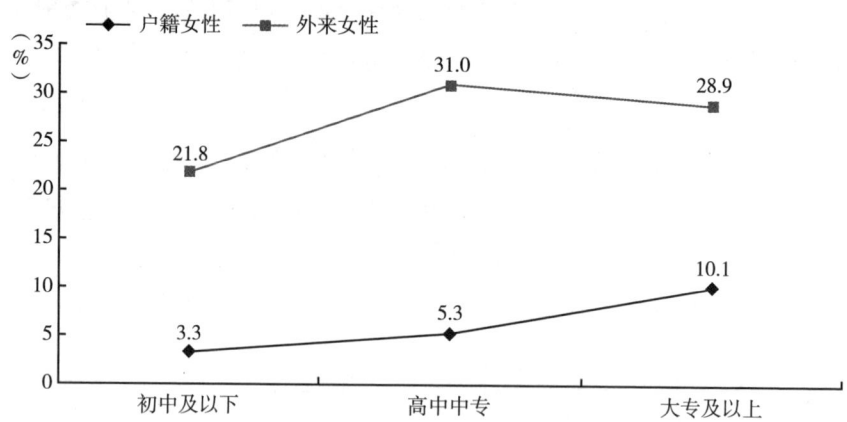

图7　分文化程度上海女性打算再生育的比例对比

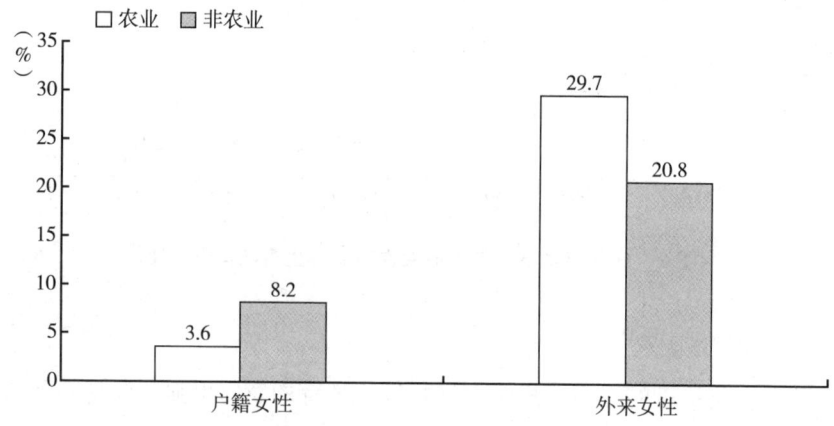

图8　分户口性质上海女性打算再生育的比例对比

4. 职业因素

随着职业层次的升高，户籍女性打算再生育的意愿先减弱后增强，其中农业及其他职业者再生育的意愿最强，为10.5%，蓝领职业者再生育的意愿最弱，为5.0%，白领职业者位居二者之间；而外来女性再生育意愿则趋于减弱，其中农业及其他职业者再生育的意愿最强，为28.6%，白领职业者再生育的意愿最弱，为19.8%（见图9）。

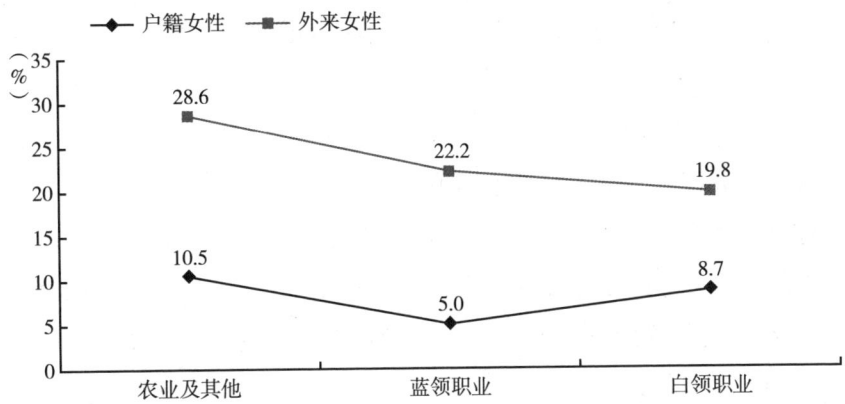

图9 分职业上海女性打算再生育的比例对比

5. 收入因素

随着家庭年收入的增加,无论是户籍女性还是外来女性的再生育意愿总体上增强,其中:家庭年收入10万元及以下的再生育意愿与10万~20万元的差异较小,但20万元及以上的生育意愿大幅度提高,分别达到12.4%和33.9%(见图10)。

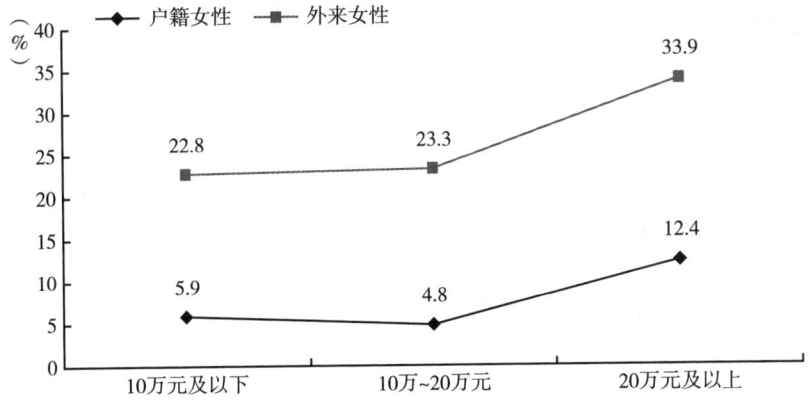

图10 分家庭年收入上海女性打算再生育的比例对比

四 上海女性生育二孩面临的障碍

上海女性生育二孩面临诸多障碍，需要政府、用人单位、社区提供配套公共服务。如表9所示，女性不打算生二孩的最主要原因是经济负担重（66.3%），年龄太大（50.4%）、没人带孩子（43.8%）也是两大重要原因，养育孩子太费心的比例（37.3%）也比较高，另外也有自己还没有想好、影响个人事业发展等原因。从户籍女性和外来女性的差异看，户籍女性更倾向于因为年龄太大（58.4%），而外来女性更倾向于因为没有人带孩子（49.9%）。

表9 女性不打算生二孩的主要原因（多选题）

单位：%

原因	户籍女性（N=1051人）	外来女性（N=764人）	合计（N=1815人）
经济负担重	64.2	69.1	66.3
年龄太大	58.4	39.5	50.4
没人带孩子	39.3	49.9	43.8
养育孩子太费心	38.1	36.1	37.3
自己还没想好	7.2	14.6	10.3
影响个人事业发展	10.1	9.6	9.8
夫妻身体原因	5.4	3.8	4.7
现有子女不愿意	4.3	3.8	4.1
丈夫不想生	2.4	3.2	2.7
其他	1.7	2.4	2.0

对55个生育有孩子的育龄妇女的访谈也进一步印证了这些因素是上海女性生育二孩的障碍。

1. 经济负担重

女性个案访谈资料表明，女性"生"孩子成本（包括孕检、住院生孩子等）不高，并且女性如果缴纳生育保险的话还有生育津贴，同时"养"

孩子的成本（包括孩子吃奶粉、买衣服、买玩具等）也不高，这些都是家庭能够承受的，但"育"孩子的成本（早教、托班、兴趣班、辅导课等）非常高，家庭子女教育投入很大。很多孩子很小就接受早教，不仅包括跳舞、唱歌、画画、跆拳道等文体类，还有语文、数学、英语等学科类，不仅幼儿园、小学要上辅导班，初中、高中也继续要上辅导班。很多孩子不仅周末安排满了各种班，非周末也安排了各种班。家长在这方面的花费也很多，每年少则几千元，多则几万元。子女教育成为家庭重要的经济负担，也成为女性再生育的主要障碍。

女性个案访谈资料表明，女性对经济负担的顾虑不仅是从眼前考虑，也是从将来经济不确定这方面考虑。未来万一整个经济大环境不好，失业了，就没有现在赚得那么多了，但是其他那些外在的压力还会在，尤其是随着孩子的成长，教育花费会上升。一方面，级别越高，各种班的费用会越高；另一方面，孩子需要接触的东西越来越多，家长的花费也会越来越大，尤其到国外去旅游一次可能需要几万元。

另外第一个孩子是男孩的女性，担心第二个孩子如果还是男孩，则经济压力会更大。无论是外省市还是上海，男孩子成家往往需要买房子、买车子、送彩礼，尤其是买房子，费用很高，很多家庭承受不起。

2. 年龄太大

一些年龄较大的女性，原来能生和想生二孩时，因为不符合政策没有生，现在政策放开了，年龄却大了，想生生不出。年龄是生育行为的生理基础，女性年龄大了，怀孕难度加大、流产可能性加大、怀孕综合征增多、身体健康也会变差。同时女性年龄大了，再养育一个孩子则体力、精力也都跟不上。另外，女性年龄大了，会造成两个孩子的生育间隔相差太大。年龄大的女性，第一个孩子往往十几岁了，有的甚至都上高中、大学了，再生一个的话，看起来都不像兄弟姐妹了。因此，年龄太大成为女性生育二孩的重要障碍。

3. 没有人带孩子

目前绝大多数家庭是双职工家庭，家里往往需要双方父母帮着带孩子、

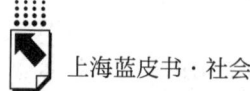

接送孩子上下学。家里一个孩子已经让双方父母轮流带了，随着双方父母年龄的增加，帮忙照看孩子的能力减弱，如果再生二孩，他们也没有能力帮忙带了。

找保姆带孩子的话，费用高，也不放心。现在有关保姆虐待孩子的负面消息很多，即使有钱请保姆，如果不知根知底的话，往往还需要家里老人时刻盯着保姆。

另外也有女性明确表示，自己不会为了再生一个辞职当全职妈妈，尤其是一些外省市女性来上海不是为了生孩子、带孩子，而是想见识更多、想谋求个人发展。还有一些文化程度高的女性，如果只是生孩子、带孩子的话，认为自己多年的学都白上了。因此，没人带孩子成为女性再生育的一个重要障碍。

4. 养育孩子辛苦

目前，女性在养育孩子方面起了主要作用，女性一边上班，一边还要养育孩子，养育孩子除了大量的经济投入外，还需要大量的精力投入，比较辛苦，如果孩子体弱多病或者不听话，女性就更辛苦了，这在一定程度上也阻碍了女性再生育。

5. 影响个人事业发展

女性个案访谈资料表明，生育对女性的个人事业或多或少有负面影响。从应聘工作来看，在应聘过程中有些单位歧视女性，增加了她们找工作的难度；从工作岗位、工资待遇看，有些女性产假回来主动或者被动调整了工作岗位，相应的工资待遇也减少了；从晋升看，有些女性因为生孩子丢掉了学习晋升的机会。

五 应对上海超低生育水平的相关政策建议

从前文的分析中我们可以看到，全面二孩政策确实在短期内增加了上海的出生人口数量，提高了生育水平，但是出于育龄妇女人数减少、孩子养育成本高、女性就业压力大、缺乏公共托幼服务等原因，生育意愿并没有显著提高，生育水平的反弹和出生人口的增加只是昙花一现，2017年上海出生人口数量已经开始减少，未来会进一步减少，这会给上海社会经济发展带来很多负面影响。因此，需要采取综合性的配套政策和措施，支持和鼓励更多家庭按政策生育孩子，缓解上海人口结构失衡问题。

（一）加快研究生育政策全面放开的可能性和应对方案

上海早在1979年就进入人口老龄化阶段，比全国早了21年，2017年户籍人口中老年人口比重已经达到1/3，老龄化正在向纵深发展，预计到2050年上海常住人口中60岁及以上老年人口比重将超过40%，户籍人口中老年人口比重更高，将达到48%左右，未来的养老压力极为沉重。同时，劳动年龄人口比重降低、人数减少，非常不利于上海社会经济的发展。

2017年，上海户籍出生人口中二孩及以上的比例已经达到1/3，外来出生人口中二孩及以上的比例已经达到一半以上，说明上海目前的生育率，在一定程度上受到"出生堆积"的影响，即全面二孩政策使部分被压抑的二孩生育意愿得到释放。但是在出生堆积的能量释放后，生育率将在现有水平上相应回落，这个时间段预期会很短，只有2~3年的时间。上海户籍人口的总和生育率在2012年之前长期保持在不足1的水平，二孩政策实施后，2016年上海反弹到1.10，2017年已经回落到1.00。

在考察生育政策的效果时，不仅要看生育水平的变化，更要看出生人口的变化。由于上海户籍妇女人数正在快速减少，特别是30~39岁生育高峰年龄段的育龄妇女人数正在快速减少，即使生育水平有所提高，也可能导致出生人口数量的减少。

因此，我国的生育政策要适应人口变动主要矛盾的变化，尽快做出相应调整。建议上海加紧研究全面放开生育政策的必要性和可能性，以及全面放开生育政策以后有关生育福利政策的新旧衔接问题，把生育权利还给家庭，并且给予家庭更多的帮扶，鼓励和支持家庭按照意愿生育孩子。

（二）完善生育相关的就业政策法规，保障女职工生育福利待遇

1. 把男方的"陪产假"改为"陪护假"

鉴于女性从怀孕到生育再到孩子出生后一段时间内，都可能有丈夫不时陪同的需要，建议把狭义的"陪产假"改为"陪护假"，这样丈夫不单是在妻子生孩子期间可以休假，也可以在征得单位同意后分散时间使用陪护假，按照家庭的实际需要，在妻子孕检、孩子看病、打防疫针等需要的时间使用。

2. 加强执法检查

调查发现，机关事业单位、国有企业、欧美外资企业对于女性生育相关的劳动权益保护情况比较好，而一些私营企业存在损害女性生育权益的现象，劳动部门要加大对企业尤其是私营企业的劳动监督检查力度，对于损害女性生育权益的企业依法严惩，切实保护女职工生育权益。

（三）完善生育保险制度，保护女职工和企业双方的利益

1. 把外来从业人员中的个体户和自由职业者纳入社会保险

现在上海外来人员参加社会保险，要求以单位参加形式，而大量外来从业人员是个体户和自由职业者，没有单位可以缴费，个人想参加社会保险也不能参加，这类人群在上海有300多万人。建议把这个人群纳入社会保险的范围，一方面，可以扩大社会保险的覆盖范围，增强保险的抗风险能力；另一方面，也可以更好地保护这些女性的生育权益，让她们能享受生育保险待遇。

2. 建立生育医疗补贴增长机制

目前上海生育医疗津贴标准是3600元，并缺乏增长机制，而女职工生育医疗费用基本上远远超过了这个数，已成为家庭一项重要的经济负担。并且随着产检项目的增加、产检价格的上升、分娩方式的改变，尤其是全面二孩政策下高龄孕产妇的规模增加，女职工产检费用和分娩费用等医疗费用也会持续增加。因此，需要建立生育医疗补贴增长机制，建议每年的生育医疗补贴标准根据本市上一年医疗费用的增长速度进行调整。

（四）加大对二孩家庭的支持力度，减少生育二孩的后顾之忧

1. 降低家庭综合税负

国家正在对个人所得税制度进行改革，建议在改革中根据家庭养育孩子的数量多少在个人所得税中抵扣一部分养育成本，扣除一部分住房按揭贷款额。但是，需要注意的是，个人所得税抵扣一部分孩子养育成本对于高收入家庭比较有利，而低收入家庭，特别是只达到最低工资水平的人群反而享受不到这项优惠。因此，还需要建立普惠制的养育补贴制度。

2. 对部分贫困家庭发放养育补贴

日本、新加坡等国家都有专门的养育补贴制度，日本的补贴强度还在不断加大。但现阶段上海大幅度发放养育补贴的条件还不成熟，一方面政府有没有足够的财力为所有婴幼儿发放养育补贴；另一方面需要先对现行的生育政策进行改革，首先是允许每个家庭自由生育孩子，下一步才能讨论是不是需要发放养育补贴。在现阶段不可能全面大幅度发放养育补贴的情况下，我们有三点建议：一是只对贫困家庭发放养育补贴，可以根据实际情况，制定贫困家庭养育补贴标准，帮助有生育意愿的贫困家庭减轻养育孩子的经济负担，对符合生育政策的贫困家庭发放的养育补贴资金来源为财政专项资金；二是深入研究国外发放养育补贴的效果，从成本效益角度进行分析借鉴，研究我们未来是不是需要发放养育补贴；三是鉴于本研究中发现的孩子的主要成本支出不是"生"和"养"，而是"育"，要加大对婴幼儿和青少年教育事业的投入，改革入学和升学考试制度，整顿各类社会办教育培训机构，从根本上减轻家庭"育"的经济压力。

（五）提供公益性婚介服务，支持和鼓励大龄青年婚配，降低不婚比例

从 2015 年底上海实有人口统计数据来看，20~49 岁适婚人群中，男性人数为 276.27 万人，女性为 274.70 万人，两者只相差 1.57 万人，平均到

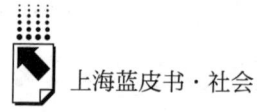

每个年龄只相差约524人，基本是均衡的，25～34岁年龄段男性略微多于女性，35～44岁年龄段女性略多于男性（见表10）。

表10　2015年底上海户籍分性别的20～49岁实有人口数量

单位：万人

年龄组	男	女	相差
20～24岁	29.48	29.97	-0.49
25～29岁	49.82	48.27	1.55
30～34岁	58.12	56.28	1.84
35～39岁	51.24	51.55	-0.31
40～44岁	41.98	43.05	-1.07
45～49岁	45.63	45.58	0.05
20～49岁合计	276.27	274.70	1.57

数据来源：上海市实有人口统计数据。

但是，上海每年大量的两地婚姻，造成了上海本地户籍女性择偶难，不能结婚也就不能生育。据统计，在1991～2017年27年间，上海两地婚姻超过80万对，其中大部分年份两地婚姻中本地男性与外地女性结婚的比例都超过75%。我们按照75%的本地男外地女的比例可以大致推算出这27年中本地男和外地女结婚的共有60万对，本地女和外地男结婚的有20万对，两者的差额为40万对。也就是说，通过两地婚姻，过去27年中有40万外地女性净迁入上海的婚姻市场，和上海本地女性争夺配偶，造成本地将近40万左右的女性难以找到配偶，并且这种情况还在进一步发展。

按照我国的国情，结婚后生育的孩子才能申报户口，而上海由于大量外来女性的进入，婚姻市场上本地户籍女性的择偶出现了很大困难，很多人被迫终生不婚，也就没法生育孩子。因此，我们提出以下建议。

1. 本市和各区政府部门要出台有关公益婚介扶持政策

提供资金、场地等支持，通过购买服务等手段，为大龄青年特别是本市大龄女性提供公益的可靠的婚介服务，帮助她们尽快找到合适的配偶。

2. 研究调整有关法规允许单身生育的可能性，研究允许医疗机构协助提供单身人士生育的管理办法

有些非常优秀的女性，出于各种原因，找不到理想的配偶，自己又想养育孩子，对于单身人士生育现在政策上有限制，卫计部门要积极研究调整有关法规，研究允许她们采取试管婴儿或其他方式怀孕生育孩子的可能性。非婚生育的女性，只要不违反生育政策，不再进行处罚。对于医疗机构为单身人士提供生育服务的管理办法也要研究和改进。

B.5 上海未成年人成长发展状况研究

魏莉莉 裘晓兰[*]

摘 要： 为了促进未成年人思想道德建设及身心全面发展，上海各相关部门做了大量工作，上海未成年人在德、智、体、美、劳等各个方面取得较好发展，具体表现为未成年人品德发展良好，具有较强的创新能力和较高的科学素养，具有较开阔的国际视野和较高的艺术修养，未成年人关注城市发展，愿意积极参与社会建设等。同时，上海学校德育推进扎实，校园文化建设成效凸显，校外活动场所覆盖面扩大，服务功能不断完善，可以说，上海正努力朝着儿童友好型城市迈进。当然，未成年人睡眠和体育锻炼时间不足、学业压力大、学习兴趣不高等问题依然存在，需要引起家庭、学校和社会的关注。

关键词： 未成年人 成长发展 儿童友好

一 研究背景

习近平总书记在党的十九大报告中指出："青年兴则国家兴，青年强则国家强。青年一代有理想、有本领、有担当，国家就有前途，民族就有希望。中国梦是历史的、现实的，也是未来的；是我们这一代的，更是青年一

---

[*] 魏莉莉，上海社会科学院社会学研究所副研究员；裘晓兰，上海社会科学院社会学研究所助理研究员。

代的。"未成年人是青年的后备力量,关注未成年人就是关注未来的青年,关注未来国家的发展;培养未成年人就是为国家培养德智体美全面发展的社会主义建设者和接班人;为未成年人创设好的发展环境就是为未成年人创设美好生活,提高未成年人的幸福感和安全感。

2017年11月,上海市委书记李强强调,要深入学习贯彻党的十九大精神和习近平新时代中国特色社会主义思想。要在全市大兴调查研究之风,坚持需求导向、问题导向、效果导向,深入基层、深入群众、深入企业,了解社情民意、完善政策举措、解决实际问题,把全市各方面工作做得更好。在李强书记提出要深入开展大调研的背景下,我们有必要在新的历史时期,进一步深入开展针对未成年人身心发展和成长环境的大调研。

2017年9月,上海市市长应勇在第29次上海市市长国际企业家咨询会议上提出,到2040年,上海将成为卓越的全球城市,成为令人向往的创新之城、人文之城、生态之城。随着城市综合实力不断增强,城市影响力显著提升,上海将成为具有全球影响力的科技创新中心,建成国际一流创新创业人才的汇聚之地。城市的发展靠人才,今天的未成年人就是未来上海城市建设的主力军和生力军。因此,关注上海未成年人发展是事关国家和城市发展以及未成年人个人和家庭发展的重大课题。

为了了解上海未成年人成长发展现状,上海社会科学院社会学研究所受上海市精神文明建设委员会办公室的委托,在未成年人思想道德建设协调处的指导下,开展"上海未成年人成长发展状况调查",以此为依据分析上海未成年人成长发展的状况以及未成年人工作的成效,并为上海进一步提出促进和完善未成年人发展的社会政策提供决策依据。

二 研究内容和研究方法

(一)研究内容

"上海未成年人成长发展状况调查"主要包括两方面的内容。

1. 未成年人成长发展

（1）品德发展。主要从理想信念与爱国情感、自信心和自豪感的树立、基本道德规范的遵守和文明生活的基本素养等方面对未成年人的品德发展进行考察。

（2）学习能力。主要从学习兴趣、学习方法和习惯、开拓创新能力和新媒体使用情况等方面对未成年人在学习方面的能力和动力进行考察。

（3）身体成长。主要从睡眠时间、体育锻炼时间和身体健康等方面考察未成年人的身体发展状况。

（4）心理健康。主要从未成年人的自我悦纳与幸福感、情绪稳定性以及人际交往等方面考察未成年人的心理发展状况。

（5）综合素养。主要从参与课外活动、特长爱好、艺术修养以及科学素养等方面对未成年人在艺术和科学等方面的素养进行考察。

（6）劳动实践。主要从劳动行为、志愿服务与社会实践活动等方面考察未成年人参与家务劳动、学校劳动以及社会实践的状况。

2. 未成年人成长环境

（1）学校育人。主要从学校和班级的学风情况、学校德育课程开展情况及中小学教师的行为和道德情况等方面考察未成年人所在学校育人工作的推进状况。

（2）学校生活。主要从学校校园文化开展情况、校园安全情况、校园心理教育和青春期教育开展情况、学校学业压力等方面考察未成年人的学校生活状况。

（3）家庭生活。主要从家庭物质基础、家庭生活习惯和家庭情感交流情况等方面考察未成年人的家庭生活状况。

（4）家庭支持。主要从家庭对未成年人的教育投入、家庭学习氛围、家校衔接情况和家庭学业压力等方面考察家庭对未成年人的学习支持状况。

（5）文化环境。主要从未成年人日常学习和生活的校园与社区周边文化环境情况、未成年人校外活动场所的服务配置情况对未成年人的文化环境进行考察。

（6）社区环境。主要从社区（村）未成年人活动场所的设置情况和社区（村）未成年人活动的开展情况对未成年人所在的社区环境进行考察。

（二）研究方法

调查于2017年下半年至2018年上半年在上海16个区开展，覆盖了小学、初中和高中阶段的学校，学校类型包括小学、初级中学、高级中学、完全中学、九年一贯制和十二年一贯制学校。调查包括未成年人卷和家长卷。学生调查采用分层整群抽样的方法，首先根据各区总体在校生的人数，配比出各类中小学生的比例，然后确定每个区需要抽取的小学生、初中生和高中生人数，再根据各个区的办学特点，随机抽取符合条件的学校，并对抽取到的学校进行整群抽样，整群抽样的年级包括小学四年级、初中二年级和高中二年级的全体学生。家长调查则是邀请被调查学生的家长（父亲或母亲）完成家长问卷。调查采用网上填答的方式。调查最后获得有效未成年人卷7653份，有效家长卷7804份。

在未成年人调查中，小学生的比例为50.1%，初中生的比例为32.5%，高中生的比例为17.4%；男生的比例为51.8%，女生的比例为48.2%；上海户籍的比例为79.5%，外省市户籍的比例为17.9%，港澳台及外籍的比例为2.6%；居住在市区的比例为52.2%，城镇的比例为43.7%，农村的比例为4.1%。

在接受调查的家长中，父亲的比例为36.2%，母亲的比例为63.8%；受教育程度在初中及以下的比例为10.4%，高中（职高、技校、中专）的比例为21%，大专（高职）的比例为27.4%，本科及以上的比例为41.2%。

三 未成年人成长发展新特征

调查显示，为了促进未成年人思想道德建设及身心全面发展，上海各相关部门做了大量工作，上海未成年人在德、智、体、美、劳等各个方面获得一定发展，上海的未成年人工作取得较好成效，上海正努力朝着儿童友好型城市迈进。

（一）未成年人品德发展良好，修身活动成效显著

调查显示，目前有明确人生发展目标和理想的未成年人比例达到91.7%，其中排在首位的目标是"报效祖国、为社会做贡献"，占比为31.8%，排在第二位的是"报答父母的养育之恩"，占比23.4%，排在第三位的是"追求个人发展和事业有成"，占比22.2%（见图1）。

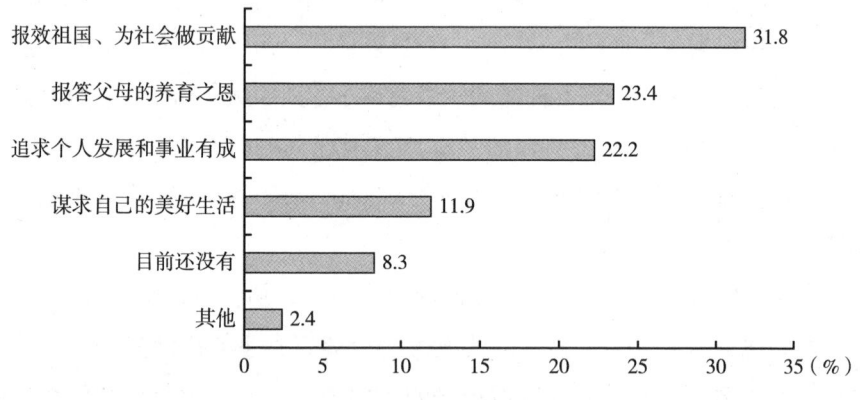

图1 未成年人未来最主要的发展目标

此外，绝大多数未成年人知晓社会主义核心价值观，对中国梦和中国传统文化高度认同，对国家、个人和上海的发展充满自信心和自豪感，对中国共产党的领导充满信心，能够遵守基本道德规范，对损害他人利益、集体利益和国家利益的行为感到羞耻，能够积极参加修身活动，在出行、游览以及人际交往中会遵循基本的文明礼仪。以上成绩的取得与学校和社会大力宣传传统文化，组织与传统文化相关的活动密切相关。绝大多数未成年人对中国传统文化持有正面积极的态度，认为中国传统文化是智慧之源，学习传统文化能够对自己有所助益，因而积极参与到学习中国传统文化的活动中，如观看中国诗词大会、参与"朗读者"活动等。

未成年人还积极参与到上海市精神文明办举办的系列"市民修身活动"中，参与未成年人修身养德活动。如市文明办开展了美德"童"行——"我为核心价值观代言"上海少年修身金点子征集行动，以培育和践行社会主义核心价值观为主线，以加强青少年思想道德建设为根本，立足于正心、笃行、立德的文明修身行动，旨在引导广大少年儿童关注身边的美德榜样，发掘养成好行为好习惯的方法，宣传"修身金点子"，践行良好风尚。市文明办还以"文明修身做一个有道德的人"为主题，在易班博雅网开设未成年人修身活动专题页面，全年共计有100多类修身活动可供未成年人参与。以上活动有效地提升了未成年人的思想道德水平和文明素养。

（二）未成年人具有较强的创新能力，科学素养获得提升

到2040年，上海将成为创新之城和具有全球影响力的科技创新中心，成为国际一流创新创业人才的汇聚之地。因此，创新能力是未成年人在未来形成竞争力的重要能力。

调查显示，当前未成年人具有较强的开拓创新能力，绝大多数未成年人能接受新的科学技术和生活方式，能把课堂学习和社会实践相结合，并积极参与拓展性课程。95.4%的未成年人日常生活使用科技产品或服务，其中，排在前三位是智能手机（含电话手表），平板电脑，社交软件如微信、qq、飞信等，使用比例分别为76.3%、72.7%和68.2%。此外，还有一定比例的未成年人使用家庭娱乐终端如小米盒子、苹果盒子等，使用打车软件如滴滴、易到，以及使用云存储和x-box或ps3等（见图2）。

有93.7%的未成年人对科学现象感兴趣，其中，有59.8%的未成年人不仅对科学现象感兴趣，而且会努力探究原因并尝试自己去解决，有33.9%的未成年人虽然对科学现象感兴趣，但过后就不再深究（见图3）。

因此，家庭、学校和社会要努力为未成年人营造创新的氛围，鼓励未成年人发展创新思维，为未成年人提供创新实践的机会和平台，帮助未成年人不断提升创新能力。

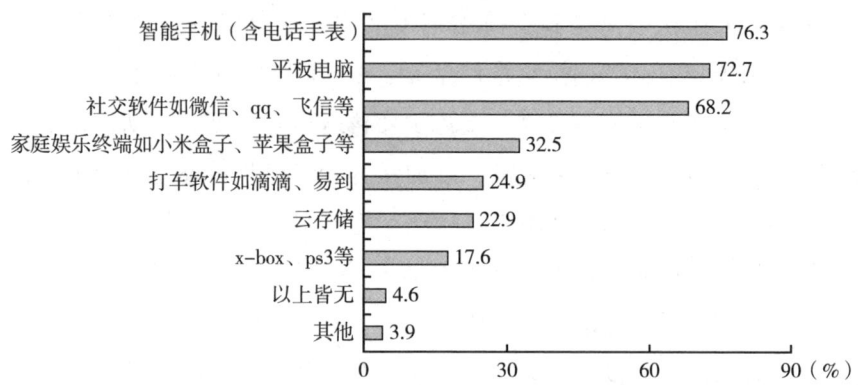

图2　未成年人日常使用的科技产品或服务

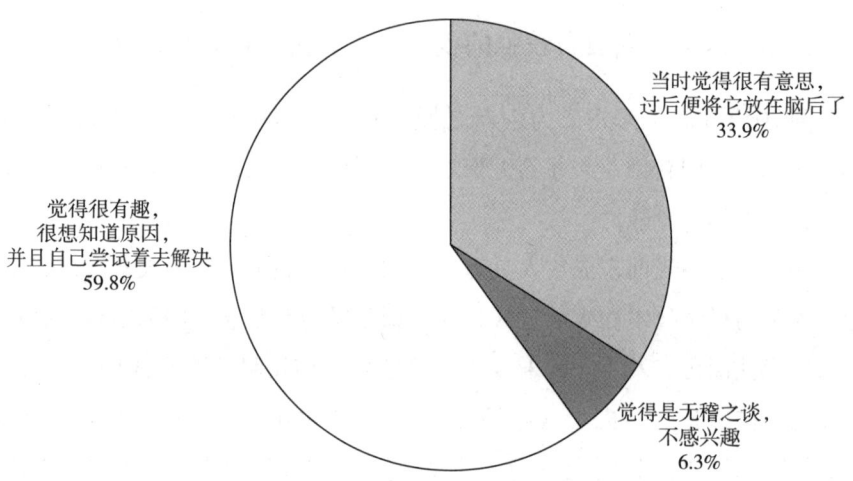

图3　未成年人对有趣科学现象的反应

（三）未成年人具有较广阔的国际视野，国际意识初步形成

在新的历史时期，上海要继续当好全国改革开放排头兵和创新发展先行者，就要求上海的未成年人能够站在时代的前列，领时代之先锋。调查显示，上海的未成年人具有较广阔的国际视野。从语言的学习上看，除了在学校统一学习的英语外，有33.6%的未成年人表示自己还在学习第二门外语

甚至第三门外语,其中以日语、韩语、德语和法语为主。

从出国出境的经历来看,有60.6%的未成年人表示自己有过出国出境的经历,其中出国出境1~3次的占比35.2%,4~6次的占比13.5%,7~9次的占比3.5%,8.4%的未成年人出国出境次数在10次及以上(见图4)。上海未成年人出国出境的地方排在前十位的是中国香港、日本、泰国、中国澳门、韩国、中国台湾、美国、新加坡、马来西亚和英国,在有过出国出境经历的未成年人中,53.2%去过中国香港,43.1%去过日本,33.0%去过泰国(见图5)。出国出境的目的以观光旅游、参加夏(冬)令营活动、探亲以及学校等组织的交流活动为主。由此可见,大多数上海未成年人已经积累了较丰富的境外经历,具有较为广阔的国际视野,这对于他们形成国际意识,提升国际理解力和国际竞争力都有所助益。

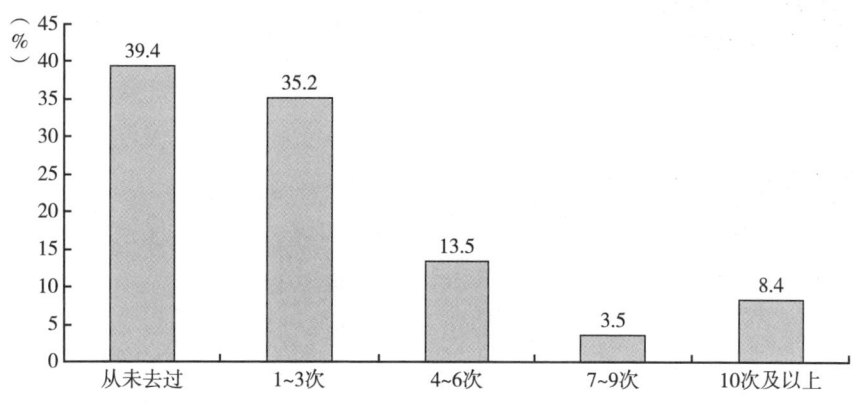

图4　未成年人出国出境次数

(四)未成年人具有较高的艺术修养,审美能力有所提升

教育部高度重视艺术教育,2014年发布《教育部关于推进艺术教育发展的若干意见》,明确提出将艺术素质测评纳入学生综合素质评价体系以及教育现代化和教育质量评估体系。调查显示,超过九成的未成年人有自己的特长爱好,其中,有1项特长爱好的占比24.4%,有2项特长爱好的占比28.8%,有3项及以上特长爱好的占比37.5%(见图6)。

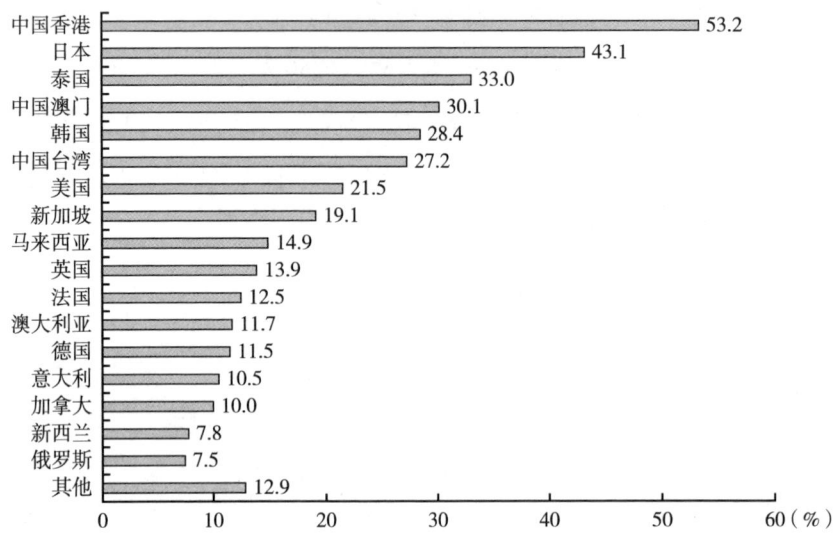

图5 未成年人去过的国家和地区

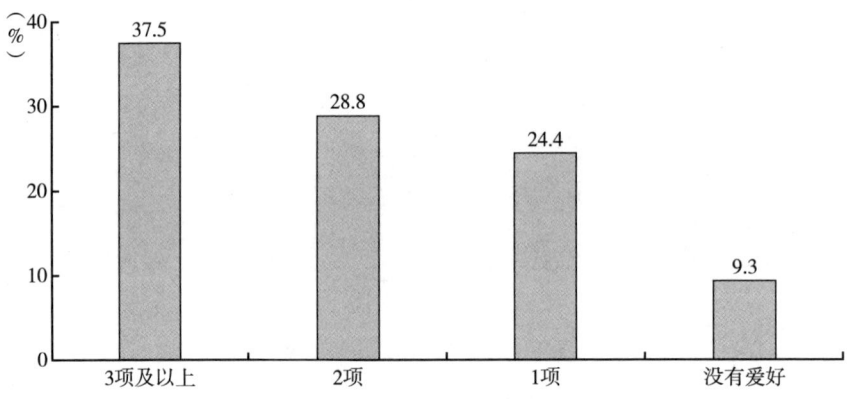

图6 未成年人有艺术或科技类特长爱好的数量

从未成年人具体擅长或爱好的艺术或科技类活动来看，分布较广泛，其中排在前三位的是绘画、器乐和乐高拼搭，选择比例分别为50.3%、37.2%和36.5%。其他诸如棋类、声乐、剪纸泥塑、舞蹈、书法、船模、航模、车模、机器人、演讲以及戏剧影视表演也获得部分未成年人的青睐（见图7）。

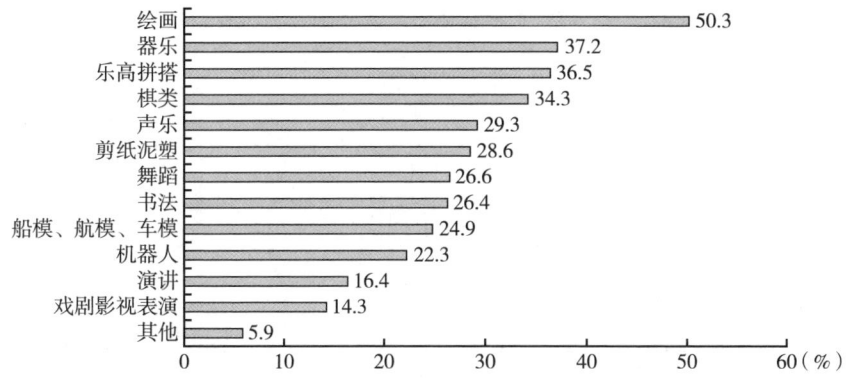

图7 未成年人擅长或爱好的艺术或科技类活动

此外,大多数未成年人每个月都会接受一次甚至更多次的艺术熏陶。未成年人最常参与的艺术活动主要有看电影、去博物馆、去美术馆、听音乐会、看儿童剧和戏剧、看话剧和歌剧、听演唱会、看杂技马戏、看舞蹈芭蕾表演等。可以说,艺术已经成为上海未成年人生活的重要组成部分。从小浸润在艺术的氛围中,对于培养未成年人的审美能力,提高未成年人的品位和鉴赏力非常有帮助,这也有助于提升上海这座城市的文明程度和文化凝集力。

(五)未成年人关注城市发展,愿意积极参与社会建设

在以更加积极的视角定位青少年在城市发展中的地位和责任的基础上,《上海市青少年发展"十三五"规划》提出了"积极发展"的创新理念,指出要营造良好环境,促进青少年拥有的能力和力量的发挥,从而促进城市活力的不断提升。

调查显示,作为城市的一员,未成年人关注城市发展,对于上海城市的变化持认可态度。具体来看,对上海在绿化生态、治安状况、卫生环境、室内吸烟、河道污染、空气质量和交通拥堵等方面的治理情况表示认可的未成年人比例分别为81.2%、79.4%、77.7%、73.1%、71.5%、70.1%和60.8%(见图8)。

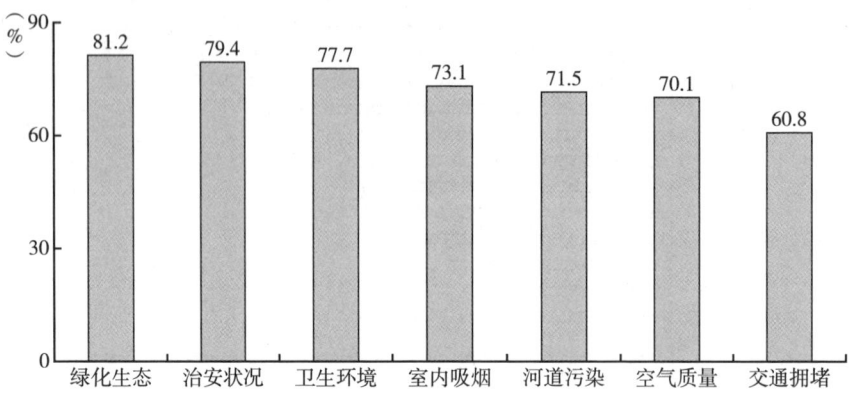

图8 未成年人对上海城市治理的认同度

在关注城市发展,认同城市变化的同时,未成年人也拥有积极参与社会建设的意愿和行为。调查显示,有73.7%的人认同未成年人对影响其本人和群体的各类事项拥有自由表达意见的权利;同时,有近六成(56.9%)的人参加过与未成年人相关的政策决策以及社区各项决策,具体形式包括参加讨论、投票、表决或提出意见、建议等。此外,有76.8%的人认同未成年人应主动为社会进步出谋划策,贡献力量;有74.3%的未成年人表示自己愿意更积极地参与社会政策的制定过程。与此同时,也应注意到有79%的人认为需进一步拓宽未成年人社会参与的途径,社会应为未成年人提供更多参与机会,构建更通畅的参与平台(见图9)。因此,我们要注意到未成年人对拓宽社会参与途径的要求,为未成年人提供更多社会参与的机会,构建更通畅的参与平台。

(六)学校德育推进扎实,校园文化建设成效凸显

"立德树人"是教育的根本任务。上海市教育改革和发展"十三五"规划将"提升学生思想道德和身心综合素养"列为第一个主要任务,指出要"以一体化建设的理念构建大中小学德育的内容体系和工作体系,提出前瞻性、针对性、可操作性强的政策举措,形成大中小学纵向衔接,课内课外、网上网下横向贯通,学校、家庭、社会三位一体的德育网络,形成

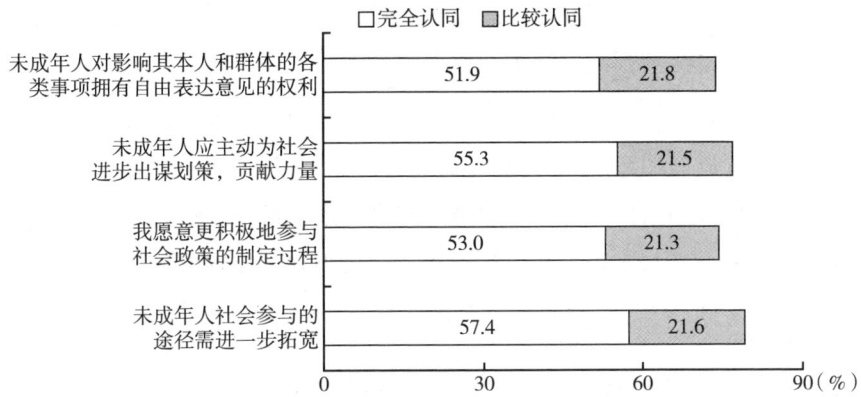

图9 未成年人对社会参与的认同度

育人的'熔炉',全方位对学生成长施加影响"。学校德育作为未成年人思政教育的主阵地,理当在未成年人思想道德建设中起到核心作用。调查发现,学校德育推进扎实,德育课程的开展有序,学科育人的成效凸显,未成年人对于思想品德课(思想政治课)以及语文、数学等基础类学科在思想品德培养方面发挥作用的满意度均达到九成。同时,近年来上海市教委将立德树人、培育和践行社会主义核心价值观主题实践、深化民族文化传承等与校园文化建设紧密相连,通过"一校一品"等特色活动推动各级学校开展主题鲜明、内容丰富的校园文化活动,使校园文化建设成为推进学校德育的有效载体,而未成年人对于丰富多彩的校园活动的满意度也达到九成。

(七)家庭物质基础良好,亲子关系融洽和谐

伴随着社会经济的发展,家长的育儿心态也发生了巨大改变,从追求数量的养儿防老到如今重视未来发展的望子成龙,其已然成为普遍的现象,而家长对孩子教育的重视也体现在对教育投入的增加上。调查显示,未成年人拥有良好的家庭物质条件,八成五的未成年人拥有独立的房间,九成五的未成年人拥有独立的书桌,而未成年人拥有电脑和手机的比例也都达到七成;与此同时,家庭用于未成年人教育的年支出比例呈现上升趋势,对此不少家

庭明显感到经济压力。家庭是未成年人成长的最主要场所,家庭氛围和亲子关系的优劣不仅关系到家庭是否和谐幸福,更是影响未成年人健康成长与否的关键因素。调查显示,九成未成年人拥有良好的亲子关系,在日常生活中与家长保持着良好的交流和沟通,家长也会主动及时了解子女的学习和生活情况并给予积极的指导。另外,和谐的家庭关系也被未成年人所认可,约九成未成年人对自己与家长关系感到满意,并认为家长能够以身作则,为自己树立良好的榜样。

(八)校外活动场所覆盖面扩大,服务功能不断完善

校外教育在促进未成年人素质全面发展过程中有着不可替代的独特作用,是全面实施素质教育的重要组成部分。近年来,在上海市委、市政府的高度重视下,《上海市校外教育工作发展规划(2009—2020年)》《上海市校外教育三年行动计划》等文件相继印发和落实,使得校外活动场所在健全管理体制、建设活动阵地、架构内容体系、加强队伍建设、探索校内外教育衔接等方面取得了长足进步:建设了一批学生社区实践指导站、中华优秀传统文化传习示范基地和市级示范性校外教育活动场所;开发了一系列未成年人社会实践主题教育活动;形成了一批具有时代特征和上海特点的未成年人校外教育活动品牌项目,在提升未成年人的学习能力、实践能力、创新能力上做出了积极的贡献。调查发现,各类未成年人校外活动场所的服务项目设置情况较好,在显著位置公示了对未成年人的服务项目,设置了服务于未成年人的专门场地、项目、解说词,并通过配备安全保护人员,设置安全警示标志等措施积极确保活动场地、设施、器材的安全性。覆盖全市的校外活动场所以及功能齐备的场馆设施获得了未成年人的高度认可,调查显示,近九成未成年人对校外活动场所供给和服务质量表示满意。

四 挑战与建议

未成年人在成长发展过程中仍然存在一些瓶颈问题,面临一些新的情

况,这既是当前未成年人发展面临的挑战,同时也为上海未来的未成年人工作指明了方向。

(一)未成年人睡眠和体育锻炼时间不足,家校合力仍需加强

未成年人睡眠时间和体育锻炼时间仍然有所不足,需要引起重视。本次调查显示,65.4%的小学生睡眠时间在10小时以下,73.2%的初中生睡眠时间在9小时以下,73%的高中生睡眠时间在8小时以下,都没有达到相应的睡眠时间标准。甚至还有部分小学生、初中生和高中生的睡眠时间在6小时以下。睡眠不足会影响生长素的分泌,导致内分泌紊乱,不利于孩子的生长发育,而且会引发精神状况不佳,影响第二天的学习效率,长此以往,非常不利于孩子的健康成长。在体育锻炼方面,调查显示,有60.8%的未成年人每天体育锻炼时间在1小时以下,未能达标,有的未成年人甚至几乎没有任何体育锻炼时间。不锻炼身体会导致身体素质下降,体能不足,影响孩子的精气神,还会导致疾病发生率上升,从长远来看,对成年之后的身体健康也会有不良影响。充足的睡眠和体育锻炼时间是未成年人身体健康成长的基本保障,作为未成年人成长的老大难问题,需要家庭、学校和社会联手解决。《中华人民共和国未成年人保护法》第20条规定:"学校应当与未成年学生的父母或者其他监护人互相配合,保证未成年学生的睡眠、娱乐和体育锻炼时间,不得加重其学习负担。"具体而言,家长应督促孩子养成良好的睡眠和体育锻炼习惯,在家庭中尽力保证孩子充足的睡眠和足够的体育锻炼时间;学校可制定午睡制度,帮助孩子在白天补充睡眠,同时应保障学生体育锻炼的时间、场地和设施。通过家校合作,为未成年人创造更为宽松的环境,保障未成年人基本的身体成长。

(二)学业压力依旧显著,减负改革期待新突破

课业负担过重一直是教育领域的难题之一。"全国中小学生学习压力调查"显示,上海学生的日均作业时间超过3小时,和湖北黄冈并列全国第一。上海市教委近年来一直将减轻中小学生过重学业负担作为上海深化教育

领域综合改革的重点工作推进，并成立了市级层面的减负工作小组，构建了跨部门统筹协调、协同推进的工作机制，出台了各类"减负"政策，如推行零起点教学、限制作业时间、控制考试难度等，并配合以开展放学后"快乐30分"活动、规范净化教育培训市场、指导民办中小学招生评价等"减负组合拳"，获得显著成效。但不可否认，一些发生在日常教学中的不规范行为，也给推行减负带来了阻力。调查发现，上海各级学生的实际作业时间大大超过市教委的规定时间，近八成的小学生、近3/4的初中生和1/3的高中生每天作业时间超过教委的规定；有超过半数的高中生、初中生和1/4的小学生认为作业负担过重；同时，有1/3的未成年人所在学校存在利用节假日、双休日组织学生上课或集体补课的现象。除了学校的学业负担之外，未成年人来自家庭的学业负担也较大。调查显示，超过一半的未成年人参加了校外补习班，八成未成年人每天除了学校布置的作业之外还需完成家长布置的作业或校外补习的作业。破解"减负"难题，还需要政府、学校、家庭和社会的共同努力。当下"减负"政策存在一定的表面性和低落实度，一方面，要进一步加强对学校和教育机构的精细化监督管理，严格责任追究制度，让"减负"措施真正贯彻到实处；另一方面，在治标的同时更要治本，要继续推进升学考试制度改革和推进办学质量均衡，根本上解决教育资源不均衡、分数是升学唯一指挥棒的状况，切实减轻学生的过重学业负担。

（三）未成年人学习兴趣有待提高，教学改革仍需深入

求知欲是人的本能，爱学习是人的天性，但是当学习压力过大时，人的天性会受到压抑。调查显示，有52.7%的未成年人完全认同学习是快乐有趣的，但是如果分年级来看，会发现随着年级的增长，未成年人对学习的兴趣在不断下降，其中，完全认同学习是快乐有趣的，小学生、初中生和高中生的比例分别为64.8%、43.5%和34.9%，呈现不断下降的趋势；而对学习持一般或负面态度的，小学生、初中生和高中生的比例分别为11.6%、26.5%和37.2%，呈现不断上升的趋势。在学习的主动性上，也呈现相同的特点。调查显示，有45.3%的未成年人表示自己学习时很主动，不需要

老师和家长的催促。但是如果分年级来看，会发现这种主动性会随着年级的增长而不断下降，其中，完全认同自己学习时很主动的，小学生、初中生和高中生的比例分别为50.3%、44.3%和32.8%，呈现不断下降的趋势；而对学习主动性持一般或负面态度的，小学生、初中生和高中生的比例分别为20.5%、25.6%和35.9%，呈现不断上升的趋势。之所以会出现以上现象，与随着年级的增长，未成年人承受的学业压力不断增加，因此学习兴趣和主动性不断下降有关。如何调动未成年人的学习兴趣和学习主动性，是学校、家庭和社会要关注的问题。爱因斯坦曾说过："兴趣是最好的老师。"所以学习中要注重激发未成年人的学习兴趣，提高学习的主动性和有效性。学校教学中要进一步深化教学改革、创新教学方式，教师要善于运用各种教学方法引导学生学习，促使学生爱学、乐学、善学。在学校教学中，未成年人不是消极被动的被教育者，而是积极主动的参与者和学习主体。教师要根据不同年龄段未成年人的身心发展特点，创设符合未成年人学习特征的情境，促使学生积极主动地参与到学习过程中。家长要善于观察和引导未成年人的兴趣，做到因材施教、因趣施教，要留给未成年人足够自我探索的时间和空间，切不可以各种学习任务将其课余时间填得过满，这样反而会降低未成年人对学习的兴趣和自主性。

（四）未成年人闲暇质量不高，闲暇教育有待加强

闲暇对于未成年人的成长有非常重要的作用，可以使未成年人的身心得到放松，享受美好生活，同时对未成年人发现自己的兴趣爱好，培养自我管理能力，提高审美情趣以及实现自我认同有积极作用。但是调查显示，当前未成年人的闲暇时间（不包括双休日）存在不足的问题，仅有43%的未成年人每天闲暇时间达到1小时，有57%的未成年人每天闲暇时间不足1小时，其中有14.2%的未成年人几乎没有任何闲暇时间，15%的未成年人每天的闲暇时间在半小时以内。另外，未成年人的闲暇质量不高，闲暇活动主要集中于读课外书、看手机和电脑以及看电视，这些活动虽然可以使未成年人得到放松并获得一些知识或信息，但是相对比较单一，缺乏社会性和互动

性，对于培养未成年人的利他性以及社会交往能力无所助益。学校应重视闲暇教育，有条件的学校可以编制闲暇教材，开展相应的闲暇教育，加强对未成年人的闲暇引导。家长可以有意识地引导孩子在闲暇时间参加一些社会活动以及志愿者活动，培养孩子的社会交往能力及利他意识和能力。社会要尽可能为未成年人提供闲暇活动场地和设施，帮助未成年人健康成长。

（五）网络对未成年人存在不良影响，媒体素养教育仍需加强

网络是一把双刃剑，网络在给人们的生活带来便捷的同时，也会带来一些新的问题。其中，网络成瘾对未成年人而言是一个比较突出的问题。调查显示，有13.7%的未成年人认同自己常常因为上网忘记做作业或拖延做作业的时间。而且这一问题会随着未成年人年级的增长而变得更为严重，认同自己常常因为上网忘记做作业或拖延做作业时间的，小学生、初中生和高中生的比例分别为10.1%、11.7%和25.5%，可见高中生在网络失控的问题上最为严重。同时未成年人对网络信息还存在选择、鉴别和评估能力不足的问题。当前，未成年人使用网络的自控能力以及针对未成年人的媒体素养教育仍需加强。有条件的学校可以编制媒体素养教育的校本教材并开设相关课程，帮助未成年人提高对媒体的认知、辨别、批判及信息获取能力。家长也可有意识地引导未成年人有节制地使用网络，如和孩子约定上网时间，制定上网规则并有效执行，在孩子使用的电脑或手机上安装绿色上网软件，帮助控制上网时间、筛选上网内容等。

（六）社区未成年人活动场所使用率偏低，便捷性有待提升

2015年，中共中央办公厅、国务院办公厅印发了《关于加快构建现代公共文化服务体系的意见》，提出保障特殊群体基本文化权益，特别是将未成年人作为公共文化服务的重点对象。社区未成年人活动场所是社区未成年人公共文化服务的有效载体。调查显示，社区未成年人活动场所的设置情况基本良好，但存在未成年人对社区活动场所的知晓率和使用率偏低的问题。如有三成的未成年人不知道社区图书馆的地址和开放时间，有超过六成的未

成年人不知道社区活动中心和社区运动场所的地址和开放时间；同时，有30.6%的未成年人从来没有使用过社区活动场所。究其原因，除了宣传不足、活动内容单调等现实问题之外，社区未成年人活动场所的分布不均也是主要障碍之一。调查发现，有19.8%的未成年人从家至社区活动场所所需时间在30分钟以上，甚至有7.4%的未成年人从家到社区活动场需要花费时间1个小时以上。进一步加强社区未成年人活动场所建设，一是要加大宣传力度，拓宽宣传途径，提升社区未成年人活动场所的知晓度；二是要丰富活动形式和内涵，增强社区未成年人活动的吸引力；三是要切实推进社区未成年人活动场所的规划建设和合理布局，缩小区域差异，提升使用的便捷性。

B.6
关注青春期性健康，促进青少年健康发展

裘晓兰*

摘　要： 青春期"性健康"是影响个体人生进程的重要因素，对促进青少年心理健康、提高人口素质具有重要意义。调研发现，上海青少年的性生理发育趋向平缓，性观念日趋开放，性行为发生率有所上升；同时，青少年对性知识的掌握不足，现实中青少年主要通过自我摸索应对青春期性困惑，青少年日益开放的性态度与性知识获取渠道的不规范以及性教育的不充分之间的矛盾日益突出。根据青春期身心发展的特点，学校和家庭、社会应共同构建科学化、系统化的青春期性教育体系。

关键词： 青少年　青春期　性健康　性教育

一　青春期与青少年性健康

习近平总书记在 2016 年 8 月召开的全国卫生与健康大会上指出，要加强心理健康问题基础性研究，做好心理健康知识和心理疾病科普工作，规范发展心理健康服务。2016 年 12 月，国家卫生计生委与中宣部等 22 个部委

---

* 裘晓兰，上海社会科学院社会学研究所助理研究员。

联合出台了首部心理健康的宏观性指导文件《关于加强心理健康服务的指导意见》，体现了政府对心理健康问题的重视和关注。

青春期"性健康"是影响个体人生进程的重要因素，对促进青少年心理健康、提高人口素质具有重要意义。近年来，随着婚前性行为的日益普遍，青少年感染性病、艾滋病的比例不断上升，少女怀孕、不安全流产事件频发，有关青少年的"性"问题开始受到社会的广泛关注。中国疾控中心性病艾滋病防治中心的统计数据显示，2011~2015年，中国的艾滋病病毒感染总人数达57.5万。其中，15~24岁年龄段的感染者年均增长率达35%。这些数据反映出青少年的性健康问题已经成为一个不容忽视的严峻社会问题，同时也从一个侧面暴露出当前有关青春期性教育的不足和缺位。[1] 为更好地了解青少年的性健康发展状况，上海社会科学院社会学研究所课题组开展了面向本市青少年的问卷调查，调查内容主要包括以下五个方面。[2]

性生理：主要对青少年的性生理发育状况进行调查，包括男生初次遗精、女生初次月经的平均年龄，并通过历年比较把握青少年性生理发育的整体趋势。

性心理：主要对青少年的性意识、性观念及性态度进行调查，包括青少年对性的评价，对婚前性行为、少女怀孕等的态度，以及对异性交往的观念等。

性行为：主要对青少年的性行为情况进行调查，包括人际性行为（接吻、性交等）的发生状况，以及不同群体在性行为发生方面的差异等。

性知识：主要对青少年获取性知识的途径和内容进行调查，包括青少年获取性知识的主要渠道，青少年在学校和家庭两大社会化机构中获得的性知识内容，以及青少年对于性知识的需求偏好等。

性教育：主要对青春期性教育情况进行调查，包括青少年接受性教育的

---

[1] 张正民、杨秀梅：《构建"学校、家庭、社区"一体化青少年性教育模式研究》，《中国性科学》2013年第2期。
[2] 课题组主要成员包括上海社会科学院社会学研究所杨雄研究员、上海社会科学院社会学研究所裘晓兰助理研究员、上海社会科学院社会学研究所研究生吕岚琪。

现状和不足，青春期性教育的开展情况，不同家庭背景在青少年性教育上的差异等。

本次调查的目的在于客观掌握上海青少年性意识和性行为的发展变化趋势，由此分析青春期性教育存在的问题，以期更有针对性地提出有效措施，建立长效的发展机制。

二 上海青少年性健康的发展现状

本次研究采用问卷调查法，调查对象为上海的初中生、高中生和大学生，分别采用初中版、高中版、大学版问卷进行调查。调查采用配额抽样的方法，于2017年底至2018年上半年开展，最终收集有效问卷1958份，其中初中生的比例为27.1%，高中生的比例为35.9%，大学生的比例为37.0%；男生的比例为54.9%，女生的比例为45.1%；城镇户籍（含港澳台及外籍）的比例为76.9%，农村户籍的比例为23.1%。调查的基本情况如下。

（一）性生理

1. 青少年性生理发育"前倾"趋于平缓

性生理的发育成熟是青少年进入青春期的标志。男性初次遗精（初遗）的平均年龄和女性初次月经（初潮）的平均年龄是国内外学者研究分析青春期发育的重要指标之一。本次调查数据显示，男生的初遗平均年龄为13.55岁，女生的初潮平均年龄为12.75岁（见表1）。

表1 青少年性生理发育比较

单位：岁

类别\年份	1989	1999	2004	2018（上海）
男初遗年龄	14.43	13.85	13.47	13.55
女初潮年龄	13.38	12.54	12.70	12.75

从世界范围来看，随着健康发展与营养改善，青少年性生理成熟提前已成为全球性趋势。有研究发现，1800~1980年，西方女性的初潮平均年龄不断提前，从17.5岁下降到13.5岁。[①]而国内的实证研究结果也证明了城市青少年性生理发育不断提前这一趋势。上海社会科学院青少年研究所1989年、1999年和2004年针对中国城市青少年的调查数据显示，青少年性生理发育整体呈现日益提前的发展特征。[②]如2004年的调查发现，男生的平均初遗年龄比1999年提前了0.38岁，比1989年提前了0.96岁；而女生平均初潮年龄虽然与1999年相比推迟了0.16岁，但较1989年提前了0.68岁。将本次调查数据与前三次数据比较可以发现，在经历了生理成熟期的大幅度提前之后，新世纪以来城市青少年的生理发育"前倾"逐渐趋向平缓，上述变化也意味着青少年性生理发育正走向稳定。

2. 农村青少年的性生理发育略为迟缓

从城乡来看，城市户籍青少年平均初遗年龄为13.52岁，农村户籍青少年平均初遗年龄为13.60岁，与城市相比推迟0.08岁；城市户籍青少年平均初潮年龄为12.62岁，农村户籍青少年为13.26岁，与城市相比推迟了0.64岁（见表2）。这也说明城乡青少年的性生理发育存在差异，相比于城市青少年，农村青少年的性生理发育略为迟缓，且这种迟缓在女性身上表现得更为显著。

表2 城乡青少年性生理发育比较

单位：岁

类 别	城市	农村
男初遗年龄	13.52	13.60
女初潮年龄	12.62	13.26

---

① 杨雄：《青春期与性》，上海大学博士学位论文，2006。
② 调查数据来自上海社会科学院青少年研究所1989年、1999年、2004年对上海、北京、广州、武汉等地青少年的大样本调查。

（二）性心理

1. 多数青少年对"性"持正面评价

本次调查通过询问青少年对"性"的印象来了解青少年对性的看法和态度，结果显示，对性持积极、正面评价的青少年占据了主流。从数据来看，认同（完全认同＋比较认同）性是"快乐"和"美好"的青少年比例分别达到59.5%和59.4%，而不认同（不太认同＋很不认同）的比例为3.7%和4.2%；认同性是一种"责任"的青少年比例为65.4%，而不认同的比例为5.9%。同时，也有小部分青少年对性持负面态度，如数据显示，有8.9%的青少年认同性是"肮脏"的，有8.6%的青少年表示"厌恶"性（见表3）。

表3 青少年对"性"的态度

单位：%

类别	完全认同	比较认同	说不清	不太认同	很不认同
快乐	30.0	29.5	36.8	1.9	1.8
美好	30.4	29.0	36.3	2.2	2.0
轻率	8.2	10.6	44.7	20.7	15.8
羞涩	19.8	32.4	38.0	5.4	4.4
麻烦	6.7	11.4	46.0	20.9	15.0
责任	39.3	26.1	28.6	3.2	2.7
减压	13.0	20.3	46.1	12.0	8.7
厌恶	3.6	5.0	37.3	24.4	29.7
肮脏	3.6	5.3	34.5	20.8	35.9

2. 青少年对婚前性关系的接受度提升

本次调查显示，在持传统性观念的青少年依旧占据主导的同时，青少年对婚前性行为的接受度明显提升，且男生的接受度高于女生。数据显示，认同"结婚之前，应该守贞洁"的男女生比例分别为55.8%和65.5%。与1999年和2004年的调查数据比较可以看到，男女生对"结婚之前，应该守贞洁"的认同比例都呈现下降趋势，且女生认同比例的下降更为显著。

与此同时，本次还调查了青少年对"如果双方有婚约，可以发生性关系"、"如果相爱，可发生性关系"和"即使没有爱情，也可发生性关系"的接受度，调查数据均呈现较大幅度的提升，且有显著的性别差异。以青少年对"即使没有爱情，也可以发生性关系"的认同度为例，本次调查数据显示，男生的认同比例为20.5%，女生的认同比例为7.2%，相比1999年、2004年的调查数据有了很大的提升，并呈现男生接受度更高的特征（见表4）。

表4 青少年对婚前性行为的认同度

单位：%

类别 \ 年份	1999		2004		2018（上海）	
	男	女	男	女	男	女
结婚之前，应该守贞洁	60.6	74.9	55.3	73.9	55.8	65.5
如果双方有婚约，可以发生性关系	7.7	8.3	11.5	5.9	56.6	42.2
如果相爱，可以发生性关系	26.9	15.9	28.4	18.4	54.2	38.9
即使没有爱情，也可以发生性关系	4.8	0.9	4.8	1.7	20.5	7.2

3. 青少年对"少女怀孕"的态度日趋宽容

本次调查发现，对少女怀孕的态度表示应"关心帮助"的男女生比例分别达到44.4%和54.9%。这也意味着，约有一半的青少年对少女怀孕持宽容的态度。比较历年的数据可以发现，青少年对少女怀孕的态度呈现越来越宽容的趋势，如2004年，对少女怀孕的态度表示应"关心帮助"的男女生比例分别为41.0%和47.0%；1999年，此比例分别为37.8%和60.4%（见表5）。总体来看，对待少女怀孕，女生比男生更为宽容，这应该和女性更容易产生和表达"共情"有关，但也应该看到，性别比例差在逐渐缩小。

表5 青少年认同应"关心帮助"少女怀孕的比例

单位：%

性别 \ 年份	1999	2004	2018（上海）
男	37.8	41.0	44.4
女	60.4	47.0	54.9

4.青少年与异性交往的尺度越来越开放

异性交往是青少年成长过程中的重要步骤,本次调查通过询问青少年对伙伴(群体)、看电影、写信、约会、拉手、旅行、接吻、爱抚和性交等交往形式的允许程度,来了解青少年对异性交往的态度。结果发现,青少年对异性交往的允许程度逐渐走向开放,以接吻项目为例,1999年青少年的允许比例为10.4%,2004年上升至12.6%,而这次调查的数据达到25.4%(见表6)。这些数据也从一个侧面说明了当代青少年对于性关系的宽容态度。

表6 青少年对异性朋友的"允许交往程度"比较

单位:%

类别 \ 年份	1999	2004	2018(上海)
伙伴	—	92.2	84.0
看电影	—	56.9	76.7
写信	—	78.2	74.8
约会	—	40.1	52.8
拉手	—	37.9	53.8
旅行	—	34.0	45.5
接吻	10.4	12.6	25.4
爱抚	9.6	11.9	23.5
性交	3.0	5.6	14.6

(三)性行为

1.青少年"恋爱"经历日益普遍

中学生恋爱一直是学校和家庭十分关注的问题。一方面,教师和家长把中学生的恋爱归为早恋,认为会妨碍青少年的学习成长,因而采取各种"措施"禁止和避免其发生。另一方面,"异性相吸"是青少年身心发展过程中出现的一种正常现象,恋爱现象在中学屡禁不止。本次调查发现,青少年的"恋爱"经历日趋普遍。具体来看,有过恋爱经历的初中生比例为9.9%,高中生比例为37.2%,大学生比例为53.9%(见表7)。

表7　青少年有恋爱经历的比例

单位：%

类别	有恋爱经历	无恋爱经历
初中生	9.9	91.9
高中生	37.2	62.8
大学生	53.9	46.1

2. 青少年性行为趋向低龄化

青少年性生理发育的不断提前，使他们能够更早地体验和接触与性相关的内容，并开始产生性好奇和性萌动，进而部分青少年会发生性行为。接吻和性交是人际性行为的主要表现，本次调查发现，初中生中有过接吻体验的比例为8.7%，高中生的比例为24.9%，大学生的比例为40.6%；有过性交体验的高中生比例分别为8.3%，大学生的比例为13.7%（见表8）。可见，青少年发生性行为的比例随年龄增长而提升，总体来看，青少年性行为低龄化已经是一个普遍的趋势。

表8　青少年发生性行为的比例

单位：%

类别	接吻	性交
初中生	8.7	—
高中生	24.9	8.3
大学生	40.6	13.7

3. 青少年性行为"滞后释放"现象依旧存在

青少年性活动的"后滞效应"是指由于升学压力和高考的制度性安排，中国大城市中学生青少年性活动"活跃期"出现被人为推迟至大学阶段的可能性和现实性。[①] 本次调查结果也验证了上述理论。数据显示，城市户籍青少年在高中阶段发生性交行为的比例为4.8%，农村户籍青少年的发生比

---

① 杨雄：《青少年性行为"滞后释放"现象》，《中国性科学》2008年第1期。

例为15.9%,农村青少年比例远高于城市青少年。进入大学阶段,城市户籍青少年有过性交体验的比例增加至14.7%,而农村户籍青少年的比例则下降至10.2%(见表9)。从上述数据可见,因学业压力而导致的城市青少年性行为"滞后释放"现象明显,大学阶段成为释放的爆发期。

表9 城乡青少年性交行为发生比例

单位:%

类别	高中生	大学生
城市	4.8	14.7
农村	15.9	10.2

(四)性知识

1. 青少年对性知识的掌握存在不足

青少年性知识的掌握程度与性健康有着十分重要的关系,正确的性知识可以帮助青少年养成良好的性健康习惯和科学的性观念,从而尽量避免由错误的性知识而带来的各种危害。本次调查设置了有关性、避孕和性病等的基本常识类是非题以考察青少年对性知识的掌握情况。结果发现,学生对基本性知识的掌握存在较大不足。在性知识问题的回答中,青少年选择比例最高的选项是"不知道",如对"精液积多了对身体不好""中国近十年新感染艾滋病毒的患者在持续减少""口服避孕药的成功率极高"问题选择"不知道"的青少年比例均超过半数。而在进行了正误判断的回答中,也有相当比例的青少年掌握的是错误的性知识(见表10)。此外,选择"不明白意思"选项的多为初中低年级学生。现有的学校性教育主要偏向于基本的生理性知识,而对于实用性知识的涉及较少,这也是造成青少年性知识掌握不足的重要原因之一。

2. 网络成为青少年面对性困惑时的最重要解惑途径

本次调查发现,当青少年面对性困惑时,网络成为其最主要的解惑途径。数据显示,有23.0%的青少年在遇到性困惑时通过网络(视频、软件等)

表10 青少年对性知识的了解程度

单位：%

类别	正确	错误	不知道	不明白意思
体外射精是可靠的避孕方法	18.3	31.7	35.0	15.0
排卵都是在月经中	20.4	26.1	40.4	13.1
精液积多了对身体不好	18.1	15.4	52.2	14.3
中国近十年新感染艾滋病毒的患者在持续减少	14.5	20.4	54.5	10.7
口服避孕药的成功率极高	15.3	22.5	50.7	11.5
要是患上性病，自己肯定会察觉	8.5	31.6	48.9	11.0

寻求答案；而通过学校课程/教科书寻求性困惑答案的青少年比例为14.2%，从朋友/同学处寻求性困惑答案的青少年比例为12.4%（见表11）。可见，在遇到性困惑时，利用网络信息手段进行自我摸索成为青少年解决性困惑的主要方法。

表11 青少年遇到性困惑时的解决方法

单位：%

类别	百分比	类别	百分比
父母	11.7	报刊/杂志	5.3
兄弟姐妹	2.8	医学书籍	5.5
老师	11.1	文艺书籍	5.0
朋友/同学	12.4	影视录像	5.9
恋人	5.0	网络（视频、软件等）	23.0
学校课程/教科书	14.2	都没有	47.0
动漫	4.5		

网络作为新一代信息传播媒体，为青少年拓宽了信息获取来源和沟通渠道，同时复杂的网络环境以及缺乏有效的管理和保护，也造成网络内容的鱼目混杂，一些淫秽、色情、暴力、丑陋的信息内容也在网上广为传播并成为危害青少年的巨大隐患。如何合理推进网络时代的青春期性教育，让青少年通过正规的途径获得科学、正确的性知识是必须思考和解决的课题。

3."性别平等"是青少年需求较高的性知识

于青少年的身心健康而言,青春期性教育的重要性是无容置疑的。推进青春期性教育,除了要符合相关学科的自然规律之外,也要契合青少年的实际需求。由此,本次调查通过询问青少年"想了解的性知识"了解青少年对各类性知识的需求度。调查发现,各个学段青少年对于性知识的需求既有相同之处也存在差异性。根据数据,居初中生最想了解性知识前三位的是"青春期性烦恼的应对"(35.2%)、"性别平等"(27.7%)、"性骚扰的预防和自我保护"(21.7%);居高中生最想了解性知识前三位的是"青春期性烦恼的应对"(22.1%)、"性别平等"(20.5%)、"异性交往"(16.5%);居大学生最想了解性知识前三位的是"异性交往"(23.0%)、"性别平等"(20.3%)、"性骚扰的预防和自我保护"(17.4%),具体如表12所示。从上述数据可以看到,无论哪个学段,青少年对"性别平等"知识的需求是一致的;初中、高中阶段,青少年更偏向于要了解"青春期性烦恼的应对"知识,而高中、大学阶段,青少年更想要了解"异性交往"相关知识,这也符合青少年在每个成长阶段所面临的实际需要。

表12 不同年级的青少年想了解的性知识

单位:%

类别	初中生	高中生	大学生
男性身体结构	10.9	8.7	7.6
女性身体结构	11.3	16.4	13.7
妊娠过程	6.0	7.7	13.5
性交行为	7.5	11.3	15.7
避孕方法	7.3	9.0	14.3
人工流产	4.5	5.0	6.9
手淫	5.8	6.1	7.3
HIV/艾滋病	20.7	10.8	13.4
性别平等	27.7	20.5	20.3
异性交往	21.3	16.5	23.0
性暴力应对	13.0	8.8	11.7
青春期性烦恼的应对	35.2	22.1	17.1
同性恋	12.6	8.5	9.1
性骚扰的预防和自我保护	21.7	15.4	17.4

(五)性教育

1. 多数家庭能坦然面对孩子性问题

为进一步了解性教育的状况,本次调查向青少年询问了家长在面对性方面问题时的态度,结果发现,当青少年提出有关性方面的问题时,多数家长能做到坦然面对,但在应对态度上父母存在差异性。数据显示,有62.7%的父亲和68.2%的母亲会对孩子的提问作正面回答(圆满解答+有选择地作答),31.9%的父亲和26.8%的母亲不会做正面回应(避而不答+不但不答,还要训斥),还有5.4%的父亲和4.9%的母亲无能力回答孩子的性疑惑。可见,在回应青少年的性困惑方面,母亲比父亲更为积极。应该注意的是,虽然针对孩子的性方面问题多数家长能做到坦然应对,但能圆满回答的比例不高,只有10.3%的父亲和13.4%的母亲能做到(见表13)。

表13 父母对于孩子性困惑的回应

单位:%

类别	父亲	母亲
圆满解答	10.3	13.4
有选择地作答	52.4	54.8
避而不答	22.3	18.1
不但不答,还要训斥	9.6	8.7
无能力回答	5.4	4.9

2. 独生子女父母在应对孩子的性问题上态度更积极

数据显示,当面对孩子提出的有关性方面的问题时,独生子女的父母中会正面回答(圆满解答+有选择地作答)的比例为66.2%和72.7%,比非独生子女父母分别高出10.1个和13.4个百分点;而独生子女的父母不做正面回应(避而不答+不但不答,还要训斥)的比例为29.4%和23.7%,比非独生子女父母分别低7.5个和9.3个百分点(见表14)。

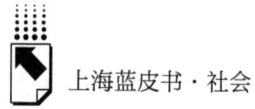

表14　独生子女父母与非独生子女父母对青少年性困惑的回应

单位：%

类别	父亲		母亲	
	独生子女	非独生子女	独生子女	非独生子女
圆满解答	10.4	10.2	14.8	10.8
有选择地作答	55.8	45.7	57.9	48.5
避而不答	21.6	24.3	16.5	21.7
不但不答,还要训斥	7.8	12.6	7.2	11.3
无能力回答	4.4	7.2	3.6	7.7

3. 超半数青少年认为学校和家庭的性教育有用

本次调查显示，六成以上的青少年认为在学校接受到的性教育对自己有用，半数以上的青少年认为家庭的性教育对自己有用；但也有约两成的青少年认为在学校和家庭接受到的性教育对自己用处不大。同时，值得引起关注的是，有6.4%和17.5%的初中生，有7.3%和12.8%的高中生，以及4.6%和15.7%的大学生表示没有接受过来自学校和家庭的性教育（见表15）。这也表明，虽然国家已经将青春期的性与生殖健康教育纳入了学校教育课程体系，然而，就目前而言，青春期性教育的普及和推广仍存在诸多的问题。

表15　青少年认为在学校和家庭接受的性教育是否有用

单位：%

类别	学校			家庭		
	初中生	高中生	大学生	初中生	高中生	大学生
非常有用	27.8	29.4	25.7	22.7	24.8	20.8
基本有用	36.6	32.3	37.8	30.7	29.6	31.5
不清楚	12.5	11.6	9.0	12.8	13.8	10.2
不太有用	11.5	14.7	17.1	10.5	12.7	16.4
完全没用	5.3	4.8	5.9	5.8	6.3	5.5
没接受过	6.4	7.3	4.6	17.5	12.8	15.7

三 青春期性教育面临的问题及对策建议

(一)青春期性教育面临的问题和挑战

由于性观念的日益开放、人们生活水平的提高以及现代化信息传播手段的普及,加之青少年的性生理发育提前、性成熟前倾等发展特征的影响,近年青少年的性问题日益受到社会关注,不洁性行为、未婚先孕、性病、艾滋病以及性侵害等问题在使得青少年性健康面临严峻挑战的同时,对青春期性教育提出了更高的要求。回顾我国性教育的发展进程,在不同时代背景下国家出台和推进了诸多针对青少年青春期性教育的政策和措施,但不可否认,学校在实际实施过程中还是以生理性知识的输出为主,并不能满足青少年的实际学习需求。因此,发现性教育存在的不足是我们首先要关注的问题。

1. 学校青春期性教育侧重生理知识输出,忽略青少年对实用性知识的需求

此次调查显示,近八成的青少年能够从学校获得"男女身体结构"的相关知识,但从学校获得有关"性交行为""避孕方法""性暴力应对"知识的比例则不足四成,而从学校获得"人工流产""手淫"相关知识的比例仅为两成。同时调查也发现,青少年对性知识的掌握程度严重不足,如约半数的青少年不知道"口服避孕药的成功率极高""精液积多了对身体不好"等基本常识性问题是否正确,而这些恰恰应该是青少年在生活中需要掌握的实用知识。

2. 青少年获取性知识的渠道很多,但以自我摸索为主

青少年在性生理发育的驱使下,会逐渐产生性好奇,与此同时,青春期的性萌动也会促使青少年产生诸多性困惑。正确的学习途径是青少年获得科学性知识、形成正确性观念的基础,也是应对青春期性好奇、性困惑的基本保障。然而,我国长期以来的"性保守"思想根深蒂固,加之禁欲主义观念的影响使得社会整体对性长期处于压抑的状态,这也导致了青春期性教育的"保守"和"落后"。当青少年无法从家庭、学校了解到正确的性知识和

性观念时,好奇心和求知欲支配着他们从其他途径中寻找答案。本次调查显示,当遇到性困惑时,青少年更多地通过自身去摸索解疑,而网络成为青少年解决性问题的重要途经,有1/4(23.0%)的青少年选择通过网络为自己的性困惑解疑,有12.4%的青少年从同学、朋友那里得到解答,其他的解惑方式还包括录像视频、各类杂志和医学书籍等。如此,一方面青少年无法通过正规的学校和家庭的途径获取正确的性知识,另一方面对通过自我摸索方式接收到的大量性知识青少年并不具备辨别真伪的能力,产生的性困惑也无法得到圆满解答,而错误的性知识可能会对他们的身心健康产生影响,甚至可能误导青少年走上犯罪的道路。

3. 青春期性教育缺乏科学以及循序渐进的体系建构

青少年在不同的成长阶段会产生不同的性困惑,如本次调查数据显示,初中生及高中生更加需要应对青春期性烦恼的相关知识,而大学生对与异性交往的知识和技巧更为期待,因此需要根据青少年不同成长阶段的不同身心发展特征提供不同内容的性知识学习,推进不同类型的性教育。然而,从实际情况来看,目前我国的青春期性教育尚没有一套完整、科学的理论体系,也缺乏针对不同青少年群体的教育实践研究。与此同时,对青春期性教育的阶段性衔接问题、相关课程教材等的思考和研究也处于刚刚起步阶段。如何进一步探索和构筑科学的青春期性教育体系,是亟须解决的重要问题。

(二)对策与建议

本次调查发现了一些青春期性教育方面存在的现实问题,课题组针对这些问题提出了以下建议。

1. 进一步充实和健全主流渠道的青春期性教育

通过学校课程、社会科普、医学咨询、家庭同伴交流等方式,引导青少年通过正规途径学习获得科学的性知识。同时,应规范青春期性教育的内容,借鉴国际上先进和规范的青春期性教育方面的研究成果和教学经验,逐步推进青春期性教育教材的统一编写,推动将青春期性教育列入课程大纲,使学校的性教育有本可依。

2. 加大信息传播渠道的监管力度

要进一步加强对多元传播渠道的监督和管理，除了电视、广播、报刊、书籍等传统传播渠道之外，要特别加强对网络信息的监管，推进建立并完善网络信息过滤网和严格的惩戒机制，着力营造重视青少年性健康的社会环境和社会氛围，让青少年获得正确、科学的有利于身心健康发展的性知识。

3. 注重性教育的系统性和阶段性

根据青少年不同成长阶段的不同身心发展特征，从学前－小学－初中－高中－大学逐步展开系统性的性教育，并注重性生理教育与性心理教育、性道德教育、性问题应对等内容的充分结合，系统而全面地展开青春期性教育，帮助青少年形成健康的性观念和科学的性行为规范。

4. 学校—家庭—社会三方联动，共同探索有效途径和方法

学校是青春期性教育的重要阵地，但仅仅依靠学校是不够的。青春期性健康教育是一项系统工程，要联合学校、家庭、社会三方力量，形成三位一体的教育链，共同探索和构建青春期青少年性问题的预防和应对机制，保护和促进青少年身心健康成长。

就业与社会保障篇

Employment and Social Security

B.7
加强人力资源供需对接，提高公共就业服务水平

乐 菡*

摘　要： 随着经济社会转型发展、产业结构调整升级，企业用工需求与人力资源供给之间出现了不平衡、不充分的问题，影响了产业发展和就业促进。当前公共就业服务工作已经取得了良好的成绩，为了更加深入地了解人力资源供需情况，本文通过问卷抽样调查的形式，对企业所需劳动者的要求和求职人员所需要的就业服务进行了分析，发现新时代背景下，上海的人力资源供需对接面临着人力资源市场结构性失衡、公共就业服务对接错位、职业技能培训供需不平衡等问题，并提出加强公共就业服务工作，实现更高质量、更加充分的就业。

---

* 乐菡，上海市公共行政与人力资源研究所助理研究员，博士。

加强人力资源供需对接,提高公共就业服务水平

关键词: 人力资源 公共就业服务 职业技能培训

为深入贯彻党的十九大和中央经济工作会议精神,全面落实习总书记提出就业优先战略和积极就业政策,全国各地开展了多种多样的人力资源供需对接会。通过精准高效对接,达成用人单位、求职者及人力资源服务机构的三方共赢,进一步营造优良的人力资源服务环境。

现阶段,人才培养供给侧和产业需求侧的对接存在着一定的矛盾,人才培养的结构、质量、水平在一定程度上难以适应时代发展的需要。上海作为我国区域经济的龙头,在产业发展、就业增长方面备受关注。如何通过提升就业和培训服务,解决结构性失衡困境,提升人力资源市场配置的质效,是现阶段上海亟待需要解决的问题。人力资源供需对接服务为用人单位和求职者提供了更多的选择和交流机会,提高了劳动者和岗位的匹配效率,缓解了劳动者与用人单位之间的信息不对称问题,在一定程度上也有助于解决劳动者求职难和企业招工难的问题。

一 上海公共就业服务现状

(一)人力资源开发工作初获成效

1. 积极搭建人才培养对接平台

近年来,上海高度重视人才培养对接工作,围绕产业转型升级和社会发展需求,不断夯实人才培养平台建设。搭建人才培养交流平台在一定程度上提高了人力资源服务业的知名度和影响力。与此同时,上海也在积极引导实体企业更新理念、转变模式,加快实体经济与人力资源服务业的协同发展。借助人力资源服务平台,重点打造人力资源服务孵化基地,全面推动人力资源服务业提质升级,促进人力资源行业创新发展,推动人力资源市场化配置、人才引进、创新创业平台建设,加快实现由人口红利向人才红利、由制

造红利向创新红利的转变,助推上海经济社会发展。

根据调查,一些"招工难"企业反映,除周期性就业调整的因素外,招聘信息获取渠道不畅通也是导致招聘困难的重要因素。图1显示了劳动者希望享受的公共就业服务,将近一半的被调查对象希望享受到就业援助服务;此外,被调查对象对公共招聘会、职业介绍、专场招聘会的需求也超过了30%。

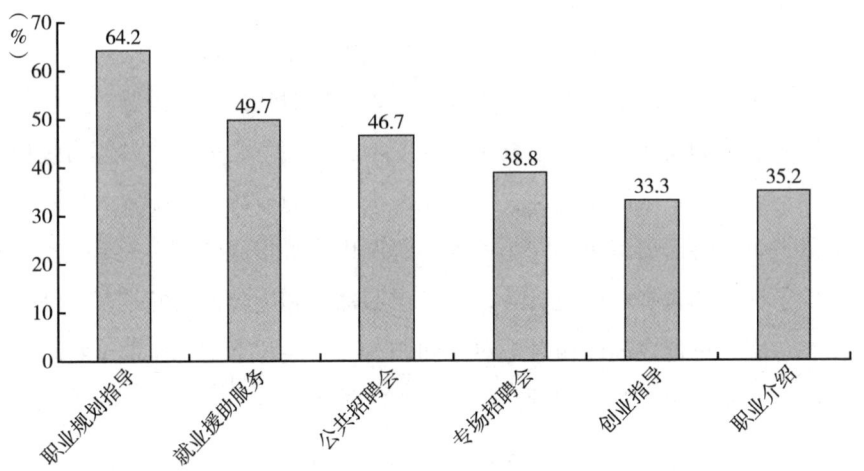

图1 希望享受的公共就业服务

2. 以产业链为导向,创新人才培养方式

我国经济已经进入新常态,上海经济发展也站在新的起点上。在国家经济政策的带动下,上海坚持把推进产业结构升级作为加快转变经济发展方式的重大任务,大力发展现代服务业,培育发展战略性新兴产业。为增强人力资源竞争力,上海以战略性新兴产业为导向,形成集群式的人才培养模式,推行校企合作、产学对接,搭建产业集群与技能人才培养动态调整机制,优化产业布局,有效解决了人才培养与产业需求不匹配、人才结构与产业发展脱节的问题。

2017年,上海经济运行总体平稳,全市实现生产总值30133.86亿元,同比增长6.9%,增速与上年持平,完成国家增长率指标。产业结构进一步优化,第三产业增加值20783.47亿元,同比增长7.5%,占全市生产总值的68.97%,比重显著提升;第二产业增加值9251.40亿元,同比增长5.85,占全市生产总值的30.70%,经济发展进入后工业化阶段。截至2017年12月底,上海市城镇新增就业人数在增加,登记失业人数22.06万人,比上年末减少2.2万人(见图2),失业率维持在4%左右。

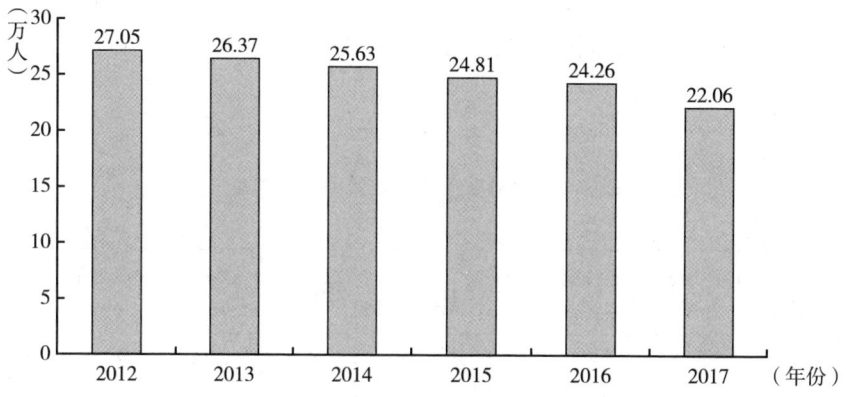

图2 2012~2017年上海市城镇登记失业情况

资料来源:上海统计年鉴。

2017年全年战略性新兴产业增加值4943.51亿元,比上年增长8.7%,占上海市生产总值的比重为16.4%,比上年提高1.2个百分点,生物医药制造业、航空航天制造业、新能源制造业三大战略性新兴产业制造业取得突破性发展,对高技能人才的需求日益旺盛,创新人才培养方式已迫在眉睫。

总体上看,2012年以来上海产业结构不断优化升级,就业形式灵活多样,本劳外劳协调发展,释放出更多用工需求,就业形势稳中向好,就业质量进一步提高。

(二)公共就业服务工作效果良好

1. 全面拓宽公共就业服务宣传渠道

公共就业服务是促进市场供需匹配、实施就业援助的重要载体,是政府促进就业的重要手段,也是企业人力资源开发的重要途径,而公共就业服能否充分发挥其重要作用,关键还在于宣传渠道的有效性高低。基于企业自身能力的有限性,企业对公共就业服务的需求度较高,但是企业对公共就业服务各项政策的知晓度却不是很高。

表1显示了企业在不同阶段对就业服务政策的了解情况。从企业对就业服务政策的了解程度上看,有19.4%的初创型企业对各类就业服务政策一无所知,即使是成长型企业和成熟型企业,仍然有较大比例的企业对各项就业服务政策不甚了解。同时,在对各项补贴政策的了解上,企业更关注职业培训和技能鉴定补贴。

表1 企业对就业服务政策的了解程度

单位:%

类别	职业培训补贴	职业技能鉴定补贴	社会保险补贴	公益性岗位补贴	创业补贴	就业见习补贴	求职创业补贴	以上均不知晓
初创型企业	52.8	38.9	58.3	11.1	27.8	22.2	11.1	19.4
成长型企业	71.4	57.1	51.8	19.6	28.6	32.1	7.1	7.1
成熟型企业	79.2	52.5	55.8	21.7	20.0	27.5	11.7	8.3

基于此,2016年以来,上海把拓宽公共就业服务宣传渠道作为提升公共就业服务水平的一个重要路径,借助线上线下多种方式促进就业工作。除通过现场咨询、新闻报道等传统方式做了大量的宣传工作外,全市人社系统还以阵地建设为突破口,充分利用覆盖面广的各类媒体及政府门户网站等平台,开设专栏,积极宣传就业政策,极大地提高了公共就业服务政策的知晓度。

2. 定向施策,塑造公共就业服务精准调控力

针对不同性质、不同发展周期企业的特点,围绕公共服务就业的内容,上海主要做了如下三方面的工作。

一是聚焦初创型企业,在政策补贴上发力。不断加大对初创企业的补贴力度,实行税收优惠政策,促进资源的合理配置。具体政策包括:开办手续费补贴、创业贷款担保、创业贷款贴息、创业房租补贴、社会保险补贴、服

务创业组织一次性补贴,创业带头组织一次性补贴,创业培训补贴。通过政策的运用,切实增强公共就业服务政策的作用。

二是聚焦特殊群体,在就业帮扶上发力。以激励的政策为导向,对大龄征地保障人群进行就业补贴,促进大龄征地保障人员市场化就业。此外,大力推进离土农民就业服务;开设青年启航班,促进应届毕业生等青年群体的就业工作。

三是聚焦中小企业,在本劳就业上发力。小微企业不仅是吸纳本劳就业的"主力军",更是激励创新、带动投资、促进消费的重要"生力军"。为了满足企业差异化的需求,就业部门通过归纳、整合服务需求,为中小企业定制专属服务方案,同时以技能培训补贴为切入点,加大对中小企业的补贴力度,为中小企业提供更多高技能人才。

(三)职业培训工作卓有成效

1. 完善产业发展与技能培训联动机制

为适应经济发展新常态,上海不断完善产业发展与技能培训联动机制,增强企业在职业培训中发挥的作用。一是围绕工学结合、校企合作的技术工人培养模式,继续深化校企合作办学,引导院校、企业和职业培训机构大力开展定向、定岗培训。二是在一些新兴区域,不断加强新职业研发,建立健全产业引领的新职业培训课程开发机制。三是积极落实资格证书和学历教育学分转换互认的"直通车"式双证融通和企业新型学徒制试点相关工作,着力提升技术工人培训的质量。四是围绕现代农业发展和新农村建设,加强新型农民职业技能培训,增强农村劳动力稳定就业和更高质量的就业能力。

2. 推进高技能人才特色项目运作

为支持和鼓励企业开展职工职业培训,加快培养适应产业发展的高素质劳动者队伍,上海全面拓宽"高师带徒"工作模式,提升高技能人才培养能力,完善高技能人才培养制度。拓展技能比武竞赛范围和规模,加大对技术能手等的表彰奖励力度,进一步调动企业培养技术人才的积极性,激励劳动者岗位成才。鼓励引导企业设立首席技师工作室，完善首席技师制度并给予经费资助。

二 上海人力资源供需现状

（一）求职人员基本情况

为了更加深入地了解上海人力资源的供需现状，本次调查问卷针对企业和劳动者分别设计了企业问卷和劳动者问卷，以网络问卷的形式发放，由企业和劳动者根据自身实际情况填答。本次问卷共发放377份，其中212份企业问卷，165份劳动者问卷。具体的被调查劳动者的人口学信息如下。

1. 性别、年龄分布

性别分布上，被调查对象中男女比例不平衡，女性居多，占被调查对象的73.9%。被调查对象的年龄呈现倒U形分布，30～40岁是劳动力的主力军，占全部调查对象的48.5%，这一比例较好地反映了社会人群的就业状况（见图3）。

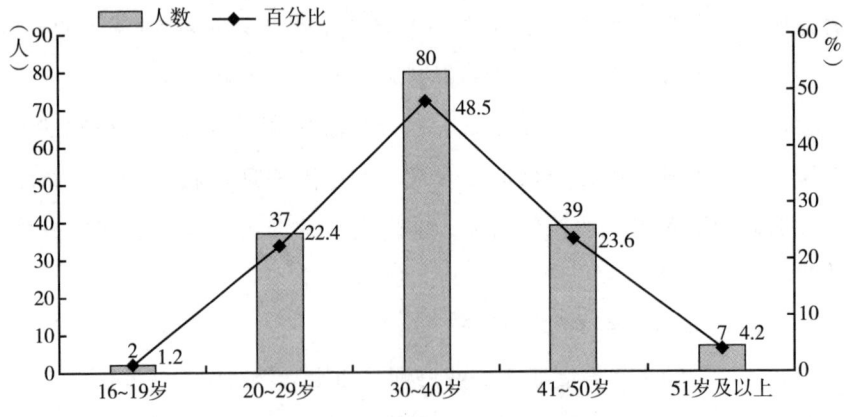

图3 调查对象的年龄分布

2.文化程度集中度

在本次调查问卷中,大专及以上学历占被调查对象的82.4%,初中及以下和高中学历占比不超过20%。由此可以看出,本次调查问卷的学历比较集中(见图4)。

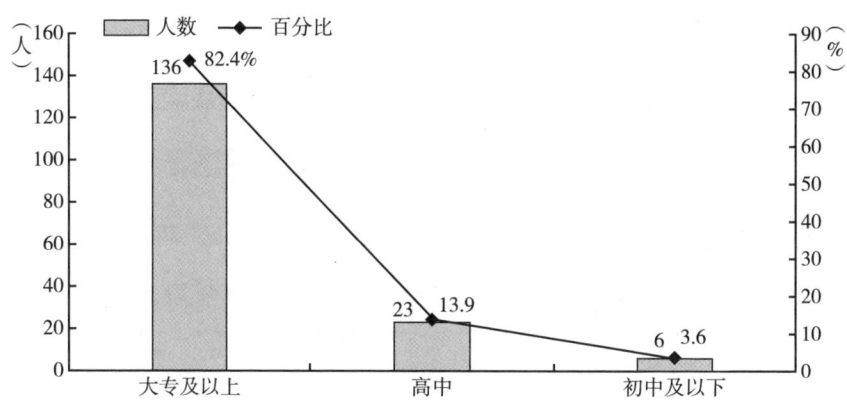

图4 被调查对象的文化程度

3.就业结构概况

在被调查对象中,90.3%的劳动力已经实现了稳定就业,6.1%属于临时就业,仅3.6的劳动力处于失业状态(见图5)。

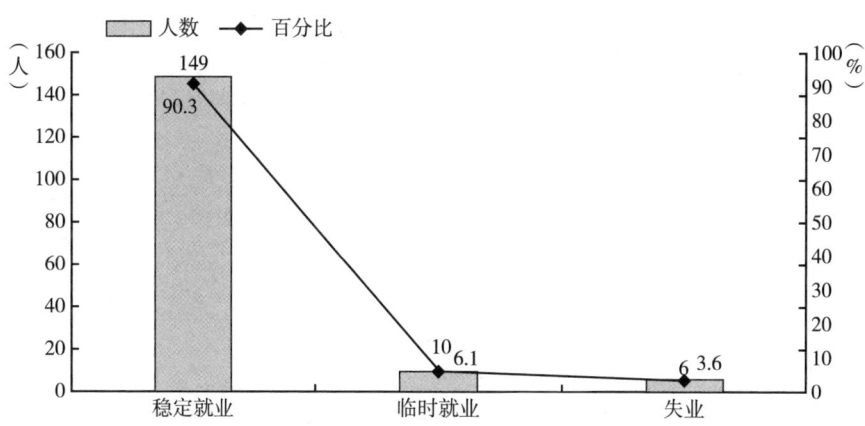

图5 被调查对象的就业情况

从就业人员所属行业来看，第一产业从业人员的比重呈降低趋势，第二产业、第三产业从业人员比重呈现周期性波动，但总体来看，第二产业从业人员的比重是下降的，第三产业从业人员的比重是上升的（见图6）。

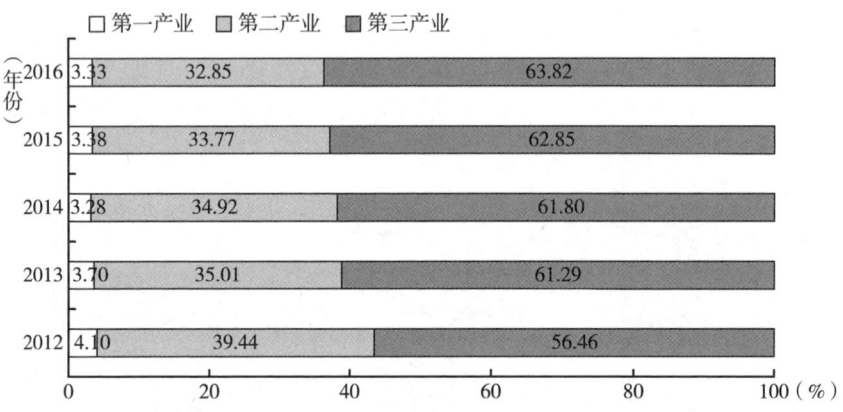

图6　上海市三次产业从业人员比重

资料来源：《上海统计年鉴2017》。

本次抽样调查中，被调查对象有84.8%分布于第三产业，12.7%分布于第二产业，2.4%分布于第三产业，该比例能够较好地反映产业结构调整的趋势（见图7）。

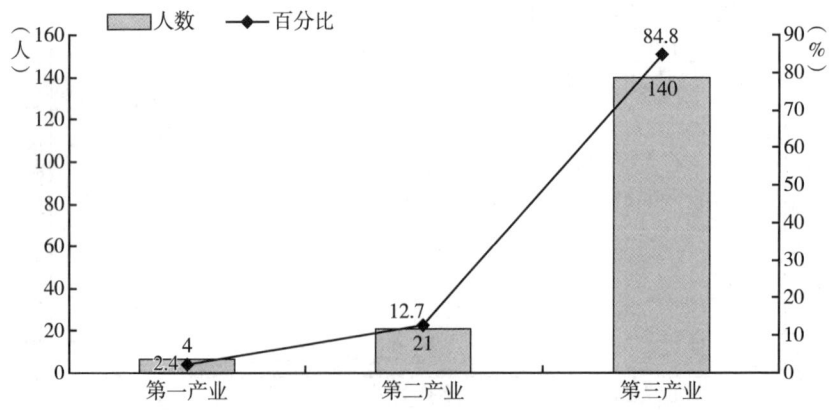

图7　被调查对象的产业分布

根据以上分析，本次抽样调查的 165 名劳动力，在年龄分布、文化程度、就业情况方面基本与上海劳动力市场现状或者未来发展趋势一致，基本能反映上海劳动力的供给情况。

（二）企业需求趋势分析

1. 产业结构需求

2017 年四季度，金融业用工环比增加的企业占比最高，为 60.7%，住宿和餐饮业用工环比增加的企业占比最低，为 20.8%（见图 8）；2018 年一季度，金融业用工环比增加的企业占比依然最高，为 48.2%，住宿和餐饮业用工环比增加的企业占比依然最低，为 18.7%，但各行业环比增加的比例较四季度均有一定程度的下降。

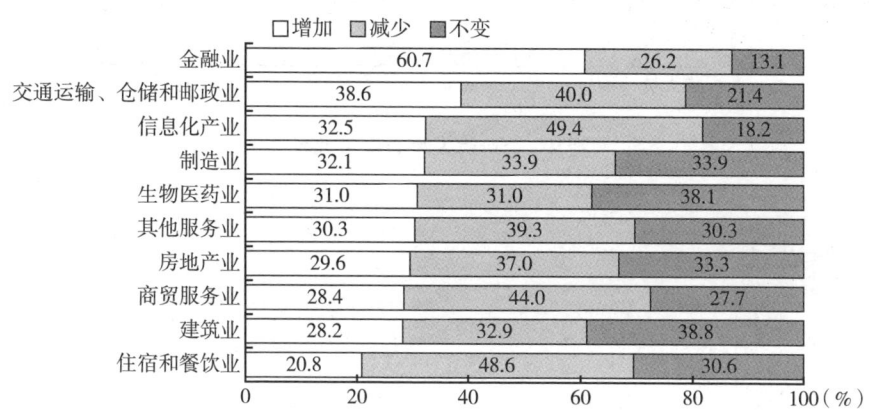

图 8　2017 年四季度用工变动的企业比例

用工增加的原因除规模增员外，主要集中在新业务的拓展、营销岗位人员的增加方面，其余均属于正常人员流动；用工减少的原因，除规模减员外，主要集中在外来务工人员的年末离职，其余均属于正常人员流动。

2. 知识技能需求

从企业最需要的人才类型来看，212 家企业中超过一半的企业认为专业技术人员是最需要的人才类型，有 36.3% 的企业认为员工的操作技能最为重要，仅有13.2%的企业认为最需要的人才类型为管理人员（见图9）。从就业人员的基本信息来看，70.8%的企业均认为"专业"是企业招聘的主要考核因素之一，学历和实习经历也是企业较为看重的能力指标（见图10）。在实际的工作能力方面，大多数企业将团队协作能力（64.2%）和学习能力（55.2%）列为最看重的工作能力（见图11）。

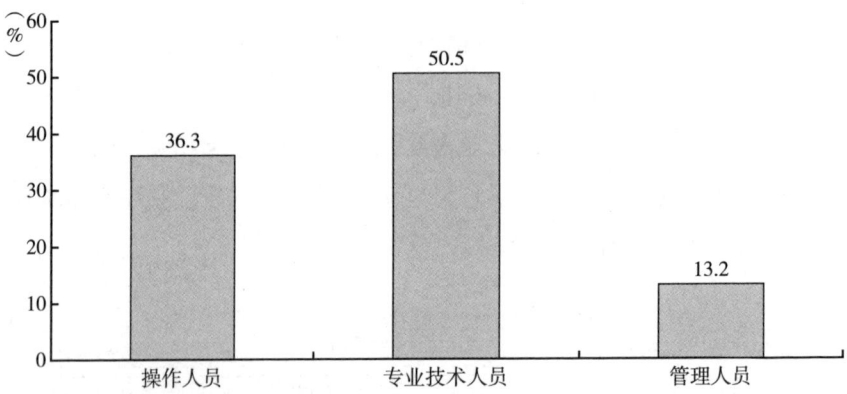

图9　企业对人才的需求类型

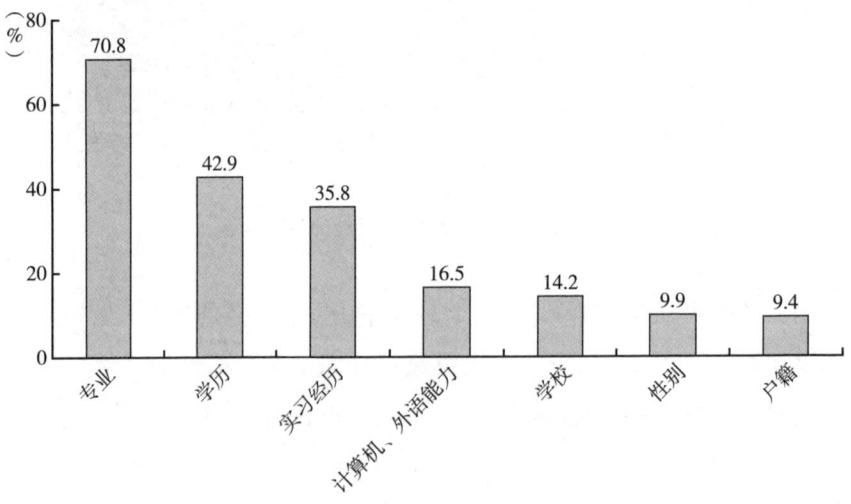

图10　企业对员工基本信息的重视程度

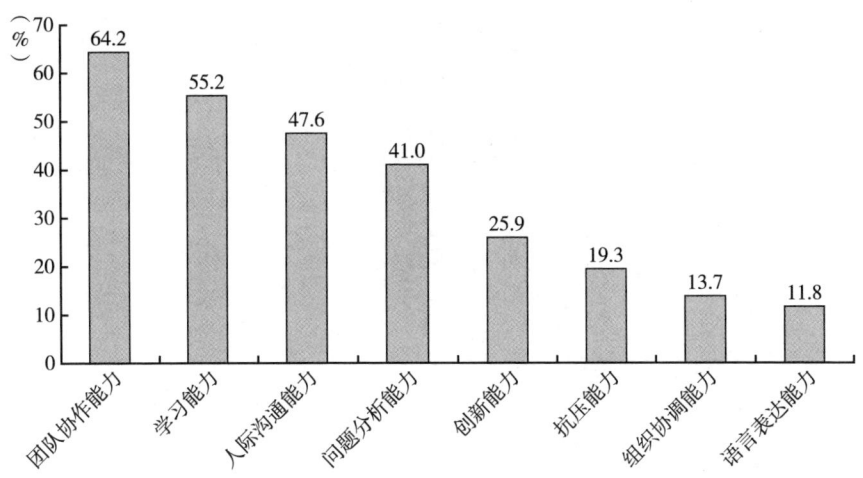

图11 企业对员工工作能力的重视程度

从调查问卷的结果可知,企业所需要的劳动力主要是专业对口的高学历人才。随着科学技术的迅猛发展,学科交叉融合、综合化的趋势日益增强,企业更偏好于复合型人才,包括知识复合、能力复合、思维复合等多方面。调查显示,掌握专业技能水平,又能动手操作的复合型人才备受市场青睐,上海市劳动和社会保障局发布的全日制职位工资指导价位表明,2017年紧缺的复合型人才工资增幅达15%,这一特征必然对员工提出更高的要求,不仅要求每个人都要提高自身的综合素质,还要求员工不断调整心态,变革自己的思维,成为一名"光明思维者"。

3. 新技术的冲击

技术进步对企业用工需求的影响是一把双刃剑:一方面,技术革新能提高劳动生产率,使企业以较少的劳动投入生产出更多的产品,对劳动力的需求减少;另一方面,技术发展会创新产品的原材料,促使生产成本下降,带来规模效益,从而劳动力需求增加。

从被调查者的问卷来看,33.9%的员工工作受到了新技术的影响(见图9)。从分产业的冲击影响来看,新技术的发展对第二产业和第三产业的影响存在差异。随着经济的高度发展和产业集聚程度的加深,制造业的要素

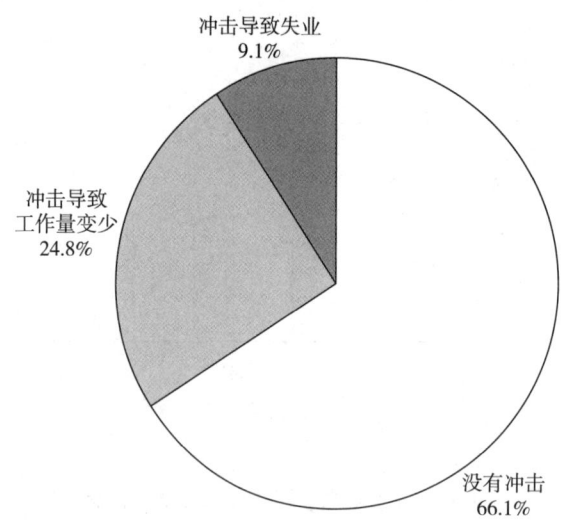

图 12　新技术对劳动者就业的冲击

成本优势逐渐丧失,因此,企业的用工成本上升,用工需求下降;然而新技术的发展却使得现代服务业加速发展,以新的电子、网络和信息技术为手段的服务业成为经济发展新的增长点。总体来看,新技术对第三产业的冲击要略高于第二产业(见表2)。

表2　不同行业的劳动者受到新技术的冲击

单位:人,%

行业		没有冲击	冲击导致工作量减少	冲击导致失业	合计
第一产业	人数	3	1	0	4
	占比	75.0	25.0	0.0	100.0
第二产业	人数	15	5	1	21
	占比	71.4	23.8	4.8	100.0
第三产业	人数	91	35	14	140
	占比	65.0	25.0	10.0	100.0
合计		109	41	15	165
		66.1	24.8	9.1	100.0

三 新时期上海人力资源供需对接面临的问题与挑战

(一) 人力资源市场结构性失衡

1. "用工荒"与"就业难"并存

当前,企业正处在由劳动密集型向技术密集型转变的过程中,需要更多具有高技术技能的劳动者来满足企业技术改造的内在要求,然而现阶段的劳动力主要是"求大求全"的高学历毕业生,人力资源市场存在着严重的结构性失衡。

由问卷调查可以看出,随着劳动者文化程度的提高,其对职业的期望值提高,对物质和精神享受的要求提高,而当前的劳动力一方面不愿意去基层从事技能工作,另一方面又不愿意俯下身去学习专业技术技能,出现"就业难"问题。而从企业的需求来看,大规模的基层员工缺失,尤其是具有熟练技能水平的"蓝领"劳动力严重缺乏,而当前的劳动力无论是就业意愿还是就业能力都难以满足企业的需求,造成"用工荒"。

调查显示,212家企业中仅有16%的企业认为人才市场已经能够满足公司招聘需求(见图13),而人才市场不能满足企业招聘需求的原因全部集中于基层岗位,基层岗位人才数量缺乏、技能缺乏及薪资要求提高是最主要原因,占比分别为24.1%、26.4%、22.6%(见图14)。

可以看出,人力资源市场供需结构的不匹配,是造成当前"用工荒"和"就业难"并存的首要因素。

2. 高端人才短缺

由表3可以看出,没有职业资格证书的被调查对象所占比重较高,占到40.6%,拥有初级、中级资格职业证书的比重为50.3%,而拥有高级资格职业证书的比重仅9.1%,高技能人才严重缺乏,供不应求。不仅如此,大多数企业并没有建立起适宜高技能人才成长的激励机制,致使高技能人才薪

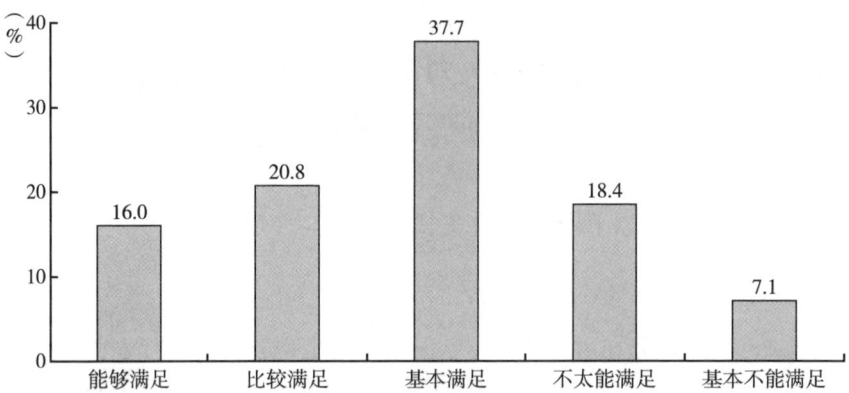

图 13　人才市场对企业用工需求的满足程度

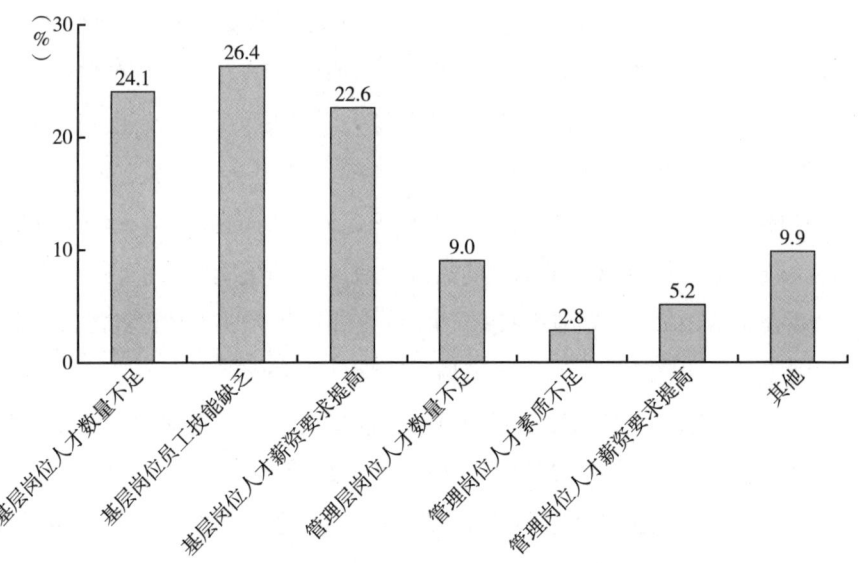

图 14　人才市场无法满足企业用工需求的主要原因

酬待遇偏低,高技能人才争夺战愈演愈烈,人才流失严重。

此外,在工作中有 27.3% 的员工没有任何职业规划,仅有 22.4% 的员工有清晰的职业规划。

表3 被调查对象的职业证书和职业规划情况

单位：人，%

职业证书情况	人数	百分比
初级	45	27.3
中级	38	23.0
高级	15	9.1
没有	67	40.6
职业规划情况	人数	百分比
有清晰的职业规划	37	22.4
有职业规划	83	50.3
没有职业规划	45	27.3

产业结构优化升级以及新技术的应用已经对第二产业就业造成了较大的影响，不少制造业从业人员逐渐向服务业转型，服务业吸纳的就业人口逐渐增多。根据2018年一季度不同行业企业用工需求景气指数的比较，建筑业的用工需求景气指数最低，其次是房地产业、制造业，当前劳动力的技能水平还不能实现跨部门自由流动，自我价值实现受阻。

（二）公共就业服务对接错位

1. 公共就业服务需求日益增长

图15显示了企业希望享受的公共就业服务政策，从总体上看，企业对社会保险补贴、职业培训补贴的需求最高，均超过了80%。在余下的五项公共就业服务中，企业的需求排序为职业技能鉴定补贴、就业见习补贴、创业补贴、公益性岗位补贴、求职创业补贴。

从分阶段企业的需求出发，初创型企业对公共就业服务政策的需求度较高，这可能与初创型企业自身价格和品牌竞争力低，现金流转不顺且融资困难等特点有关，其中又以创业补贴和就业见习补贴更为迫切。相较而言，成长型企业和成熟型企业对职业培训补贴和职业技能鉴定补贴的需求迫切程度更高（见表4）。

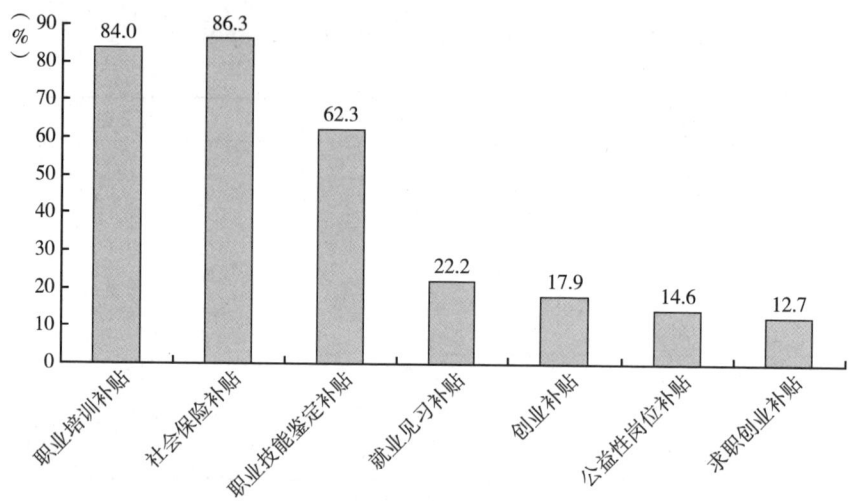

图 15　企业对公共就业服务政策的需求程度

表 4　不同成长周期的企业对就业服务政策的需求程度

单位：%

类别	职业培训补贴	职业技能鉴定补贴	社会保险补贴	公益性岗位补贴	创业补贴	就业见习补贴	求职创业补贴
初创型企业	72.2	41.7	86.1	13.9	30.6	38.9	16.7
成长型企业	82.1	67.9	83.9	17.9	16.1	16.1	16.1
成熟型企业	88.3	65.8	87.5	13.3	15.0	20.0	10.0

2. 公共就业服务供给能力不足

公共就业服务体系虽然已经形成，但是作用没有得到充分发挥，一些公共就业服务领域获得的政府、民间资源投资不够，公共需求不能得到很好的满足，在社会、经济、文化高速发展的情况下，某些领域公共就业服务供给和需求的矛盾凸现。

通过问卷结果了解到，超过40%的人知晓各项公共就业服务，其中公共招聘会、就业援助服务、专场招聘会的知晓度最高（见图16）。

随着互联网技术的不断革新，现在劳动者对就业服务的要求越来越高，但公共就业服务提供的服务形式还比较单一，集中在招聘会等现场服务上，服务层次较低，服务的专业性和针对性不强。然而大多求职者尤其是青年求

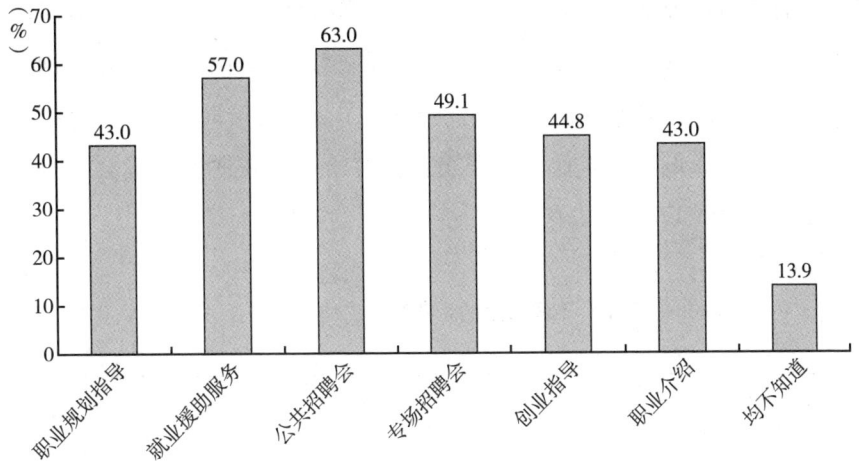

图 16 公共就业服务知晓度

职者习惯应用网络招聘平台寻找工作，当前公共就业服务的信息化手段较为落后，无法满足当下劳动者对就业服务的需求。

除此之外，非营利性组织在公共服务体系中发挥的作用有限，深度和广度有待提升。以浦东新区为例，新区非营利性组织近 2000 家，但致力于公共就业或志愿服务等领域的数量较少，而且与其他城市相比，发展也较为缓慢。

在调查中，不少劳动力、企业，尤其是初创型企业对具体的政策内容了解不全面，甚至完全不知晓。相比较来看，初创型企业处于企业发展生命周期的前期，需要更多的政策扶持，政策宣传的不到位会影响创业扶持政策的落实，也会影响企业劳动者获取公共就业服务的可能性。

（三）职业技能培训供需不平衡

1. 职工培训的动力与能力不足

目前企业职工培训体系虽然已初步形成，但还存在许多问题：首先，企业对职工培训的定位不够准确，资金投入不足；其次，企业在培训之前没有进行职工需求分析，培训效果难以体现；最后，缺乏有效的激励机制和合理的评价体系，培训效率低下。

调查结果显示，41.2% 的劳动者所在企业给员工较多的培训机会，

45.5%的劳动者所在企业给员工不太多的培训机会，13.3%的劳动者所在单位没有为员工提供培训机会。按照企业性质来看，各类型企业提供培训机会的比例大体一致，但国有企业和外资企业给予员工的培训机会要略多些，仅11.1%和12.1%的国有企业、外资企业没有给员工任何培训机会，而民营企业该比重达到17%（见表5）。

表5 不同性质的企业给员工的培训机会

单位：人，%

类别		较多	不多	没有	合计
国有	人数	23	25	6	54
	占比	42.6	46.3	11.1	100.0
民营	人数	22	22	9	53
	占比	41.5	41.5	17.0	100.0
外资	人数	23	28	7	58
	占比	39.7	48.3	12.1	100.0
合计		68	75	22	165
		41.2	45.5	13.3	100.0

除此之外，企业提供职工培训的能力也有待提高。随着工业经济的下行，企业利润出现大幅度下滑，再加上税收和社保缴费的压力，企业已经没有能力再负担职工培训的支出；同时，员工培训完就离职的现象比比皆是，也让企业对职工培训产生了畏惧感，培训意愿直线下降。

2. 培训的针对性和有效性有待进一步提高

有针对性并且有效地对员工进行培训是员工个人发展的内在需求，有助于促进企业员工培训工作的健康发展。

然而当前企业的培训流于形式，不仅没有设置合理的培训课程，实用程度也较差。企业员工有各种层级、各种类别，不同类型的员工，培训需求有所不同，而企业并没有在培训之前进行分析，培训内容单调滞后，培训形式呆板枯燥。

有些企业尽管明确了培训课程，但由于时间选择不对，地点安排不合适以及组织服务不好等因素而降低培训的有效性。通过调查分析发现，有些企业虽然培训总量很多，培训时间也很长，但是并不能根据员工自身的节奏安排培训频率，造成培训资源的浪费。在培训模式的选择上，大多数企业也过于单一，主要采取网络学习的模式，而外聘培训师和交流分享的方式较少，致使员工培训学习的兴趣和动力不足，培训效率大打折扣。

四　加强公共就业服务工作的对策与建议

（一）加强公共就业服务体系建设，着力促进就业创业

1. 大力促进公共就业服务均等化

实现公共就业服务均等化，是党中央、国务院的重大战略部署，也是我国公共就业服务创新发展的方向。近年来，上海在推进公共就业服务均等化方面做了大量工作，取得了一定成效，但地区之间以及不同群体之间公共就业服务资源分布的不均衡，使得充分就业面临巨大挑战，因此，有必要采取合适的对策，促进公共就业服务均等化。

基于此，上海应大力推进公共就业服务体系建设，充分发挥政府职能部门在公共就业服务中的主导作用，针对多元化的需求，开展多样化的就业服务，推动公共就业服务的高效供给。对于不同就业能力的劳动者提供不同类型的公共就业服务，譬如，一些就业能力较强的劳动者，政府可以通过公共招聘网络平台促进其实现高质量就业；一些有就业能力，但就业观念、就业技能与市场要求不相符的劳动者，可以重点发挥职业指导的作用，通过职业技能培训促进其实现就业；一些就业困难人员，可通过就业援助政策托底。

2. 创新公共就业服务形式，营造宽松的就业环境

为顺应"新技术、新业态、新模式、新产业"的"四新"经济发展态势，聚焦服务对象的多样化需求，大力创新公共就业服务形式。首先，推进线上线下一体化服务平台，通过"互联网＋就业"等途径，提高公共就业服务的质效；其次，实行政策、岗位"跟进式"服务，对招工单位进行回

访,掌握对接情况,改善服务质量;最后,针对用人单位的特点,在培训、招聘等方面提供"定制式"服务,做好特殊群体的就业工作。加强与私营职业介绍机构的合作,借助其专业能力,通过购买或补贴的方式,发挥私营机构在提供公益性就业服务方面的作用。

(二)开展职业技能培训,提高就业竞争力

1. 多举措打造人才"生力军"

在当前经济社会转型的关键时期,如何强化人才梯队建设,充分发挥人力资源的作用,成为当前亟待解决的问题。首先,出台相关政策,为开展培训的企业提供补贴,同时减免税收或降低社保缴费率,以鼓励企业积极开展职工在职培训。其次,通过校园招聘、社会招聘、委托培养等渠道做好基层操作岗位缺员的补充,同时建立产教融合、校企合作的技能人才培养模式,加快构建现代职业教育体系。最后,充分利用各项激励措施,制定员工队伍考核管理办法,做好后备人才培养和继任规划,全面提升人才综合素质。

2. 推动技能人才队伍建设再上新台阶

目前市场上技能人才,尤其是高技能人才的供给严重不足,政府应建立健全长期的有保障性的培训服务机制,组织"订单式"培训,进一步增强职业技能培训的针对性、实用性和灵活性,具体如下。

一是深入企业了解用工需求,确定市场潜力大、就业前景好的专业,向学校"下订单",学校根据企业实际要求调整专业设置,制定人才培养评价标准,开展人才培养计划,并定向输出至用工企业进行实践学习。

二是对登记失业人员开展摸底统计工作,挖掘潜质人才,了解培训需求。在此基础上,组织职业技术培训中心等培训机构与企业签订订单开展联合办学。通过培训后直接进入订单企业就业,实现培训与就业无缝对接,为用工企业提供有技能、有经验、符合企业发展需求的人才。

三是通过企业内传、帮、带的方式推动技能人才的培养,根据企业自身的技能水平要求,扩大企业内高技能人才的培养范围,扩大高师带徒的实施范围,通过在岗位上的实践来推动高技能人才的成长与发展。

B.8 全面二孩政策背景下上海女性就业问题研究[*]

王大犇[**]

摘 要: 在中国人口出现老龄少子化的背景下,政府开始提倡一对夫妇生育二孩,但近两年来女性生育率的提高低于预期。相关部门都在研究鼓励生育二孩的政策,但如果这些政策大多需企业买单,必然会导致企业为了降低用工成本而减少对青年女性的招聘,使女性就业发生困难。女性生育不只是家事,也是国事。所以,女性生育的成本应由社会负担,努力平衡好女性生育和工作的关系。

关键词: 二孩政策 上海 女性 就业

随着我国人口发展的变化,中国政府在 2015 年决定实施全面二孩的生育政策。两年来,女性生育率的提高低于预期,为此各地政府和相关部门正在研究促进女性生育的政策。同时,随着"全面二孩"政策的落地,我国女性面临的就业和生育困境也越发显现。在宽松的生育政策下,企业会提高对于女性生育可能性的预期,并预估女职工生育为企业带来的人力成本损失。而青年女性所遭受的就业歧视和职业发展困境往往是由于企业为了避免

---

[*] 本文是2018年度上海市劳动和社会保障学会重点课题的部分成果。参与本项目研究的还有:上海应用技术大学肖昕茹副教授、华东师范大学卿石松副教授、上海浦东新区就业促进中心付代浩副主任、上海远业律师事务所温陈静主任、华东师范大学硕士研究生梁雅方。

[**] 王大犇,华东师范大学社会发展学院副教授。

人力成本损失和人力资源管理问题所带来的。随之而来女性的就业矛盾也日益显现,如何平衡好女性生育和就业的矛盾,是我们在制定鼓励女性生育政策时必须重视的问题。

一 上海市女性就业的基本特点

(一)上海市女性就业比例略低于全国平均水平

根据全国2015年劳动力调查数据,上海市女性就业占比与全国平均水平相比略低(低1.7个百分点)。根据经济普查的数据,上海经济单位从业人员中女性占比约为38.8%,又比全市社会平均水平要低2.4个百分点,主要原因是女性劳动力在农业中占比较大。上海单位从业人口(非农产业)中女性比例也是低于全市的平均水平(见图1)。

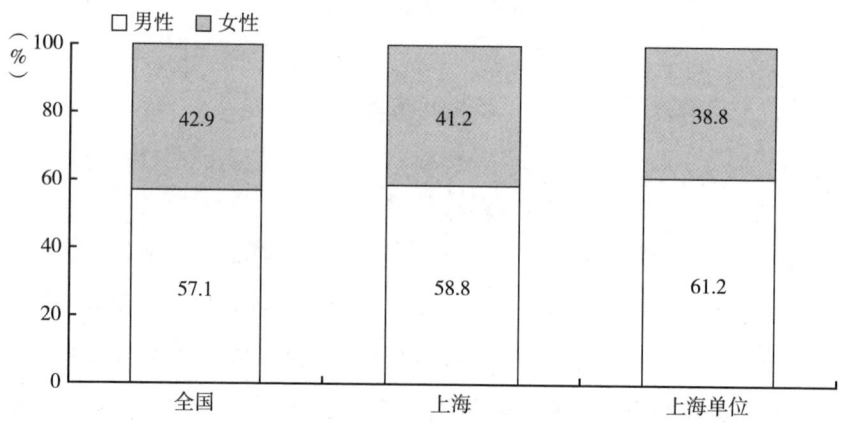

图1 上海市女性就业与全国平均水平比较

资料来源:2015年劳动力调查主要数据,2013年经济单位普查。

(二)上海市女性劳动力参与率农村高于城镇

根据第六次人口普查资料,本市分城乡女性的劳动力参与率高低依次是农村、镇、城市。尤其在45岁年龄组后,这种差距尤为明显,50岁后女性的劳动力参与率出现断崖式下降。这与我国现行的城镇企业女性职工50岁退休制度有很大的关系,而农村就业的影响并不明显(见图2)。

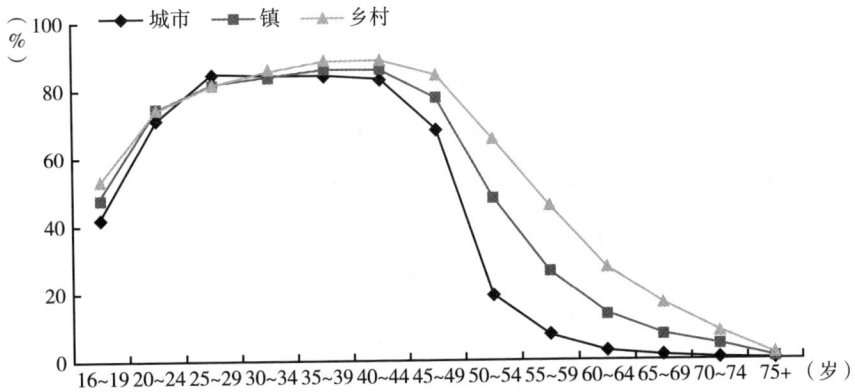

图2　上海市分年龄城乡女性劳动力参与率

资料来源:《2010年第六次人口普查资料汇编》,中国统计出版社,2012。

(三)上海市女性就业主要集中在制造业、批发零售、租赁和商业服务业

从就业规模看,上海市女性就业主要集中在制造业、批发零售、租赁和商业服务业。这三大行业的女性职工之和占女性单位就业人数的六成(见图3)。

(四)女性在教育、卫生等少数领域就业所占比例高于男性

如果分行业看,上海市女性在单位从业人员中教育、卫生和社会工作,住宿和餐饮业中占比高于男性,分别要高出29.0个、38.0个和3.8个百分点。在批发和零售业、金融业男女就业人数比例相近。而在一些体力劳动较重和室外工作的行业中女性就业人数比例较低,如建筑业,电力、热力、燃气及水生产和供应业,交通运输、仓储和邮政业的女性就业比例较低(见表1)。

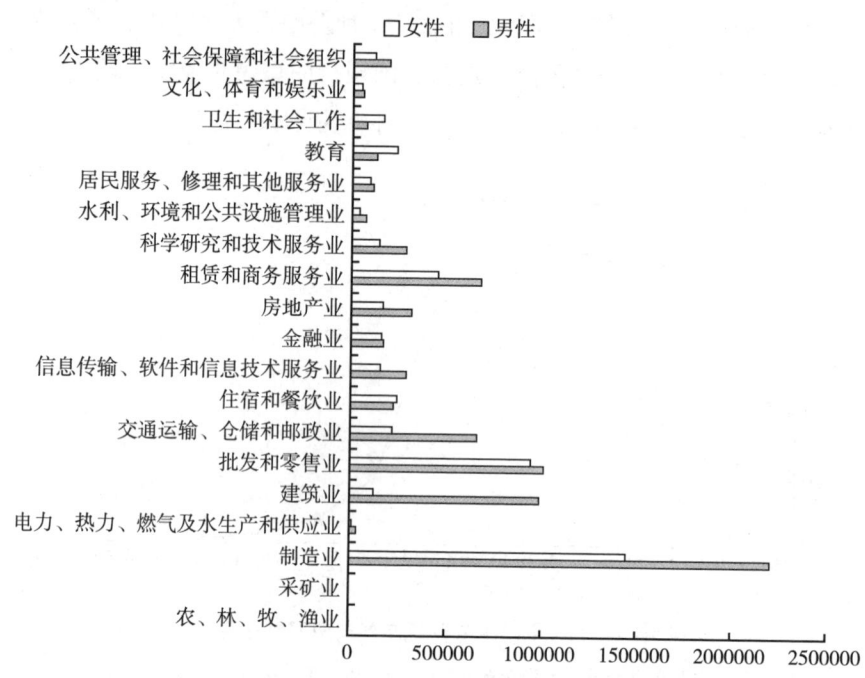

图 3　上海市经济单位各行业分性别分布情况

资料来源：《上海市经济单位普查资料汇编（2013年）》，中国统计出版社，2015。

表 1　上海市经济单位分行业女性从业人员比重（2013年）

单位：人，%

行　业	女性	总计	女性比例
农、林、牧、渔业	1280	4475	28.6
采矿业	126	431	29.2
制造业	1445364	3648707	39.6
电力、热力、燃气及水生产和供应业	10904	46338	23.5
建筑业	124518	1110047	11.2
批发和零售业	940175	1948367	48.3
交通运输、仓储和邮政业	219579	877811	25.0
住宿和餐饮业	242371	467231	51.9
信息传输、软件和信息技术服务业	155027	445152	34.8
金融业	159713	328931	48.6
房地产业	166094	482079	34.5

续表

行　业	女性	总计	女性比例
租赁和商务服务业	452094	1126671	40.1
科学研究和技术服务业	144512	430755	33.5
水利、环境和公共设施管理业	39830	113909	35.0
居民服务、修理和其他服务业	94400	206203	45.8
教育	233999	362950	64.5
卫生和社会工作	163570	237091	69.0
文化、体育和娱乐业	46795	102289	45.7
公共管理、社会保障和社会组织	115341	306892	37.6
合　计	4755692	12246329	38.8

资料来源：《上海市经济单位普查资料汇编（2013年）》，中国统计出版社，2015。

随着时代的发展与科技的进步，女性劳动力在生理、体力、学识与技能水平上与男性的差异已不是主要问题，有些方面甚至超出了男性劳动力。尤其是近几年来，上海市女性受教育程度快速提高，其就业的竞争力也明显增强，加上本市第三产业的快速发展，为女性就业提供了广阔的空间。而目前影响女性就业的重要因素是用人单位出于经济利益考虑，在招聘中往往会优先录用男性。

（五）改革开放30年来上海市女性劳动力参与率有所下降

2000年上海市女性的劳动力参与率明显低于1990年，这主要是20世纪90年代上海市产业结构调整，加上国有企业改革，形成大量的下岗失业人员，其中女性所占的比例较高，由于再就业困难，部分女性劳动力过早地退出劳动队伍。2010年与2000年相比变化不是很大，只是在20~24岁和50岁以上年龄组劳动力参与率略有下降，前者与女性大学就读人数比2000年时有所增加有关，后者则是由于50岁后退休人员明显增加（见图4）。

从分年龄就业率看，本市男性略高于女性10个百分点，而在50~59岁年龄组要高出40多个百分点（见图5）。

女性的劳动力参与率或就业率指标，确实可以反映女性的社会参与、社

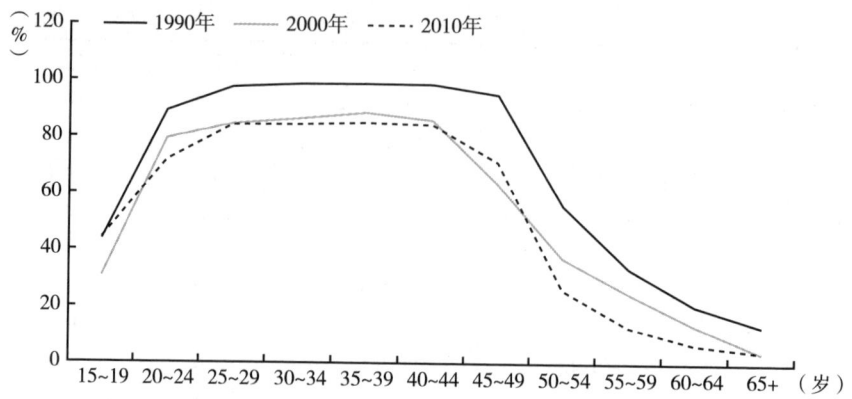

图4 上海市女性劳动力参与率的变化

资料来源：上海市第四、第五、第六次人口普查资料汇编。

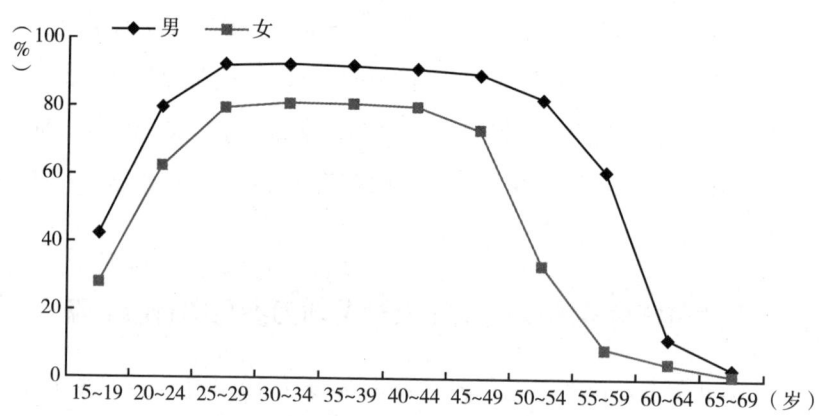

图5 上海市不同性别人口分年龄的就业率

资料来源：《上海市2015年1%人口抽样调查》，中国统计出版社，2017。

会地位和家庭地位，但这一指标并非越高越好。改革开放后中国女性劳动力参与率比计划经济时期的下降，不能视作女性社会地位的下降，而是一种理性的回归。当我国就业形势紧张的时候，有些学者曾提出，实行"女性阶段性就业"，甚至所谓的"男性留岗，女性回家"的对策建议，均受到了全国妇联的反对。但客观上，20世纪90年代后女性劳动力参与率还是有所下降,这是在市场经济条件下,一些家庭权衡利益得失,在女性就业工资率不是很高,而请保姆照料孩子的费用快速增加的情况下,有部分女性在一段时间内回归家庭料理家务、照料孩子,可以理解为是家庭的一种理性的选择,2010年与1990年相比,从上海市未工作人口中女性料理家务的比重看,在25~39岁年龄段比重较高,也是增加最多的(见表2)。这与20世纪90年代中期后,上海市企业和社区托儿所的关闭有一定关系。

表2　分年龄女性料理家务占未工作人口女性的比重

年龄(岁)	1990年(%)	2010年(%)	2010年比1990年增加的百分点(个)
15~19	0.30	8.98	8.68
20~24	2.50	12.98	10.48
25~29	6.13	22.15	16.02
30~34	5.79	30.98	25.19
35~39	10.56	33.23	22.67
40~44	16.05	26.14	10.08
45~49	16.12	17.44	1.32
50~54	5.84	24.78	18.94
55~59	6.85	22.16	15.31
60~64	10.64	21.74	11.10

资料来源:上海市第四次、第六次人口普查资料汇编。

计划经济时期,我们较多地宣传"妇女能顶半边天""男人能做的女人也能做",而忽视女性的职业特点,在市场经济条件下这种情况有所改变。另外,最近几年女性大学生的比例迅速提高,在教育、卫生等行业中女性占有很大比例,从上海市从业人员分性别的职业构成看,专业技术人员中女性也占较大比例("六普"资料女性占比为50.6%),社会上又对职场有"阴盛阳衰"的议论,这可能是以往"大男子主义"的一种失落。我们应该尊重市场的选择,而不是用性别来论事。

我国女性劳动力参与率近30年来尽管有所下降,但如果与世界平均水平比,我国还是要高得多。根据国际劳工组织2008年的统计,总体上我国劳动力参与率比世界平均水平高出15.2个百分点，其中男性高10.7个百分点，女性更是高出19.4个百分点，如果与发达经济体相比，我国女性劳动力参与率要高出21个百分点。① 自1958年后，我国女性劳动力参与率在世界一直名列前茅，也成为中国政府和妇女组织在国际社会引以为豪的指标。

而女性就业的多寡与企业用工有着很大的关系。在计划经济时期，企业并不十分关注劳动力成本，女性的产假期也较短，加上社区和企业都办有托儿所，所以女性就业的障碍相对较小；而在市场经济条件下，企业用工更多关注劳动力的使用价值和所需要支付的成本。中国现有的法律法规对女性"三期"保护有着较严格的规定，而由此造成的劳动力成本提高以往大多由企业承担。现在，在全面二孩的政策背景下，企业不得不考虑女职工的"三期"可能对企业人力资本带来的损失。

二 上海市企业对女性就业的态度和面临的问题

在市场经济环境中，企业是追求利益最大化的理性主体，降低人力成本和提高员工生产效率是企业维持和发展自身的必然需求。在这样的前提下，一味地要求企业承担社会责任，既违背市场规律，也很难实现政策目的。要解决"全面二孩"背景下的女性就业问题，应着重分析在企业管理者眼中，女性生育究竟为企业带来了哪些人力成本和管理上的问题，再对症下药地分担或降低企业成本，以减少对女性的就业歧视。为此，课题组在纺织、轻工分会的支持下分别召开了部分企业人力资源管理干部座谈会，在浦东新区劳动学会的支持下召开了部分外企和私企人力资源管理干部的座谈会。在此基础上通过学会的信息网和两个人力资源管理干部的朋友圈，利用问卷星向企业进行了问卷调查，共收到问卷350份。回复的企业以国有企业为主，占比46.86%，其次是外资企业占比18.57%，私营企业占比13.14%，集体企业和股份制企业占比较少。被调查企业主要分布在制造业、交通运输仓储、

---

① 国际劳工局编《劳动力市场关键指标》（第六版），中国财政经济出版社，2010。

居民服务和其他服务业,三者所占比例分别为22.57%、15.14%和10.57%,约占调查企业总量的50%,房地产业、信息传输、软件和信息技术服务业的比例较低,均为3.71%。从被调查企业女性员工比例看,20%以下的企业约占20.86%,30%~40%的企业占18.86%,20%~30%的企业占18.0%,女性员工比例在40%以下的企业占调查企业数的近六成。

(一)企业对女性职工生育增加劳动力成本的看法

在劳动力市场中,女性生育时企业增加的人力成本是女性相对于男性的主要额外支出,主要包括了工资支付成本、岗位空缺填补成本、培训成本等。

1. 女职工生产期间工资支付成本

虽然目前我国女性职工在生产期间的生育津贴主要由生育保险基金支付,然而,从业妇女的月生育津贴标准主要是依据其所在用人单位上年度职工月平均工资而发放的[①]。对于生育津贴不足其工资性收入部分,仍然由单位补足。在女职工孕期或哺乳期,用人单位不得降低其原工资性收入。这一部分由用人单位承担的工资,也构成了女性生育造成企业人力资源成本的增加。

另外,怀孕和哺乳期女职工请病假的概率普遍上升。根据《女职工劳动保护特别规定》第六条第三款、《上海市女职工劳动保护办法》第十三条规定,在产前,女职工妊娠期间在医疗保健机构约定的劳动时间内进行产前检查,应当算作劳动时间,按照出勤待遇发放工资。除了产前检查以外,如果女职工经二级及以上医疗保健机构证明有习惯性流产史、严重的妊娠综合征、妊娠并发症等可能影响正常生育的,还可以申请两个半月的产前假。根据《上海市实施〈中华人民共和国妇女权益保障法〉办法》第二十三条的

---

① 上海市人民政府《关于贯彻实施〈女职工劳动保护特别规定〉调整本市女职工生育保险待遇有关规定的通知》,沪府发〔2013〕5号。

规定，在前述情形下，用人单位应当批准女职工的产前假，并且产前假期间的工资不得低于其原工资性收入的80%。现实是部分女职工虽然不符合产前假条件的，也存在请病假保胎的情形，企业难以甄别，仍需要支付病假工资。病假工资依其在企业的工龄按其上个月在岗工资的60%~100%支付。在女性生产时，《劳动法》更是有明文规定，女职工生育应当享受不少于98天的产假，2016年后上海市又增加30天。而且上海市对有医疗机构证明、本人申请，单位可以批准6个月的哺乳假，需按其岗位工资的80%给付。

同时，整个产假和病假期间，企业仍然需要为女职工缴纳社会保险费。

2. 生育前后女职工的劳动生产率下降

按照相关法律规定，对于怀孕七个月以上或哺乳未满一周岁婴儿的女职工，用人单位不得安排其延长工作时间和夜班劳动[①]；另外，"三期"女职工自身也会因为产假等原因与企业产生短暂的脱节，产后上岗又需要一定时间适应，也存在分散一定的精力来照顾婴幼儿。

面对女职工不可避免的孕期劳动生产率下降，用人单位却无法依据其工作表现调整工资，因为依据法律规定，女职工在孕期或者哺乳期不适应原工作岗位的，可以与用人单位协商调整该期间的工作岗位或者改善相应的工作条件，但是不得降低其原工资性收入。即使"三期"女职工生产效益降低，企业也不能调整其工资，这一情形在一定程度上也增加了用人单位的人力成本。

3. 岗位空缺填补成本

女职工生育假期政策，是考虑到女职工因生育必要和生理特点所造成的特殊困难，从而出于保护女职工生理健康的目的而制定的。但在企业的成本效益分析视角下，这些保护政策却很直接地转化为女职工生育期间的岗位空缺填补成本（如将工作分摊给其他员工从而造成的加班费），使得企业认为"雇用未生育女性的人力资源成本高于雇用男性"，由此进一步倾斜其雇用的性别偏好。

---

① 《中华人民共和国劳动法》第六十一条、第六十三条规定，中国法律出版社，1995。

女职工产前假、产假、哺乳假，合计一般要近半年，有的要达到一年。现在企业编制基本上是"一个萝卜一个坑"，女性从怀孕一直到哺乳期，除了产假外，病假的概率增加，这都给企业的工作安排带来不稳定性。特别是女性职工占比较大的单位，一旦出现集中生育，必然给单位的工作安排造成困难。女职工生育期间用工单位势必要有人顶岗，如果新招人员，等女职工返岗后，新招人员的去留又会发生困难，或要支付经济补偿金。而现在企业大多由企业内职工分摊产妇的工作，或者招用退休返聘人员或实习大学生来顶替，这些自然也会增加企业的用工成本。从座谈会和企业问卷看，女职工产假或哺乳假期间，企业内人员调整顶岗是主要解决方式。全面二孩的生育政策和社会上全面放开生育的呼声，使企业对女职工的生育预期难以把控，招聘中对年轻女性的"慎招""惜招"的趋向会更加明显。

4. 培训成本

全面二孩政策实施后，部分女职工选择生育二孩，其产前假、产假、哺乳假等假期可能会使得女员工有两次4~6个月的时间退出工作岗位。那么对于与员工签订了培训协议、约定了服务期的企业来说，并不能以此来延长服务期，其培训成本也可能有所折损，正是这一考量，导致了企业在员工培养和职业发展上对于未婚未育女员工存在一定歧视。与此同时，为了填补生育女职工所造成的职位空缺以及工作内容，企业对于替补员工的培训成本也会随之增加。

由于健康保障的需要和法律的相关规定，女性在怀孕期间拥有大量的法定假期。不仅对企业的劳动力安排和使用带来许多困难，而且这些假期保障恰恰构成了女性生育对于企业人力成本的损失。这就造成企业在劳动力招聘中尽量回避招聘女性劳动力问题。随着国家"二孩"政策的放开，这个问题就变得越来越突出。

（二）女性职工生育对企业人力资源管理带来的困惑

1. 生育期间的停工问题

生育假期长、工作难以安排，成为企业不太愿意招用女性的主要原因。

从问卷反映看，单位不招用女性多数是因为其生育假期长，工作难以安排，此原因占到总数的67.1%，此项问题不同所有制单位的选择几乎相同。面对社会上要求延长女性产假的呼声，多数企业也表现出较消极的态度，不支持的约占36.6%，支持的约占31.7%，也有21.1%的企业表示可以实行"停薪留职"，其中中外合资企业的这一选项最高，为37.5%。女性本身特质例如不能干重活、家务多等已不是影响就业的主要原因，因为家务多少个人差异性较大，且与家庭因素有较大关联，存在不确定性。

《劳动法》第二十九条、《劳动合同法》第四十二条均规定，女职工在孕期、产期、哺乳期内，用人单位不得解除劳动合同。①

2. 女性生育对员工薪酬及绩效管理的影响

部分女职工在"三期"内，可能会因身体不适而产生工作效率降低的情况，然而依据法律规定，在女职工孕期或哺乳期，用人单位不得降低其原工资性收入。也就是说，在"三期"女职工的工作表现不佳时，企业即使可以通过协商或其他方式来对女职工进行调岗，也不能降低其工资性收入。

对于一些女职工而言，怀孕所带来的身体不适以及工作投入度降低是难以避免的，而生育又是大部分女性都会经历的阶段，对于这样由性别本身所带来的情况，法律出于性别平等的考虑，规定了不得降低"三期"女职工工资。然而，从企业的角度而言，无法依据一个员工的工作表现来对其发放薪酬，似乎又有失公允，对企业的薪酬及绩效管理造成了一定困难。在这种情况下，不少企业选择了制定更多有区别性的薪酬制度来避免管理问题。比如，对于依据工作表现所发放的奖金、提成等，依然是按工作绩效来发放。

3. 女性生育对人力资源规划及假期管理的影响

一些女员工在孕期中，会出现身体疲惫、请假次数增多的情况，个别员工虽然无法请产前假，但存在通过请病假的方式来保胎的情况，为企业的人力资源管理带来一定的困难。一方面，因身体不适而休病假是员工的基本权利；另一方面，为了保证女职工所在岗位的人手充裕，企业在人力资源管理

---

① 《中华人民共和国劳动法》《中华人民共和国劳动合同法》，中国法律出版社，2008。

上可能需要增加岗位的人员配备。尤其是在全面二孩政策实施以后，这一矛盾可能更为突出。

4. 女性的"三期"保护对小微企业压力更明显

我国目前对女性的"三期"保护，应该说是比较全面的，但在市场经济条件下，企业优胜劣汰是个常态，小企业的生命周期往往只有几年，而一个女职工如果生育二孩，她的保护期可以长达40个月，其间一旦企业发生变故，就极易引发劳动纠纷。这也导致一些企业更愿意使用劳务派遣或劳务外包等非标准劳动关系的人员，来规避由此带来的不可预测性和变故。

（三）部分企业对待女性就业存在的应对方式：就业歧视和违法解除

1. 企业对女性存在着就业与职业的显性和隐性的歧视

基于企业视角下对于成本效益的计算，追求"低成本高效益"的雇主在招聘时，可能会更倾向于雇用男性以降低人力成本。这种在招聘阶段所表现出的明显的性别雇用偏好，如果企业明示，就有构成就业歧视之嫌。然而在现实生活中，企业会采取隐蔽的手段，即在同等条件下会更愿意录用男性，或者倾向招用已婚已育的女性。现在一些企业在招聘时会关注女性的婚姻和生育情况，似乎更愿意招用已完成生育任务的大龄女性，性别歧视实质上变成了"生育歧视"。有些女性在求职时，也往往会将"已婚已育"作为一种求职的优势。

关于就业歧视问题，我国现有的法律中早有明确规定：妇女享有与男子平等的就业权利。根据《妇女权益保障法》第二十三条和《就业促进法》第二十七条规定，国家保障妇女享有与男子平等的劳动权利。用人单位招用人员，除国家规定的不适合妇女的工种或者岗位外，不得以性别为由拒绝录用妇女或者提高对妇女的录用标准。用人单位录用女职工，不得在劳动合同中规定限制女职工结婚、生育的内容[①]。从问卷反映，企业对女性就业的限

[①] 《中华人民共和国妇女权益保障法》《中华人民共和国就业促进法》，中国法律出版社，2008。

制仅限定在某些行业，与单位所有制性质关系不大。在全面实施二孩政策环境下，超过五成的企业认为在招聘时不存在性别歧视，但也有40.3%的企业表示视情况而定，仅有6.9%的企业选择有性别要求，这主要集中在制造业、建筑业以及交通运输仓储业，其中建筑业中有14.3%的企业选择了有性别限制，42.9%的建筑业、66.7%的金融业在同等条件下表示会优先录用男性。而66.2%的居民服务和其他服务业表示没有这种情况。

2. 现有法律对处理性别歧视中的困境

企业在招聘过程中对女性求职者进行就业歧视，女性求职者若想要维权，主要是以侵犯人格权为由提起诉讼，要求企业承担侵权责任。结合案例检索，这类案件在我国的数量极少，其原因并非企业在招聘中不存在性别歧视，而是做得较为隐蔽，比如在招聘时要求女性说明婚育状况，在几乎同等的条件下优先录用男性等。而且即使企业构成了就业性别歧视，其违法成本也并不太高。根据法院立案的检索，全国范围内近五年中针对妇女的就业歧视纠纷仅3件，案号分别为：（2016）粤01民终10790号、（2015）浙杭民终字第101号、（2016）京03民终195号；且在这三个案例中，法院最终判决企业赔偿的精神损害抚慰金金额皆为2000元。较于女性生育为企业所增加的人力资源成本而言，企业进行就业歧视、违法解除等措施的违法成本并不高。在现实生活中，还有更多的就业歧视行为难以取证，更无违法成本可言。取证难，赔偿金额低，维权成本高，也是女性劳动者即使受到不公正待遇也不愿维权的重要原因。

3. 解除"三期"女职工，企业宁可承担经济赔偿也不太愿意恢复劳动关系

除了在招聘时的雇用偏好之外，对于工作年限不长的女职工，企业也可能采取宁可承担经济赔偿金也不恢复劳动关系的方式，对"三期"女职工进行违法解约。根据法院立案的大数据分析，检索全国范围内近五年中涉及违法解除怀孕女职工的判决共816份[①]，为避免重复统计，选取其中的一审案件判决361份进行分析。在此类纠纷中，女职工可以主张企业支付经济赔

---

① 截至2018年10月8日。

偿金或主张恢复劳动关系，我们分别以"恢复劳动关系/继续履行"和"赔偿金"为关键词，在判决书的法院观点部分进行检索，可以反映出此类案件的争议焦点情况如下：女职工主张恢复劳动关系或继续履行劳动合同的案件共计113件，约占纠纷总量的31.3%。其中，仅59份判决最后支持了女职工恢复劳动关系。一些公司在解除工作年限较短的"三期"女职工时，往往愿意承担赔偿金而不愿恢复劳动关系，甚至会在诉讼中提前做好准备，主张劳动关系无法恢复，如公司往往会依据岗位已撤销或已由他人接替，来主张劳动关系无法恢复。

企业人力资源成本的增加，不少是源于法律法规对于孕期女职工的众多保护性规定。由此，似乎得出了一个这样的悖论：法律对于"三期"女职工的保护越是严密，企业在雇用女职工时相较于男职工所付出的人力成本就越大，企业的雇用偏好会更向男性员工倾斜，从而更易造成就业性别歧视。这一悖论并非是要否定妇女权益保护的意义，而是指出法律对于"三期"女职工的部分保护规定不能建立在用人单位的效益牺牲之上，一味地要求企业履行社会责任是不现实的，甚至可能会如上述所言，造成适得其反的效果。

三 对策建议

（一）应明确生育是家事还是国事

如果女性生育仅仅是家事，就应让生育权回归家庭。政府既不限制也不鼓励，由家庭自主决定。现在对于家庭而言，原来传宗接代、养儿防老的观念随着经济的发展、社会保障制度的完善似乎越来越淡漠。家庭对于子女的生育也越来越淡化，在大城市尤甚。现在国内有些学者提出，根据国外经验，任何奖励对提高生育率的作用几乎微乎其微，所以只能顺其自然。

但如果将女性生育看成是国事，政府就应有相应的措施。过去30年中国政府为了控制人口，将计划生育确定为基本国策，超生要承担社会抚养费，搞"一票否决权"等。在中国人口出现老龄少子化的背景下，中国政府已经意识到人口问题的严峻性，自2013年提出单独二孩的政策，时隔两年又提出全面二孩的政策。党的十八届三中全会做出了坚持计划生育基本国策、启动实施单独两孩政策的重大决策。2015年中央又指出："人口问题始终是人类社会共同面对的基础性、全局性和战略性问题。人口的趋势性变化，将对经济社会发展产生全面、深刻、长远的影响。""实施全面二孩政策、改革完善计划生育服务管理，是促进人口长期均衡发展的重大举措，有利于优化人口结构，增加劳动力供给，减缓人口老龄化压力；有利于促进经济社会持续健康发展，实现全面建成小康社会的奋斗目标；有利于更好地落实计划生育基本国策，促进家庭幸福与社会和谐。"[1] 2016年1月1日新《人口与计划生育法》正式施行，其中第十八条明确规定了"国家提倡一对夫妻生育两个子女"。在我国人口总量控制目标基本达成之后，国家考虑通过调整生育政策来减轻计划生育代价的政策。但两年来，我国妇女生育率的回升并没有达到人们的预期。妇女的生育是家庭繁衍子孙后代的事情，好像女性的生育与社会无关。但我们从整个社会角度来看，女性的生育不仅仅是传宗接代、繁衍子孙那么简单。在当今社会，妇女不仅仅承担着社会上的劳动工作任务，还承担着社会劳动力再生产的任务，生多生少关系国家未来发展大事。所以，女性生育不仅是简单的家庭之事，也是国家之大事。近期，有学者提出设立"国家生育基金"，对不生育者实行"单身税"，要求政府出台生育妇女的奖励政策等。湖北咸宁市也出台《关于加快实施全面两孩配套政策的意见》（以下简称《意见》），针对育龄妇女普遍担心的养育成本高、没精力照顾、就业受影响等问题，《意见》提出多项真金白银的措施：如鼓励有条件的机关、企事业单位将政策内二孩及以上产妇产假延长至6个月，配偶护理假延长至1个月。推行弹性工作制度，在完成规定工作任务或固定工作时长的前提下，用人单位要允许怀孕期和幼儿小于3岁的女职工自主灵活地选择工作时间和地点；为35岁以上政策内二孩及以上怀孕妇女开

---

[1] 《中共中央、国务院关于实施全面两孩政策 改革完善计划生育服务管理的决定》，https://baike.baidu.com/item，2015年12月31日。

展无创产前基因检测;在降低生育费用、加大教育保障、加大住房保障、探索建设3岁以下婴幼儿照护服务体系等方面也有相应的举措①。但此项新政如何落地也引起人们的担忧。有反映实施全面二孩政策以来,像教育、医疗等女职工多的单位,出现集中生育状况,导致教师、医护力量不足。如今又延长产假,人员短缺的状况恐加剧。此外,还有人担心,延长产假只是鼓励,并非强制,机关事业单位和国有企业容易做到,而对于大多数在民营企业工作的育龄妇女,如何确保权益并兼顾企业实际,还有待观察。

(二)政策措施要应势而为,顾及社会与企业的承受能力

生育政策要依据生育形势而定,问题是实施全面二孩政策后,这两年政策的效果如何?国家卫健委正在进行调查研究。我们认为,如果我国妇女总和生育率能恢复到2.0左右,那就不需要太大的鼓励政策,如果仍然达不到1.5(国际上称之为"低生育陷阱"),那就要考虑加大政策鼓励的力度。

20世纪70年代,中国政府刚开始提倡计划生育(晚、稀、少),上海女性总和生育率就已经达到1.45。1990~2000年基本上维持在1.0左右的超低水平,2011年后虽然比2000年略有回升,但仍然处在一个极低的水平(见表3)。当然,我们在考虑生育问题时,还同时必须参照全国的生育数据,因为人口和劳动力是可以自由流动的。我国部分地区和农村较高的生育水平,在一定程度上可以弥补上海等大城市的低生育水平。但从近十年的情况看,总体上,我国整个生育态势都不容乐观,总和生育率大体在1.4左右。作为社会政策必须未雨绸缪,有些措施,无须太多的财政投入现在就可以实施,有些措施需要政府较大的财政投入,可以应势而为。根据国际经验,我们认为我国总的生育政策取向应由允许生育向鼓励生育转变。

---

① 《咸宁市关于加快实施全面两孩配套政策的意见》,http://wjw.xianning.gov.cn/xxgk/wjzl/201808/t20180802。

表3　分年代上海市户籍人口总和生育率

年代	1970	1980	1990	2000	2011~2017
总和生育率	1.45	1.34	1.01	0.84	1.02

资料来源：《上海市人口与计划生育统计资料汇编》，转引自陈蓉《2017年全国生育状况抽样调查上海市数据分析》课题报告。

从上海市卫计委2017年对6000名妇女（15~60岁）的生育抽样调查看：育龄女性的理想子女数＞打算生育子女数＞实际生育子女数。也就是说，虽然目前大部分女性认为生育两孩最好，但实际落实到行动上就是另一回事了。以沪籍女性为例，认为理想子女数二孩及以上的占65.4%，打算生二孩及以上只有16.5%，而实际生育二孩及以上的仅占5.5%。从生育二孩及以上的女性分户籍看：非沪籍＞沪籍。也就是说，近两年来，上海市女性生育率略有回升，其中非沪籍女性起着重要作用（见表4）。

表4　上海市女性生育情况（2017年）

单位：个，%

类别	户籍	样本量	0孩	1孩	2孩	3孩及以上
理想子女数	沪籍	2010	2.8	31.7	63.9	1.5
	非沪籍	2463	0.6	14.5	80.8	4.1
打算生育子女数	沪籍	1516	4.6	79.0	16.0	0.5
	非沪籍	2103	1.7	41.6	51.1	5.6
实际生育子女数	沪籍	3255	24.9	69.6	5.3	0.2
	非沪籍	2745	21.0	42.1	31.8	5.1

资料来源：上海市卫健委《2017年生育状况抽样调查》。

本市女性虽然普遍认为生育两孩较为理想，但真正的践行者很少，根据以往上海市卫计委相关课题的调查，女性不愿生育二孩主要有以下几个原因：①生育成本高；②养育孩子太累；③小孩无人照顾；④影响女性职业发展。

就业是民生之本，也是人们实现自我价值的重要途径。女性就业不仅是改善女性地位的重要一环，也是体现社会文明程度的重要标志。对于女性来讲，无论是从她实现个人价值还是从维持一个家庭的生活来说，就业都是非常重要的。对我们社会发展来讲，女性的劳动参与也很重要。鼓励生育的二孩配套政策要落实到实处，真正发挥作用还面临着诸多现实困难，比如，现在有不少人提出要求单位延长产假和陪护假、增设儿童的养育假。多地出台鼓励二孩新政的确会让女职工的生育福利得到提升，但其也是一把"双刃剑"，"已婚已育"已不再是打消企业顾虑的利器，"二孩"可能会让企业在招聘时增加顾虑，采取一些隐形态度或措施造成女员工"被辞职"。企业作为一个营利组织，为了获利，只要不违反法律无可厚非的。因此，二孩配套政策要落到实处，将成本转移到企业头上并不是一个很好的选择。企业负担过重，导致不愿承担相应责任。一些企业不愿意雇用生二胎、生育假时间过长的女性，实质上就是成本承担问题。在当前要求降成本和营造良好的营商环境的大背景下，更应防止这类政策的出台。既然我们将生育看作一件国事，所以生育的成本主要应由社会负担。通过加大政府的财政投入、补贴以及减免税收，降低企业用女性劳动力的成本，为企业减负，消除企业雇用女性员工的顾虑。国家新税改中个人所得税法征求意见稿已将3岁以上子女的教育费用纳入减税的专项扣除里（12000元/人年），这是一个降低家庭养育成本的重大举措。当然，企业也需要承担社会责任，主要是：为生育的女职工保留岗位，尽可能地为儿童3岁前的母亲提供较为灵活的工作时间等。

（三）具体对策建议

1. 完善生育保险，坚持广覆盖、多层次的原则

目前，我国的生育保险与标准劳动关系紧密挂钩，也就是企业为建立劳动关系的女职工缴纳了生育保险，同时才有资格享受生育保险待遇。而目前上海市灵活就业人员还不能参加生育保险（2017年底上海市灵活就业人员参加社保的约有32.4万，其中女性为17万，约占52.5%）。城乡居民中的无业者更无法参加。如果将生育作为国事，是为未来社会养育劳动力的大事，应该实行全民的生育保险制度。首先，应该覆盖灵活就业人员，逐步覆盖城乡女性，差别只是由于缴费不同，生育津贴待遇有所差别。

按照《中华人民共和国社会保险法》第五十四条规定，用人单位已经缴纳生育保险费的，其职工享受生育保险待遇；职工未就业配偶按照国家规定享受生育医疗费用待遇，所需资金从生育保险基金中支付。生育保险待遇包括生育医疗费用和生育津贴。第五十六条规定，生育津贴按照职工所在用人单位上年度职工月平均工资计发。① 也就是说，未就业的女性，只要其配偶已参加生育保险，就应该享受生育医疗费用待遇，但无法享受生育津贴。从鼓励生育角度，对于这部分尚未就业的女性，政府除了承担生育医疗费用外，还应给予基本的生育补贴（比如按照当地最低工资标准享受）。这就需要建立全社会的"生育基金"。

2. 加强企业对员工的病假管理，适当减少怀孕女职工的工作量

目前有关规定是：由二级及以上医院开具的病假单，经单位批准，并根据其工龄和病假时间支付相应的病假工资。凡弄虚作假，开假证明病休的，一经查实，按旷工处理，有的以严重违反企业规章制度可解除劳动合同。另外，经医院证明可以申请2.5个月的产前假和6个月的哺乳假。②

根据2016年《上海市企业工资支付办法》③ 的相关规定，病假工资的计算基数按以下原则确定。

（1）劳动合同有约定的，按不低于劳动合同约定的劳动者本人所在岗位（职位）相对应的工资标准确定。集体合同（工资集体协议）确定的标准高于劳动合同约定标准的，按集体合同（工资集体协议）标准确定。

（2）劳动合同、集体合同均未约定的，可由用人单位与职工代表通过工资集体协商确定，对协商结果应签订工资集体协议。

（3）用人单位与劳动者无任何约定的，病假工资的计算基数统一按劳动者本人所在岗位（职位）正常出勤月工资的70%确定。

按以上原则计算的病假工资基数，均不得低于本市规定的最低工资标准

---

① 《中华人民共和国社会保险法》，中国法律出版社，2011。
② 《上海市女职工劳动保护办法》，上海市人民政府令第36号，施行日期1990年11月1日。
③ 《上海市企业工资支付办法》，http://www.shanghai.gov.cn/nw2/nw2314/nw2319/nw12344/u26aw47969.html。

的80%。

关于病假工资,目前全国并没有统一规定,外省市较多是根据劳动合同或集体合同的约定,有的按当地最低工资标准支付,但都不得低于最低工资标准的80%(山东、成都、长沙、福州);深圳则规定是本人正常工作时间工资的60%。

对策:适当降低病假工资待遇(如以劳动合同约定的基本工资为基数),这样在某种程度上提高了病假的机会成本;同时通过集体协商,设立对重病和长期病假人员的困难补助机制。

3. 对产假期间女职工和灵活就业的女性,政府给予最低标准的社会保险补贴

目前有关规定是产假期间的女职工的社会保险费仍然由企业缴纳。企业座谈会上对此问题反映较为强烈。女职工产假期间的社会保险费和哺乳假的工资如果由政府承担将有利于降低企业成本,从而有利于女性就业。从企业问卷看,有70.3%的企业认为女职工产假期间的社会保险费和哺乳假的工资若有政府补贴将有利于女性就业,仅有19.7%的企业认为政府补贴对于促进女性就业影响不大。此问题设置在于强调政府在全面二孩背景下应承担起社会责任,分担企业压力,从而减少女性就业的障碍。

其实,以往上海市对部分特殊群体也有类似的政策:对于企业吸纳就业困难人员给予社会保险补贴,最长不超过24个月;对公益性劳动组织的人员给予社会保险补贴;对小微企业吸纳大学毕业生就业也给予一定期限的社会保险费补贴等。

对策措施:可以由政府对产假期间的女性给予企业相当于上海市最低社会保险费的补贴4个月(企业部分)。如果按目前标准约每人合计5480元。

同时,应允许沪籍灵活就业人员参加生育保险,同样给予最低标准的社会保险费补贴。

4. 允许孩子2岁前女职工的停薪留职的申请,政府给予女职工最低工资标准的补贴

目前现状是:缺少相关规定,企业很少批准这部分员工停薪留职的申请。从问卷反映的情况看,39.1%的行业不支持哺乳期后女职工的停薪留

职，其中建筑业、金融业的比重达到52.4%、66.7%，多数行业则表示视情况而定。不同性质企业数据也说明支持率偏低。不同企业性质对单位延长女职工产假态度也不相同。国有企业中支持与不支持延长女职工产假各占34.8%，集体企业中支持延长产假的占到54.5%，但总体上，不支持的比例仍比支持的比例高出4.9个百分点。分行业来看，多数行业支持与不支持延长女职工产假的比例基本持平，只是住宿餐饮业对于停薪留职的接受度较高，达到了42.1%，这与其行业灵活性以及流动性大等特点有关。

上海市以往也有相似的政策：对企业招用就业困难人员给予岗位补贴。

好处：部分缺少老人帮助照料的女职工可以专心养育婴儿，无须请病假或事假，便于企业管理，也降低企业的人力成本。也有儿童教育学家认为3岁前儿童的养育和教育对儿童的一生成长尤为重要，其中母亲的作用不可替代。

对策措施：应允许在孩子2岁前女职工停薪留职（相当于澳大利亚2011年前的"无薪产假"，而我们这里仅是无薪哺乳假）的申请，在财政能力允许的情况下，政府可给予女职工最低工资标准的补贴。按此支出的费用匡算：相当于18个月的工资补贴，按目前的标准约为4.36万元/人，也可以作为养育儿童的补助支付给家庭。由于这笔费用较大，只能是备用政策。这一政策如果仅限于生育二孩的群体，范围则要小得多。

5. 在育龄女性较集中的单位可以经过协商，安排好生育计划

目前没有规定。有的单位自行进行生育排序，并对违规者解除劳动合同或处罚。根据问卷调查，解决女性生育造成岗位暂缺的方法，83.4%的企业更愿意通过企业内部人员调整顶岗，而不是通过外部聘请等手段来完成企业工作。招用外部人员中最受欢迎的是招用大学生实习，以及退休人员返聘。从行业内部来看，支持退休人员返聘最多的行业是租赁和商业服务业，占到45.8%，房地产业61.5%认同招用大学生实习。

对策措施：一是对于育龄女性较为集中的单位，单位可以向育龄女性说明情况，通过协商对生育进行排序，但不能以"插队"为由解除或处罚女

职工。

二是为了尽可能减少由于女职工生育对企业工作带来的影响，可采取内部调剂，对于因分摊产假、哺乳假女职工工作的员工，根据增加的工作量提高其劳动报酬。

三是对于女职工相对集中的教育、卫生等单位，适当增加编制（大多是事业单位）。

四是建立一支临时顶岗的预备队，区教育、卫生部门可以建立相关的人才库，比如退休返聘人员、劳务派遣人员、高校实习生，使用"打零工""兼职"人员等灵活就业人员，解决部分因女职工生育带来的空岗困难。

6. 提倡在有条件的单位和岗位对3岁前儿童的母亲父亲采取灵活的工作时间和灵活使用带薪休假

目前也无相关规定。部分企业对在完成规定工作任务或固定工作时长的前提下，允许哺乳期内女职工自主灵活地选择工作时间和地点。有关带薪休假规定是：单位根据生产、工作的具体情况，并考虑职工本人意愿，统筹安排职工年休假。年休假在1个年度内可以集中安排，也可以分段安排，一般不跨年度安排①。现在多数企业不太愿意员工将假期拆分，往往选择在工作的淡季安排职工休假。

从问卷反映的情况看，企业对于每天保证8小时，但时间灵活的接受度相对较高，有57.7%的企业认为对于有0.5~3岁孩子的女性难以采取灵活就业的办法。但分行业看，信息传输、软件和信息技术服务业对于每天保证8小时，上班时间可灵活调整有46.2%的认同度。在灵活就业的办法中企业对于每天保证8小时，但时间灵活的接受度相对较高，其中私企的接受度最高，有30.4%的企业表示可以接受，这与企业的工作性质以及所有制有很大的关联。但对于每周申请1~3天在家办公的接受度，多数企业表示不能接受，只有部分工作管理相对灵活的企业可接受，这与工作岗位特性也存在极大的相关性。有44.9%的企业支持设立父母照料0~3岁孩子的假期，适

---

① 《职工带薪年休假条例》，中华人民共和国国务院令第514号，2007年12月14日。

当增加照料假，其中51.2%的国有企业、72.7%的集体企业、40%的外资企业表示支持。另外，37.5%的中外合资企业、35%的股份制企业以及34.8%的私营企业表示支持灵活运用带薪休假。房地产业对于灵活带薪休假的认同度较高，达到了61.5%。

目前，企业对哺乳期后女职工停薪留职的支持比例不高。从问卷统计看，39.1%的企业不支持哺乳期后母亲的停薪留职，其中建筑业、金融业的比重达到了52.4%、66.7%。多数行业则表示视情况而定。因为停薪留职对于企业正常运营存在一定的影响，最合适的做法是根据员工的个人特殊需要以及其岗位工作性质综合考虑。

对策措施：根据企业的特点，通过集体协商，对于部分岗位可以采取灵活工时，以任务为考核的、可以在家工作的允许采取灵活工时或在家办公。

鉴于3岁前儿童照料意外的情况较多，在不影响工作的情况下允许这部分父母可以拆分使用带薪休假。目前是否应像有些国家那样增加养育假（包括陪产假）还应慎重。但不妨碍企业通过集体协商，争取适当增加育儿假。

7. 用经济手段鼓励企业多招用女性职工

在问卷调查中，有72.3%的企业选择"对雇用育龄女职工超过员工总数一定比例的企业给予税费减免"，71.4%的企业选择"女职工的产假期间单位缴纳的社会保险费政府给予相应补贴"，还有66.0%的企业选择"哺乳假的工资可以由政府给予一定的补贴（比如相当于最低工资标准）"，总体而言，企业更关注与自己利益直接相关的税费减免、社保缴费补贴、哺乳假的工资补贴，而对间接相关的补贴政策关注较低，如对设立幼托服务的企业资金支持等。

残疾人就业原来也是老大难问题，但由于执行按比例吸纳残疾人及残保金的政策，这一问题得到了较好的解决。在降低企业成本的大背景下，为促进女性就业，对于超过员工总数一定比例企业给予税费减免可能是一种思路，以此来抵消这些企业因雇用女性而增加的雇用成本。《西安市人民政府关于印发2011~2020年妇女发展规划和儿童发展规划的通知》，规定对女性就业比例达到40%以上的企业减免税收,我们可以通过调研,对此政策进行评估。但减免税收涉及国家的税收政策,地方上较难自主决定,而给予女性生育期间的社保费补贴和工资补贴,地方的自主权较大。

8. 发展2~3岁儿童的早托,在有条件的幼儿园开设早托班

目前现状是:上海市幼儿园的普及率还是较高的,幼儿园被城市规划列为公建配套的必备条件,目前上海新建居民住宅区都建有幼儿园,虽然上海市幼儿数量有所增加,幼儿园的数量和教职员工的数量也呈同步增加(见表5)。但托儿所在20世纪90年代纷纷关闭,造成目前18个月至3岁儿童幼托的空档期。虽然,部分幼儿园已开设早托班,但还不能满足需要。上海市为了解决0~3岁幼儿的托管问题,已制定了相关的指导意见和办法①。但开办标准高,推进难度较大。

表5 上海市主要年份幼儿园基本情况

单位:所,万人

指 标	2000年	2010年	2015年	2016年
幼儿园	958	1252	1510	1553
幼儿数	24.12	40.03	53.59	55.65
教职员工	2.52	4.09	5.62	5.89
#教师	1.50	2.67	3.66	3.83

资料来源:《上海市统计年鉴2017》。

另外,本市多数区计生协和街镇办有早教班(公办),由婴儿的家长陪同开展一些认知教育和游戏。还有的是民办的早教机构,引进一些发达国家的婴儿早教的方法,收费较高。

对策措施:对于设立早托班的幼儿园可适当增加教师编制或根据工作量提高现有幼儿教师的收入。

---

① 《上海市人民政府办公厅关于印发〈关于促进和加强上海市3岁以下幼儿托育服务工作的指导意见〉的通知》、《上海市3岁以下幼儿托育机构管理暂行办法》和《上海市3岁以下幼儿托育机构设置标准》等3个文件。

支持在园区或商务楼根据需要开办托儿所，政府给予房租补贴。建立公建民办的机制，纳入教育部门的监管。

适当降低标准，允许社区内有条件的家庭或单位开设看护点，可以是全日制、半日制或小时制，政府设立指导标准，加强对看护人员的教育培训，发布收费的指导价，由社区进行监管，可以一带一、一带二，类似于育儿保姆。优点：灵活，近便，不需政府投资。

可以推广幼儿园利用双休日举办亲子早教班（1~2岁），可以充分利用现有资源，无须更多的投资，也能满足新生儿家庭的需要。

另外，解决好下午三点半的小学生晚托问题，这也是缓解儿童课后无人照料的难题，使家长可以安心工作。

B.9 上海社会保险发展成就、问题与对策建议

周海旺 孙小宁 宋英杰 刘佼 戴睿 张茜 梁梦宇*

摘 要： 本文对上海市2011～2017年的养老保险、医疗保险、失业保险、生育保险、工伤保险等五大社会保险的参保人数、享受人数、基金收支、基金积累等发展变化情况进行了全面分析，梳理了社会保障制度的发展演变情况，分析了社会保障制度发展中存在的突出问题，并提出了扩大养老保险和生育保险覆盖面、进一步降低养老保险缴费率、加快推进长三角医疗服务一体化、充分发挥失业保险促进就业的作用等政策建议。

关键词： 社会保障 养老保险 医疗保险 失业保险 生育保险 工伤保险

一 上海城镇职工社会保险的发展形势良好

（一）城镇职工社会保险的参保缴费人数不断增长，覆盖面有所波动

1. 城镇职工参加社会保险的缴费人数持续增加

城镇职工养老保险参保缴费人数呈现持续增加的趋势，从2011年末的

---

* 周海旺，上海社会科学院城市与人口发展研究所副所长，研究员；孙小宁、刘佼、张茜为上海社会科学院城市与人口发展研究所研究生，宋英杰、戴睿、梁梦宇为上海社会科学院经济研究所研究生，几位研究生同学的排名不分先后。

926.93万人增长到2017年末的995.65万人,六年时间企业职工养老保险参保缴费人数增长幅度为7.41%,缴费人数总体上呈增加态势。城镇职工基本医疗保险参保缴费人数呈现逐年上升的趋势,从2011年的898.04万人增长到2017年的1005.40万人,增幅为11.95%,从绝对人数和增幅上都超过城镇职工养老保险。

城镇职工失业保险参保缴费人数2011年末为604.22万人,2017年末达到961.84万人,增加357.62万人,涨幅59.19%;由于2016年上海市政策调整,把外来农民工从业人员纳入上海失业保险覆盖范围,失业保险参保人数明显增加,由2015年末的641.77万人,增至2016年末的947.32万人,增加305.55万人。城镇职工工伤保险和生育保险的参保人数逐年增加,工伤保险参保人数从2011年末的879.75万人上升至2017年末的958.06万人;生育保险参保人数从2011年末的703.08万人上升至2017年末的972.04万人(见表1)。

表1 上海城镇职工社会保险缴费人数发展趋势

单位:万人

类别\年份	2011	2012	2013	2014	2015	2016	2017
养老保险	926.93	947.98	952.35	969.30	933.59	957.91	995.65
医疗保险	898.04	920.42	931.60	946.48	962.08	975.09	1005.40
失业保险	604.22	617.35	625.74	634.08	641.77	947.32	961.84
工伤保险	879.75	898.94	904.08	920.49	932.87	943.55	958.06
生育保险	703.08	711.53	713.90	717.54	735.41	956.09	972.04
上海市就业人数	1104.33	1115.50	1368.91	1365.63	1361.51	1365.24	1372.65

资料来源:上海市人力资源和社会保障局,各年度上海市社会保险基本情况(2011~2017年);从业人数来源于《上海统计年鉴》(2014~2017年)。下同。

2. 2011年以来各种城镇职工社会保险覆盖率出现一些波动

企业职工养老保险基金有所减少,覆盖率最高为2012年的84.98%,最低为2015年的68.57%;职工基本医疗保险覆盖率同样有所降低,2012

年最高为82.51%，最低为2013年的68.05%；失业保险覆盖率增加显著，由2013年的最低45.71%上升到2017年的70.07%；工伤保险覆盖率略有减少，最低为2013年的66.04%，最高为2012年的80.59%，近几年有所回升；生育保险先降低后提高，最低为2013年的52.15%，最高为2017年的70.81%（见表2）。

表2 上海城镇职工社会保险覆盖率发展趋势

单位：%

类别\年份	2011	2012	2013	2014	2015	2016	2017
养老保险	83.94	84.98	69.57	70.98	68.57	70.16	72.53
医疗保险	81.32	82.51	68.05	69.31	70.66	71.42	73.25
失业保险	54.71	55.34	45.71	46.43	47.14	69.39	70.07
工伤保险	79.66	80.59	66.04	67.40	68.52	69.11	69.80
生育保险	63.67	63.79	52.15	52.54	54.01	70.03	70.81

说明：覆盖率是用当年的社保参保人数除以全市的从业人数再乘以100。

（二）社会保险资金享受人数总体增加，缴费与享受人数比降低

1. 养老保险和医疗保险等主要社会保险的享受人数呈现增加趋势

从2011年到2017年享受城镇职工养老保险的离退休人数从363.95万人增加到437.32万人，净增加了73.37万人，增幅为20.16%。2011年以来，城镇职工基本医疗保险享受医疗服务总人次整体上呈现上升态势，2017年末达到最高19533.02万人次，比2011年的12133.42万人次增加了61%；2011~2017年领取失业保险金的人数波动不大，最低为2015年，领取人数为9.54万人，最高为2011年，领取人数为11.22万人；工伤保险享受人数2012年出现明显提升，由2011年末的2.50万人上升至2012年末的6.13万人，增加3.63万人，涨幅145.20%，2012~2015年略有波动；享受生育保险待遇的从业妇女有所增加，从2011年末的9.99万人上升至2017年末的19.97万人（见表3）。

表3 上海城镇职工社会保险享受人数发展趋势

单位：万人

类别\年份	2011	2012	2013	2014	2015	2016	2017
养老保险	363.95	378.40	390.63	404.07	365.83	375.52	437.32
医疗保险（次）	12133.42	12440.08	18847.79	17138.27	18120.08	19090.11	19533.02
失业保险	11.22	10.88	9.93	9.81	9.54	10.54	11.13
工伤保险	2.50	6.13	6.59	6.86	7.02	6.53	6.40
生育保险	9.99	13.01	12.43	13.56	13.01	15.80	19.97

说明：城镇职工基本医疗保险数字为人次。

2. 缴费人数与享受人数之比总体呈下降趋势

2011~2014年企业职工养老保险缴费人数与享受人数之比逐年降低，由2011年末的2.55下降到2014年末的2.40，2015年和2016年有所回升，均为2.55，2017年发生较大幅度下跌，离退休人员增长速度明显快于职工增长速度，导致离退休人员所占比例明显升高，缴费人数与享受人数之比降至2.28。失业保险基金缴费人数与享受人数之比呈上升态势，该比例2011年末为53.85，2017年末为86.42，整体压力较轻；工伤保险缴费人数与享受人数之比2011~2015年逐年下跌，由2011年末的351.90下降至2015年末的132.89，2016年和2017年略有回升；生育保险受出生人数变动的影响，总体呈下降趋势，2011年为70.38，2017年为48.68（见表4）。

表4 上海城镇职工基本社会保险缴费人数与享受人数之比的变化趋势

类别\年份	2011	2012	2013	2014	2015	2016	2017
养老基金	2.55	2.51	2.44	2.40	2.55	2.55	2.28
医疗保险	—	—	—	—	—	—	—
失业保险	53.85	56.74	63.02	64.64	67.27	89.88	86.42
工伤保险	351.90	146.65	137.19	134.18	132.89	144.49	149.70
生育保险	70.38	54.69	57.43	52.92	56.53	60.51	48.68

说明：以享受人数为1，计算出来的比例数字。

（三）社会保险基金的收入规模增长迅速，支出增长较快

1. 社保基金收入快速增长

城镇职工养老基金总收入从 2011 年的 1025.32 亿元上升至 2017 年的 2658.86 亿元，增加 1633.54 亿元，涨幅 159.32%，年均增长率为 17.21%。其中，缴费收入从 2011 年的 925.76 亿元上升至 2017 年的 2645.16 亿元，增加 1719.40 亿元，涨幅 185.73%，年均增长率为 19.12%；财政补贴 2011 年和 2012 年较高，分别为 99.56 亿元和 83.59 亿元，其后因为外来农民工纳入城镇养老保险体系，财政补贴大幅度减少。

2011 年城镇职工基本医疗保险基金收入为 419.70 亿元，2017 年为 1358.03 亿元，增加 938.33 亿元，涨幅 223.57%，年平均增长率为 21.62%。其中，缴费收入 2011 年为 413.88 亿元，2017 年为 1354.09 亿元，增加 940.21 亿元，涨幅 227.17%，年平均增长率为 21.84%；财政补贴收入 2011 年为 5.82 亿元，其后略有减少。

2011~2016 年失业保险基金收入持续增加，2011 年为 81.63 亿元，2016 年为 104.47 亿元，增加 22.84 亿元，2017 年收入有所下降，为 87.17 亿元；工伤保险基金收入除 2016 年略有下降外，呈现逐年上升趋势，2011 年末工伤保险基金收入 16.51 亿元，2017 年末收入为 38.77 亿元，增加 22.26 亿元；生育保险基金收入稳步上升，2011 年末生育保险基金收入 18.16 亿元，2017 年末收入 78.57 亿元，增加 60.41 亿元，涨幅 232.65%，年平均增长率 27.65%。

社保基金总收入增速较快，2011 年末社保基金总收入为 1561.32 亿元，2017 年末社保基金总收入为 4221.40 亿元，增加 2660.08 亿元，增幅为 170.37%（见表 5）。

2. 社保基金支出逐年增加

2011 年企业职工养老基金支出规模为 944.23 亿元，2017 年支出规模为 1906.48 亿元，支出增加 962.25 亿元，增幅 101.91%，年平均增长率为 12.42%；职工基本医疗保险基金支出的规模从 2011 年的 326.49 亿元上升至 2017 年的 681.38 亿元，支出增加 354.89 亿元，增幅 108.70%，年平均增

表5　上海城镇职工社会保险基金收入发展趋势

单位：亿元

类别	年份	2011	2012	2013	2014	2015	2016	2017
养老保险	缴费	925.76	1245.05	1472.75	1596.85	1645.20	1816.13	2645.16
	财政补贴	99.56	83.59	4.00	9.00	9.00	10.00	13.70
	总收入	1025.32	1328.64	1476.75	1605.85	1654.20	1826.13	2658.86
医疗保险	缴费	413.88	534.92	612.21	661.32	746.56	863.87	1354.09
	财政补贴	5.82	4.75	3.43	3.42	3.59	3.72	3.94
	总收入	419.70	539.67	615.64	664.74	750.15	867.59	1358.03
失业保险	缴费	81.63	91.54	99.51	89.76	98.70	104.47	87.17
工伤保险	缴费	16.51	21.96	26.93	32.24	36.34	32.78	38.77
生育保险	缴费	18.16	27.25	33.47	43.15	48.71	65.07	78.57
五大社保合计	总收入	1561.32	2009.06	2252.30	2435.74	2588.10	2896.04	4221.40

长率为13.04%；六年时间内，失业保险基金支出规模也不断增大，从2011年的61.83亿元上升到2017年的98.48亿元，增加36.65亿元，增幅59.28%，年平均增长率为8.07%；工伤保险支出规模从2011年的8.11亿元上升至2017年的30.72亿元，支出增加22.61亿元，年平均增长率为24.85%；生育保险支出规模同样逐年增大，2011年支出规模为16.97亿元，2017年支出规模为68.14亿元，增加51.17亿元，年平均增长率为26.07%。

五大社保基金总支出增长迅速，2011年末社保基金总支出为1357.63亿元，2017年末社保基金总支出为2785.20亿元，净增加1427.57亿元，增幅为105.15%（见表6）。

表6　上海城镇职工社会保险基金支出发展趋势

单位：亿元

类别	年份	2011	2012	2013	2014	2015	2016	2017
养老保险		944.23	1065.03	1233.00	1421.80	1480.80	1653.04	1906.48
医疗保险		326.49	363.33	409.19	468.07	518.94	571.92	681.38
失业保险		61.83	69.47	77.87	83.59	85.64	93.38	98.48
工伤保险		8.11	20.94	26.11	28.18	31.22	29.79	30.72
生育保险		16.97	28.88	32.58	37.59	38.22	50.63	68.14
五大社保合计		1357.63	1547.65	1778.75	2039.23	2154.82	2398.76	2785.20

（四）不同社保基金年度结存形势各异，累计结存规模增长快

1. 不同社保基金的年度结存规模波动较大

由于从2011年下半年开始外来从业人员大规模纳入养老保险基金，2011年上海城镇职工社会养老保险基金年度结存81.09亿元，2012年进一步增加到263.61亿元，这是在财政补贴收入大幅度减少的情况下产生的，后面几年由于领取养老金的退休人员快速持续增加和退休金水平的提高，当年结存数量逐步减少，2016年减少到173.09亿元，2017年因为小城镇养老保险的纳入，年度结余增幅高达752.38亿元，这是一次性的，预计未来年度结余可能会逐步减少。

医疗保险基金年度结余数字呈现持续增加的态势，2011年为93.21亿元，2017年达到676.65亿元，这一年的数字里面同样包含了小城镇保险中纳入的一些结余资金。预计未来医保基金年度结余规模仍然会持续增长，这主要是因为医保基金支出规模的总量控制做得比较严。

失业保险基金年度结余波动比较大，最多的年份是2012年，为22.07亿元，最少的年份是2017年，因为失业保险的缴费比例降低，当年出现了11.31亿元的赤字。工伤保险的年度结余波动也很大，最多的年份是2017年为8.05亿元，最少的年份是2013年，为0.82亿元。生育保险在2012年出现了年度赤字，后来由于提高了生育保险的缴费比例，年度积累有所增加，2016年最多为14.44亿元，2017年为10.43亿元，随着未来全市生育孩子数量的减少，如果生育保险待遇水平不提高的话，生育保险未来的年度结余数量有望增加。

五大城镇职工社会保险合计的年度结存数量总体上呈现增长的态势，2011年为203.69亿元，2013年增长到473.55亿元，2014年有所减少，2015年开始又进入增长阶段，特别是2017年因为小城镇社保的纳入，年度基金结存达到创纪录的1436.20亿元（见表7）。

2. 各社会保险基金的累计结存规模持续增加

企业职工养老基金累计结存逐年增高，2011年末为237.34亿元，2017

年末为2029.34亿元，累计结存增加1792.00亿元；职工基本医疗保险基金累计结存呈稳步上升的趋势，由2011年末的296.64亿元上升至2017年末的2079.63亿元，增加结存1782.66亿元；2011~2016年失业保险基金累计结存稳步增加，2011年累计结存107.15亿元，2016年达到181.18亿元，2017年年度基金结存亏损11.31亿元，累计结存有所下降，为169.87亿元；工伤保险基金累计结存逐年增加，由2011年的46.17亿元上涨至2017年的68.23亿元，累计结存增加22.06亿元；生育保险基金累计结存于2012年出现下滑，累计结存为0.25亿元，随后呈现上升趋势，2017年末累计结存为42.06亿元；五大社保基金总的累计结余逐年上升，2011年末社保基金总累计结存689.18亿元，2017年末社保基金总累计结存4389.13亿元，增加3740.13亿元，增幅高达536.86%（见表7）。

表7　上海社会保险基金年度和历年累计结存数量发展趋势

单位：亿元

类别	年份	2011	2012	2013	2014	2015	2016	2017
养老保险	年度结存	81.09	263.61	243.75	184.05	173.40	173.09	752.38
	累计结存	237.34	500.95	744.70	928.75	1103.87	1276.96	2029.34
医疗保险	年度结存	93.21	176.34	206.45	196.67	231.21	295.67	676.65
	累计结存	296.64	472.98	679.43	876.10	1107.31	1402.98	2079.63
失业保险	年度结存	19.80	22.07	21.64	6.17	13.06	11.09	-11.31
	累计结存	107.15	129.22	150.86	157.03	170.09	181.18	169.87
工伤保险	年度结存	8.40	1.02	0.82	4.06	5.12	2.99	8.05
	累计结存	46.17	47.19	48.01	52.07	57.19	60.18	68.23
生育保险	年度结存	1.19	-1.63	0.89	5.56	10.49	14.44	10.43
	累计结存	1.88	0.25	1.14	6.70	17.19	31.63	42.06
五大社保合计	年度结存	203.69	461.41	473.55	396.51	433.28	497.28	1436.20
	累计结存	689.18	1150.59	1624.14	2020.65	2455.65	2952.93	4389.13

二　上海社会保险制度持续完善

根据社会经济发展形势的变化，上海不断调整社会保障制度，旨在提高社会保障基金的可持续运行能力，逐步提高社会保障待遇水平，缩小不同人群的社会保障水平差距。本文主要分析2010年以来，也就是"十二五"和"十三五"时期上海养老保险、医疗保险、失业保险、生育保险和工伤保险五大社会保险的发展变化情况。

（一）养老保险制度

1. 逐步调整养老保险政策，逐年提高养老金的待遇标准

2011年，城镇职工基本养老保险企业离退休人员人均月养老金达到2026元，城镇居民社会养老保险领取养老金人员人均月养老金达到490元，新型农村社会养老保险领取养老金人员人均月养老金达到424元。

2012年，城镇职工基本养老保险企业离退休人员人均月养老金提高到2341元，城镇居民社会养老保险领取养老金人员人均月养老金为480元，新型农村社会养老保险领取养老金人员人均月养老金达到499元。

2013年，城镇职工基本养老保险企业离退休人员人均月养老金提高到2656元，增加了按政策规定办理养老金的城镇居民和新农村人员的基础养老金，基础养老金标准进行了相应调整。城镇居民社会养老保险领取养老金人员人均月养老金为545元，新型农村社会养老保险领取养老金人员人均月养老金达到583元。

2014年，从7月1日起，参加养老保险的城镇职工和城乡居民达到法定退休年龄后，可以办理城乡养老保险制度衔接。自当年5月1日起，新实施《上海市城乡居民基本养老保险办法》，将城镇居民社会养老保险和新型农村社会养老保险合并实施。对2013年底前已按新型农村社会养老保险或城镇居民社会养老保险规定办理按月领取养老金手续的人员，分别增加了基础养老金，将基础养老金标准统一调整为每人每月540元，领取养老金人员人均月养老金实际为688元。自7月1日起，参加城镇职工养老保险和城乡居民养老保险人员，达到城镇职工养老保险法定退休年龄后，城镇职工养老保险缴费年限不足15年的，可以申请从城镇职工养老保险转入城乡居民养老保险，待达到城乡居民养老保险规定的领取条件时，按照城乡居民养老保险办法计发相

应待遇①。城镇职工基本养老保险企业离退休人员人均月养老金增加到2964元。

2015年，企业职工基本养老保险企业离退休人员人均月养老金达到3315元。2015年1月1日起，对2014年底前已按本市城乡居民基本养老保险办法规定办理按月领取养老金手续的人员，增加了基础养老金。调整后，城乡居民基本养老保险基础养老金标准统一为每人每月660元。城乡居民基本养老保险领取养老金人员人均月养老金为823元。

2016年，降低了企业职工基本养老保险缴费比例，继续增加基本养老金、发放一次性补助。企业退休人员人均月养老金提高到3558元。继续增加城乡居民基本养老保险基础养老金，调整后统一为每人每月750元。城乡居民基本养老保险领取养老金人员人均月养老金实际达到906元。

2017年，自4月1日起，将原参加小城镇社会保险的被征地人员统一纳入职工基本养老保险，继续增加基本养老金、发放一次性补助。另外，对2017年办理申领基本养老金手续的人员按补充规定增发了基本养老金，企业退休人员人均月养老金提高为3691元。城乡居民基本养老保险基础养老金标准新统一为每人每月850元，人均月养老金1019元（见图1）。

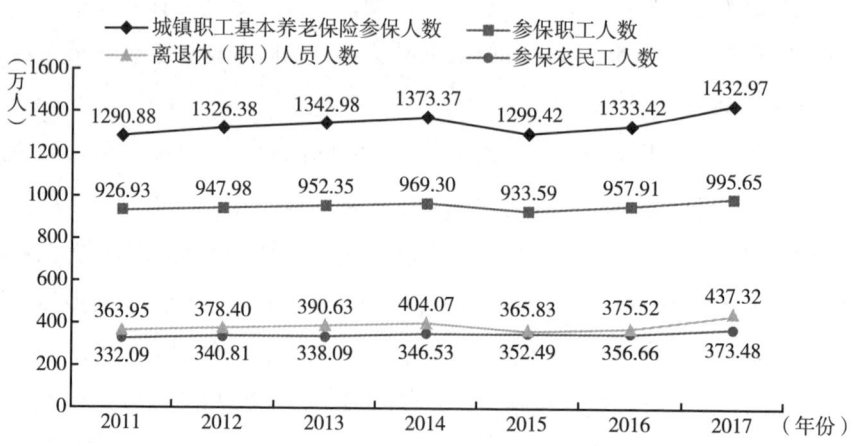

图1　2011～2017年上海市基本养老保险参保人数变化趋势

---

① 资料来源：《上海市城乡居民基本养老保险办法》（沪府发〔2014〕30号）。

上海积极响应中央号召，正在加紧完善社会保险管理体制和治理方式，进一步明确部门职责分工，规范征缴管理，提高征缴效率，降低征收成本，优化缴费服务，增强参保缴费人获得感，实现社会保险资金安全、可持续增长，为降低社保费率创造条件，更好地确保发放、维护广大参保人的利益[①]。

上海市政府配合中央政府按规定征缴养老金，以全国领先的实际水准提高社保待遇水平，根据最新的《关于2018年调整本市城乡居民养老保险领取养老金人员养老金的通知》，市政府已将城乡居民养老保险基础养老金标准提高至每人每月930元。

从上海市七年来的养老保险数据可以看出，2014年是养老保险宏观数据的转折点，当年职工基本养老保险参保人数增长趋势扭转，主要是参保职工和离退休职工两者人数明显下滑，农民工参保人数数年保持基本稳定。与此同时，职工养老保险待遇水平大幅提高，年平均增长率达10.5%，2015年以前增速更是高达13%，领先全国平均水平。市政府稳步提高农村居民的养老待遇水平，按城乡居民养老保险办法规定建立了城乡居民养老保险基础养老金的正常调整机制。城乡居民养老保险基础养老金根据全国基础养老金最低标准以及本市经济发展和物价变动等情况，适时调整。2014~2017年度本市城乡居民养老保险基础养老金分别为每人每月540元、660元、750元、850元，一直居全国各省市之首；2015~2017年度基础养老金同比增长比例分别为22.2%、13.6%、13.3%，增长比例都高于同年度职工保险平均养老金增长比例。此外，城乡居民养老保险还建立了一次性节日补助机制，2018年标准为每人每年300元（见图2）。

然而自2016年以来，宏观经济发展放缓，金融市场融资困难，职工和城乡居民养老保险待遇水平的增幅显著下降，呈现明显的边际递减效应，预期未来职工基本养老金待遇短时间内不会突破每月4500元大关，城乡居民基本养老金待遇不会突破每月1500元大关。

---

① 资料来源：《人社部、财政部、税务总局、国家医保局相关负责人表示改革社会保险费征收体制总体上不增加企业负担》，《人民日报》2018年9月21日。

图 2 2011~2017 年上海市基本养老保险待遇变化趋势

2. 适当调整养老保险缴费基数

上海市政府每年根据社会平均月工资调整社会保险的缴费基数①，2011年基数为 2338~11688 元，至 2012 年变化为 2599~12993 元，至 2013 年变为 2815~14076 元，2014 年又变为 3022~15108 元，2015 年为 3271~16353 元，最近的 2018 年基数为 4279~21396 元，年平均增长率为 9%，领先于年中国 GDP 增幅（见图 3）。

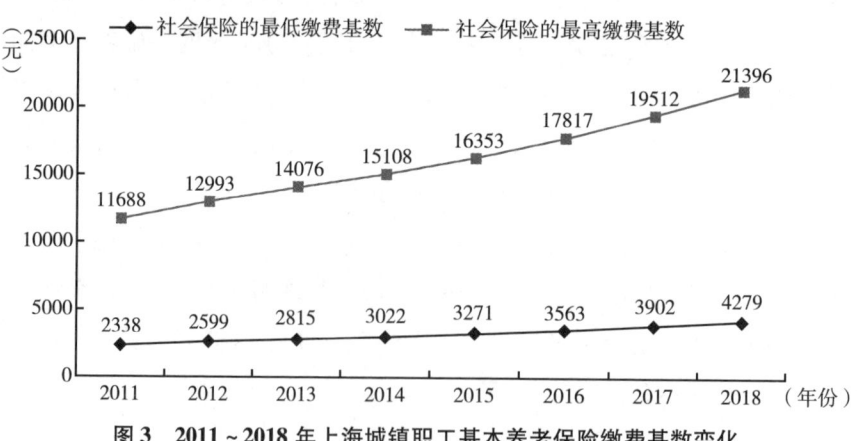

图 3 2011~2018 年上海城镇职工基本养老保险缴费基数变化

---

① 资料来源：http：//www.12333sh.gov.cn/201712333/xxgk/zdly/02/。

3. 阶段性调低企业缴费率水平

2011年以来上海城镇职工养老保险个人缴费比例一直维持在8%的水平，但企业缴费比例有一定的调整。2013年降低了养老保险中单位的缴费比例，从22%降低到了21%。2016年1月1日起，单位缴费比例进一步下降至20%。最新的2018年度上海市职工社会保险缴费标准仍旧维持单位缴费比例20%不变（见图4）。

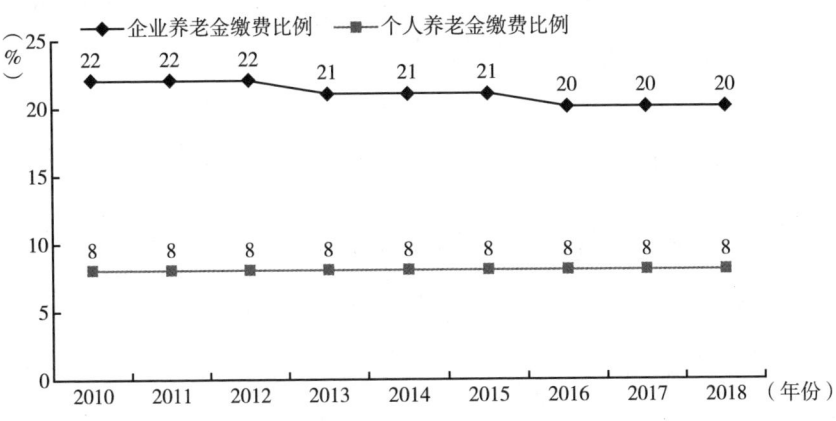

图4　2010~2018年上海市基本养老保险缴费比例变化

4. 养老金征缴机构变化

在养老金征缴机构方面，2019年以前，根据《上海市社会保险费征缴实施办法》，上海市人力资源和社会保障局负责本市社会保险费征缴的管理和监督工作。具体由上海市社会保险事业管理中心负责征收和账户管理。2018年初，党的十九届三中全会做出了关于社会保险费征收体制改革的决定，中央印发的《深化党和国家机构改革方案》明确将基本养老保险费、基本医疗保险费、失业保险费等各项社会保险费交由税务部门统一征收。因此，从2019年1月1日起上海的社会保险费将由税务部门征收①。

---

① 资料来源：中共中央印发《深化党和国家机构改革方案》，新华社，2018年3月21日。

（二）医疗保险制度

上海医疗保险主要分为城镇职工基本医疗保险和城镇居民基本医疗保险（后改为城乡居民基本医疗保险）。"十二五"期间，二者政策变化方向较为明晰，城镇职工基本医疗保险的发展主线是降负担和增保障，城镇居民基本医疗保险的主要趋势则是拓宽覆盖范围和医疗分流。"十三五"以来，上海市政府积极探索新的医疗保险项目，开始实施大病险，试点开展长护险等，同时也开始了对医养结合等制度的探索。

1. 降低职工和企业的医保负担

在降负担方面有两大主线，一是拓宽城镇职工基本医疗保险的保障人群，二是调整参保单位基本医保的缴纳比例。

扩大医疗保障的覆盖面。上海市在2010年颁布了《上海市人力资源和社会保障局、上海市医疗保险办公室关于将本市城镇从事自由职业人员和个体经济组织业主及其从业人员纳入城镇职工基本医疗保险有关事项的通知》，宣布城镇职工医保将涵盖个体参保人员，其中个体参保人员指上海市城镇从事自由职业人员和个体经济组织业主及其从业人员。在2011年《上海市人民政府关于外来从业人员参加本市城镇职工基本医疗保险若干问题的通知》中，上海市政府正式将与上海市（下称"本市"）用人单位建立劳动关系的外来从业人员，本市郊区范围内用人单位及具有本市户籍的从业人员以及本市领取失业保险金人员纳入城镇职工基本医疗保险体系内，其医保标准为最低标准，但在企业与个人同意的情况下也可依照本市户籍职工标准缴纳保险金。在2012年的《上海市人民政府关于调整本市城镇职工基本医疗保险门诊急诊医疗费用支付办法若干事项的通知》中，职工医保允许参保人使用历年账户资金余额用于个人自负部分，即该资金结余会优先用于下次医保自负部分的结算，因此参保人在上一个医疗年度未能使用或者未完全使用的医保账户资金不会被"浪费"。2013年发布了《关于本市灵活就业人员参加本市城镇职工基本养老、医疗保险若干问题的通知》，上海开始将灵活就业人群纳入城镇职工医保的覆盖范围，其缴纳基本医疗保险比例为14%，拓宽城镇职工基本医疗保险的覆盖人群。

降低医疗报销的缴费比例。上海市多次调整本市职工基本医疗保险的缴费比例：2013年发布了《市政府关于调整本市城镇职工社会保险缴费比例的通知》，宣布本市职工基本医疗保险缴费比例由14%降至13%（非城镇户籍外来从业人员的缴费比例不变），其中单位缴纳基本医疗保险费比例从10%降至9%，单位缴纳地方附加医疗保险费的比例及个人缴纳比例保持原状；在2015年的沪人社医发〔2014〕44号文件中，再降至12%，单位缴纳基本医疗保险费比例也相应降至8%；之后2017年发布了《市政府关于调整本市城镇职工社会保险缴费比例的通知》，上海市再度下调职工基本医疗保险缴费比例，其中职工基本医疗保险比例由12%降至11.5%，而在失业人员领取失业保险金期间其参加本市职工基本医疗保险的缴费比例，也由原来的12%调整为11.5%。通过这七年的调整，上海城镇职工基本医疗保险逐步降低企业单位为职工缴纳医保的压力，并将职工医保范围从本市职工扩展到本市常住人口、本市失业人口以及个体工商户等灵活就业人群，从而实现普惠性，降低大部分常住人口的医疗压力（见图5）。

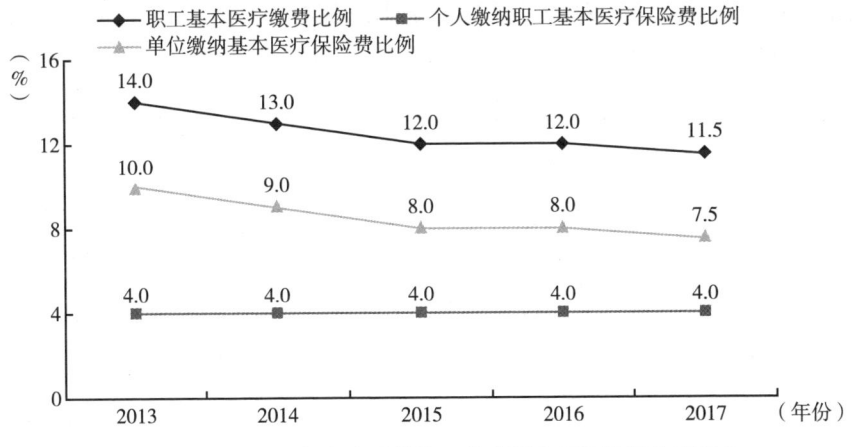

图5　2013~2017年上海城镇职工基本医疗保险缴费比例变化

2. 提高职工医疗保障待遇水平

在提高保障水平方面，上海市政府在 2011 年对最高支付限额进行了大改，将 7 万元调整为 28 万元，从 2012 年起，平均每年将最高支付限额向上调整 3 万元，至 2017 年调整为 46 万元。最高支付限额是指在一个医疗年度内，基本医疗保险基金支付参保人医疗费用的最高数额，因此最高限额的提高有助于提高参保人应对重大意外疾病的能力。不仅如此，2012 年上海市政府依据"强基层，保基本，建机制"的要求，发布了《上海市人民政府关于做好 2012 年本市城镇居民基本医疗保险工作的通知》，按照年龄和身体状态确定了门诊医保的报销比例，如退休人员高于在职职工，老龄人群高于青壮年人群，并全面拉开不同级别医疗机构的门诊报销比例，使参保人员到基层医疗机构就医报销比例最高。

3. 拓宽城镇居民基本保险范围

在拓宽覆盖范围方面，2011 年的沪人社医发〔2011〕45 号文件中，将本市各类高等院校、科研院所（以下简称"院校"）中接受普通高等学历教育的全日制本科学生、高职高专学生以及非在职研究生（以下统称"大学生"）纳入本市居民医保覆盖范围，并规定大学生实行个人缴费。在 2012 年的《关于具有本市户籍留学人员其持外国护照子女享受优惠政策的通知》中，上海市出台政策使居民医保惠及拥有本市户籍留学人员其持他国护照的子女。此外，在 2016 年的沪人社医发〔2015〕43 号文件中，将新型农村合作医疗与城镇居民医疗保险合并，全面实施城乡居民基本医疗保险。

4. 推行新的医疗保险项目

实施大病险。上海市在 2014 年开始试点实施城镇居民大病保（下称"大病险"），并于 2015 年将大学生纳入大病保险范围。《上海市城乡居民大病保险办法》于 2017 年修订后正式实施，新修订的《办法》着力提高城乡居民大病保障水平，在城乡居民大病保险资金中，对因重症尿毒症透析治疗、肾移植抗排异治疗、恶性肿瘤治疗、部分精神病病种治疗等四类疾病所发生的基本医疗保险范围内的个人自负费用，报销比例从原来的50%提高到55%，进一步减轻大病患者医疗费用负担。此外，本市高等院校在校学生因患血友病、再生障碍性贫血所发生的医疗费用，也一并纳入了城乡居民大病保险范围。居民医疗保险不仅拓宽了参保群体，同时也在努力拓宽医保覆盖范围，通过大病保险减轻大病患者医疗费用负担。

试点长护险。上海市于2016年开始试点长期护理保险（下称"长护险"），长护险制度是指以社会互助共济方式筹集资金，对经评估达到一定护理需求等级的长期失能人员，为其基本生活照料和与基本生活密切相关的医疗护理提供服务或资金保障的社会保险制度。其中主要针对两类人群，一是参加了职工医保的长期失能人群（第一类人员），二是参加居民医保且年满六十周岁的居民（第二类人员）。长期护理险以"以收定支、收支平衡、略有结余"的原则确定不同人员的缴费比例，同时安排专业人员对每位参保长护险人群进行评估认定，并为其提供社区居家照护、养老机构照护和住院医疗照护。

5. 调整医疗体制

在医疗分流方面，从2011年的《上海市人民政府办公厅关于做好2011年本市城镇居民基本医疗保险工作的通知》发布起，开始拉开一、二、三级医院的报销比例差距，保证一级基层医院报销比例最高，同时也增设了门急诊300元起付线。在2012年的《上海市人民政府关于做好2012年本市城镇居民基本医疗保险工作的通知》文件中，再进一步增设了分级医疗机构的起付标准，其总体报销比例由61%调整至70%左右。在2014年的医保调整中（《关于本市基本医疗保险2014医保年度转换有关事项的通知》），调整了住院医疗待遇标准。通过强化不同级别医疗机构的报销区别，使得患者接受"小病进基层"的医疗习惯，不仅合理利用和配置了医疗资源，同时保证医保资金能够合理保障各类人员的需求。对于门急诊和住院标准的调整亦是基于合理利用医疗资源的前提，促进医疗分流。

从医养结合方面，上海市2017年发布了《关于本市养老机构内部医疗

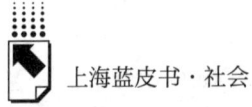

机构纳入医保联网结算范围的意见》，养老机构可以自愿申请提出医保联网结算申请，使养老机构的住养老人更方便就医，促进医养结合。

除此之外，上海为解决职工医保参保人员自负医疗费的特殊困难，推行了《上海市职工基本医疗保险综合减负实施办法》，从上海市地方附加医疗保险基金中列支医保综合减负资金，惠及参加上海市职工医保的参保人员。对参保人员年自负医疗费累计超过其年收入一定比例的部分，实行医保综合减负。

综上可以看出，医疗保险体系在"十二五"期间一直处于不断调整、不断完善的过程，几次大型的调整，如参保群体范围的调整和报销比例结构的调整都发生于"十二五"期间。而在"十三五"期间，上海市开始探究在职工基本医保和居民基本医保外的医保制度改革，如医养结合制度、重疾险和长护险试点等。"十二五"更多地关注医保的普惠性，而"十三五"则开始关注重点特殊人群的特殊需求。

（三）失业保险制度

2011~2017年，上海市失业保险政策的变化主要体现在三个方面。

1. 扩大失业保险制度覆盖范围

上海市陆续把农村户籍人员、外来从业人员和在上海就业的港澳台居民纳入失业保险覆盖范围内。2015年4月，上海市将农村户籍人员全面纳入失业保险制度，实现农村户籍人员与城镇户籍人员"同业同制度、同城同待遇"。2016年3月，上海市将外来从业人员全面纳入失业保险制度覆盖范围。2016年10月，上海市出台了《关于台湾香港澳门居民办理失业登记的通知》，将在上海就业的台港澳居民纳入了失业保险制度覆盖范围。

2. 加大就业补贴力度

2011年4月，上海市取消协保人员实现市场化就业后享受就业补贴需满足"距法定退休年龄五年以内"的条件限制，政策覆盖到全部协保人员。2014年3月，上海市提高了用人单位吸纳"就业困难人员"的一次性补贴标准①。2016年10月，上海市将领取失业保险金人员纳入了临时价格补贴的保障对象范围，并启动社会救助和保障标准与物价上涨联动机制，发放价格临时补贴②。2017年4月，上海市根据相关行业领域技能人才紧缺程度，调整了劳动者参加补贴培训的比例和补贴次数，在职从业人员补贴比例从补贴标准的50%提高到60%或80%（紧缺急需的培训项目）；此外，上海市户籍残疾人和就业困难人员参加补贴目录内培训项目，按规定补贴标准享受100%培训补贴。劳动者参加补贴培训，在上一个培训项目结束后③，就可参加下一个培训项目，不受一年一次的限制。2017年5月，上海市对年龄在16~35岁、具有上海市户籍的未就业青年和本市应届离校未就业高等学校及中等职业学校毕业生参加见习的给予见习补贴。

3. 降低保险费费率

从2011年到2017年，上海市社会保险费费率从3%降至1%，其中个人保险费费率于2013年10月1日从1%降至0.5%，其余年份没有变化；单位保险费费率则从2%逐渐下降，目前为0.5%。2011年7月1日，上海市政府出台的《关于贯彻〈社会保险法〉调整本市现行有关失业保险政策的通知》④，规定从2011年7月1日起将失业保险费率从3%调整至2.7%。其中，将单位缴费比例调整为1.7%，个人缴费比例保持1%不动；2013年10月1日，上海市失业保险缴费比例由原来的2.7%调整为2%。其中，单位缴费比例由原来的1.7%调整为1.5%，个人缴费比例由原来的1%调整为0.5%。2016年1月1日，上海市失业保险缴费比例由原来的2%调整为1.5%，其中单位缴费由1.5%下调至1%。2017年1月1日，上海市调整了

---

① 资料来源：2014年度上海市社会保险基本情况，http：//www.12333sh.gov.cn/信息公开/重点领域信息/社保信息披露。
② 资料来源：2016年度上海市社会保险基本情况，http：//www.12333sh.gov.cn/信息公开/重点领域信息/社保信息披露。
③ 资料来源：2017年度上海市社会保险基本情况，http：//www.12333sh.gov.cn/信息公开/重点领域信息/社保信息披露。
④ 资料来源：2011年度上海市社会保险基本情况，http：//www.12333sh.gov.cn/信息公开/重点领域信息/社保信息披露。

失业保险缴费比例,由原来的1.5%阶段性调整为1.0%。其中,单位缴费比例由原来的1.0%调整为0.5%,个人缴费比例不作调整①。同时,上海市出台了就业援助的相关规定,对用人单位吸纳"就业困难人员""特定就业困难人员"可按规定申请补贴(见图6)。

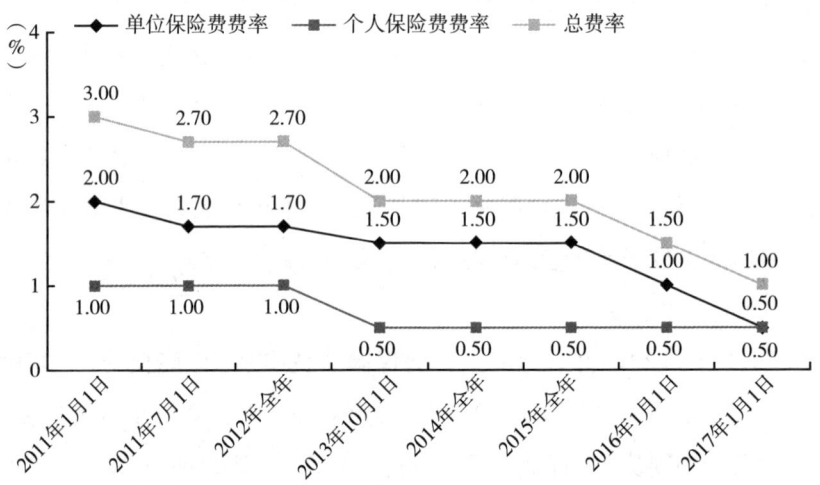

图6 2011~2017年上海市失业保险费率变化情况

(四)生育保险制度

近年来,上海市生育保险制度持续完善。从2011年至2017年,上海市生育保险缴费费率逐步调整、参保人数持续增加、基金收支不断增加、待遇标准逐步提高。

1. 提高生育保险费率,保障支付能力

生育保险费用全由单位缴纳,且缴费比例上升。自2011年7月1日起,个人不再缴纳城镇生育保险费,城镇生育保险费由用人单位缴纳,比例为每月缴费基数的0.8%;自2013年10月1日起,上海市生育保险单位缴费比

---

① 资料来源:2017年度上海市社会保险基本情况,http://www.12333sh.gov.cn/信息公开/重点领域信息/社保信息披露。

例由原来的0.8%调整为1%。

生育补贴申领渠道、支付渠道做出调整。从业生育妇女享受的生育生活津贴和生育医疗费补贴由城镇生育保险基金支付；从业妇女的月生育生活津贴标准，为本人生产或者流产当月所在用人单位上年度职工月平均工资。自2014年10月1日起，生育妇女申领生育保险待遇前应先由本市计生部门审核计划生育情况。

生育津贴及医疗费补贴提高，外来从业人员纳入生育保险。自2016年1月1日起，上海市新设"生育假"，生育妇女在生育假30天期间享受生育生活津贴。原缴纳"三险"的外来从业人员按照"五险"参保且符合计划生育生产或流产的，按规定享受生育保险待遇，把外来从业人员也纳入了生育保险；自2016年7月1日起，对生产或流产妇女的生育医疗费补贴标准做出调整：正常生育的，生育医疗费补贴按3600元计发；妊娠4个月以上（含4个月）自然流产的，生育医疗费补贴按600元计发；妊娠不满4个月自然流产的，生育医疗费补贴按400元计发①，规范了生育生活津贴计发办法。

2. 参保人数持续增加

2011年末，本市生育保险参保人数达到703.08万人，比上年末增加45.78万人。2012年末，参保人数达到711.53万人，比上年末增加8.45万人，同比增长1.20%。2013年末，参保人数达到713.90万人，比上年末增加2.37万人，同比增长0.33%。2014年末，参保人数达到717.54万人，比上年末增加3.64万人，同比增长0.51%。2015年末，参保人数达到735.41万人，比上年末增加17.87万人，同比增长2.49%。2016年末，参保人数达到956.09万人，比上年末增加220.68万人，同比增长30.01%，主要是因为把部分外来从业人员纳入了生育保险。2017年末，参保人数达到972.04万人，比上年末增加15.95万人，同比增长1.67%。从2011年至2017年，生育保险参保人数整体增加268.96万人，增长38.25%（见图7）。

---

① 资料来源：上海市人力资源和社会保障局，《2016年本市社会保险基本情况》。

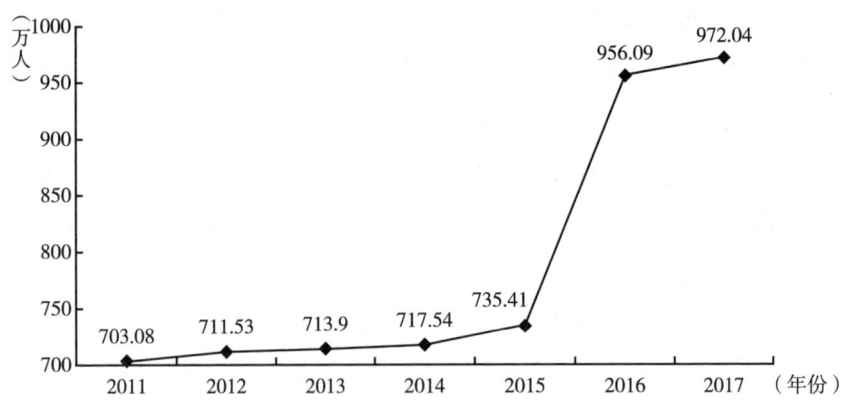

图 7　2011～2017 年上海市生育保险参保人数

3. 生育保险的享受人数逐年增加

享受生育保险待遇的妇女总人数整体上持续增加。2011 年，上海市享受生育保险待遇的妇女总人数为 9.99 万人次；2012 年，享受生育保险待遇的妇女总人数为 13.01 万人次，同比增加 3.02 万人次，增长 30.23%；2013 年，享受生育保险待遇的妇女总人数为 12.43 万人次，同比减少 0.58 万人次，降低 4.46%；2014 年，享受生育保险待遇的妇女总人数为 13.56 万人次，同比增加 1.13 万人次，增长 9.09%；2015 年，享受生育保险待遇的妇女总人数为 13.01 万人次，同比减少 0.55 万人次，降低 4.06%；2016 年，享受生育保险待遇的妇女总人数为 15.80 万人次，同比增加 2.79 万人次，增长 21.45%；2017 年，享受生育保险待遇的妇女总人数为 19.97 万人次，同比增加 4.17 万人次，增长 26.39%。从 2011 年到 2017 年，上海市享受生育保险待遇的妇女总人数共增加 9.98 万人次，同 2011 年比总人数增加将近一倍。

享受生育保险待遇的从业妇女人数增加一倍以上。2011 年，上海市享受生育保险待遇的从业妇女人数为 8.76 万人，比上年增加 1.05 万人；2012 年为 11.67 万人，比上年增加 2.91 万人，同比增长 33.22%；2013 年为 11.25 万人次，比上年减少 0.42 万人次，同比减少 3.60%；2014 年为 12.40 万人次，比上年增加 1.15 万人次，同比增长 10.22%；2015 年为 11.95 万人次，比上年减少 0.45 万人次，同比减少 3.63%；2016 年为

14.81万人次,比上年增加2.86万人次,同比增长23.93%;2017年为19.08万人次,比上年增加4.27万人次,同比增长28.83%。从2011年至2017年,享受生育保险待遇的从业妇女人数共增加10.32万人次,增长117.81%。

享受生育保险待遇的失业妇女人数有所减少。2011年,享受生育保险待遇的失业妇女1.23万人次;2012年,享受生育保险待遇的失业妇女1.34万人次,同比增加0.11万人次,增加8.94%;2013年,享受生育保险待遇的失业妇女1.18万人次,同比减少0.16万人次,降低11.94%;2014年,享受生育保险待遇的失业妇女1.16万人次,同比减少0.02万人次,降低1.69%;2015年,享受生育保险待遇的失业妇女1.06万人次,同比减少0.1万人次,降低8.62%;2016年,享受生育保险待遇的失业妇女0.99万人次,同比减少0.07万人次,降低6.60%;2017年,享受生育保险待遇的失业妇女0.89万人次,同比减少0.1万人次,降低10.10%。从2011年至2017年,享受生育保险待遇的失业妇女人数共减少0.34万人次,同比降低27.64%(见图8)。

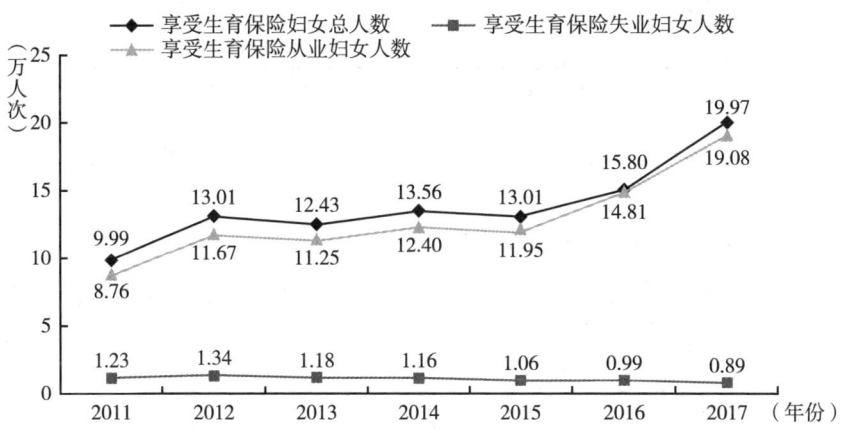

图8 2011~2017年上海市享受生育保险的从业和失业妇女人数

4. 享受生育保险的待遇标准不断提高

2011年,人均领取生育生活津贴18018元;2012年,人均享受生育保险待遇23606元，比上年增加5588元，同比增长31.01%；2013年，人均享受生育保险待遇28154元，比上年增加4548元，同比增长19.27%；2014年，人均享受生育保险待遇30000元，比上年增加1846元，同比增长6.56%；2015年，人均享受生育保险待遇32000元，比上年增加2000元，同比增长6.67%；2016年，人均享受生育保险待遇34200元，比上年增加2200元，同比增长6.88%；2017年，人均享受生育保险待遇35600元，比上年增加1400元，同比增长4.09%。从2011年到2017年，享受生育保险人均标准逐年提高，但增长幅度逐年减小，共增加17582元，增长97.58%（见图9）。

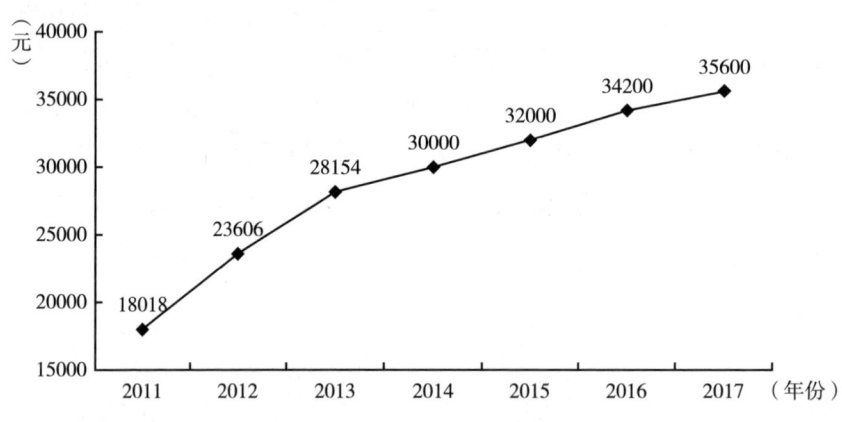

图9　2011~2017年上海市享受生育保险待遇人均标准

5.生育保险基金的收支总额不断增加

基金收入逐年增加。2011年，上海市生育保险基金收入18.16亿元，比上年增加6.11亿元；2012年，基金收入27.25亿元，比上年增加9.09亿元，同比增长50.06%；2013年，基金收入33.47亿元（其中财政补贴收入1.5亿元），比上年增加6.22亿元，同比增长22.83%；2014年，基金收入43.15亿元，比上年增加9.68亿元，同比增长28.92%；2015年，基金收入48.71亿元，比上年增加5.56亿元，同比增长12.89%；2016年，基金收入65.07亿元，比上年增加16.36亿元，同比增长33.59%；2017年，本市基金收入78.57亿元，比上年增加13.50亿元，同比增长20.75%。从2011年到2017年，上海市生育保险基金收入共增加60.41亿元，比2011年基金收入增加3.3倍。

基金支出最近三年加速增长。2011年，上海市生育保险基金支出16.97亿元，比上年增加3.66亿元；2012年，基金支出28.88亿元，比上年增加11.91亿元，同比增长70.18%；2013年，基金支出32.58亿元，比上年增加3.70亿元，同比增长12.81%；2014年，基金支出37.59亿元，比上年增加5.01亿元，同比增长15.38%；2015年，基金支出38.22亿元，比上年增加0.63亿元，同比增长1.68%；2016年，基金支出50.63亿元，比上年增加12.41亿元，同比增长32.47%；2017年，基金支出68.14亿元，比上年增加17.51亿元，同比增长34.58%。从2011年到2017年，上海市生育保险基金支出共增加51.17亿元，比2011年支出金额增加3倍（见图10）。

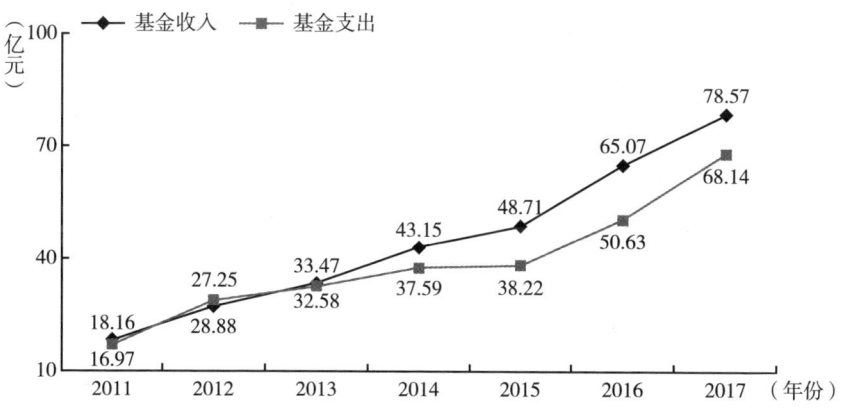

图10　2011~2017年上海市生育保险基金收入支出情况

生育保险基金累计结余额呈上升趋势。2011年末生育保险基金累计结存1.88亿元；2012年末基金累计结存0.25亿元，同比减少1.63亿元，降低86.70%；2013年末基金累计结存1.14亿元，同比增加0.89亿元，约增长3.5倍；2014年末基金累计结存6.70亿元，同比增加5.56亿元，约增长4.8倍；2015年末基金累计结存17.19亿元，同比增加10.49亿元，约增长

1.5倍；2016年末基金累计结存31.63亿元，同比增加14.44亿元，增长了84.00%；2017年末基金累计结存42.06亿元，同比增加10.43亿元，增长了32.98%。从2011年到2017年，生育保险基金累计结存共增加40.18亿元，增加21倍多（见图11）。

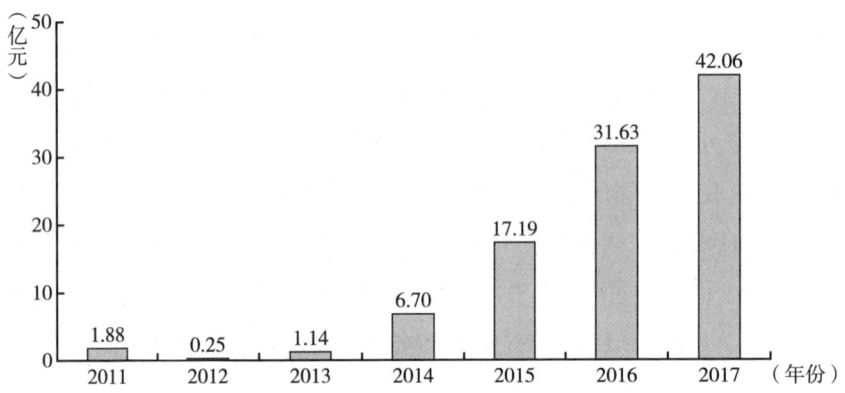

图11　2011～2017年上海市生育保险基金累计结存情况

（五）工伤保险制度

随着《工伤保险条例》《上海市工伤保险实施办法》及相关政策的不断推出，上海市已基本形成了一套比较完整的工伤保险制度体系。

1. 削减工伤保险费率

上海市工伤保险费率不断降低，目前已处于全国最低水平。2004、2013年版的《上海市工伤保险实施办法》均明确了基础费率统一为0.5%，发生工伤的用人单位在此基础上实行浮动汇率的缴费方法。此后，根据2015年10月1日起执行的《关于调整本市工伤保险费率等问题的通知》，上海市实行行业基准费率和浮动费率相结合的办法，并明确二类至八类行业用人单位的工伤保险费率先行下浮一档，按基准费率的80%执行，该政策降低了上海市工伤保险平均费率，是2016年工伤保险基金收入同比下降的主要原因；2018年5月1日至2019年4月30日期间，上海市用人单位工伤保险费率又阶段性降低50%。至此，在保持工伤保险基金结余的情况下，上海市工伤保险平均费率实现了数次削减的过程，已降至0.22%左右。

2. 提高工伤待遇水平

近年来，上海市工伤保险人均享受水平保持稳步提高的态势。上海市人力资源社会保障局严格按照《工伤保险条例》的规定，根据全市职工平均工资和生活费用变化等情况，连年提高因工致残1~4级工伤人员的伤残津贴标准、因工死亡人员供养亲属抚恤金标准和生活不能自理工伤人员的生活护理费标准。2018年，伤残津贴最低标准达到：致残一级6426元/月、致残二级6036元/月、致残三级5672元/月、致残四级5319元/月；因工死亡人员供养亲属抚恤金最低标准达到每人每月1340元，其中孤寡老人或者孤儿每人每月1426元。生活护理费标准达到：生活完全不能自理3566元/月，生活大部分不能自理2853元/月，生活部分不能自理2140元/月。2017年全年，上海市工伤保险享受待遇人数63950人，工伤保险人均享受水平46916元[①]（见图12）。

为切实提高工伤人员的医疗及康复待遇水平，上海市还在多方面做出了努力。2011年，上海市增加了工伤保险基金先行支付的有关内容。为适应医疗需要，《上海市基本医疗保险、工伤保险和生育保险药品目录》分别在2015、2018年进行了多次更新。同时，上海市通过规范工伤康复机构运行、提高康复服务质量、对工伤康复定点机构和工伤保险辅助器具配置定点机构服务质量开展评估检查和签约等方式断推进工伤康复工作。

3. 扩大覆盖人群范围

上海市工伤保险覆盖人数、覆盖行业不断增加，覆盖面不断扩展。2011年，上海市将外来从业人员、老工伤人员纳入参加本市工伤保险，使得当年

---

① 上海市人力资源和社会保障局：《关于调整本市工伤人员伤残津贴和生活护理费标准的通知》，2018年11号文件。

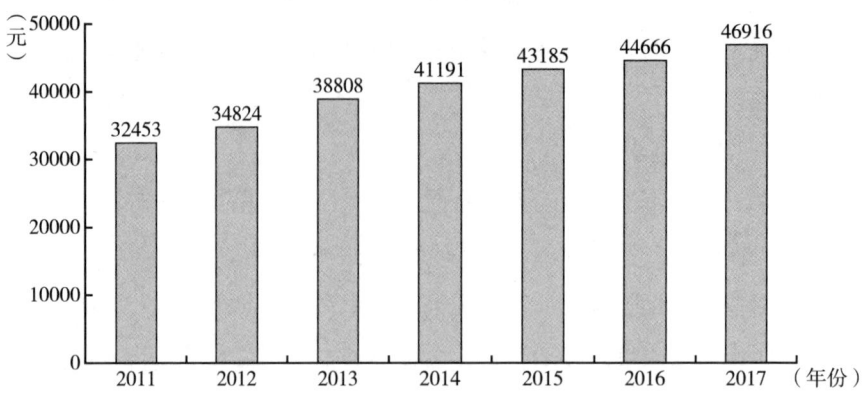

图 12　2011~2017 年上海市人均工伤保险待遇变动情况

工伤保险参保人数激增了 323.63 万人，并于 2013 年突破 900 万大关；2014、2015 年颁布的《关于进一步做好建筑业工伤保险工作的意见》及《关于进一步做好本市建筑业工伤保险工作若干意见的通知》，规定了建筑业"工伤优先，项目参保，概算提取，一次参保，全员覆盖"的制度安排，采取多方面措施改变了建筑工人长期游离在工伤保险范围之外的情况，基本实现了新开工项目全参保的目标；2018 年 1 月 2 日颁布的《关于铁路、公路、水运、水利、能源、机场工程建设项目参加工伤保险工作的通知》将交通运输业中流动就业的农民工纳入工伤保险保障；此外，上海市各区通过举办工伤保险集中宣传日等活动，不断进行政策宣传、普及和引导，提高用人单位对工伤保险的了解程度，保证全市工伤保险参保人数和参保率连年稳定增加。截至 2017 年底，上海市工伤保险参保人数达到 958.06 万人，工伤保险参保率已接近七成（见图 13）。

4. 完善工伤预防机制

2013 年底，上海市颁布了《关于做好本市工伤预防工作的试行意见》，该《意见》对 2014 年建立工伤预防联席会议制度、建立工伤预防信息共享机制、建立工伤事故预警制度、开展工伤预防工作的专项检查、完善工伤保险费率浮动机制、建立工伤预防宣传培训的费用保障机制进行了详细部署，

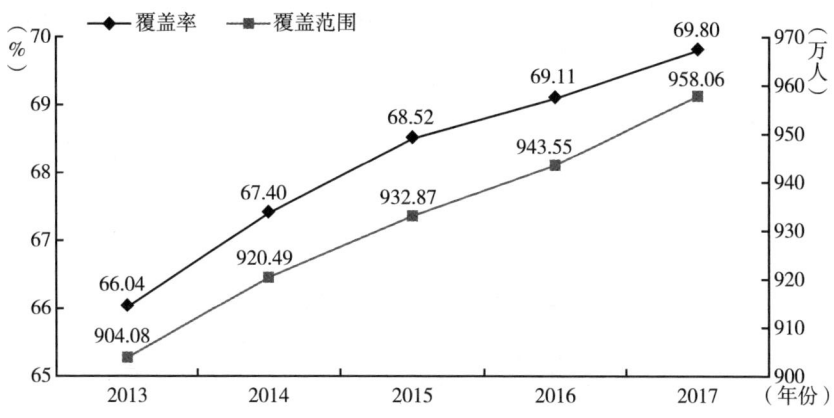

图13　2013~2017年上海市工伤保险参保人数

注：2013年，全市从业人员数统计口径发生变化，故只选取2013年及以后的数据。

上海市开启了工伤预防工作规范化的篇章。上海市人力资源与社会保障局充分发挥全市工伤预防联席会议作用，确立了联席会议各成员单位共同审议确定工伤预防宣传培训项目并组织实施，协同组织开展工伤保险集中宣传活动，实现工伤事故、安全生产事故、职业病诊断等数据互联互通、信息共享，开展联合专项检查和预警通报等工作机制，形成了较好的工伤预防工作合力。至2017年底，上海市用于工伤预防工作投入已达200万元。从2015年起，上海市工伤认定人数及工伤保险待遇人数开始连年下降，工伤预防工作成效喜人（见图14）。

三　上海社会保险制度发展中面临的问题分析

（一）养老保险制度

1. 养老金的增长速度和幅度问题

上海市人口老龄化程度的加深导致在职员工负担老龄人口的赡养率持续攀升，养老基金收支形势不容乐观。同时由于养老金调整过程中存在"棘

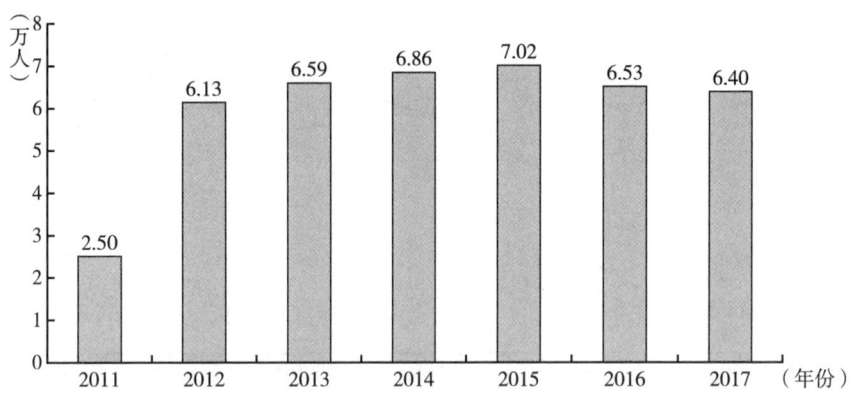

图14　2011～2017年上海市享受工伤保险待遇人数变化情况

轮效应",即养老金易于向上调整,而难于向下调整,离退休人员对养老金上涨的预期一旦形成很难改变,使得养老基金的给付压力不断增加。为了保持养老保险基金的可持续运行,2015年以来,上海已经按照中央部署,逐步降低养老金的增幅(见图15)。

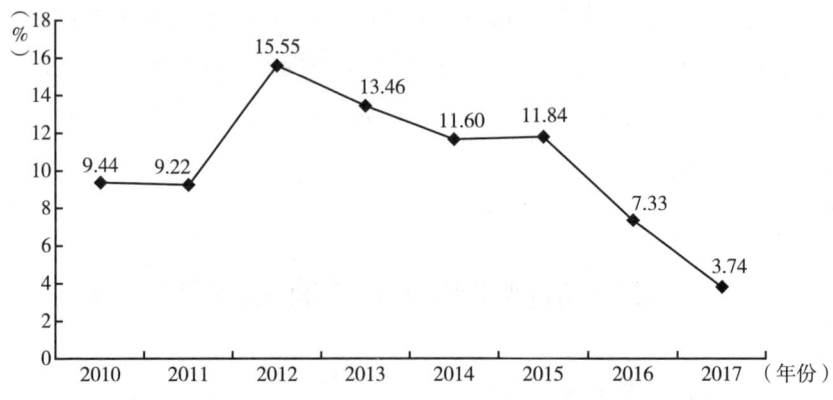

图15　2010～2017年上海市城镇职工养老金增幅变动趋势(相比上年)

2. 不同人群养老金的待遇问题

离退休城镇职工和城乡居民养老金待遇差别仍然存在,但比例呈下降趋势。由于城乡居民基本养老金增幅远高于同期职工养老金增幅,一定程度上缓解了两者的差距(见图16)。

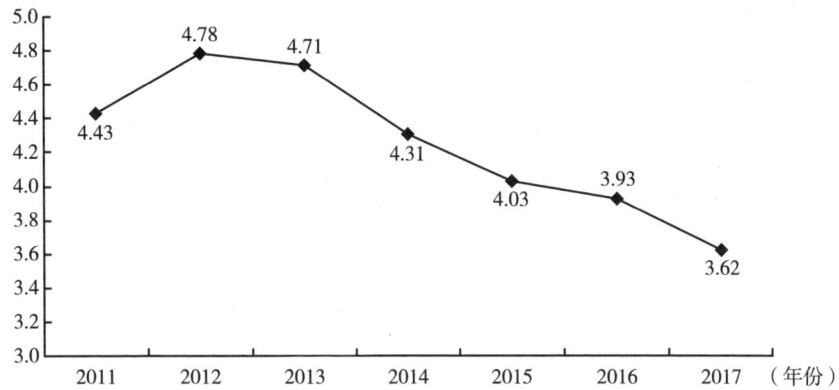

图16 2011~2017年城镇职工与城乡居民养老金待遇水平比(职工/居民)

资料来源:http://www.12333sh.gov.cn/201712333/xxgk/zdly/01/。

3. 缴费人数和领取人数比持续下降问题

与此同时,根据市政府公开的上海市参保职工和离退休职工人数比,企业基本养老保险职工养老保险抚养比七年整体呈现下降趋势,从2011年的2.55下降到2017年的2.28,大约两个人就要养一个退休人员(见图17)。

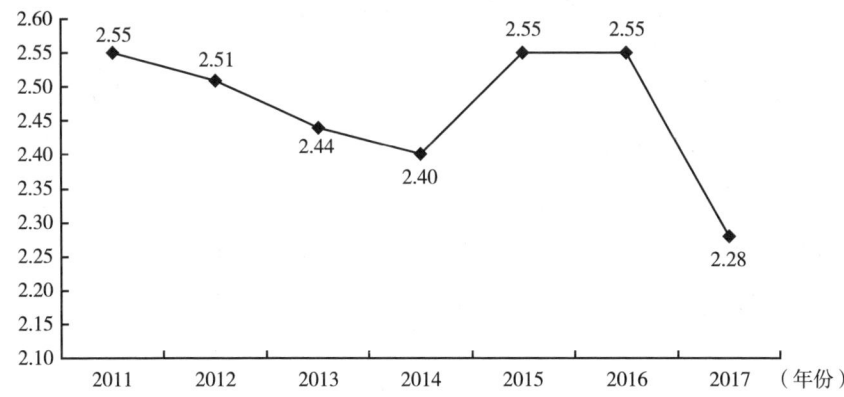

图17 2011~2017年企业基本养老保险职工与退休人员抚养比(职工/退休)

4. 养老金的替代率问题

在养老金替代率方面，我国正由效率优先兼顾公平转为兼顾公平效率，更加注重公平，养老金待遇在基层职工方面改善较为明显。以社会平均月工资为基准，2010~2017年上海市养老金替代率先上升再回落，在46%~56%之间波动，2017年因为养老金增幅回落，替代率下降明显。未来的养老金增幅如果继续回落，养老金替代率还可能进一步回落到50%以下，如何让退休人员分享社会经济发展成果面临挑战（见表8）。

表8　2010~2017年上海养老金调整幅度变化情况

单位：元，%

年份	养老金水平	调整水平	调整幅度	社会月平均工资	养老金替代率
2010	1855	160	9.44	3896	47.61
2011	2026	171	9.22	4331	46.78
2012	2341	315	15.55	4692	49.89
2013	2656	315	13.46	5036	52.74
2014	2964	308	11.60	5451	54.38
2015	3315	351	11.84	5939	55.82
2016	3558	243	7.33	6504	54.70
2017	3691	133	3.74	7132	51.75

5. 养老金由费改为税企业负担增加问题

养老保险费改由税务部门征收以后，由于缴费基数可能更为真实，很多人担心会增加企业社保负担。李克强总理在国务院常务会议上明确要求，"在社保征收机构改革到位前，各地要一律保持现有征收政策不变"，"严禁自行对企业历史欠费进行集中清缴"①。当前各地征收体制改革工作正处于准备阶段，社保经办机构和税务部门着力于做好衔接工作，积极建立数据共享平台，并在改革工作中坚持只变更征收主体，原有政策继续保持不变的基本原则。

我们认为，统一社保费征收主体，将提高社保费征收效率，有利于促进

---

① 资料来源：《李克强：各地一律保持现有社保政策不变》，中国政府网，2018年9月18日。

各类企业职工参保缴费，更好地维护职工权益。上述改革将为降低社会保险费率、促进企业公平竞争、减轻企业及职工缴费负担创造有利条件①。

（二）医疗保险制度

1. 医保费用的支出结构不合理

医疗保险作为由政府主导的、具有普惠性质的保险制度，不仅要尽量覆盖所有常住人口，同时还应尽量惠及各类医疗情形。但在上海市医疗保险制度完善过程中，产生了一个医疗服务问题，即医疗资源和医保资金是有限的，而简单的扩大扩展福利标准在一定程度会加速医疗资源和医保资金的浪费，从而导致医疗保险的支出结构问题。

在医疗保险的支出结构问题中，需要解决两类问题，一是解决在门诊和住院等方面的费用结构问题，二是解决医保人群的构成问题。

在门诊和住院的构成问题上，主要是大医院和社区基层医院就医人数失衡问题。上海医保政策强化了不同级别医疗机构的报销比例以及起付标准的差异，引导民众多去基层医院看病，但是医疗问题并不完全是经济问题，该问题的内因是对于中小医院及其医师的不信任。这类结构问题导致了大医院供不应求，社区基层医院里却门可罗雀的现象。

在参保人群的构成问题上，主要是不同人群的缴费和享受失衡问题。在城镇基本医疗保险制度中，在职人员缴纳医疗保险费，而退休人员不用缴纳，但是在医保费用的使用方面，却是在职人员使用少，而退休人员使用多。

2. 医保资金的可持续存在问题

在城镇职工基本医疗保险制度中，我国统一采用在职人员缴费赡养离退休人员的模式，因老年时期的医疗需求和医疗频次远高于青壮年时期，故老龄化将加大职工医保基金的开支，从而对医保基金的可持续有非常重要的影响。在上海城镇职工基本医疗保险的参保人群中，在职人员从2010年至

---

① 资料来源：《人社部、财政部、税务总局、国家医保局相关负责人表示改革社会保险费征收体制总体上不增加企业负担》，《人民日报》2018年9月21日。

2017年增长了195.77%，离退休人员增长了139.87%，职退比（在职人员/离退休人员）在2011~2017年从2.48降至2.05。这表明随着老龄化加深，在职人员的赡养压力逐渐增加，医保基金的收入和开支的平衡比例将有被打破的趋势。

从2011年至2017年上海职工医保基金累计余额皆有盈余，但是随着国家经济增长速度的放缓，企业对劳动力需求下降，再加之对外来人口的限制，老龄人口比重的增大，上海职工医保基金收入势必有所下降，据估计在2033年之后医疗保险统筹基金余额开始呈下降趋势，2050年可能会为赤字状态。虽然在中短期内，医保基金还有较为稳定的盈余，但是我们亦需要重视未来可能出现的赤字趋势，并解决医保资金的可持续问题。

3. 长三角一体化中医保的异地结算问题

随着经济发展和交通网络的建设，人口的流动愈发频繁，尤其是在长三角区域中，上海与其他地区之间异地就医的需求日益突出。截至2017年末，上海市共为合作省市的异地就医对象代办医疗报销326980人次，金额达86962.4万元，而截至2018年4月，上海作为参保地，接待异地就医直接结算8908人次，医保基金实际支付率为78.9%；上海作为就医地，接待异地就医直接结算74167人次，医保基金实际支付率为60.5%。可看出上海面临着更大的异地就医结算需求，且医保基金的实际支付率仍有待提高。在长三角区域中，主要采用省与省、市与市之间相互结算的预付金方式，流程复杂烦琐，材料需经转各机构和各地区，导致结算周期长，清算工程量大，经常出现拒付和资金拨付不到位的情况。如果在长三角一体化中全面推广直接异地结算，将会对两方面提出高要求：一方面是对管理平台的高要求，由于各地医保政策制度的不同，当地的就医管理体系需要纳入其他地区的医保管理制度体系，且由于需直接结算，这要求各地医保信息系统有更好的兼容性，以提高信息和资金流转的顺畅度，并需要加强监督管理，避免资金挪用、损耗等现象；另一方面是对就医机构能力的高要求，随着异地就医业务量的增加，可能会超出部分本地医院的承载能力，如何协调本地就医业务和异地就医业务、如何提高就医地机构的管理能力是值得关注的重点。

（三）失业保险制度

1. 第13~24个月的保险金给付水平较低

以2017年为例，上海市失业保险金实行"先归并，再调整"的办法，"先归并"是将以前按照累计缴费年限和年龄分三档设置的不同标准，统一归并至最高档；"再调整"是在2016年第一档1~12个月失业保险金最高标准1520元/月的基础上，加上140元/月，调整为1660元/月。第13~24个月保险金标准为1~12个月的80%，延长领取失业保险金的标准为第13~24个月的80%（见表9）。

表9 2017年上海市失业保险金、最低工资和最低生活保障标准

单位：元/月

类别	失业保险待遇标准	最低工资标准	最低生活保障标准
第1~12个月支付标准	1660		
第13~24个月支付标准	1328	2300	970
延长领取支付标准	1063		

按照国家《失业保险法》，失业保险金标准应介于当地最低生活保障标准和最低工资标准之间。2017年，上海市最低工资标准为2300元/月，最低生活保障为970元/月。失业第1年内每月能领取的失业保险金仅为最低工资标准的72.17%，并不算高，第13~24个月能领取的保险金就更低了。此外，对于有一个孩子的三口之家来说，若父母失业一年，家庭能领取的失业保险金为3320元/月，然而一个领取最低生活保障的三口之家能领取的最低生活保障为2910元/月，失业保险金比最低生活保障高410元/月，不算太低。但若该三口直接失业两年，失业第二年能领取的失业保险金为2656元/月，比最低生活保障低254元/月。上述两方面表明，上海失业保险金第13~24个月给付水平有待提高。

2. 失业保险基金促进就业的效果不明显，使用方向有待优化

财社部〔2011〕64号文规定，就业专项资金用于职业培训补贴（含劳动预备制培训生活费补贴）、就业见习补贴、职业介绍补贴、职业技能鉴定

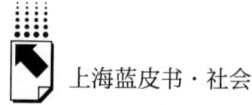

补贴、社会保险补贴等，但上海市把很多职业培训补贴支出项目逐渐划入财政专项基金拨款的项目中。

2010年，上海职业培训补贴主要包括6个支出项目，其中职业见习补贴费用和创业见习补贴费用分别包含了4个细分支出项目。2012年，职业见习基地绩效评估费和创业见习基地绩效评估费转入财政专项基金。2013年，职业见习学员综合保险费用，题库开发和研究、创业见习学员综合保险费用，校企合作费用，公共实训基地建设和维护费用，培训信息（账户）卡制作费用均转为财政转型基金。至此，职业培训补贴支出项目由6个支出项目缩减为2个支出项目，同时职业见习补贴费用和创业见习补贴费用分别只包含2个细分支出项目。

20世纪80年代以来，失业保险的用途重点逐渐从保障生活转向促进就业，但不难看出，上海市失业保险政策在促进就业方面的引导不明显。此外，一方面上海市把原来属于失业保险基金拨款的职业培训补贴支出的很多项目划给了财政专项基金拨款，造成原来用于职业培训支出的资金用途出现空缺；另一方面，从2011年至2016年上海市失业保险基金总量一直上升，在2017年有所下降，但是存余总量依然很可观，由此可见，上海市失业保险基金使用方向有待优化。

（四）生育保险制度

1. 生育保险缴费主体单一

随着全面放开二孩政策，企业女职工生育保险需求增加，上海市生育保险基金仅用人单位一方缴纳，企业压力将会越来越大。近年来，为了应对生育保险需求增加和生育保险基金压力增大的情况，我国一些地区削减了生育保险待遇项目，将一些原来由生育保险基金支付的项目，如配偶护理假津贴等，改为由用人单位支付；上海的做法是提高了企业生育保险缴费比例。这些调整加重了用人单位的负担，与经济新常态下减轻企业负担的政策相悖，造成不同政策之间的矛盾冲突。

2. 生育保险的待遇标准仍需提高

现代医疗技术飞速发展，医疗费用水涨船高。对于生育妇女而言，各项检测仪器、医疗设备诊治能力都有较大提高，随之也产生了较高的检测、诊断费用。近几年，我国全面两孩政策落地实施，出现了较多高龄孕妇、产妇，各项风险包括妊娠合并症、并发症和出生缺陷患儿等大大增加。为了更好地实现优生优育，各项检查相应增多，检测方式相应改进，生育医疗费用也相应增加，这一支出已经成为女职工家庭必须承担的一项经济负担，因此生育医疗费补贴标准也需要进一步提高。

3. 生育保险持续性不足

生育保险作为社会保障制度的重要组成部分，应当具有普惠性和全覆盖的特点。自2016年4月1日起，上海市已将与上海用人单位建立劳动关系的外来从业人员全部纳入生育保险的覆盖范围，并规定其享受本市生育保险待遇，与上海户籍和原外省市城镇户籍五险人员一致。并且随着二孩政策落地实施，上海市生育保险需求增加是必然趋势。生育政策的调整完善使得生育保险需求增加，生育保险基金压力增大。在生育政策逐步调整完善的过程中，生育二孩的职业妇女人数增多带来了生育保险需求的增加。在生育保险费率下调的背景下，长期来看，生育保险基金收入的减少与生育保险需求的增加，将改变上海市生育保险基金结余较多的局面，给生育保险基金的运行带来压力。

4. 部分育龄妇女享受不到生育保险

在上海参加社会保险的外来从业人员不到400万人，还有将近300万外来从业人员没有参加社会保险，一个家庭中即使丈夫参加了生育保险而妻子没有参加，也不能享受生育保险待遇，这把一部分"全职妈妈"排除在生育保险待遇之外。

（五）工伤保险制度

上海市工伤保险制度不断完善，但仍存在一些干扰工伤保险完全发挥其社会保障作用的问题，主要包括以下几方面。

1. 工伤保险基金收支波动大

工伤保险基金收入来源于用人单位缴纳的工伤保险费、工伤保险基金的利息和依法纳入工伤保险基金的其他资金。工伤保险基金支出主要来自支付工伤保险待遇，劳动能力鉴定，工伤预防的宣传、培训等费用，以及法律、法规规定的用于工伤保险的其他费用的支付。工伤保险基金留有一定比例的准备金，用于本市重大事故的工伤保险待遇支付。①

2011～2017年，工伤保险基金在收入、支出变化方向上保持高度一致，但每年的结余波动很大。其中，2011年，外来从业人员、老工伤人员纳入参加本市工伤保险，使得工伤保险基金收入大幅增加，造成该年极高的结余率。2012、2013年，上海市工伤保险基金在有小额结余下，保持收支的基本平衡。2014、2015年，上海市加强对建筑工人参加工伤保险的工作力度，同时开展以"工伤保险集中宣传日"等宣传工作，工伤保险参保人数保持稳定增长，工伤保险基金收入随之提高；同时，2014年起，工伤预防工作稳步有序开展，工伤认定人数及工伤保险待遇人数的上升趋势开始扭转，因此，2014、2015年工伤保险基金结余率均在高位上同比增加。2016年，为降低高结余率，上海市对工伤保险费率进行结构改革并相应下调费率，直接造成该年工伤保险收入下降；与此同时，工伤预防工作成效显现，工伤保险待遇人数首次降低，使得工伤保险基金支出小幅下降，结余率也随之下降。2017年，由于工伤保险参保人数继续增加，工伤保险基金结余率同比上升，根据《工伤保险条例》"以支定收、收支平衡"的费率原则，2018年，工伤保险费率继续下调，自2018年5月1日起，上海市用人单位工伤保险费率又阶段性降低50%。总结而言，由于对参保人数和支出情况估计不足、费率政策的低频调整及其滞后性，上海市近几年工伤保险基金收入波动较大，引致了结余率的不规则波动。

2. 农民工覆盖面偏低

在沪农民工大多集中于第二、第三产业，由于行业性质，工伤事故层出

---

① 上海市人民政府：《上海市工伤保险实施办法》，2012。

不穷、职业病群体规模大，工伤问题是农民工除工资纠纷外遇到的又一大难题。工伤保险是解决工伤费用问题的有效途径，然而，由于农民工及用人单位的保险意识不足，推进农民工参加工伤保险一直是一个难题，上海农民工的工伤保险覆盖程度并不高。2013年，上海市甚至出现了农民工参保人数下降的极端情况。

近年来，上海市不断加强工伤保险的宣传工作，但工伤保险的强制性仍未得到事实上的实现。针对这个问题，2014、2015和2018年，上海市重点推进建筑业、交通运输业农民工的参保工作，取得一定成效。然而，除了建筑业和交通运输业外，制造业等第二产业、批发零售业和仓储邮政业等第三产业也吸收了大量在沪农民工就业，工伤保险覆盖面仍有较大不足，推进农民工参加工伤保险的任务仍需要政府的不断跟进。

四 改进上海社会保险制度的政策建议

（一）养老保险制度

1. 进一步扩大养老保险制度的覆盖面

2017年上海城镇职工养老保险制度的覆盖面只有72.53%，还有300多万从业人员没有纳入城镇职工养老保险制度。这不但削弱了养老保险制度所预期的缴费能力，也不利于保护这些人群未来的养老待遇。当前没有纳入养老保险制度的主要是外省市在上海从事个体职业的人群，要改革养老保险制度，创造条件，把这类人群纳入上海城镇职工养老保险体系中。

2. 增加养老保险投资规模和投资方向，保值增值

上海市应着力于提高养老保险投资收益，改善当前收益低的现状。2017年底，上海城镇职工基本养老保险制度的累计结余已经超过2000亿元，可以拿出更多的资金用于各项投资，保持保险基金的保值增值，为应对未来几十年长期的养老保险基金支付压力做好准备。

3. 适当阶段性降低上海养老保险缴费率

养老保险改由税务局征收，这可能导致养老保险缴费基数增加。上海市政府多年执行8%个人养老金缴费比例，近几年单位缴费比例也降低到了20%。在中美贸易摩擦导致经济下行压力巨大的背景下，国内企业经营遭遇瓶颈，当前养老金费变税增加了国家强制力，社保缴费基数一旦做实，无异减少了企业灵活变通的空间。在当今许多企业采用社会平均工资的60%最低标准作为社保基数，而非员工的实际月工资数作为社保缴费基数的事实下，新政策将实际增加企业资金运营难度。立足于国家宏观发展大局，有必要在当前经济不景气态势下进一步阶段性降低社保缴费比例，确保总体上不增加企业负担。

4. 综合性考量政府企业和宏观经济态势，改革养老金机制

要对上海现行的养老保险制度进行改革，努力确保收支平衡略有结余。养老金调整机制需常态化、养老金调整方向需偏向保基本而非保增幅、养老金调整需保证制度可持续性和平衡代际公平性。

（二）医疗保险制度

1. 加快推进医养结合，完善高龄老人护理保险制度

要加强养老服务和医疗服务的融合发展，在社区、机构普遍开展医养结合工作。大病往往是从小病发展而来，因而如果在小病阶段即可确诊，对于医保资金的消耗会远远小于在大病阶段才确诊的费用。因此要重点关注高龄老人和健康状况较差老人的生活照料与医疗护理的结合工作，通过专业的康养医护一体化的服务，更好地服务老人，降低医疗费用。

2. 推进医疗卫生体制改革中的医生异地执业

为了让医疗资源得以合理分布，应开放执业地点和人才流动限制，鼓励医务人员的合理流动，促进不同医疗机构人才的纵向和横向交流，上海市可借鉴北京市鼓励有资质的人员在社区开办诊所或个体行医的政策，鼓励医师们利用空闲时段在社区药店或社区卫生服务中心坐堂行医，以及退休后可去社区开诊所，这既能让医师们通过自己的技能赚得报酬，又可缓解医疗分配不均的问题，

一举双赢。同时为了避免医生为追求经济利益影响本职工作，可对医生的医疗技术分级，并将薪酬考核体系与医疗质量、患者满意度直接挂钩。

3. 理顺医疗价格体系，提高医疗服务价格

由于目前医疗价格体系的不合理，资源浪费的情况时有发生。根据统计学中的"二八定律"，80%的疾病都是常见且治疗费用较低，而20%的疾病则治愈起来较为复杂且费用昂贵。因而上海市政府尝试将两类病症进行区分，并推出了大病保险以覆盖重大疾病。基于"二八定律"，可以通过适当提高部分医疗服务价格，以帮助参保人在就医时恢复经济理性。具体如下：政策补贴应当倾向于补贴常见疾病，如感冒发热咳嗽等，并且保证参保人在基层医院能以低开销水平得到治愈；而对于较为常见且较为严重的疾病则保持现有水平，因为仍需保证医疗保险的普惠性；但对于罕见的大病重疾等，则需要明确普通医保体系不能对此进行过多补贴，应引导参保人购买大病保险来进行保障。

4. 加强基层卫生服务体系建设

为了合理配置医疗资源，鼓励民众"小病小医院，大病大医院"，要通过政策引导和经济方法实现医疗分流。首先，要进一步拉大不同等级医疗机构的报销比例，引导民众多去小医院和基层医院看病；其次，要加强基层卫生服务，提高从医人员的水平和设施质量，营造良好的就医环境，提高就医的便利性，切实满足民众医疗需求，从而实现真正的医疗分流，以提高医疗资源的使用效率。

5. 加快长三角地区医疗服务一体化进程

为了推进长三角区域一体化进程，方便人员跨地区流动，要加快医疗服务的一体化。有几个问题迫切需要解决：一是异地门诊医疗费的实时医保支付问题；二是高龄护理费用的异地结算问题；三是医疗机构的跨地区发展问题。

（三）失业保险制度

1. 提高第13~24个月失业保险金的给付水平

失业保险金的第13~24个月的给付水平较低，没有发挥好失业保险金

保障基本生活的作用，只有基本生活得到保障，失业者才能考虑参加职业培训进而寻找工作。因此，需要适度提高第13～24个月失业保险金的给付水平。

2. 可以考虑把失业保险费率长期保持在1%

上海市企业当前面临税赋过重，其要承担25%的企业所得税、17%的增值税以及其他各种税收，过高的商务成本使得很多中小企业迁移到上海市周边省市；此外，上海社保缴费率领跑全国，并高于美国、日本、德国等国。根据国际经验，企业缴费超过10%就要亮黄牌，超过20%就要亮红牌。一个城市的发展完善需要中小企业，其可以增加就业岗位，发挥促进就业的杠杆作用，而过高的税赋不仅会减少中小企业，而且对大企业的发展也不利，故上海市需要降低企业面临的负担，而维持或减少社保缴费率也是其中可行的一个方面。从2017年1月1日开始，上海市阶段性地把失业保险费率调整为1%，将来有可能增加也有可能降低，建议把失业保险费率长期稳定在1%的水平。

3. 建议加大失业保险基金在促进就业方面的使用力度

伴随国际社会失业保险制度的改革动向，失业保险基金用途的重点逐步从保障生活转向促进就业。上海的失业保险基金用途的重点也应从保障生活转变到促进就业上，上海市失业保险基金存余总量可观，且在保障生活和预防失业方面资金压力不大，因此可以考虑把更多的资金用于促进就业方面。

（四）生育保险制度

1. 增加政府财政对生育保险的补贴投入

要增加政府部门对生育保险的财政补贴。近年来，上海市各项社会保险中，失业保险基金出现剩余，而生育保险基金则较为短缺。如果想要通过政府财政补贴来扩大生育补贴的覆盖范围和提高补贴标准，同时又不能激增财政负担，建议通过调整各项社会保险的缴费结构，来补充生育保险的基金额度。除了企业要为员工缴纳生育保险以外，政府财政还要增加对生育保险基金的补贴,这也更能体现政府对生育的支持和责任。

2. 提高生育医疗补贴标准

逐步提高生育医疗补贴标准。根据上海市上年度医疗费用增长速度来调整生育医疗补贴标准,构建生育医疗补贴标准与医疗费用增长速度相适应的机制。增长费用由生育保险基金及时补贴,若出现基金不足的缺口,建议由市、区两级财政共同承担。

3. 把丈夫参加生育保险本人没有参加的育龄妇女纳入保障范围

要完善现有生育保险制度,对于丈夫参加生育保险而本人没有参加生育保险,但符合生育政策的无业育龄妇女也纳入生育保险的保障范围,待遇标准可以适当打一定的折扣。

(五)工伤保险制度

1. 继续提高工伤保险的待遇水平

工伤保险的目标是切实保障工伤职工及时获得医疗救治和经济补偿,为此,一方面要保持工伤保险基金总体规模的稳定增长,另一方面要保证工伤保险待遇的稳步提高。近年来,相对于趋于平稳工伤保险支出,工伤保险基金几乎每年都有较高结余。至2017年底,上海市工伤保险基金累计结存量已达68.23亿元(其中有储备金10.7亿元),下年支出与本年累计结存之比稳定在200%上下,且有继续上升的势头,基金应对支付能力偏高。此外,在工伤保险待遇人数和工伤认定人数连年下降的情况下,人均工伤保险待遇的增长率仍保持基本稳定,低于本市人均可支配收入的增长速率,存在一定提高空间。

2. 采取措施提高基金收支预测、预警和监控能力

结余率的不规则波动会降低工伤保险基金的使用效率。近年来,虽然上海市在结余率过高时能够及时调整费率,但这也反映出对工伤保险基金收支情况预测能力的不足。工伤保险基金支出的预测是制定费率政策的基础,除采取简单预测方法外,应持续完善包含政策环境、工伤行业、医疗条件和职工素质等多方面因素的预测机制作为参考,以保证在外部环境发生变化时,

基金支出的预测能保持一定的准确性。同时，为实现工伤保险基金收支的长期平衡，应设置工伤保险支出的预警和监控机制，通过对风险水平、风险事件的检测与反馈，及时调整收入和支出的预期，及时调整缴费费率，进而达到工伤保险基金收支的动态平衡。

3. 探讨把工伤保险纳入基本医疗保险的可行性

工伤保险纳入基本医疗保险制度存在可行性。首先，两个险种的使用是在程序上顺次、在范围上互补的。目前，工伤保险与医疗保险的赔付范围没有交叉，分别针对工伤、非工伤的医疗需求，二者共同覆盖了职工对医疗及康复的全部需求。具体而言，当从业人员在受到事故伤害时，应先进行工伤认定。一旦认定为工伤，则由工伤保险基金对医疗、康复费用进行全额支付；若没有进行工伤认定或工伤认定不通过，再使用医疗保险依照具体就诊情况进行比例报销。工伤认定的严格性决定了从业人员受到事故伤害时必须花费大量时间，如果认定不通过，又必须在转向基本医疗保险的过程中花费不少时间。因此，工伤保险纳入基本医疗保险能在程序上减少不必要的时间成本，提高保险运作效率。其次，缴费主体上，两险种是包含关系。目前，我国医疗保险费用由从业人员、用人单位和国家按一定的缴费比例三方共同出资而形成，工伤保险费用则由用人单位缴纳。统一收取工伤保险费用与医疗保险费用，能在不影响保险运作效果的前提下，减少收费的操作成本，降低相关风险。再次，经过连年的结余，工伤保险基金累计结余已达到较高规模，将工伤保险纳入基本医疗保险能够实现保险资金在更高层面的统筹管理、灵活调度，有利于提高社会保险基金对人民福利的贡献。

参考文献

袁中美：《养老金待遇调整研究述评》，《社会保障研究》2016年第1期。

苏晓春、杨志勇：《中国养老保险制度变迁的经济学分析》，《财经研究》2007年第9期。

肖严华：《21世纪中国人口老龄化与养老保险个人账户改革——兼谈"十二五"实

现基础养老金全国统筹的政策选择》,《上海经济研究》2011年第12期。

张青枝:《论商业人身保险发展与社会保障体系的完善》,《商业时代》2008年第34期。

黄莹:《中国社会养老保险制度转轨的经济学分析》,《中国经济问题》2009年第3期。

孙彪、董正林:《人口老龄化及其对我国基本养老保险的影响》,《财税金融》2010年第22期。

路和平、杜志农:《基本养老保险基金收支平衡预测》,《经济理论与经济管理》2000年第3期。

刘玉珂、张晨寒:《我国城镇基本养老保险基金短缺的原因及对策》,《河南师范大学学报》(哲学社会科学版)2001年第5期。

艾贺玲:《老龄化、政策变迁与上海市城镇职工基本医疗保险统筹基金财务运行:以系统动力学仿真分析为基础》,《中国卫生资源》2018年第2期。

封进、王贞:《宏观经济波动对城镇职工医保基金运行的影响》,《社会科学辑刊》2018年第6期。

赵斌、丁文雅:《国家异地就医平台基本设置、成就和挑战》,《中国人力资源社会保障》2018年第11期。

巴豫婷等:《上海市全面二孩背景下生育保险基金可持续研究》,《劳动保障世界》2017年第8期。

郑树忠:《多措并举全面提升医保经办服务能力——基于上海市的基层实践与探索》,《中国医疗保险》2018年第7期。

社会事业与社会福利篇

Social Undertaking and Social Welfare

B.10
上海义务教育优质均衡发展情况研究

上海市政协教科文卫体委员会*

摘　要： 当前上海市义务教育正处于优质均衡发展的新阶段，为全面检视上海义务教育优质均衡发展中的经验和问题，课题组开展的实地调研发现，市级政府统筹力度有效，出台的相关政策举措切实推进了义务教育城乡一体化发展，整体提升了城乡学校教育质量和办学水平；但上海的义务教育发展还存在"不平衡、不充分"的问题。本研究针对在向优质均衡发展转型中面临的"城乡一体化""人的全面发展"等重点任务，提出相关政策建议。

关键词： 上海　义务教育　基本公共教育服务

---

* 此课题邀请上海市教科院、闵行区教育局等专家共同参与调研。

实现基本公共教育服务均等化,是上海在更高水平上全面建成小康社会的一项重要目标,是加快推进"五个中心"建设的民生保障,也是落实"以人民为中心"发展思想的现实要求。2017年4月19日,教育部印发《县域义务教育优质均衡发展督导评估办法》,指明了新时期义务教育发展方向是更高水平和更有质量。《上海市城市总体规划(2017~2035年)》(以下简称"上海2035")提出,2020年上海将建成具有全球影响力的科技创新中心基本框架,2035年将基本建成卓越的全球城市。在此目标框架下,需要对作为基本公共教育服务的义务教育优质均衡发展的经验和问题进行全面检视,为市政府有关职能部门推动相关工作提供参考建议。

为全面了解上海市义务教育优质均衡的发展状况,上海市政协教科文卫体委员会邀请上海市教科院、闵行区教育局等专家组成课题组开展调研。自2018年3月以来,课题组通过多种形式开展了调查:召开了市教委、市规划和国土资源管理局、市财政局、市人力资源和社会保障局、市发展改革委等5个市政府职能部门参与的座谈会;对浦东、杨浦、闵行、嘉定4个区进行了实地调查,召开宣讲会见面会3次,校长、教师、学生、校外机构、职能部门等各类对象座谈会12个;对市政协委员和远郊(奉贤、崇明)、近郊(浦东、闵行、嘉定)、中心城区(杨浦、普陀)7个区的校长、教师、家长进行了问卷调查,共回收有效问卷14678份。

一 上海推进义务教育优质均衡的举措和经验

截至2017学年,本市共有义务教育阶段学校(含九年一贯制、十二年一贯制学校)1301所,在校学生119.7万人(见表1),专任教师91477人,普及九年义务教育的各项指标均达到或超过国家标准。

2014年上海成为全国第一个整体通过国务院义务教育均衡发展督导认定的省份,上海义务教育开始从"基本均衡"转向"优质均衡"发展。2009年、2012年上海独立参与国际学生评估项目(PISA),在阅读、数学、科学素养上均位列第一;参加教师教学国际调查(TALIS),多数指标居参评国

表1 2014～2017学年全市义务教育阶段学生情况及其变化

单位：万人，%

类别	在校学生数		增长	毕业学生数		增长
	2017学年	2014学年		2017学年	2014学年	
普通小学	78.49	79.87	-1.73	13.79	14.31	-3.63
普通初中	41.17	41.23	-0.15	8.99	9.43	-4.67
总计	119.66	121.1	-1.20	22.78	23.74	-0.96

家和地区领先位置；英国政府引进使用上海数学教材，学习上海数学教学模式；联合国教科文组织教师教育中心2017年正式落户上海。

上海将义务教育均衡发展作为满足市民基本需求、提升城市文明程度的基础工程，予以高度重视。2014年通过国家"基本均衡"认定以来，上海进一步加强了义务教育均衡发展的市级统筹，以统筹设计城乡一体化的义务教育经费保障机制为基础，聚焦"城乡一体化""人的全面发展"等重点目标，从资源布局优化、合作机制创新、人力资源提升、社会资源引入等方面出台了一系列具有前瞻性、针对性的政策措施，创造了诸多在国内推广的先进经验。

（一）重视政府统筹，科学推进城乡学校规划布局与资源配置

为适应以规模、结构加速变化为特征的人口发展态势和以功能、形态和布局调整为重点的城市转型发展，配合郊区新城和大型居住社区建设，上海市不断优化基础教育资源布局与配置，改善义务教育学校办学条件，逐步缩小各区义务教育经费投入差距。

1. 市、区两级统筹规划，基本建设规划执行良好

《上海市基础教育"十三五"基本建设规划》要求在"十三五"期间基础教育基本建设规划4个项目共550个，包括高中、初中、小学、幼儿园等。各区在"十三五"基础教育基本建设项目推进中积累了经验，如徐汇区盘活整个基础教育资源，将区域内的中职学校办学点进行统筹，另行选址给相应的中职学校。普陀区适当扩大基础教育的服务半径，将矛盾突出的区

域分布到周边学校。闵行区把区域环境综合整治工作中基建区地块适量调整用于校内用地，以缓解教育设施相对不足的情况。虹口区采取退租还教方式强化资源配置，清退对外出租校舍，并通过加固维修、提升功能等工作用于教育教学。

2. 九部门统筹推进城乡学校"五个标准统一"，取得明显成效

2016年，国务院《关于统筹推进县域内城乡义务教育一体化改革发展的若干意见》，提出学校建设、教师编制、生均公用经费基准定额、基本装备配置和"两免一补"城乡全覆盖的"五个标准统一"。从上海市实施情况来看，生均公用经费基准定额实现城乡统一，进而统一了义务教育生均经费基本标准，在全国属于首创。根据市财政局会同市教委印发《关于调整本市义务教育公办学校生均公用经费基本标准的通知》，明确小学、初中生均公用经费每生每年不低于1600元、1800元。为贯彻落实上海市委、市政府《关于推动新型城镇化建设促进我市城乡发展一体化的实施意见（暂行）》，上海市教委建立全市统一的义务教育生均经费基本标准，小学不低于每生每年23500元，初中不低于每生每年29000元，于2017年试行。上海市完善了城乡义务教育经费保障机制，"两免一补"政策早已实现城乡全覆盖。

在提高义务教育设施设备配置标准方面取得了重要进展。上海市完善学校建设配置，重点做好"一场一馆一池"（学生剧场、室内体育馆和室内游泳池）的建设和改造，2017年全市计划实施"一场一馆一池"项目有101个，占五年规划项目总数的24.4%。优化学校教育装备配置，重点加强中小学创新实验室、中小学图书馆和安全教育共享场馆建设。问卷调查总体上也反映了学校设施设备能较好地满足课程开设和开展体育活动的需求。校长和教师问卷数据显示，在回答"我校设施设备能充分满足学校课程开设的需求"时，有85.38%的校长和教师认为"非常符合"和"符合"；在回答"我校运动场馆能满足学生开展体育活动的需求"时，有78.55%认为"非常符合"和"符合"。

推进教育信息化建设效果明显，进一步优化学校信息化教与学的环境。问卷显示，在回答"教育信息化使我校获得了更多优质的教育教学资源"

时，86.89%校长和教师认为"非常符合"和"符合"。

3. 加强市级统筹，缩小各区经费投入差距、提高使用效益

义务教育投入体制改革，首先是加大市级统筹力度。具体体现在，加大市对区财政教育转移支付力度，特别是对远郊农村地区教育财政的转移支付力度；增量资金综合考虑郊区生均经费水平与全市平均水平的差距、区教育投入努力程度和学生人数规模等因素，向郊区倾斜。调查中市财政局反映，目前每年市财政教育总量中的25%是投入基础教育，即25%是对区的财政教育转移支付，其中80%以上都是投入农村地区，以缩小郊区与市区经费平均水平的差距。

其次是优化投入结构和提高教育经费使用效益。调查发现，闵行区通过构建基于大数据的"教育资金监管及绩效分析信息化系统"，实现了基于数据实证的财务精细化管理，对全区教育预算管理、预算执行管理、资金使用去向分析、三公经费控制等常态化和制度化的监管得到有效落实，保证教育资金使用更加规范、科学。同时利用该信息化系统，对预算执行、疑点事项、支出结构等进行系统后台的自动提取跟踪，实时干预，引导基层学校科学编制预算，引导资金更好地用于学校内涵发展和服务学生健康成长。

（二）创新合作机制，全面深化城乡义务教育学校内涵发展

为推动义务教育优质均衡，上海从学校自我发展与区域协作发展多层面出发，推行了新优质学校集群发展、学区化集团化办学、城乡携手共建计划"三驾马车"，全面深化义务教育学校内涵发展。

1. 创建新优质学校，提升每一所学校自主办学能力

2015年，上海市教委制定了《上海市新优质学校集群发展三年行动计划（2015~2017年）》，探索一般的公办学校在常态环境下内生发展道路，回归教育本原，关注每一个学生的差异发展，建设成为"家门口的好学校"。各区因地制宜，创新推进机制建设，普陀区组建学校德育、教师发展、区域共享课程等7个专题的新优质发展集群；金山区形成学校组织发展机制和学校集群发展机制；宝山区初步构建"多维并举、特色突破、分类

推进、滚动发展"的新优质学校宝山模式。截至2017年底,上海市、区两级的新优质学校集群发展覆盖义务教育阶段382所学校,约占全市义务教育阶段学校总数的25%。在不挑选生源、不争抢排名、不集聚资源的情况下,根据测评结果,家长和社区居民对新优质学校的满意度达到90%以上,学校依靠促进每一位学生实实在在的进步获得发展。

2. 推进学区化集团化办学,扩大优质教育资源覆盖面

2015年,按照《上海市教育委员会关于促进优质均衡发展、推进学区化集团化办学的实施意见》,以杨浦、徐汇、闸北、金山4区为试点,率先推行学区化、集团化办学政策,促进义务教育优质均衡发展。各区从实际出发,探索多种学区化集团化办学模式,包括单一法人的紧密型集团和多法人的联盟型集团。通过集团化学区化办学,优质学校和薄弱学校组成共同体,开展区域内的优质课程资源共享、骨干教师流动、跨校教研活动、集团学生活动等多种交流,扩大优质教育资源覆盖面,促进区域内学校群体共同进步。杨浦区建立以内涵发展为核心的非法人联盟型集团,集团内学校通过地缘关系、亲缘关系结对;徐汇区出台学区内骨干教师"蓄水池"计划,推进学区内骨干教师柔性流动;闵行区规划的教育学区和教育集团,均衡分布在闵行区所辖范围内,覆盖全区80%的义务教育阶段学校。

截至2017年底,上海市建有学区和集团173个,覆盖1007所学校,占全市中小学总数的61.8%。集团化办学取得良好成效,根据问卷结果,约80%的校长教师认为学区化集团化办学政策有效促进区义务教育优质均衡发展(见图1)。

3. 实施城乡学校携手计划,着力缩小城乡学校发展差异

在五轮郊区义务教育学校委托管理的基础上,上海市教委2017年下发《关于本市实施义务教育"城乡学校携手共进计划"的意见》,实施郊区学校精准委托管理和城乡学校互助成长项目两项内容。为了保障项目成效,市教委加强组织管理,落实经费和人才保障,对项目进展进行监督考核,并为典型搭建交流展示平台。首轮计划共涉及郊区义务教育学校76所,其中精准委托管理42所、互助成长项目34所,覆盖上海市所有郊区。城乡学校携

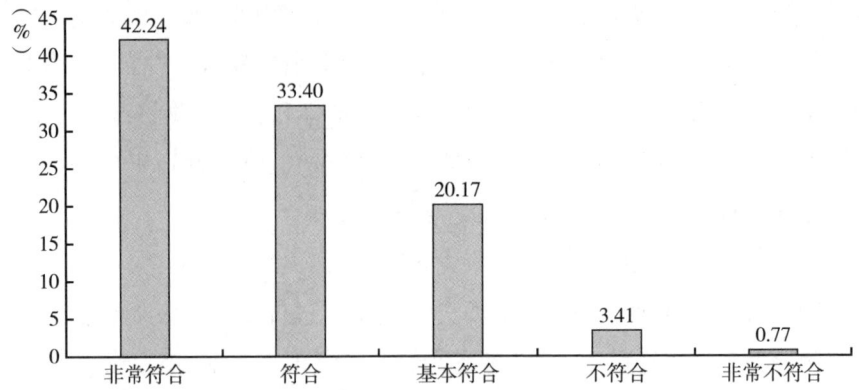

图1 学区化集团化办学对于促进区义务教育优质均衡发展的效果

手计划意在打破区域分级管理中的制度壁垒,健全学校管理制度,加强校本教研,强化教师专业教育,着力缩小城乡教育差异。

(三)聚焦重点领域,切实加强城乡教师队伍建设和交流共享

近年来,上海义务教育阶段教师队伍整体水平逐年提升,在国际上形成一定的影响力。根据教师教学国际调查(TALIS)结果,上海初中教师的表现总体远超国际平均水平。这得益于上海教师队伍建设的一系列创新举措。

1. 形成分层、分类培训机制,促进不同需求教师专业发展

根据不同专业发展阶段、不同岗位、不同区域教师的特点与需求,上海形成了分层、分类提供培训项目与培训课程的工作机制。首先,继续推行职初教师培养机制,引领教师高起点成长。上海规定首次任教的新教师到教师专业发展学校进行为期一年的规范化、浸润式培训制度,见习教师规范化培训,提升了职初教师职业起点。"十二五"期间,共有21535名新教师参加培训。本次调查发现,中小学校长和教师反映培训效果好,认同职初教师培训制度对新教师的帮助作用。其次,针对农村教师教学能力较为薄弱的情况,上海进一步完善农村教师培训机制,开展以"中青年教师教学设计与实施能力提升""课程实施能力提升"等为重点的农村教师专项培训,还加强教师专业发展学校建设,区域中每10所学校中就有1所市或区县级教师

专业发展学校，充分发挥教师专业发展学校在校本研修中的示范引领作用，提高乡村学校校本研修实效。最后，着力打造高素质基础教育教师队伍，推进"双名工程"（名师、名校长），累计培养近3000名优秀校长和教师；完成首批"中青年骨干教师团队发展计划"，形成团队实践研究成果，出版专著《优秀团队是这样炼成的》；先后派200余名基础教育校长、教师赴美国加州、芬兰于韦斯屈莱大学接受培训。

"十二五"期间，上海开展了提升中小学课程领导力行动研究，51所项目学校和黄浦整体试验区围绕课程规划设计、实施、管理、评价等环节，形成丰富的校本化操作策略、途径和机制，提升学校的课程领导能力。各区从自身实际出发，积极探索和创新教师队伍培训研修机制，积累了良好的经验。

2. 推动特级校长、教师跨区域交流，带动郊区农村学校教师成长

上海在市域范围内推动特级校长、特级教师跨区域交流。《关于促进义务教育阶段人才有序流动　优化人力资源配置的实施意见》规定：义务教育阶段凡聘特级教师、特级校长，必须要有在两所学校及以上从教或任职的经历，鼓励优秀人才从中心城区学校向郊区学校、从城区学校向农村学校、从优质学校向薄弱学校流动。自2013年起，上海市教委先后选派四批共70名新晋特级校长和特级教师流动到金山、奉贤、崇明等区的郊区学校任职3年。上海现有40名特级教师、特级校长在郊区学校任职任教。该举措充分发挥了特级校长、特级教师的示范、辐射和引领作用，提高流入学校教育教学水平，促进流入学校教师专业发展，流入的校长和教师得到了郊区学校的欢迎。

（四）引入社会资源，全方位支持保障素质教育深入实施

上海一贯重视发挥社会教育资源的育人功能，通过制度创新拓宽学生学习渠道，丰富学生学习经历，从教育的起始阶段入手多措并举，促进每一名学生全面发展。在全国率先整体通过"基本均衡"认定以来，社会资源利用在完善机制、拓展功能、实化效果方面取得了进一步突破，为优质均衡发

展创造了良好的外部条件。

1. 引入外部办学要素，深度参与义务教育学校办学

近年来各区通过合作办学引进优质教育资源，注重大学、科研院所多要素、全方位参与义务教育办学。如嘉定区通过与华东师范大学、同济大学、上海师范大学、上海大学、中国科学院上海分院等高校和科研机构合作在义务教育阶段先后引进高端教育品牌学校9所。中国科学院上海实验学校上承嘉一教育集团、下承实验教育集团，挖掘中科院入驻嘉定区科研院所的科技资源、研究生基地的导师和研究生资源，整合相关街镇、同济大学以及嘉定一中等现有教育资源，打通小学、初中、高中乃至大学预科课程通道，建设从小学到大学预科衔接的教改实验圈。高校在创建双一流过程中集聚的师资、课程以及艺术、体育、科技方面资源，在合作办学中得到了充分应用，对拓展义务教育学校办学视野和资源平台发挥了助推作用。

2. 借助行业、部门资源，建立高端、开放的素质培养展示平台

在2010年公布9个系列社会教育资源名录、2014年3月起利用电子学生证在社会场馆开展综合实践学习活动基础上，"十三五"期间上海市政府有关部门进一步完善教育与社会资源相互开放、共建共享机制，依托社会文化艺术、体育、科技等资源，促进义务教育阶段学生思想道德、艺术和科学素养、体育素养与健康水平的全面提高。

一是将文教结合计划、美育等纳入教育综合改革，大力推动学生艺术实践基地建设、学生艺术团队建设。坚持文教资源共享、双向促进，近6年来加大投入，搭建了"进校园"和"出校园"两大美育平台：在一批文艺院团和剧场建立学生艺术实践基地，开展学生常态化艺术实践；在一批艺术场馆建立现场教学平台，使每年数万人次学生使用馆藏资源和"在艺术馆上课"；与重大节庆活动建立全面对接机制，为艺术专业学生创造与国际顶级大师同台演艺机会；通过机制引导，确保全市近千家教育资源丰富的文博场馆和艺术基地向学生免费开放。

二是充分发挥上海市体教结合、科教结合机制的传统优势。体教结合方面，制定实施《上海市体教结合促进计划（2016~2020年）》，系统推进大中小学学校体育课程改革,开展学校体育"一校多品"创建活动。发布《关于加快发展青少年校园足球的实施意见》,推动以校园足球为引领的三大球校园联盟建设,成立校园田径联盟。在普陀等3个区试点建设学生课外体育活动中心,开展青少年校外体育活动中心建设。完善体育素养评价指标体系,同时积极推进初中毕业升学体育考试改革。科教结合方面,全市已经建成的四批37个科普教育基地完成课程资源开发并接受中小学生开展课程活动。实施市中长期教育规划纲要提出的"学生实践和创新基地建设工程",建立上海市青少年科学研究院和各区分院。目前已举办13届青少年科技节,通过"馆校合作——青少年科学探究活动"、青少年科技传播行动等活动,在市、区、学校三个维度立体推进。通过建立社会力量参与、社会资源融入的体制机制,提供教育系统自身缺乏的资源同时,还收到了激活义务教育学校办学活力、提升学生全面素质展示平台的效果。

(五)加大校内外教学秩序规范整治力度,稳步推进招生考试和评价制度改革

在实施教育综合改革中,上海将"遵循教育规律、回归育人本原为重点的育人制度体系"作为三大体制之首。整体设计,从入学招生、考试评价、外部环境等方面对教育如何回归对学生素质和能力发展进行了积极探索。

1. 立足公民办学校平等竞争,全面规范义务教育招生入学秩序

上海从技术手段、过程规范、引导公平竞争方面,全面规范了义务教育阶段招生入学制度。一是技术支撑方面。2015年起全面使用"义务教育入学报名系统",为市民及时了解招生政策和信息提供便利,促进了招生过程规范、公开。二是办学行为规范方面。加强民办学校招生过程规范,严格实行"三统一、两限定、两公开、三承诺",引导家长理性择校。同时有7个区实行了"五年一户一学额"政策,推动学区房降温。同时加强了教育系统竞赛管理。2015年起由"市竞赛管理委员会"负责全市中小学生市级学科类、德育类、艺术类、科技类竞赛的统一管理,明确各归口管理部门。有关部门坚决叫停了"四大杯赛",对违规举办各种竞赛和变相竞赛进行整

治。三是针对公民办学校招生政策差异引起的反响，2018年起从统一入学信息登记、同步网上报名公办小学或民办小学、同步进行公办小学第一批验证和民办小学面谈等环节入手，推行幼升小公民办学校同步招生。这项改革取得了预期成效。2018年民办小学报名人数和录取人数比从2017年的3∶1下降到1.4∶1，民办初中该比例也有一定程度下降，总体上达到了预期效果。这些措施使义务教育教育教学改革的外部环境得到了改善，也缓解了广大义务教育阶段学生家长的焦虑。调查问卷中关于上海义务教育招生政策的改革将有效缓解"择校热"现象的问题，中心城区、近郊区、远郊区持认可意见的家长分别为87%、89%、92%。

2.建立科学导向，稳步推进考试评价制度改革

在上海市中长期教育规划纲要确立的"为了每一个学生的终身发展"理念引领下，上海系统设计与推进考试评价制度改革。首先，在学业质量评价方面。一是实施基于课程标准的教学与评价。2013年秋季新学期开始在全市小学一二年级全面推行"等第制"评价方式，对学生知识技能、综合实践、兴趣习惯等方面进行多维度考量，制定了小学低年级等第制评价的指导意见。2016年起全面推行小学基于课程标准的教学与评价即"零起点"。调查中学生对于评价方式改革予以了充分认可。二是在开展国家教育体制改革试点项目基础上，上海创新性地实施了《上海市中小学生学业质量绿色指标（试行）》，十个方面跨年度进步指数对于丰富学业质量评价的内涵，引导区、学校开展全面质量观指导下的教学与评价活动发挥了重要引领作用。绿色指标评价已经覆盖所有义务教育学校，同时研制实施了"升级版"义务教育学业质量评价绿色指标。

其次，在高中阶段入学考试制度改革方面。一是落实促进学生全面发展、提高学生问题解决能力和实践创新素养的目标，建立初中学生综合素质的课程和考试制度。2018年出台《上海市进一步推进高中阶段学校考试招生制度改革实施意见》，以"一依据、一结合"（依据初中学业水平考试，结合初中学生综合素质评价）为主要制度架构，为推动义务教育阶段学校优质均衡发展确立正确导向。二是完善示范性高中名额分配办法，为初中学

校均衡发展营造良好环境。针对优质高中名额分配明确规定，市实验性示范性高中50%~65%的招生计划采用名额分配的方式下达，这种招生计划其中的70%将分配给不选择生源的每所初中学校，鼓励示范性高中名额向不选择生源的学校倾斜，促进公民办学校协调发展。这一改革措施有利于从源头上抑制广大学生家长的择校冲动，有利于初中学校均衡发展，在调查中得到了校长、教师和家长的高度认可。

3. 综合整治教育培训市场，为学生减负创造良好外部环境

2017年初，按照"全覆盖调研、分类治理规范、完善综合执法"的工作要求，对教育培训市场进行综合整治，创造了一些经验：一是建立完善"二级政府三级管理"的管理体制和"部门联动、市区联动、区际联动"的工作机制。市级成立由市教委、市工商局共同牵头，市人力资源社会保障局、市民政局，以及法制、新闻、公安、物价、综治、网信、住建等相关部门组成的专项工作组。同时建立6个工作小组，专题研究和指导各区高效、有序开展调研和规范工作。二是取得了规范市场的初步成效。2017年底已经完成了对全市教育培训机构全覆盖、无死角的排摸、复核和确认工作，对"无照经营机构"、"有照无教育培训资质机构"和"有照有证机构"三类教育培训机构加以依法规范与整治。三是依据新颁的《中华人民共和国民办教育促进法》完善配套办法，固化为长效机制。2017年底在实践基础上，出台了《上海市民办学校分类许可登记管理办法》《上海市民办培训机构设置标准》《上海市非营利性民办培训机构管理办法》《上海市营利性民办培训机构管理办法》。这些办法在运用以往管理手段基础上，创新了"综合监管"的制度设计，体现了以下几个方面核心要求：对于违法违规办学行为的查处，实现多部门"联合执法"；对于巡查发现、受理分派、违法查处、检查督导、信息共享等各监管环节，实现"分工牵头负责、共同协作"，即教育、人力资源社会保障部门要会同工商、民政、公安等有关部门和镇（乡）政府、街道办事处加强行业管理；对于行政审批、登记注册、行业主管、行政执法等不同监管环节，实现"相互衔接"。这种制度设计对于避免各部门监管职责交叉重叠或出现监管真空地带，有重要意义。

二 上海义务教育优质均衡发展面临的突出问题与挑战

"优质均衡"是义务教育发展的一个新阶段,要求政府教育布局更具前瞻性,资源和经费投入更加注重人的发展与教育质量提高。依据"上海2035"建设全球卓越城市的规划定位,上海义务教育发展需要把握人民群众教育需求变化规律,找准公共教育服务"不平衡不充分"的具体方面。综合本次调查获得的各类实证信息,上海义务教育发展在向"优质均衡"转型方面还面临以下挑战。

(一)教师编制管理、工资待遇、绩效评价等制度难以有效激发教师队伍活力

1. 部分区教师编制总量严重不足,掣肘教育持续发展

上海部分区教师编制总量严重不足,部分区域和学校存在结构性缺编问题。目前,上海实际执行的教师编制标准远低于新的国家编制标准,依据上海市人民政府《关于深入推进本市义务教育城乡一体化改革促进优质均衡发展的实施意见》,小学的师生比为1∶20.7,初中的师生比为1∶17.6,低于国家颁布的《中央编办 教育部 财政部关于统一城乡中小学教职工编制标准的通知》规定的小学师生比1∶19、初中师生比1∶13.5的标准。调查反映,由于编制紧张,许多学校聘请退休教师或者其他代课教师,成为影响上海基础教育实现优质均衡发展关键资源上的隐患。

2. 教师工资待遇吸引力不强,部分偏远郊区教师队伍不稳定

近年来虽然上海教师的待遇和地位有所提升,但工资待遇与其他行业领域相比,仍然有差距,难以吸引高素质人才进入教师队伍。上海教师的工资待遇与长三角其他地区相比,也不具备明显优势。根据座谈会结果,校长反映上海周边地区教师工资水平与上海接近,部分地区教师工资甚至高于上海。在福利性保障上,上海部分区域出台了租房补贴、人才公寓等吸引优秀人才的政策,但仍然不具普遍性。现有福利保障政策也存在一些问题,出现

了租房补贴数额较低、租房补贴发放周期长、人才公寓距离学校过远等情况，实际效果有所折扣。同时，与长三角其他地区相比，上海教师面临更高生活成本与更大压力。近年来江苏、浙江等地大力引进高端教育人才，给予高额补贴。教师的工资和福利待遇也使得一些一线教师流失到长三角其他地区。约90%的校长教师认为，提高教师待遇是有效缩小学校办学差异、促进义务教育均衡发展的最有力措施（见图2）。

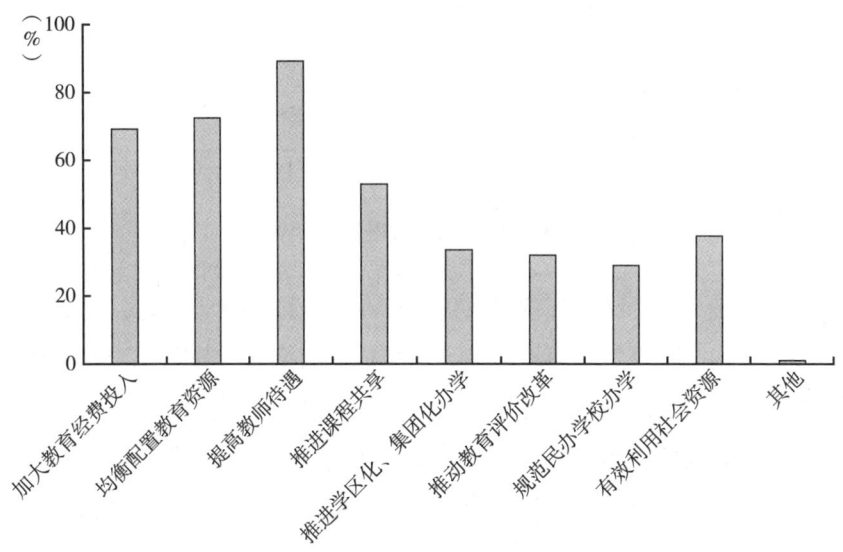

图2　有效缩小学校办学差异、促进义务教育均衡发展的措施

目前已有的教师招聘政策并不能很好地对农村学校和边缘学校倾斜，师资较为紧缺，长此以往会严重影响到学校的日常教学。进一步分析问卷结果，偏远地区学校难以招聘到优秀的大学毕业生。远郊区仅有67%的校长教师表示近年来越来越多一流大学毕业生到本校从教，低于中心城区和近郊区的比例。座谈会进一步反映，农村学校、边远学校不仅难以招聘到优秀的毕业生，而且学校原有师资也处于流失中，无法及时补充。

3. 绩效评价制度对教师专业发展的导向和激励作用还不充分

根据问卷调查结果，上海教师群体对于绩效评价获得感不高，激励效果不明显，无法充分体现教师的价值。认为自己的付出得到合理回报的教师占比为54%（见图3）。

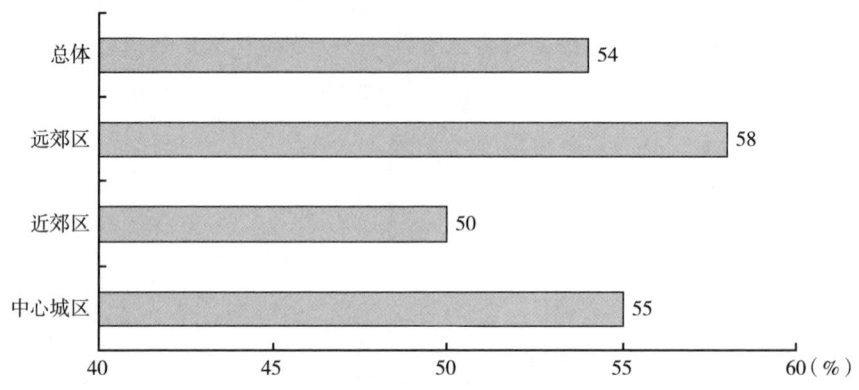

图3　教师的付出是否得到了合理回报

调查发现，教师绩效评价体系仍然存在不合理之处。首先，一线教师仍然面临巨大的升学考试压力，存在心理高负荷的情况。其次，绩效评价的结构不能完全符合实际需求（见图4）。例如，参与集团化学区化办学的教师，其付出难以在薪酬上得到体现；课程改革后对教师课程开发能力提出新要求，但现有体系也无法对参与教师形成有效激励。最后，目前学校对于新入职教师、有经验教师、发展瓶颈期教师的评价考核标准基本一致，太过于简

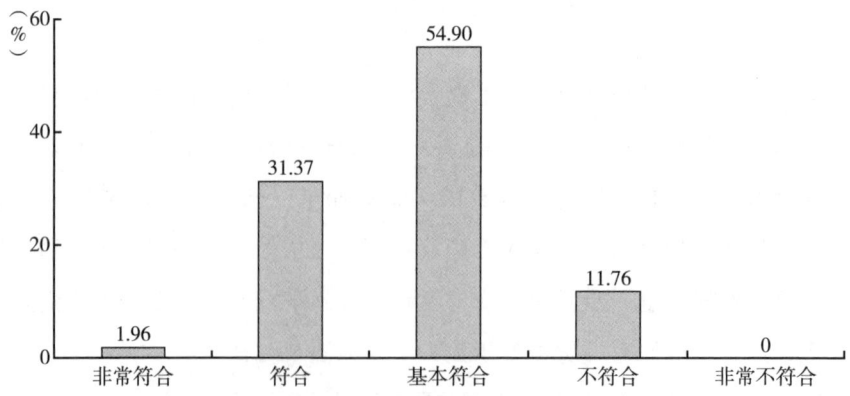

图4　义务教育教师绩效评价的激励效果

单，应当采取分类评价，促进不同阶段的教师成长。

此外，调查显示：教师大量的时间浪费在非教学事务上，导致花费在教学上的时间减少。当前需要给教师减负，尤其是要减轻教师在非教学业务上的过重负担，让教师有更多的时间精力搞教学和研究；要精简培训种类，优化评价机制，减少教师的比赛、评奖，避免形式主义的评比流程和材料准备，让教师从烦琐的评价表格、非教学事务中脱身出来。

（二）学生创新素养、实践能力提升的条件保障有待加强

1. 教育经费用于内涵发展不足，学生全面发展相关装备建设不均衡

教育经费在用于教育内涵发展方面的比例仍需提高。调查表明，远郊区学校在经费使用中对学生和教师发展的关注成效远低于中心城区，也低于近郊区。校长和教师问卷数据显示，中心城区有59.51%的校长和教师认为"我校经费使用充分关注学生和教师发展，成效明显"，远郊区该占比仅为48.49%，与中心城区差距较大；近郊区该占比为51.00%，与中心城区差距较小。远郊区和中心城区在信息化建设方面仍有差距，中心城区有60.91%校长和教师认为"教育信息化使我校获得了更多优质的教育教学资源"，远郊区该占比仅为54.44%。调查中一些区反映，教育投入结构不合理，财政教育经费用于人员和内涵发展项目的比重过低；教育附加费的使用范围局限性大，教育附加费项目的审批流程有待精简和完善。

此外，由于投入教育内涵发展缺少相应标准，财政难以进行投入。调查中一些区提出，中考改革方案很好，对化学物理实验提出明确的要求，但为学校做专项建设时，没有相应的标准，财政局无法给出相应的财政预算。然而目前还缺乏相应标准，也使得区难以完全落实中考改革政策的要求。各区创新实验室、学校运动场馆等促进学生内涵发展方面的设施设备建设也不均衡，调查发现一些郊区学校因条件限制无法开设游泳课程，学生问卷针对学校运动场馆能满足学生开展体育活动的需求情况，远郊区学生的认可度比近郊、中心城区低6个百分点。

2. 一些学校教师专业能力不能完全满足学生全面发展和中考改革要求

座谈会反映，一些普通学校的校本课程难以满足学生个性发展和中考改革的需求。受限于教师的能力和精力不足，没有接受过课程理论的专业训练，加之日常国家课程的课时压力大，普通学校的老师难以胜任开设数量充足、满足学生个性发展需求的校本课程的工作，学生可选择的课程较少，只能依赖于政府购买服务。这与优质学校形成鲜明差异，优质学校师资能力强，能够为学生提供数量多、质量优、可选择的校本课程，保障学生拓展个性的机会。另外，在中考改革之后，学校对人文课程教师、跨学科教师的需求增大，但一些普通初中学校的教师专业能力远远无法满足需求，无法适应中考改革的新要求。调查发现，近郊区、远郊区的初中分别有66%、64%的校长教师认为学校师资能满足中考改革的需求，远低于中心城区的75%，说明郊区学校面临的师资压力更大，需要政府予以帮扶（见图5）。

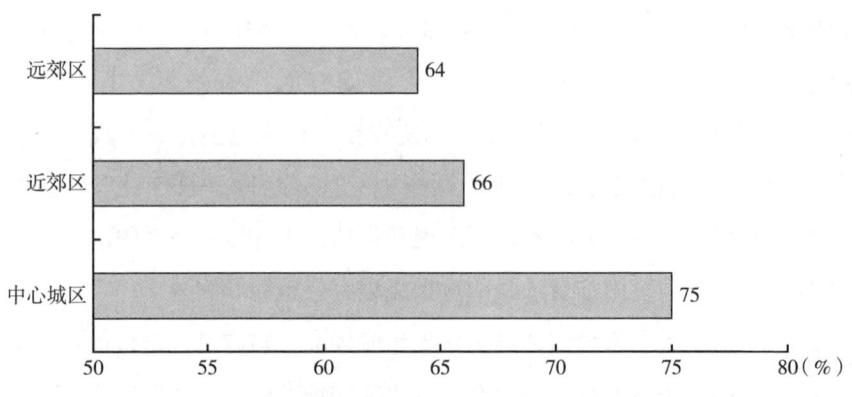

图5 学校教师梯队配置结构能否满足中考改革要求

3. 学生的校内、校外学习负担不平衡，关于学生全面发展还没有达成共识、形成合力

调查发现，目前义务教育阶段落实素质教育促进学生全面发展，在校内、校外存在一定反差，家庭、社会和学校均承担着一定责任。具体表现在以下几个方面。

一是学生学习负担总体上较重,课外校外减负面临较重任务。调查发现,目前义务教育阶段参与校外培训的学生占比较高、培训占用时间较多,学科类培训比重较高且存在拔高、超前培训现象,低年龄段学生的超前培训现象较为普遍。调查问卷中针对为了提高孩子的成绩和为升学做准备,孩子必须在校外另外补课的问题,持赞同意见的家长占比为71.5%,但中心城区、近郊区、远郊区该占比有一定差异,分别为76%、74%、62%。调查也发现,校外培训得到了学生的认可,认为对自己学习是有帮助的。部分学生也反映,为参加竞赛(或等级考)才参加校外机构的培训,表明学生参与社会培训还是受到功利化思想的影响。

二是学校学业质量评价改革对促进学生全面发展的效果,还有待进一步提高。调查问卷中针对目前的学生评价制度有效地促进了学生个性发展的问题,远郊区、近郊区校长教师的认可度与中心城区相比较低,分别比中心城区低11个、8个百分点。座谈中学生也反映,希望老师的评价反馈方式能有所改善。针对孩子的个性特长在学校能得到关照与发展,回答"非常符合"和"符合"的家长占比在远郊、近郊、中心城区之间有一定差距,远郊区比中心城区低5个百分点。

(三)政府和市场提供的校外支持环境作用不够平衡

1. 政府举办的校外教育机构服务能力无法满足正常需求

调查显示,家长对于政府举办的校外机构开展的培训机会有强烈的需求。88.7%的家长希望把孩子送到政府举办的校外教育机构(少年宫、青少年活动中心等)接受培训。但是,这类机构服务能力普遍不足与这种需求形成反差,还面临着诸多体制性障碍。一是在事业单位改革中,青少年活动中心、少科站被定位为"其他教育",绩效工资与义务教育学校存在差距,对这些机构教职工的职业成就感、归属感带来较大影响。二是教师编制数量较少,与区域服务对象不匹配,也难以招聘到合格教师。目前全市17所少年宫在职教职工1049人,5所少科站(少年之家)在职教职工179人,与开展全市义务教育学生校外教育的任务相比,师资缺口很大。

更为迫切的是各区普遍很难招聘到合格的教师。这类机构教师招聘难的原因在于，艺术类专业毕业生并非师范类专业毕业生，在应聘条件上受到限制。三是部分场馆活动与学校教育衔接不够紧密。校外机构与学校合作开展的活动所占比例较低，课程活动上缺乏衔接和连贯，难以产生持续性影响。

2. 社会培训市场的监管还需要进一步扩宽思路

义务教育阶段的社会培训市场发展迅猛，也面临着由市场驱动导致的市场失灵。具体表现为：一是对于无资质、运行不规范的培训机构的监管任务较重。调查中培训机构代表指出，配套政策设置的两年过渡期给规范的培训机构及消费者带来一定担忧。对此也反映了监管体制机制的不适应，一方面教育部门承担监管职责但缺乏专门执法力量，另一方面针对没有资质的营利性校外机构扰乱市场现象，工商及市场监管部门也存在职责缺位的问题。二是对于非营利性民办学校的扶持政策尚未落地，对培训机构作用发挥的创新机制尚未形成。针对《国务院关于促进民办教育健康发展的实施意见》中"逐步加大对民办教育的财政扶持力度"的要求，目前每年市级安排的民办教育发展专项资金有限，这些资金还难以发挥对民办教育特别是非营利性民办教育的扶持效果。调查发现，不少培训机构有公益目的和良好的公益服务实践，但由于没有形成相应的服务提供机制和政策保障，容易受到曲解而影响其投身公益活动的积极性。从家长意愿方面看，也并非限于学科培训，比如希望孩子进入校外培训机构参加艺术、体育或者科技活动培训的，中心城区、近郊区、远郊区的占比分别为93%、92%、88%。

（四）学校、家庭、社会关于教育质量尚未形成共识

1. 家长对于"好教育""好学校"缺乏充分信息

家长和社会公众对于优质教育、教育质量等方面基础信息不充分，在择校方面的认识和行动存在一定偏差。一方面，目前对于义务教育阶段公办、民办学校教育质量的信息公开不够充分，家长或一些培训机构违规获取相关信息进行排名，由于标准不科学、信息不全面，给广大家长带来了误导，也

扰乱了招生入学秩序①。另一方面，在学校教育竞争转向家庭教育、校外教育的形势下，校外培训市场的快速扩张，给家庭教育和学校教育带来了一定影响。家长和社会公众有时对于教育政策的理解偏颇，并通过自媒体渠道扩散，或者经过一些别有用心的培训机构的推波助澜，在广大家长中发酵甚至引发恐慌情绪。

2. 家长与学校之间难以形成教育合力

教育部门和学校实施素质教育的改革措施尚未得到家长的广泛认同。一方面，家长对于学业质量评价制度改革的知晓率、认可度相对较低，对于基于课程标准的教学与评价、中考改革等新的导向性政策，与自身经验和观念不相容时，容易引发认识分歧。另一方面，社区、家庭参与义务教育学校教育和管理改革有待从教育治理的视野进一步加以重视，各级家委会沟通学校和家庭的主渠道作用并未体现出来。特别是调查反映，有时来自社会、家庭的外界干扰也会给教师、学校正常开展工作增加压力。

（五）部分区域规划布局压力较大，资源配置不能适应城市形态布局和人口变化

1. 部分新城和人口导入区教育资源无法适应区域常住人口变化要求，规划调整机制和部门协调机制不够完善

新城和人口导入区教育资源配置矛盾较为突出，规划与建设的脱节，造成更大的教育资源缺口。本次调查中，嘉定区江桥镇、南翔镇和安亭镇均反映地区内学校布局规划仍不能很好满足适龄儿童的实际教育需求。江桥镇教育资源除保障户籍地适龄学生入学之外，还接纳安置外区在江桥购房、动拆迁导入、廉租房居民的子女入学以及不断集聚的来沪人员子女，为使各校教育资源最大限度使用，多数学校的专用教室已挪用为上课教室，各校班额大多数超出规定标准。受国家生育政策调整的影响，未来几年，教育资源与学龄儿童数量扩大的矛盾将更加突出。

---

① 骈茂林：《义务教育阶段非营利性民办学校的监管政策走向》，《中国教育学刊》2018 年第 8 期。

2. 部分区公建配套政策依然落实不到位，部分区产权证问题成为学校建设困扰，规划实施力度有待加强

市政府在2006年和2016年分别出台了《上海市人民政府办公厅转发市发展改革委关于落实本市配套商品房基地教育卫生等公建配套建设和管理工作意见的通知》和《关于加强本市大型居住社区市政公建配套设施移交接管和运营管理的若干意见》，对大型居住社区基础设施和公共服务资源配置，特别是配套学校建设项目提出了明确要求。调查发现，部分区公建配套政策并没有完全落实到位，部分区公建配套的学校设计不合理。

调查显示，中心城区、近郊区和远郊区学校设施设备有明显差距，尤其是远郊区和中心城区差距更大，问卷数据显示，中心城区有62.78%的校长和教师认为"我校设施设备能充分满足学校课程开设的需求"，远郊区仅为53.15%；中心城区有57.99%的校长和教师认为"我校运动场馆能满足学生开展体育活动的需求"，远郊区仅为48.14%。调研发现其主要原因在于，部分区域学校由于历史原因等，学校没有产权证，影响学校立项建设，难以提高学校设施设备配置标准以满足推进义务教育优质均衡发展的要求。

三 加快推进上海义务教育优质均衡发展的政策建议

推进基本公共教育服务均等化，是依据"上海2035"建成卓越的全球城市的基础，也是满足市民不断增长的公共需求的要求。与卓越的全球城市发展目标对比，结合实地调查中来自家长、学校及政府职能部门的呼声，针对在向优质均衡发展转型中面临的"城乡一体化""人的全面发展"等重点任务，提出以下政策建议。

（一）对标卓越的全球城市相关指标，进一步完善创新义务教育阶段教师招聘、管理、评价制度

一是努力落实国家标准，通过加大师资储备解决部分区教师编制不足问题。增加中小学教师编制，将师生比提升到小学1∶19、初中1∶13.5的国家

标准,有效应对全面二胎政策后的入学高峰压力,解决学校当前面临的师资紧张问题。

二是提升教师待遇,建设吸引优秀人才争相从教的环境。各区全面完善教育人才住房保障政策,为有需求的教师提供便利的人才公寓,提高租房补贴标准,鼓励优秀人才长期从教。特别是针对农村学校、边远学校普遍面临的教师"招聘难"问题,加大政策倾斜力度,完善将到农村学校、边远学校工作的应届生纳入积分入沪政策;将其作为"引进重点领域人才"的一种类型提供相应加分的政策,鼓励应届毕业生与农村边远学校签订长期劳动合同,把教育人才留在农村边远学校,促进义务教育师资的均衡配置。

三是改革教师评价制度,恢复教师专业地位和职业尊严。要创建好教师不断涌现的制度环境,全面优化教师评价制度的本体作用,使教师评价符合教育规律、符合教师职业特点,尊重教师专业自主权。针对一线教师面临巨大的考试升学工作压力、心理高负荷的情况,教师评价中要多维度考察教师教学水平,发挥评价的诊断、改进功能,帮助教师制定改进教学的具体行动计划。

(二)加快推进城乡学校五个"基本统一",为城乡学生提供更充足的优质教育资源

一是完善市区共担的义务教育管理体制,增强市级财政统筹能力。按照目前新的生均经费标准,很多区特别是财力薄弱的区还难以达到。因此,建议市级政府要加强对市级经费的统筹,明确市和区对义务教育的共同管理责任,确立市与区的经费分担机制。对于郊区,特别是远郊区,面临学位增加和学校装备标准提高的双重压力,区级政府财政压力较大,要提高这些地区的义务教育发展水平,市级政府需要进一步加强财政统筹能力,重点向这些地区倾斜。

二是加大专项支出中促进教育内涵发展的比例,激发校长办学积极性。随着上海市教育发展从以往关注义务教育普及和规模扩张转向以注重内部结构改善及提高质量为中心的内涵式发展,教育经费投入也发生相应变化,如

何优化投入结构和提高教育经费的使用效益变得越来越重要。为促进上海市义务教育优质均衡发展,建议逐步加大专项支出中促进教育内涵发展的比例,探索教育专项经费使用制度,给予校长充分的权利,激励参与项目的教师为学校和学生发展投入更多的精力。同时要建立和完善教育经费投入绩效管理评价体系,通过绩效评价及时总结项目管理经验,完善项目管理办法,提高项目管理水平和资金的使用效益。

(三)创新管理理念和服务提供机制,发挥校外教育机构和社会培训机构的积极作用

校内、校外教育的深度、健康融合是教育发达国家、地区的共同趋势,调查中各方对此呼声较为集中。面对强烈的现实需求,针对校外教育机构定位、社会培训机构监管理念、对不同类型机构分类扶持等制度障碍,还需要政府有关部门加以研究并加大改革创新力度。

一是明确校外教育机构定位,进一步扩大其服务能力。校外教育是义务教育的重要组成部分,作为校外教育最重要载体的公益性未成年人校外活动场所,在事业单位改革中应有相应的定位。针对调查中集中反映的校外教育机构面临的体制性障碍,建议:校外机构性质上应与实施义务教育的学校同等对待,建议有关部门研究将其列为公益一类事业单位的合理性、可行性;根据各区学生规模配备必要的教师编制,在招聘、绩效工资、职称晋升上享有与义务教育教师同等待遇;通过建立与学校合作提供公益性教育服务的机制,拓展校外教育机构服务时空,提高其对于区域内学生服务的覆盖面。

二是进一步加强对社会培训市场的综合监管。近期看,应重点加强对2019年12月31日前"过渡期"的监管,加强对于线下培训的有效监管。长期看,应将上年建立的教育部门与工商、民政部门联合监管建设成为常态、长效机制。另一方面可考虑成立校外教育培训行业协会,具备相应资质的加入这个协会,协会里面可以相互支持,实现同行间的相互监督。

三是落实对非营利性培训机构的扶持政策，创新公益性培训项目实施机制。针对提供校外教育服务方面，如何实现政府与市场合作也值得研究。针对具有良好公益精神和持续实践的培训机构，可以加大财政资金扶持力度；对于一些服务对象和内容兼具公益性、普惠性的项目，如帮助学习困难学生、发展科技艺术体育特长能力等，可以探索政府购买培训项目，或由政府和社会资本合作提供。

（四）发挥教师和学校对社会教育观念的主导影响，在教育系统和社会之间形成教育合力

任何一项基本公共服务都是建立在一定社会共识基础上的，义务教育尤其如此。当前社会、家庭、学校对于"好学校""好教育"的认识不尽一致甚至存在冲突。如何通过可行途径形成"社会共识"，对于上海义务教育发展方式全面转向"人的发展"具有至关重要影响。

一要发挥教师个体、学校及校外教育机构（含社区学校）对于家长、社会教育观的引导作用。建议：加大社区、家庭参与义务教育学校教育和管理改革力度，发挥教师个体对家长教育观念的积极影响，发挥各级家委会沟通学校和家庭的主渠道作用，促进学校和家庭形成良性的教育合力；率先将家庭教育指导服务职能纳入校外教育机构，根据全国妇联、教育部等九部门共同印发的《关于指导推进家庭教育五年规划（2016～2020年）》要求，依托街镇社区学校、少年宫等机构建立家长学校或家庭教育指导服务站点，开设家长学校通过专题培训、热点问题报告等方式，引导家长树立科学育儿理念，提高家庭教育能力。

二是加大行政部门、官方媒体对课程改革、考试制度改革的解读宣传力度。针对考试评价政策技术性日益增强、家长知晓度不高的实际，基于课程标准的教学与评价、中考改革及其综合素质评价办法等政策，应成为行政部门、媒体解读宣传的重点。建议：逐步将家长关于学业评价改革应知应会培训，鼓励家长参与学业质量评价改革，作为教育行政部门和学校实施义务教育学业质量评价改革的任务之一；对于教育培训市场综合整治，在各项管制

措施发挥初步作用后，相关职能部门也应把重点转向家长认识和社会价值观的引导上，引导家长理性选择适应孩子未来持续发展要求的培训，对学校实施素质教育形成必要的"响应"和"声援"。

（五）加大基本建设规划市区协同、跨部门协同实施力度，改变部分区域教育资源布局不合理状况

一是市级政府要加强对区级政府基本建设规划指导，探索形成基于常住人口和学龄人口测算的动态调整机制。根据"上海2035"的要求，建立人口动态变化的跟踪机制，考虑人口的动态变化性，通过监测人口增速、人口结构变化等关键指标，对可能超出规划预期目标的人口规模、结构、分布等变化做出评估和预判，及时进行政策调控。市级政府要加强对区政府规划部门的指导，根据各区人口变化调整教育布局规划，充分满足上海常住人口需求。

二要进一步完善公建配套政策落实机制，加强政策执行约束力。根据目前部分区公建配套政策执行的情况和其中存在的问题，建议：市政府有关部门应进一步完善公建配套政策和机制，形成多部门的联动机制，为学校建设开辟绿色通道，及时解决学校建设中的具体问题，同时要发挥教育行政部门在项目实施中的主体地位；保障学校建设能如期完成，及时交付使用。市级政府还应建立督查与激励机制，对配套商品房公建配套学校建设进行专项督导，督促区政府依法履行教育责任，确保配套商品房市属基地公建配套学校建设的落实，保障上海义务教育均衡发展。

B.11
上海市社区基本公共卫生服务体系发展情况研究

金春林*

摘　要： 新一轮医药卫生体制改革自2009年开始，推行公共卫生服务均等化是五项重点措施之一。社区卫生服务机构是执行国家基本公共卫生服务项目的重要载体。通过近10年来的实施，上海市社区卫生服务机构基本公共卫生服务提供体系逐渐完善，积累了丰富的执行经验，有必要对其总体发展情况进行总结评价，为上海市基本公共卫生服务提供体系下一步发展方向提供政策建议。为此，本文基于2009~2017年社区卫生机构执行基本公共卫生服务项目相关统计数据，从发展历程、实施情况、效果评价以及面临的问题与挑战进行了总结梳理，并提出了下一步的发展建议。

关键词： 上海　社区卫生服务　基本公共卫生服务项目

社区卫生服务始终是建设基本卫生保健制度的一项基础性工作，1978

---

* 金春林，上海市卫生和健康发展研究中心主任，研究员。参与本项研究的单位与人员还有：上海市卫生健康委员会的王玲、杨超、钟姮、张天晔；上海市卫生和健康发展研究中心的何江江、汤真清；上海中医药大学的张安；上海市健康促进中心的万和平；上海市疾病预防控制中心的施燕、王玉恒；上海市妇幼保健中心的朱丽萍、何丽芸；上海市松江区卫生和计划生育委员会的李云鹏；上海市徐汇区疾病预防控制中心的玄泽亮；上海市浦东新区东明街道社区卫生服务中心的杨郁。

年，WHO发表《阿拉木图宣言》明确指出"推进初级卫生保健是实现'2000年人人享有卫生保健'的战略目标的关键和基本途径"，倡导全世界各个国家将发展社区卫生服务列为推进初级卫生保健的途径和方法。进入新世纪后，WHO呼吁："各国特别是发展中国家重振初级卫生保健，并围绕此问题重新改革卫生系统"。社区卫生服务涵盖了基本公共卫生、基本医疗、中医药、计划生育等服务内容，其中基本公共卫生服务提供体系是最为重要的一个组成部分，是契合社区卫生服务功能定位的重要抓手。

社区卫生服务机构是开展国家基本公共卫生服务项目的重要机构载体。国家基本公共卫生服务项目是促进基本公共卫生服务均等化的重要内容，是我国公共卫生制度建设的重要组成部分，是党和政府实施的惠民政策。国家基本公共卫生服务项目自2009年7月启动以来，全国各地的基层医疗机构均积极开展。上海市政府积极响应，认真贯彻执行，同年12月原上海市卫生局下发了《关于转发〈国家基本公共卫生服务规范（2009年版）〉的通知》（沪卫疾妇〔2009〕84号），要求"全市进一步规范城乡社区卫生服务机构的基本公共卫生服务，促进本市基本公共卫生服务均等化，确保国家基本公共卫生服务项目在本市规范、有序实施。"这标志了国家基本公共卫生服务项目正式在上海启动。

一 上海市基本公共卫生服务体系建设发展历程

发展社区卫生服务对推动医疗卫生体制改革、改善民生、建设和谐社会具有十分重要意义。在市政府和各区政府的重视下，上海市社区卫生服务提供体系得到了快速而持续的发展，积极为广大居民提供基本医疗卫生服务。伴随着社区卫生服务的发展，上海市基本公共卫生服务提供体系历经了三个发展阶段。

（一）服务网络布局和内容形成阶段（1997~2005年）

1997年起，上海市多年连续将社区卫生服务机构建设列入市政府实事工程。从2000年至2004年，原上海市卫生局制定了一系列社区卫生服务中心建设标准，根据标准上海市分批次建成了全市的标准化社区卫生服务中心和社区卫生服站、村卫生室，实现每个乡镇设置1所政府举办的社区卫生服务中心、每个中心村设置1个政府举办的村卫生室，覆盖了上海市所有镇村。健全的基层医疗服务网点为上海市居民提供基本公共卫生服务奠定了良好基础。

2000年，原上海市卫生局制定了《上海市城市社区卫生服务主要工作内容》，明确了社区卫生服务中心的服务内容、服务对象、服务过程和服务方式。

（二）运行机制改革阶段（2006~2010年）

2006~2010年，上海市开展了以收支两条线管理、医保总额预付、绩效考核等运行机制为核心的社区卫生综合改革；这个阶段为实现社区卫生服务中心的公益性、保证基本公共卫生服务均等化提供了机制保障。

（三）服务内涵建设的全面深化改革阶段（2011年至今）

2011年开始，为以家庭医生制度的构建作为主线，加强内涵建设为改革目标的全面深化改革阶段。2015年6月，上海市政府印发了《关于进一步深化社区卫生服务综合改革的指导意见》和8个配套文件，强调要完善社区卫生5个平台功能，即政府履行基本卫生服务职能的平台、全科医生的执业平台、市场资源整合的平台、居民获得基本卫生服务项目的服务平台、医养结合的支持平台。这一阶段对社区卫生服务中心为百姓提供基本公共卫生服务提出了更高要求，并明确了以家庭医生为核心的社区卫生服务内容六大类153项内容，提出了以标化工作量为基础的社区卫生服务拨付、考核、岗位设置等机制，提出了为实现基本公共卫生服务精细化管理新理念和新模式，从而实现基本公共卫生服务的均等化与效率的统一。

二 上海市基本公共卫生服务提供体系建设的总体实施情况

（一）突出政府主导责任，统筹规划协同推进

2009年国家基本公共卫生服务项目在上海正式启动之后，上海市政府高度重视，经过为期一年的实践，结合实际情况，于2011年2月发布了《上海市人民政府办公厅转发市卫生局、市财政局关于组织实施本市基本公共卫生服务项目和重大公共卫生服务项目意见的通知》（沪府办发〔2011〕63号）文件，组织开展十二大类42项基本公共卫生服务项目（见表1）；并强调要坚持服务的公益性、公平性和可及性，坚持服务的规范性、合理性和有效性，坚持属地化管理和分级考核的管理原则，坚持预防保健和社区卫生服务中心"条抓块管、条块结合"的工作模式。

表1 上海市基本公共卫生服务项目（十二大类42项）

类别	项 目
传染病防治	传染病疫情监测；传染病登记、报告和管理；结核病防治；艾滋病与性病防治；寄生虫病防治
免疫规划	免疫规划疫苗接种；针对性预防接种；预防接种不良反应处理；预防接种门诊规范化服务
妇女保健	孕前保健；孕期保健；产后访视；妇女常见病防治和更年期保健
儿童保健	0~6岁儿童系统保健；婴幼儿母乳喂养与常见病防治；0~6岁高危儿童保健和管理
计划生育保健	婚前生育指导；婚前医学检查与咨询；计划生育技术咨询和指导
老年人保健	定期健康检查和保健指导；老年人群防盲治盲
精神疾病防治	重性精神疾病干预和管理；为辖区无业贫困精神病患者提供免费服药与管理服务；为辖区居民开展心理健康咨询服务
学校卫生	学生健康状况与影响因素监测；学校传染病防治；学生常见疾病干预；学校饮食、饮水监测和干预
慢性病防治	心血管疾病防治；糖尿病防治；肿瘤防治；社区意外伤害监测与干预

续表

类别	项 目
健康教育与健康促进	健康素养宣传;健康相关危险因素评价和干预;在卫生监督机构的组织和指导下,配合对非法行医和非法采供血情况进行监测与报告
居民健康档案	建立重点管理人群健康档案;建立重点保健人群健康档案;完善一般人群健康档案;开展家庭主要健康问题分析和社区诊断;生命统计
职业病防治指导	职业卫生咨询指导和重点职业病人管理;企业职业病档案管理

实施基本公共卫生服务项目和重大公共卫生服务项目是惠及全体城乡居民的民生工程。上海市政府要求各区把实施基本公共卫生服务项目和重大公共卫生服务项目作为关注民生、促进社会和谐的大事纳入各区经济社会发展规划,并作为重大民生问题纳入政府任期考核范围,切实加强统筹协调和组织领导。要求各相关部门按照"易于服务、易于考核、易于监督"的原则,制定和完善实施方案,明确各项服务项目的内容、数量和补助标准。

近年来,上海市结合社区卫生服务综合改革等系列措施,逐步建立健全了基本公共卫生服务项目和重大公共卫生服务项目绩效考核、资金管理等工作制度,完善了项目实施进展情况定时上报和通报制度。建立了项目管理工作机制,落实目标责任制和责任追究制度,将项目责任层层分解、落实到人,充分调动了基层医疗卫生机构和医务人员积极性,加强调查研究和督导检查,及时发现和解决基层反映的突出问题,确保本市基本公共卫生服务项目和重大公共卫生服务项目有序推进。

2017年,按照国家卫生计生委《国家基本公共卫生服务规范(第三版)》(国卫基层发〔2017〕13号)和《关于做好2017年国家基本公共卫生服务项目工作的通知》(国卫基层发〔2017〕46号)要求,以"进一步做精、做细、做实基本公共卫生服务项目"为核心,结合新一轮社区卫生综合改革思路,着力强化服务体系、管理体制和工作机制,坚持制度完善、管理优化和服务创新,组织16个区的所有社区卫生服务中心实施开展国家基本公共卫生服务项目,不断提高全市基本公共卫生服务均等化水平。

（二）完善具体实施方案，建立配套保障机制

在国家基本公共卫生服务规范的基础上，上海市结合实际情况，研究制定本市基本公共卫生服务项目规范和重大公共卫生服务项目实施方案。全市各区在本市基本公共卫生服务项目规范和重大公共卫生服务项目实施方案的基础上，制定并完善项目实施细则，细化操作流程和要求。社区卫生服务中心等基本公共卫生服务项目实施机构不断完善健全管理制度和工作流程，按照规范要求开展服务，提高服务质量，保证服务效果。2017年上海市卫生计生委下发了《上海市社区健康管理工作规范——慢性病综合防治（2017年版）》，在原有慢性病社区管理要求的基础上，按照"精细化、全程化"以及提高服务与管理"针对性、有效性"的原则与要求，进一步完善了高血压、糖尿病等主要慢性病综合防治的技术标准、服务流程和工作要求，为进一步推进本市"医防融合"慢性病综合防治服务体系建设奠定了基础和保障。

2011年，上海市下发了《关于组织实施本市基本公共卫生服务项目和重大公共卫生服务项目意见的通知》（沪府办发〔2011〕63号）对基本公共卫生服务项目"完善投入保障，加强资金管理"方面明确以下要求：一是明确基本公共卫生服务项目由政府免费向居民提供，主要由区政府预算安排，并按照常住人口计算，人均社区基本公共卫生服务经费标准要高于50元。二是明确区财政部门在统筹使用中央专项补助等经费的基础上，及时足额安排基本公共卫生服务经费，并规定了主要使用用途、财务核算和拨付方式。三是要求各区相关部门和机构按照相关要求，建立健全基本公共卫生服务项目经费管理制度，切实加强资金管理，提高资金使用效率。

（三）健全项目管理制度，规范专项资金使用

自2009年国家医改方案实施以来，上海市不断加强中央转移支付资金制度建设，进一步完善组织管理，加大监管力度。上海市卫生计生委根据中央资金相关文件先后制定了《上海市中央补助地方卫生计生事业专项项目

管理手册》2014 版、2015 版（以下简称《项目管理手册》），主要包括了项目组织与管理、申报和资金分配、实施与管理、督导考核和绩效评价等内容。《项目管理手册》中要求各单位加强组织领导，明确工作职责，健全工作机制，明确项目责任部门及相关责任人，明确中央专项资金监督管理的各级财政部门、卫生行政部门以及项目实施单位的职责，监督管理的程序和要点。在市级卫生行政部门建章立制的基础上，要求各区卫生计生行政部门、各项目单位结合实际制定本单位中央资金管理办法，逐渐形成中央资金管理的制度体系，不断完善本市中央专项资金的组织管理。

（四）纳入改革评价体系，促进服务项目实施

上海市政府在积极探索与实施社区卫生改革中，始终将体现惠民政策的基本公共卫生服务项目作为评价社区卫生改革的重要标尺。上海市卫生计生委会同市财政局、市医保办自 2014 年开始，连续 4 年对上海市社区卫生服务改革与发展现状进行综合评价，评价主要从社区卫生服务中心的服务质量、运行保障机制、监管机制和补偿机制等方面进行，通过综合评价促进了各级行政部门对社区卫生服务的支持力度，为群众提供有效、安全、方便、价廉的社区卫生服务。基本公共卫生服务评价指标每年都作为社区卫生服务综合评价的重要部分，综合评价结果全市排名，评价结果直接与国家基本公共卫生服务项目中央补助资金的分配挂钩。目前上海市社区卫生服务综合评价已形成常态机制，综合评价受到了各级政府的高度重视，为基本公共卫生服务的高质量实施创造了良好的社会氛围，实现了基本公共生服务的有效促进，保障了基本公共卫生服务的实施效果。

三 上海市基本公共卫生服务提供体系的建设效果情况

（一）项目资金投入逐年提升

上海市基本公共卫生服务项目资金采用以各社区卫生服务中心辖区常住

服务人口数为基础，以绩效考核为依据的拨付形式下达，下拨经费由2009年人均不到50元提高至2017年人均82.48元。2009~2017年，国家基本公共卫生服务实际投入资金共计1150489万元，其中中央补助64234万元，占比5.6%，上海市财政投入1086255万元，占比94.4%（见表2）。中央补助资金由上海市卫生计生委向上海市财政局申请，将国家下达的中央资金通过转移支付方式至各区级财政，再由区卫生计生委申请下拨至各社区卫生服务中心。上海市卫生计生委加强与财政部门的沟通协调，通过明确资金分配方式来加快资金的拨付，有效缩短资金的拨付周期，历年中央资金到位率达100%。地方配套资金由各区卫生计生委通过编制区级财政部门预算保障每年基本公共卫生工作的开展，每年经预算批复后即可开始使用资金。

2017年，上海市卫生计生委根据国家文件的要求制定了《上海市公共卫生服务中央补助资金管理实施办法》（沪财社〔2017〕74号），要求各区卫生计生委及项目执行单位严格按照文件要求及财政资金相关规定用途使用。在成本补偿方面由于地域性差异对基本公共卫生成本的补偿程度略有不同，每年的基本公共卫生资金均用于各单位基本公共卫生支出。各社区卫生服务中心严格按照要求，对项目资金进行专项核算，实行专项核算的社区卫生服务中心在全市社区卫生服务中心的占比为100%。

随着国家和上海市对基本公共卫生经费投入的增加，上海逐年优化考核的指标，引导社区卫生服务中心由"重医轻防"转向为"防治并重"，打破了原有社区卫生服务中心"以药养医，以医养防"的格局，使预防保健及公共卫生重视程度大大提高。对社区居民提供的医疗卫生服务模式也由以前以疾病为中心的门诊诊疗，转为"防治结合，全程参与，健康管理"的新模式。2015年上海市启动了社区卫生服务综合改革，并首次提出了基于标化工作量的政府补偿机制，各社区卫生服务中心将公共卫生纳入考核体系，根据标化工作量及考核结果匹配相应的政府投入，充分调动了医务工作人员的工作积极性。

表2 上海市基本公共卫生服务人口、机构和资金投入基本情况

序号	指标\年份	2009	2010	2011	2012	2013	2014	2015	2016	2017
1	户籍人口数(万人)	1400.70	1412.32	1419.36	1426.93	1432.32	1438.69	1442.97	1449.30	1455.71
1.1	常住人口数(万人)	1921.32	2301.91	2347.46	2380.43	2415.15	2425.68	2415.27	2419.70	2389.02
1.2	服务人口数(万人)	1921.32	2301.91	2347.46	2380.43	2415.15	2425.68	2415.27	2419.70	2389.02
1.3	婴儿死亡率(‰)	6.58	5.97	5.70	5.04	5.73	4.83	4.58	3.76	3.71
1.4	孕产妇死亡率(1/10万)	9.61	9.61	7.36	7.10	7.08	6.74	6.66	5.63	3.01
2	基本公共卫生服务人均经费标准(元)	49.28	45.27	53.90	57.90	61.35	65.99	71.14	77.39	80.28
3	基本公共卫生服务实际投入资金总额(万元)	94687.56	104218.8	126525.5	137835.7	148166.1	160064.5	171826.7	187255.1	191779.7
3.1	中央补助(万元)	2787	2832	4803	4803	7797	8453	9660	11024	12075
3.2	省(区、市)投入(万元)	0	0	0	0	0	0	0	0	0
3.3	市级及以下投入(万元)	91900.56	101386.8	121722.5	133032.6	140369.1	151611.5	162166.7	176231.1	179704.7
4	基本公共卫生服务实际资金补助额(万元)	94635.74	104116.5	126440.8	137764.1	148166.1	159054.9	172616.6	187383.9	197046.4
4.1	社区卫生服务中心补助额(万元)	91933.99	101431.6	124749.4	132989.6	142497.9	153477	165510.6	178529	176992.75
4.2	社区卫生服务站补助额(万元)	10685.9	10081.92	13724.83	13909.02	14645.38	14821.98	15038.64	15457.02	15523.4
4.3	乡镇卫生院补助额(万元)	0	0	0	0	0	0	0	0	0
4.4	村卫生室补助额(万元)	668.9	1071.85	861.82	2567.26	2638.74	3283.48	3886.33	4340.06	4530.25
4.5	实际达到基本公共卫生服务补助额(元)	49.26	45.23	53.86	57.87	61.35	65.57	71.47	91.1	82.48
5	提供基本公共卫生服务基层医疗卫生机构数(个)	—	—	—	—	2351	2338	2306	2257	2289
5.1	社区卫生服务中心数(个)	284	296	301	302	301	305	306	307	308
5.2	社区卫生服务站数(个)	356	635	670	700	708	723	729	732	701
5.3	乡镇(街道)卫生院数(个)	0	0	0	0	0	0	0	0	0
5.4	村卫生室数(个)	—	—	—	—	1342	1310	1271	1218	1187

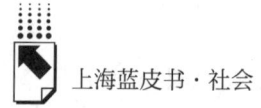

（二）服务管理模式逐步完善

上海市结合自身实际情况制定相关政策制度，建立了公共卫生服务体系，不断完善"以社区为基础、预防保健专业机构负责指导与管理、医疗卫生机构实施服务"的"三位一体"的公共卫生服务工作模式，完善了各级各类医疗卫生机构的功能定位，转变了政策制度中框架不健全、服务规范不完善，导致职责不明确、分工模糊不清的情况。

探索建立了"以块为主、条抓块管、条块结合"的管理机制，一是充分发挥各区"属地化管理"职能，切实加强统筹协调和组织领导，完善工作机制及制度建设，明确目标、任务和实施措施，建立和完善绩效考核和督导评估制度；积极协调落实经费保障，加强资金规范管理和使用。二是强化各级预防保健专业机构的技术指导和支持作用，以服务基层为宗旨，制定和完善基本公共卫生服务项目和重大公共卫生服务项目的各项工作规范和实施方案，加强对基层医疗卫生机构的业务指导、培训考核。三是明确社区卫生服务中心等医疗卫生机构是提供基本公共卫生服务项目的责任主体，要在各区卫生计生管理部门的领导下和专业机构的指导下，制定工作计划和实施办法，明确职责分工，提供基本公共卫生服务。

基本公共卫生服务项目落实建立"全流程业务管理"的理念，提供基本公共卫生服务时按照业务流程的逻辑性、职责任务的一致性、现实与发展的科学性，明确项目的总体目标，以及实现目标必须完成的主要工作任务，也就是围绕总目标形成分层、分阶段的，可具体落实到某个或某几个机构或部门的主要工作任务，确保参与单位的职责与任务界定清晰没有盲区。在此基础上，按照"三级预防"和"全流程"的理念，形成一个有序的、能够反映特定基本公共卫生服务项目全貌的工作框架。

（三）服务均等化保障逐渐完善

按照《关于促进基本公共卫生服务逐步均等化的意见》（卫妇社发〔2009〕70号）中"基本公共卫生服务项目主要通过城市社区卫生服务中

心（站）、乡镇卫生院、村卫生室等城乡基层医疗卫生机构免费为全体居民提供"的要求，基层医疗卫生机构是基本公共卫生服务的重要载体。"强基层"是实现基本公共卫生服务逐步均等化的必要条件，通过加大对全市各区、街道（镇）两级医疗机构的基础设施建设，街道（镇）社区卫生服务中心、服务站（村卫生室）标准化建设，改变基层医疗机构建设滞后的现状，筑牢基本公共卫生服务的"网底"。

上海市在推进基本公共卫生服务逐步均等化过程中，引入全程管理理念，依托信息一体化建设，加强项目的过程监管，及时了解和把握工作的进展状况和效果，实现服务过程的质量控制。疾病预防保健专业机构建立了反映各项工作质量、数量和频率要求完成程度的阶段性质控指标，负责对每个基本公共卫生服务项目设立关键控制节点、记录工作过程的格式文书，并设计了反映各项工作对辖区内被服务人群健康状况改变程度的终末结果指标，通过实际工作开展情况与理想要求的对比，加强项目的全过程管理与监督，随时掌握项目实施状态，为管理部门提供动态信息和决策依据。

围绕国家基本公共卫生服务项目的任务要求，建立了由公共卫生、医疗等不同专业背景人员共同组成的公共卫生服务指导团队，深入基层开展公共卫生服务技术指导、综合督导和考核评估，确定了基本公共卫生服务项目考核指标，客观评价该项工作所取得的效果，明确预期目标，作为评价和指导该项工作的主要依据，发挥考核的导向作用，为后续改进工作方式、提高项目的效率和效益提供参考。

（四）居民健康素养逐年提升

自2009年，本市通过各种宣传平台广泛开展社会宣传，因地制宜创新健康促进与教育形式，提高了市民的健康素养。2016年，上海市卫生计生委根据《健康中国2030年规划纲要》要求，积极落实《上海市建设健康城市2015~2017年行动计划》《2017年上海市卫生计生委工作要点》《2017年上海市健康教育工作要点》，以第九届全球健康促进大会为契机，夯实基础，开拓创新，组织开展了形式多样的健康教育和健康促进工作。一是配合各大卫生日及突发公共卫生事件，提供相关宣传资料。新制作健康科普宣传片50余部，播放各类健康教育音像资料达410万余次，印发健康教育宣传资料达650万余份。二是通过各种宣传平台广泛开展社会宣传。通过"健康上海12320"微信微博、上海大众卫生报、上海人民广播电台"名医坐堂"栏目、上海教育电视台《幸福延长线》、IPTV健康频道等多种形式广泛开展社会宣传。三是积极开展大型宣传咨询活动。举办各类健康教育讲座，其中"上海市健康大讲堂"作为上海市的品牌健康教育活动，深受百姓欢迎。四是因地制宜地开展特色健康教育项目。移动健康驿站、公共卫生科普中心、建设慢生活街区模式、"农民画健康"民俗特色文化健康教育模式、健康教育积分制管理项目等特色健康教育项目，吸引居民主动参与的同时，传播了健康知识，收到了良好的健康教育效果。

截至2017年底，上海市居民健康素养水平为25.36%，较2008年提高了18.39%，为历年最高。市民健康自我管理小组已覆盖全市所有的街道（镇）和居（村）委，共建小组2.8万多个，参与居民达48万人。2016年，第九届全球健康促进大会在上海召开，多个自管小组在"中国国家日"上向全世界展示了上海市民的健康素养，得到了世界卫生组织、国内外专家的高度关注和肯定。

（五）主要健康管理指标逐年上升

自2009年国家启动基本公共卫生服务项目至今，上海市本着"基于国家标准，高于国家标准"的原则，在落实开展的国家基本公共卫生服务项目数历年始终为100%。居民健康档案的建档人数逐年上升；老年人、妇女、儿童、高血压和糖尿病患者等重点管理对象的服务数量均能达到国家要求的水平，且重点人群的健康管理率呈现稳定上升趋势；而传染病及突发公共卫生事件报告数量呈现稳步下降趋势（见表3）。

截至2017年底，上海市公共卫生服务各项主要健康指标继续保持全国领先、达到或接近发达国家和地区水平。上海市户籍人口平均期望寿命82.29岁，连续5年突破82岁，其中男性80.04岁，女性84.59岁。2009～

上海市社区基本公共卫生服务体系发展情况研究

表3 上海市基本公共卫生服务项目开展情况

序号	指标	2009	2010	2011	2012	2013	2014	2015	2016	2017
1	健康档案管理									
1.11	辖区内常住居民数(万人)	1921.32	2301.91	2347.46	2380.43	2415.15	2425.68	2415.27	2419.70	2389.02
1.12	建档人数(万人)	—	—	1498.60	—	1967.69	1988.22	2014.00	1995.27	2118.76
1.13	健康档案建档率(%)	—	—	65.35	—	85.33	86.23	87.34	86.53	88.69
1.21	建立电子健康档案人数(万人)	—	—	1431.4	—	1948.14	1946.41	1986.4	1981.05	2118.20
1.22	电子健康档案建档率(%)	—	—	62.42	—	84.49	84.41	86.15	85.91	88.66
1.31	档案中有动态记录的档案份数(万份)	—	—	—	—	—	—	—	—	1321.31
1.32	健康档案使用率(%)	—	—	—	—	—	—	—	—	62.36
2	健康教育管理									
2.11	发放健康教育印刷资料种类(种)	—	—	—	—	19401	17944	15084	11690	10489
2.12	发放健康教育印刷资料数量(份)	—	—	—	—	8028865	7913975	9083600	6506020	7338526
2.21	播放健康教育音像资料种类(种)	—	—	—	—	8533	9000	7984	6704	5299
2.22	播放健康教育音像资料次数(次)	—	8092	3944	10934	387502	367186	376263	4109170	702328
2.31	健康教育宣传栏设置个数(个)	—	—	—	—	4954	5218	5175	5961	5490
2.32	健康教育宣传栏内容更新次数(次)	—	—	—	—	62796	3278	61053	5024	27951
2.41	举办健康教育讲座次数(次)	—	372	1211	1902	25834	26016	25891	41763	24340
2.42	举办健康教育讲座参加人数(人)	—	—	—	—	1241584	1710161	1091338	965592	989820
3	预防接种情况									
3.11	应建立预防接种证人数(人)	213691	220291	226653	256026	235367	243797	218904	231616	568494
3.12	已建立预防接种证人数(人)	213691	220291	226653	256026	235367	243797	218904	231616	568231
3.13	建证率(%)	100.0	100.0	100.0	100.0	100.0	100.0	100.0	100.0	100.0

续表

序号	指标	2009	2010	2011	2012	2013	2014	2015	2016	2017
3.21	乙肝疫苗应接种人数（人）	236065	282402	258130	277815	285112	270422	274204	241247	285007
3.22	乙肝疫苗实际接种人数（人）	235752	282104	257893	277442	284836	270187	274030	241093	284671
3.23	乙肝疫苗接种率（%）	99.9	99.9	99.9	99.9	99.9	99.9	99.9	99.9	99.9
3.31	卡介苗应接种人数（人）	201076	208482	213801	248753	212348	237679	196277	233693	170358
3.32	卡介苗实际接种人数（人）	199889	207181	212374	247233	210912	235945	194805	231830	169096
3.33	卡介苗接种率（%）	99.4	99.4	99.3	99.4	99.3	99.3	99.3	99.2	99.3
3.41	脊灰疫苗应接种人数（人）	230583	237951	244651	269687	267133	258886	255259	238089	256488
3.42	脊灰疫苗实际接种人数（人）	230278	237681	244430	269391	266869	258640	255094	237933	256240
3.43	脊灰疫苗接种率（%）	99.9	99.9	99.9	99.9	99.9	99.9	99.9	99.9	99.9
3.51	百白破疫苗应接种人数（人）	231222	238385	248122	270133	273425	259545	259712	236806	263359
3.52	百白破疫苗实际接种人数（人）	230899	238101	247881	269836	273186	259036	259524	236659	263130
3.53	百白破疫苗接种率（%）	99.9	99.9	99.9	99.9	99.9	99.9	99.9	99.9	99.9
3.61	含麻成分疫苗应接种人数（人）	234497	492183	521349	537238	554122	536193	534559	490262	355919
3.62	含麻成分疫苗实际接种人数（人）	234151	491540	520784	536527	553502	535709	534191	489986	355607
3.63	含麻成分疫苗接种率（%）	99.9	99.9	99.9	99.9	99.9	99.9	99.9	99.9	99.9
3.71	流脑疫苗应接种人数（人）	256196	244482	251847	257466	282093	253710	275634	228015	283290
3.72	流脑疫苗实际接种人数（人）	255804	244149	251576	257104	281818	253459	275432	227855	283007
3.73	流脑疫苗接种率（%）	99.8	99.9	99.9	99.9	99.9	99.9	99.9	99.9	99.9
3.81	乙脑疫苗应接种人数（人）	258187	256428	269479	279186	297154	272515	290947	245010	284075
3.82	乙脑疫苗实际接种人数（人）	257877	256097	269222	278824	296861	272273	290768	244867	283805
3.83	乙脑疫苗接种率（%）	99.9	99.9	99.9	99.9	99.9	99.9	99.9	99.9	99.9

续表

序号	指标	年份	2009	2010	2011	2012	2013	2014	2015	2016	2017
3.91	甲肝疫苗应接种人数（人）		427949	243984	246166	256029	267745	275574	259368	263857	225384
3.92	甲肝疫苗实际接种人数（人）		427050	243534	245784	255666	267401	275336	259180	263714	225125
3.93	甲肝疫苗接种率（%）		99.8	99.8	99.8	99.9	99.9	99.9	99.9	99.9	99.9
4	0～6岁儿童健康管理情况										
4.11	活产数（人）		122606	135610	144036	179614	175742	199913	176056	206406	184495
4.12	按照规范要求接受1次及以上访视的新生儿人数（人）		112226	126747	136797	172990	170625	195464	171696	201472	181488
4.13	新生儿访视率（%）		91.53	93.46	94.97	96.31	97.09	97.71	97.52	97.61	98.37
4.21	0～6岁儿童数（人）		904825	876491	928704	975270	1090553	1124463	1105906	1121485	1144257
4.22	接受1次及以上随访的0～6岁儿童数（人）		763878	849742	918527	963254	1077653	1118806	1097285	1114978	1132728
4.23	儿童健康管理率（%）		84.42	96.95	98.9	98.77	98.82	99.50	99.22	99.42	98.99
5	孕产妇健康管理情况										
5.11	活产数（人）		122606	135610	144036	179614	175742	199913	176056	206406	184530
5.12	孕13周之前建册并进行第一次产前检查的产妇人数（人）		74470	85941	98363	137180	132544	157032	141756	176434	165004
5.13	早孕建册率（%）		60.74	63.37	68.29	76.37	75.42	78.55	80.52	85.48	89.42
5.21	产妇出院后28天内接受过产后访视的产妇人数（人）		112226	126747	136797	172990	170625	195464	171696	201472	181071
5.22	产后访视率（%）		91.53	93.46	94.97	96.31	97.09	97.71	97.52	97.61	98.13
6	老年人健康管理情况										
6.11	65岁及以上常住居民数（人）		—	—	—	—	—	2594024	2756294	2858136	3143228

续表

序号	指标 \ 年份	2009	2010	2011	2012	2013	2014	2015	2016	2017
6.12	接受健康管理人数（人）	—	—	—	—	—	2172593	2223521	2157087	2089603
6.13	老年人健康管理率（%）	—	51.66	54.45	60.63	67.69	83.75	80.67	75.47	66.48
7	高血压患者健康管理情况									
7.11	已管理的高血压患者人数（人）	846422	914054	1054991	1556630	1828233	1971113	2086839	2172462	2270344
7.12	按照规范要求进行高血压患者健康管理的人数（人）	435897	516149	572472	747101	1383527	1703226	1884729	1982200	2078059
7.13	高血压患者规范管理率（%）	87.47	89.90	90.32	86.81	75.68	86.41	90.32	91.24	91.53
7.21	最近一次随访血压达标人数（人）	468067	594781	716812	873726	1376559	1603799	1753758	1850440	1931512
7.22	管理人群血压控制率（%）	55.30	65.07	67.94	56.13	75.29	81.37	84.04	85.18	85.08
7.31	在管高血压患者家庭医生签约人数（人）	—	—	—	—	—	—	—	1777856	1812081
7.32	在管高血压患者家庭医生签约率（%）	—	—	—	—	—	—	—	81.83	79.82
8	2型糖尿病患者健康管理									
8.11	已管理的2型糖尿病患者人数（人）	199545	231367	311247	450251	523420	601117	662922	684538	744098
8.12	按照规范要求进行2型糖尿病患者健康管理的人数（人）	104170	154567	187898	263282	378523	451256	545774	609563	638358
8.13	2型糖尿病患者规范管理率（%）	86.98	89.35	90.01	92.22	92.38	93.82	86.52	89.05	85.79
8.21	最近一次随访空腹血糖达标人数（人）	57536	96867	126017	175274	272015	419758	467205	528494	523052
8.22	管理人群血糖控制率（%）	55.23	62.67	67.07	66.57	71.86	78.74	78.23	79.93	70.29
9	严重精神障碍患者管理									
9.11	登记在册的确诊严重精神障碍患者人数（人）	72007	82719	85425	93285	99609	105087	109789	115183	114349

续表

序号	指标 \ 年份	2009	2010	2011	2012	2013	2014	2015	2016	2017
9.12	辖区内按照规范要求进行管理的严重精神障碍患者人数(人)	71951	82648	85353	93187	99482	104944	109630	114356	112974
9.13	严重精神障碍患者规范管理率(%)	—	—	—	95.00	97.15	98.77	98.92	97.36	98.80
10	肺结核患者健康管理									
10.11	同期内经上级定点医疗机构确诊并通知基层医疗卫生机构管理的肺结核患者人数(人)	—	—	—	—	—	—	6843	6842	6787
10.12	已管理的肺结核患者人数(人)	—	—	—	—	—	—	6721	6642	6729
10.13	肺结核患者管理率(%)	—	—	—	—	—	—	98.2	97.1	99.2
10.21	同期内已完成治疗的肺结核患者人数(人)	—	—	—	—	—	—	6960	6581	6461
10.22	按照要求规则服药的肺结核患者人数(人)	—	—	—	—	—	—	6946	6559	6315
10.23	肺结核患者规则服药率(%)	—	—	—	—	—	—	99.8	99.7	97.7
11	中医药健康管理									
11.11	65岁及以上常住居民数(人)	1721557	2934558	1462785	1721557	2934558	—	1721557	2934558	3143228
11.12	接受中医药健康管理服务的65岁及以上居民数(人)	567972	1343931	1462785	567972	1343931	1462785	567972	1343931	1628763
11.13	老年人中医药健康管理率(%)	32.99	45.80	55.54	32.99	45.80	55.54	32.99	45.80	51.82
11.21	辖区内应管理的0~36个月儿童数(人)	364668	645753	—	364668	645753	—	364668	645753	444040
11.22	按照月龄接受中医药健康管理服务的0~36个月儿童数(人)	117674	270046	328163	117674	270046	328163	117674	270046	301892
11.23	0~36个月儿童中医药健康管理服务率(%)	32.99	41.82	60	32.99	41.82	60	32.99	41.82	67.99

续表

序号	指标	年份	2009	2010	2011	2012	2013	2014	2015	2016	2017
12	传染病及突发公共卫生事件报告和处理										
12.11	登记传染病例数（例）		2555	1328	1896	2333	1683	1553	2636	1293	95432
12.12	网络报告的传染病例数（例）		2533	1325	1884	2324	1665	1543	2605	1291	95392
12.13	传染病疫情报告率（%）		99.14	99.77	99.37	99.61	98.93	99.36	98.82	99.85	99.96
12.21	报告传染病例数（例）		88294	94597	91826	121217	103644	158657	131496	156483	88750
12.22	报告及时的病例数（例）		88123	94574	91814	121204	103643	158437	131408	156371	88696
12.23	传染病疫情报告及时率（%）		99.81	99.98	99.99	99.99	99.99	99.86	99.93	99.93	99.94
13	卫生计生监督协管服务管理										
13.11	发现的事件或线索次数（次）		—	—	—	599	1053	1309	2136	3268	18452
13.12	报告的事件或线索次数（次）		—	—	—	599	1053	1309	2136	3268	18452
13.13	卫生计生监督协管信息报告率（%）		—	—	—	100	100	100	100	100	100
13.2	协助开展的食源性疾病、饮用水卫生安全、学校卫生、非法行医和非法采供血、计划生育等实地巡查次数（次）		—	—	—	12858	55533	71312	86275	72884	102292
14	家庭医生签约（1.0版）情况										
14.11	辖区常住人口数（人）		—	—	—	—	—	20757375	23099416	23228959	23890182
14.12	签约服务人数（人）		—	—	—	—	—	8009491	9358533	9824429	11159501
14.13	签约服务覆盖率（%）		—	—	—	—	—	38.29	40.51	42.29	46.71
14.21	辖区重点人群人数（人）		—	—	—	—	—	—	—	7776570	8185430
14.22	重点人群签约人数（人）		—	—	—	—	—	—	—	4995346	6166515
14.23	重点人群签约服务覆盖率（%）		—	—	—	—	—	—	—	64.2	75.34

2017年，上海市不断完善"覆盖全市、及时响应、有效救治"的母婴安全保障网络，婴儿死亡率稳中有降，连续多年保持发达国家和地区水平；上海市孕产妇死亡率持续平稳下降，2017年孕产妇死亡率为3.01/10万，达到发达国家水平。

上海市高血压患者血压控制率稳中有升，2017年血压控制率为91.53%。上海市Ⅱ型糖尿病患者血糖控制率稳中有升，2017年血糖控制率为85.79%。上海市儿童健康管理率呈现上升趋势，2017年儿童健康管理率为98.99%。上海市老年人健康管理率呈现上升趋势，2017年老年人健康管理率为66.48%。截至2017年底，上海家庭医生签约数为1115万，占常住人口46.7%。通过签约家庭医生，居民能够更方便地获得基本公共卫生服务，管理的质量与效果也能得到进一步保障。

四 上海市基本公共卫生服务提供体系面临的问题与挑战

（一）居民健康档案信息化建设标准与国家标准部分不统一

上海市居民健康档案服务信息系统起步于2003年，当时的居民健康档案内容主要包含基本信息、核心档案和儿童专项表、老年专项表、残疾人专项表、妇女专项表等。2003年起，各个区均按照"1+nX"（居民健康档案管理系统+肿瘤系统、计划免疫系统、妇女保健系统等）的模式建立了最初的居民健康档案管理信息系统和各子系统。10多年来，各区根据要求对居民健康档案管理系统做了修改与完善，也陆续完成了0~6岁儿童、孕产妇、老年人、慢性病、精神病管理和肺结核患者等各类重点人群的健康管理信息系统的建立。但是现有的居民健康档案表仍不能与国家新规范的健康档案表完全衔接，不能保证健康档案的规范性和统一性。尤其是将健康档案基本信息、健康体检信息，重点人群的健康管理记录和转诊、会诊记录的信息系统整合的难度较大。

（二）居民健康档案信息化有效利用需要进一步提高

影响上海市居民健康档案有效利用的原因：一是上海城市人口流动性大，导致目前社区居民健康档案仍然存在居住地址、联系电话等基本信息更新不及时；二是目前上海市医疗信息资源整合不够，在全市卫生系统内仍不能实现健康档案、公共卫生服务和基本医疗的互联互通，不能很好地实现卫生行政部门、医保部门、妇幼保健机构、疾病预防控制机构和医院等卫生信息系统的完全互通，信息共享。由于健康档案有效利用低，影响了医务人员对居民的健康管理效率和效果。

（三）缺乏高质量的公共卫生服务人才

相比较目前完善的全科医生、家庭医生的培训和培养政策，基层公共卫生专业人员缺乏有计划、分层次、有针对性地培训和能力提升活动，导致基层公共卫生人员对公共卫生服务项目的基本知识和基本技能没有很好掌握，服务能力不足。社区卫生服务中心很多的公共卫生岗位由社区护士或者其他无法安排的医务人员顶替。随着社区卫生服务综合改革的深入推进，家庭医生服务团队的建立，公共卫生人员在家庭医生服务团队中的作用被弱化，有必要根据公共卫生服务项目工作量，合理规划公共卫生工作人员配备，确保公共卫生工作人员数与实际工作量相适，培养一批既有临床知识、又有公共卫生知识的公共卫生人员，提高公共卫生的服务能力，以此满足人民日益增长的公共卫生服务需求。

五 关于完善上海市基本公共卫生服务提供体系的发展建议

（一）加强电子健康档案标准化建设

按照国家基本公共卫生服务第三版居民电子健康档案的要求，居民电子健康档案的标准与目前上海市各区执行的居民电子健康档案标准不一致。建议组织信息部门对市级层面各区的居民电子健康档案进行现况调查,并针对国家基本公共卫生服务第三版的居民电子健康档案制定信息化标准。着重对老年人体检、慢性病管理、重点人群管理等系统与居民电子健康档案的融合开展调研,力争实现各区相关系统不做大规模调整的前提下,规范接口标准,实现各级管理系统信息与居民电子健康档案信息的互联互通。

(二)提升电子健康档案有效利用

在统一的国家基本公共卫生服务第三版居民电子健康档案信息化标准的前提下,提升社区卫生综合评价中对居民电子健康档案信息化动态更新率和动态利用率的考核权重,加强各区对居民电子健康档案的利用。市级层面将逐步通过信息化大数据进行动态分析,定期监管,力争做到以信息化的形式对动态更新率和动态利用率进行展示。各区针对居民电子健康档案动态更新率和动态利用率制定考核标准,强化对各社区卫生服务中心的动态监管和考核,实现多层级、多维度的考核监管标准。

(三)强化公共卫生经费监管考核机制

委托专业第三方机构对市级层面和区级层面基本公共卫生服务的专项基金拨付考核和监管,提高专项转移支付下行效率的同时,进一步加强资金监管。着重对实施情况、服务满意度与服务质量、资金拨付和管理情况进行定期考核。同时,根据考核情况调整各项医疗卫生政策,做到专款专用,使基本公共卫生服务工作任务及经费补助更具有可行性、操作性。

(四)强化国家基本公共卫生服务第三版规范的培训

市级层面、区级层面和社区层面多维度落实国家基本公共卫生服务第三版规范培训工作,实现各级卫生行政部门、各级医疗卫生机构对国家基本公共卫生服务第三版规范的认知和理解,着重对公共卫生专业机构和社区卫生服务中心一线人员的培训。培训准备过程中要充分兼顾上海市目前实施的各类公共卫生条线工作标准,做到国家基本公共卫生服务第三版规范作为基本要求,上海市相关条线指标作为补充标准,在体现标准规范的同时,兼顾上海地区的实际情况。

(五)加大公共卫生服务人才的引进力度

力争通过与市人社局、市财政局和市编办等委办局协商,强化公共卫生服务人才的引进力度,在薪酬待遇、职称晋升、人才倾斜政策方面实现市级层面的突破。同时鼓励各区发挥主观能动性,在公共卫生服务人才吸引的政策上有各自的突破和创新,提升公共卫生服务人才的引进力度,实现各区公共卫生服务水平的整体提高。

B.12
上海外来媳妇的社会融合和家庭发展问题研究

胡 琪*

摘 要： 随着时代的发展，上海两地婚姻现象越来越多，以"沪男外女"为主。本文以上海市为例，全面研究分析了现阶段特大城市女性婚姻移民的社会融入、家庭发展现状和问题，提出了完善婚姻移民的户口管理政策，以多元化的社区服务提高外来媳妇家庭发展能力等对策建议。

关键词： 女性婚姻移民 社会融合 家庭发展

一 研究背景

（一）研究意义

婚姻迁移是人口迁移中的常见类型。女性婚姻迁移通常从经济比较落后的地区迁入比较发达的地区，从农村迁入城市，从小城市迁入大城市。在京津沪等特大城市，由于实行严格的户籍迁入政策，大多数的婚姻迁移人口不能及时获得迁入城市的户籍，成为特殊的"流动人口"，她们又被通称为"外来媳妇"。随着时代的发展，在特大城市本地人和外地人结婚的现象越

---

* 胡琪，上海市卫生和健康发展研究中心，副教授。

来越多。上海的两地婚姻有两种类型即"沪男外女"和"沪女外男",其中"沪男外女"仍然是上海两地婚的主要组成。根据民政部门的统计,从2010年到2016年的七年来,上海市平均每年有4.5万对左右的两地婚姻新婚登记对象,其中女性婚姻迁入者约在3万人。

婚姻意味着新家庭的诞生和个人生活轨迹的变化。本文深入剖析了解现阶段上海女性婚姻移民的基本面貌、其社会融合与家庭发展状况,重点讨论女性婚姻移民在社会融合与家庭发展过程中的家庭经济和社会保障、婚姻和家庭关系、健康与卫生服务、社会认同与社会参与等方面问题,分析和探究有待完善的社会公共政策,提出促进特大城市女性婚姻移民的社会融合与家庭发展的对策建议。

(二)本研究的突破

1. 研究对象具有新的时代特征

上海的"两地婚姻"及其外来媳现象于20世纪90年代开始受人关注,上海外来媳的研究主要开始于2000年前后,权威的调查有:1996年上海市民政局与上海市计生委在全市范围内随机抽样调查了3600户外来媳家庭。2004年上海市妇联妇女研究中心在全市调查了550位外来媳。近十多年学界对上海外来媳的研究明显降温,相关政府部门并没有组织权威性的外来媳全面调查,只有局部街镇范围的零星调查。我们认为在新的时代背景下,外来媳在上海有增无减,被赋予了新的时代特征,一方面我们需要重新评估他们在城市的生存状态,另一方面外来媳发展中旧的矛盾解决了,新的矛盾和诉求又会产生,值得我们去研究。

2. 引入了家庭发展的概念

家庭是社会的细胞,家庭和睦则社会安定,家庭文明则社会进步。我国高度重视家庭发展工作,将家庭发展纳入国家战略。对于女性婚姻移民问题,引入家庭发展的视角来考察,这是之前任何文献研究都没有过的。从过往的政府工作看,上海的外来媳问题得到了卫生计生、妇联等部门的重视,相关部门推出了诸如帮助外来媳就业培训、医疗保险、健康关怀等项目予以支持与关怀，但是对外来媳全面的社会融合和家庭发展的支持还有待重视与完善。

3. 深化了外来媳重要民生问题的讨论和对策建议

本文在问卷调查和分析研究的基础上，对于涉及女性婚姻移民的社会融合和家庭发展的重要问题做了深入讨论，如女性婚姻移民的户籍管理政策、家庭经济和社会保障、婚姻关系和家庭地位、健康促进和服务需求、社会认同和社会参与等问题。最后提出了促进女性婚姻移民社会融合和家庭发展的对策建议。

（三）研究方法

1. 问卷调查

2017年10月至2018年2月，课题组在上海市人口办的支持下，在静安区、奉贤区、松江区、徐汇区、宝山区、浦东新区开展了"上海市两地婚姻的家庭发展与公共服务需求"问卷调查，调查内容围绕外来媳的社会融合和家庭发展现状及其需求，包括外来媳的基本情况、婚姻关系和家庭地位、家庭经济情况、社会保障、健康与卫生服务、社会认同与社会参与等六大方面。调查对象为两地婚姻中的外省市户籍的育龄妇女。调查预设样本总数为1000份，按分段分层的随机抽样方法获得调查对象，最终回收有效问卷996份。

2. 外来媳访谈

课题组在浦东新区周家渡街道、徐汇区田林街道、浦东新区花木街道、宝山区张庙街道开展外来媳访谈。了解外来媳及其家庭在社会生活中面临的问题，如社会认同、就业与贫困问题、婚姻关系与家庭地位、医疗服务，以及其他有关外来媳在社会生活和城市管理中出现的问题，倾听她们的呼声和意见。

3. 专家与干部座谈

从政府管理和社会服务的角度，听取人口学和妇女学的学者，民政、公安、卫生计生等部门的干部对完善本市外来媳的户籍管理、社会保障、就业培训、健康促进、妇女权益等公共管理与社会服务的意见。

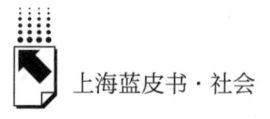

二 女性婚姻移民的社会融入和家庭发展情况

通过问卷调查，结合深入访谈、座谈以及典型案例分析，我们基本掌握了上海女性婚姻移民的基本情况、社会融合情况及其家庭发展状况。和2004年上海市妇联妇女研究中心组织的外来媳调查（以下简称2004年调查），以及1996年上海市计生委组织的两地婚姻调查（以下简称1996年调查）相比，上海的外来媳人群时代特征显著，社会融合和家庭发展状态良好。

（一）女性婚姻移民自身发展的总体评估

外来媳的出现和发展是城市社会发展的正常现象，人类婚姻圈的扩大总体上是有利于人类进步和社会发展的好事。过去的调查显示，上海的外来媳主要来自外地农村，自身文化程度偏低，缺乏职业技能，同时又由于户籍的限制以找到稳定的工作，自卑感较强。但是，本课题问卷调查以及开展的外来媳座谈、走访过程显示，外来媳整体比过去呈现较高的素质和自尊、自强、自立的精神面貌，主要表现在以下几个方面。

1. 外来媳的文化素质越来越高

1996年调查显示，外来媳具有高中及以上文化程度的仅占14.7%，2004年调查中此指标为23.6%，而本次调查中高中以上文化程度的外来媳占68.2%，大学本科以上学历的占15.6%。虽然外来媳的家乡和上海这一国际大都市相比，不同程度地呈现出了落后的状态，但是从外来媳的自身素质和条件来看，其文化素质、见识、外貌和健康状况一般都要优于家乡的同龄女性，而且一般也优于上海市同龄的流动人口妇女。过去的调查证明，上海的两地婚姻基本上是城市的低层与流入人口的中高层的结合。

2. 外来媳中来自城市和独生子女家庭的占比提高

1996年和2004年调查显示，外来媳妇主要来自农村，农业户口占80%以上的比重。本次调查显示，农业户口的比例为57.4%，明显下降。另外，独生子女也占了1/4左右，原籍地为城镇和城市的外来媳越来越多。

3. 外来媳的就业状况明显有了很大的提升

大部分外来媳在正规企业打工,占 67.3%;做临时工、零工的有 11.2%;自我雇佣(家政、小商贩等)的比想象得要少很多,仅占 3.0%;仅有 16.6% 的外来媳处于无业状态。1996 年调查中,没有工作的占 41.2%,2004 年调查中没有工作的占了近 2/3。

4. 外来媳喜欢上海,并且积极融入上海

和老家相比,绝大多数外来媳表示更喜欢上海。她们绝大多数满意自己在上海的生活工作状态,认为生活幸福和比较幸福的合计占 75%。她们积极融入上海,在社区生活和社会舞台勇敢展示自己。

(二)外来媳的家庭经济状态和社会保障有了根本性改善

1. 外来媳家庭经济上的贫困特质已非常态

长久以来,上海外来媳家庭往往被贴上了贫困家庭的标签。早在 1996 年的调查中就反映出外来媳家庭住房紧张、经济收入较低、社会保障差等弱势特征。时至今日,调查发现,外来媳家庭经济上的贫穷特质已经有了很大的改观,从调查问卷的数据看表现在三个方面。第一,外来媳家庭人均收入平均为 4.18 万元,虽然低于 2017 年全市居民人均收入 5.90 万元,但是其基本生活保障和生活条件无虞,和其他市民家庭差别并不大。第二,七成以上的调查对象自评家庭经济情况为"中等",认为"较差"和"较好"的都不多,说明大多数家庭并不认为自家在经济上和其他市民相比有弱势。第三,住房情况是家庭生活条件的重要体现,绝大多数外来媳家庭拥有自己的房产,生活安定,购买商品房、拆迁安置房、农村自建房三项合计占 92.7%。此外,过去调查中反应的个别地区外来媳的贫困问题,如宝山区张庙街道,课题在调查访问中发现已经明显得到改善。

2. 外来媳的就业率得到了大幅度提高

近十多年来,相关部门和各级政府都致力于帮助和促进外来媳劳动就业。2008 年起,上海市社会保障部门推出了"上海市外来媳妇就业技能培训"项目,针对暂无上海户籍、有就业愿望和劳动能力、生活困难的 45 岁以下的外来媳妇开展专项培训项目。各区县和街镇也因地制宜设立项目促进外来媳就业。如浦东新区卫生计生委2007年以来每年开展"彩虹计划"项目，闸北区共和新路街道建立外来媳"乐业"工作站。正是因为各方努力，外来媳的就业率不断提高。本次课题问卷调查显示，外来媳的就业率达到了83.4%，1996年不到60%，2004年不到40%。

3. 外来媳的社会保障有极大发展

上海不断完善针对外来媳的社会保障政策。2002年之前，外来媳在沪参加工作是没有任何社会保障的，2002年9月1日开始上海市实施外来从业人员综合保险制度（性质非社会保险）。2009年7月1日起，上海市规定与本市用人单位建立劳动关系的外来媳，应当参加本市城镇职工社会养老保险；外省市城镇户籍的从业人员，应当同时参加本市城镇职工基本医疗保险、工伤保险、生育保险和失业保险（"五险"）；外省市农村户籍的外来从业人员，应当参加基本养老保险、医疗保险、工伤保险（"三险"）。2016年4月1日起，"三险"停止，统一为"五险"。本研究问卷调查显示，参加正规就业的外来媳社会保障几乎达到了全覆盖，在685个有效回答中，2016年4月1日前就业单位缴纳"五险"（养老、医疗、工伤、生育和失业保险）的有385人，占56.2%；2016年4月1日前就业单位缴纳"三险"（养老、医疗、工伤保险）的有273人，占39.9%；就业单位没给缴纳保险的有11人，占3.9%。非正式就业人员（包括自我雇佣、临时工、无业者）中，大部分自己购买商业保险，占70.1%；小部分自己参加上海养老保险和医疗保险，占15.1%；极少部分继续参加原籍地的社保，在上海没有任何社保。外来媳的社会保障比过去有根本性的发展。在2004年的调查中，只有3.4%的外来媳就业单位为其缴纳了综合保险。

（三）外来媳婚姻和家庭生活基本美满

国内异地联姻研究中，大多数学者认为异地联姻的婚姻质量和稳定性不高，地域差异造成婚姻中的风险、冲突、不适是基本主题；但有人认为异地联姻家庭中夫妻关系和睦是主流；也有人认为异地联姻婚姻质量与本地联姻并没有差异。闸北区司法局2013年的一份数据显示,近2000件婚姻家庭矛盾中,外来媳家庭占了大半。然而本研究调查显示外来媳的婚姻质量还不错,家庭生活基本美满。

1. 两地婚姻的婚姻基础良好

一是绝大多数外来媳在婚前就来到了上海。大部分外来媳婚前已经来到了上海,她们中接近九成并不是单纯以婚姻为目的而流入上海的,而2004年时接近1/3的人就是因为结婚而进入上海的。二是外来媳和丈夫的年龄匹配。本次调查显示,平均男方大于女方3.16岁,般配、合理。以往的外来媳调查都显示,外来媳的丈夫年龄偏大,受教育程度、就业率及职业地位均低于上海同龄男性。1999年调查中,男方比女方平均大5.17岁;2004年的调查中,平均婚龄差7.68。三是男女双方同为初婚的比例高。男方和女方同为初婚的占83.9%,而2004年为72.5%。四是男女主动结识的比例较大。从婚姻的渠道看,出乎意料的是外来媳的婚姻自己认识对方的占41.5%,而2004年调查不到三成。

2. 外来媳家庭地位较高,家庭和睦

一是外来媳是家庭经济的主要贡献人。问卷调查显示,77.7%的外来媳是家庭经济的主要贡献人之一,有别于过去外来媳嫁人靠人、寄人篱下的情况。在一些原本弱势的家庭,外来媳成为该家庭发展的支柱,改善了家庭经济状况。二是外来媳在家庭中的"话语权"甚至超过了丈夫,外来媳和上海本地媳妇一样,在其家庭生活中相当大程度上起着主导作用。以家庭财务管理和支配的权利为例,家庭财务以夫妻共同管理最多,占61.9%;以妻子为主的占18.5%,超过以丈夫为主的13.4%。2004年调查中,妻子掌握家庭实权的比例仅为9.2%,19.5%的家庭是丈夫掌握家庭实权。三是外来媳自评家庭总体上和睦。虽然外来媳的家庭大多数是传统的大家庭,和公婆一起居住的为多,一对夫妻带自己的孩子生活的核心家庭在外来媳家庭中仅占1/3左右,但是绝大多数外来媳自评家庭总体上和睦。四是在夫妻发生矛盾和冲突时外来媳处于主动状态。夫妻长期生活难免发生冲突和矛盾,面对矛盾和冲突,近八成的丈夫能够主动示好沟通,丈夫动手打老婆的情况极少发生，不到1%。2004年调查中，有一成的外来媳婚后遭到过丈夫打骂。

（四）外来媳的健康促进工作不断取得进步

本次调查显示，绝大多数的外来媳健康状况良好，问卷调查中回答"很好"的占42.8%，回答"较好"的占44.9%，个别人回答"较差""很差"。

1. 外来媳医疗保障基本实现全覆盖

本次调查显示，外来媳参加上海城镇医保的占64.4%，参加上海农村合作医疗的占12.8%。除了参加本市城镇职工基本医疗保险、小城镇医疗保险和新型农村合作医疗外，从2008年1月1日起，上海还推出了无业外来媳适用的城镇居民基本医疗保险（以下简称"居民医保"），有2.0%的外来媳享受此项保险。其余11.1%外来媳参加原籍地医疗保险或者商业保险。总体看，目前上海的外来媳，在医疗保障方面可以说基本是全覆盖的。2004年调查的时候，外来媳参加本市和外地城镇职工基本医疗保险、农村合作医疗保险的比例仅为30%左右。

2. 开展公益性的外来媳健康促进项目

2007年修正的《上海市实施〈中华人民共和国妇女权益保障法〉办法》规定，各单位应当每两年安排本单位女职工进行一次妇科病、乳腺病的筛查。市和区县人民政府应当至少每两年安排退休妇女和生活困难的妇女进行一次妇科病、乳腺病的筛查。在本市户籍女性"两病筛查"基本实现全覆盖的基础上，各区县逐渐将外来媳以及常住的流动人口妇女也纳入了"两病筛查"项目。同时，市妇联联合市慈善基金会等机构还为患病困难妇女的后续治疗及生活提供了一定的救助，及时挽回了患病妇女的生命，保障了她们的健康，履行了政府对妇女健康的承诺。2013年，社会慈善机构、志愿者群体及有关医疗单位共同发起了"'爱在上海'健康工程——外来媳妇关爱行动"项目，为外来媳免费提供心理健康帮助、建立健康档案、给出个性化诊疗方案、普及妇科病知识、对疑难病例进行专家会诊以及定期健康检查等公益服务项目。

（五）外来媳在沪的社会认同与社会参与程度较高

很多研究都提示，外来媳的社会融合问题很大，缺少社会认同，社会参与程度低。谭琳等人从被访者的主观感受出发，发现张家港外来媳妇在新社区的融合存在障碍。赵丽丽提出城市婚姻移民因为婚姻得以进入城市生活，但其社会地位并没有因为婚姻而得到提高，从社会适应的总体状况来看，城市女性婚姻移民应属于介于农民工和市民之间的边际人。然而本研究的调查结论是外来媳在沪的社会认同与社会参与程度较高，显示出较高的社会融合状态。大部分外来媳妇办理了长期居住证，占85.7%；还有10.1%的人办理的是临时居住证；未办证的情况很少。外来媳对上海的认同程度非常高，和老家相比，大多数人更喜欢上海，大多数人认为"我就是上海的一分子，可以算上海人了"、"我已经是半个上海人了"。绝大多数外来媳能听懂上海话，2/3的外来媳会说全部或者会说大部分上海方言，84.1%的人经常和上海人交往，显示其社会融合状态良好。外来媳基本上觉得周围的上海人对自己没有歧视，有的还很尊重自己。上海以各种各样的条件，吸引了外来媳，其中"工作机会多，个人有发展前途"、"子女教育条件好"并列第一。大多数人反映自己在上海生活总体上是"比较幸福"和"幸福"的，合计占76.7%；回答"一般"的占21.8%；极少有人回答"不太幸福"和"很不幸福"。

三 女性婚姻移民的社会融入和家庭发展有待解决的主要问题

（一）女性婚姻移民的户籍管理政策问题

外来媳的社会融入和家庭发展中，落户问题是一个核心和关键问题，很多问题都是在没有城市户籍的基础上衍生出来的。不难理解，户口问题是外来媳诉求最为集中而迫切的问题，因此有必要予以讨论。

1. 特大城市现行的外来媳落户的规定

外来媳的落户政策，指的是除干部和技术人员照顾性户籍迁移，农业户口和非农业户口中的无业人员夫妻投靠到所在大城市的迁入。京津沪三大直辖市现行的外来媳落户政策基本一致。上海市规定：①外省市人员（指农业户口和非农业户口的无业人员，下同）与具有本市家庭常住户口的居民（指在本市已登记常住户口满 10 年）依法办理婚姻登记满 10 年、年满 35 周岁，可准予其在配偶户口所在地落户。②外省市少数民族人员及归侨、归侨子女、华侨子女与具有本市家庭常住户口的居民（指在本市已登记常住户口满 7 年）依法办理婚姻登记满 7 年，可准予其在配偶户口所在地落户。③外省市人员与本市残疾居民依法办理婚姻登记满 5 年，可准予其在配偶户口所在地落户。北京市的主要条件为：申请人年满 45 周岁，且结婚满 10 年；申请人年满 46 周岁，不满 55 周岁，结婚满 5 年；申请人年满 55 周岁的，结婚满 2 年。天津市的一般条件和上海相同，但是外地农业人口与该市农业人口结婚的，可以直接落户。

2. 特大城市现行的外来媳落户规定过于严苛

首先，三大直辖市的婚姻落户政策的时间要求在国内各大城市中是最长的，一般情况下需要结婚 10 年的等待期，如果遇到年龄比较小就结婚的外来媳，真正落户的等待时间更长（如 20 岁结婚的人，落户上海要满 35 周岁，需要等待 15 年）。国内除京津沪外，大多数大城市，如郑州、合肥、宁波、珠海等，婚姻移民可以直接登记落户；一线城市中的广州和深圳，婚姻落户的年限要求也明显比京津沪要短，仅 2~3 年。

其次，和发达国家的婚姻移民政策相比，特大城市的婚嫁落户等待时间太久。大多数发达国家，配偶移民在申请绿卡的众多途径中是最优先的。一般来说，在发达国家，只要婚姻状态不变，外籍移民和本国公民结婚 5~10 年的时间，就拥有获得入籍或者永久绿卡的机会。即使这样，政府的反对党和社会组织对婚姻入籍等待期过长的问题也多有抨击。①

---

① 多伦多大学社工学系教授 Rupaleem Bhuyan 认为，废除有条件的永久居留资格是必需的，因为现在做法令不公平的情况加剧。

（二）外来媳家庭经济和社会保障仍面临一定的问题

1. 部分外来媳家庭经济基础较差

两地婚姻的形成中，有家庭经济状况先天不足的因素。本地男方由于家庭经济和住房条件差，文化和职业层次都比较低，身体条件差、甚至有残疾等，在婚姻市场被"挤出"。这些男性由于直接或间接的原因，寻找上海本地的女孩结婚存在困难，于是选择了外来农村姑娘作为结婚对象。目前在本市的偏远农村地区，家庭经济条件不好的农村男青年和外来媳的婚姻组合也相对比较常见，如青浦的蒸淀、金泽，嘉定的浏和，金山的廊下等地。调查发现，有些经济困难的外来媳家庭，外来媳由于没有上海户口，所以在统计时，没有被纳入低保人口，因此很多贫困的外来媳家庭只能是低保边缘人群。在城镇，外来媳也不能享受国家公租房政策。由于家庭收入低，一些外来媳对嫁到上海后的生活并不满意，物质生活与他们想象的有落差，有人甚至认为和家乡生活比也不见得富裕多少。

2. 外来媳在就业中的弱势现象仍然显著

虽然现在上海的外来媳勤劳能干、积极上进，就业率有很大的提升，但是不可否认的是，受职业技能、职业习惯、信息来源等局限，外来媳的职业多局限在中低阶层、技能要求不高、收入较低的简单劳动上，工作稳定性差。因此，对外来媳就业的援助仍然是需要政府和社会关注的。

3. 外来媳退休后的养老保障还有忧患

虽然上海基本完善了外来媳参加社会保障的政策制度，但是这并不代表外来媳到龄后可以如愿得到养老保障。外来媳退休后的社保待遇主要面临如下问题。

一是工作时的缴费年限不够。按城镇职工养老保险的有关规定，参保人员必须连续缴满 15 年的保费（含在外地参保），才可以在退休之后领取养老金。目前的问题是已经参加本市城镇职工社会保险的外来媳（"五险"或"三险"），其最早参保时间是 2010 年，保费缴满 15 年，就是 2025 年。也就是说如果外来媳 2010 年之前在外地也没有参加社会养老保险，那么 2025

年之前退休的外来媳,都会面临参保年限不够的问题。

二是外来媳虽然缴纳社会保险年满15年,但是在上海市交金不满10年,可能要在外省市领取社保退休金。

三是外来媳过去参加的上海市外来人员综合保险无法和社保对接。2010年之前,外来媳可能按政策参加了外来人员综合保险,因为当时综保缴费模式和水平均与城保不同,没有实行个人缴费也没有建立养老保险个人账户,其养老待遇采取的是到龄后一次性领取一份老年补贴。目前没有政策通道将过去缴纳的外来人员综合保险折算城镇职工社会保险。

四是仍然有一部分外来媳没有参加任何形式的养老保险。问卷调查显示,目前外来媳群体中,还有一部分人没有加入社会保险,其原因有二:有一些灵活就业人员、自由职业者、无业人员(合计占外来媳群体的12%)等,主观上不重视社会保险,只顾眼前利益,参保意识薄弱;也有一些中小企业为了减轻负担,以不将劳动者列入劳动用工名单等手段故意逃避员工社保责任。

(三)外来媳婚姻家庭生活中存在不和谐的因素

"两地婚姻"的特性容易使外来媳的婚姻和家庭生活出现一些特殊问题。经过深入访谈和案例调查,我们发现外来媳婚姻家庭生活中存在以下几种不和谐的情况。

1. 男方不尊重外来媳,甚至使用家庭暴力

家庭暴力的形式有多种,有新《婚姻法》所规定的殴打、捆绑、残害、强制限制人身自由或者其他手段等强性的硬暴力,也有情感关系方面的暴力,也就是"冷性的软暴力"。如前所述,两地婚姻中的城市本地男方,有一些人是在本地婚姻市场被挤出的人群,他们年龄大,文化程度和职业层次低,有的有酗酒等不良生活习惯,在夫妻关系中不善于沟通,有的会因为小矛盾对外来媳实施家暴。复旦大学妇女研究中心2018年对全市家庭暴力进行案例研究,共收集21起家庭暴案,其中受害者为外来媳的家暴案有6起。

2. 婆媳矛盾比例相对较高

婆媳关系是一种特殊的家庭关系，是女子通过与丈夫的婚姻缔结而形成的与丈夫的母亲之间的亲属关系，在自然情感上有排斥性。外来媳妇从异地来到上海，进入上海家庭后，比一般家庭发生婆媳矛盾的可能性更大，其原因有二。第一，部分外来媳家庭中家里的经济权利大部分掌握在婆婆和丈夫的手里，外来媳妇没有经济支配的权利，婆婆对媳妇经济上采取限制的态度，容易导致婆媳关系的紧张。第二，由于地域差异和代际差别，外来媳生活观念、生活习惯以及生活方式与本地婆婆不尽相同。他们在同一屋檐下生活，必然要经过一段时间的磨合。在磨合的过程中有的婆媳可以很好地处理这些问题，而有的婆媳却将日常琐事带来的矛盾扩大化，有的婆婆甚至会歧视外地媳妇，凡事抱有成见。

3. 外来媳在正当的家庭中权益受侵

外来媳实际上是家庭的核心成员，在房屋动迁安置中，一样计算在家庭人口中。在幸福和谐的家庭关系中，外来媳实际有多少房子份额，并没有计较的必要，但是一旦出现家庭关系变故，外来媳要争取到自己合法的居住权就比较麻烦，多通过反复的调解、妥协才能够争取到部分利益。一些外来媳反映，由于其和其他家庭成员并没有在一个户口本上，因此她在家庭经济重大利益分配中，常常看夫家脸色，尽量委曲求全，以免走到离婚的地步。

4. 个别外来媳婚姻动机不良

仅仅因为想跳出农门，落户上海的外来媳也的确客观存在。个别外来媳，不讲爱情，只讲条件，贪图享受，婚后没有夫妻同舟共济的思想准备。家庭一有变故，就会引发夫妻关系的破裂。这种情况往往发生在再婚夫妇身上，极端情况下有骗婚现象发生。这类外来媳家庭的纠纷和夫妻矛盾，几经调节也难以解决，外来媳一方往往并不同意离婚，或者无理要求男方予以赔偿。

（四）女性婚姻移民的健康促进和服务需求问题

1. 外来媳的健康状况存在短板

问卷调查和座谈走访显示，外来媳在健康促进方面主要存在两个问题。

一是外来媳参加妇科普查的情况不容乐观。问卷调查表明，参加妇科普查的频率，29.6%的人一年一次，24.6%的人两年一次，30.2%的人不定期检查，还有15.5%的人从不参加。访谈调查发现，问题的原因一方面是外来媳的自我保健意识还有待提升，另一方面是社区宣传组织还不到位。二是部分困难家庭的外来媳身心压力较大，身心健康值得关注。由于远离家乡和亲人，外来媳在沪或多或少有孤单感，思念亲人，如果家庭经济、家人健康出现问题，容易陷入孤独无助的状态，出现心理问题。有些困难家庭，家庭成员因健康、残疾等需要外来媳长期照顾，外来媳的身体和精神面临双重压力，不堪重负。

2.外来媳对家庭健康服务需求迫切

问卷问及调查对象"您希望获得健康服务的内容（可多选）"，我们罗列了11个方面的内容，诉求最高的是结果"慢性病（如三高）防治"和"定期健康检查"，二者都超过了50%；其次是"科学育儿和青春期教育"，有34.2%；再次是"肿瘤防治知识""日常保健与养生指导""灾害与急救知识""助老知识和帮助"，也超过了10%。传统的女性生殖健康和计划生育服务中的"避孕节育服务""性病艾滋病防治""妇科病防治"诉求率并不高（见表1）。

表1 外来媳希望获得健康服务的内容

单位：人，%

选 项	响应		个案百分比
	样本	相对百分比	
1. 科学育儿和青春期教育	340	13.5	34.2
2. 妇科病防治	95	3.8	9.5
3. 慢性病（如三高）防治	591	23.5	59.4
4. 定期健康检查	534	21.2	53.7
5. 避孕节育服务	103	4.1	10.4
6. 肿瘤防治知识	262	10.4	26.3
7. 性病艾滋病防治	43	1.7	4.3
8. 日常保健与养生指导	253	10.0	25.4

续表

选项	响应		个案百分比
	样本	相对百分比	
9. 灾害与急救知识	116	4.6	11.7
10. 助老知识和帮助	109	4.3	11.0
11. 其他健康知识和服务	72	2.9	7.2
合　计	2518	100.0	253.1

注：多选，N = 995

（五）部分外来媳社会融入不佳

在深入的访谈和座谈中，我们发现外来媳毕竟不同于本地媳妇，在社会生活中面临亲戚少、朋友圈小，有时会有孤独感，社会融入不佳的问题。这种情况一般发生在两类人上。第一类情况：外来媳文化程度较低，家乡在偏远的农村，自身性格内向，她们在流入地城市社会生活中，或多或少有一些自卑感，需要花较长的时间才能克服自卑心理，比较自如地在上海生活和工作。第二类情况：与第一类人完全不同，她们自身来自大城市，婚前家境不错，有的还是独生子女，父母疼爱，接受过良好的教育（其中不乏大学生），在原籍地她们在同龄人中属于比较优秀的。她们对嫁入上海后的婚后生活期望值高，婚后遇到生活中的种种不如意，容易产生抱怨和不满的情绪，和周围环境有时会格格不入，甚至发生冲突。

四　促进女性婚姻移民的社会融合和家庭发展的建议

课题调查表明，外来媳普遍希望政府帮助她们进一步融入上海，享受更多国际大都市的幸福生活。问及需要基层政府帮助的7项主要事项时，外来媳们选择最多的是"及时报入上海户口"，有88.3%；其次是健康、就业、子女教育这些重要的民生问题，分别有三成多的诉求（见表2）。此外，外来媳较关心的问题是自身户口以及子女教育、健康和收入等重要民生事项。

问卷问及"除了户口因素外,哪些事情会让您感到烦恼呢(可多选,最多选三项)",结果显示外来媳多为"孩子教育上的问题""家庭成员健康问题""家庭收入不高,谋生压力大"而烦恼,其次为"家庭成员间不和睦""找不到合适的工作""个人健康问题""缺乏亲友,感觉很孤单""缺少闲暇和娱乐生活"等。

表2 需要基层政府提供的帮助

单位:人,%

选项	响应		个案百分比
	样本	相对百分比	
1. 及时报入上海户口	879	37.6	88.3
2. 定期组织妇科体检	372	15.9	37.4
3. 提供就业信息和就业培训	323	13.8	32.5
4. 更多解决医疗保险	304	13.0	30.6
5. 家庭经济困难希望政府经济补贴	139	6.0	14.0
6. 帮助家庭抓好子女教育	300	12.8	30.2
7. 消除周围人的歧视	18	0.8	1.8
8. 其他(请注明)	1	0.0	0.1
合计	2336	100.0	234.8

注:多选,N=995。

根据研究发现的问题及原因,我们提出如下促进女性婚姻移民社会融合和家庭发展的建议。

(一)完善女性婚姻移民的社会公共政策

总体而言,外来媳在上海仍然属于弱势人群,在现有户籍制度中,她们和一般的流动人口不一样,基本上她们或早或迟都会成为上海户籍人口的一部分,因此行政管理要尽力为她们的安居乐业提供服务和便利。

1. 缩短外来媳户籍申报的等待时间

特大城市虽然不断完善户籍政策,在投靠类迁入中越来越多地考虑人性化因素,但是就婚姻迁入落户来看,迄今为止,相关规定在国内外还是最为严苛的,我们认为有调整放宽的必要。另外,如果生育需要提倡,那么合法的结婚尤其是初婚更应该提倡,缩短外来媳落户特大城市的时间等待,就是可以操作的政策之一。根据分析研究,课题组建议管理部门对现行的户口管理政策进行调整。

第一,对于已经在特大城市婚后生育子女的外来媳,应该直接落实上海户籍。理由一,婚姻迁移这么长时间的等待期,从管理部门的角度看,主要是出于婚姻真实性和稳定性的考量,防止骗婚落户情况的出现。妇女婚后的生育行为,应该是结婚真实最有说服力的依据。理由二,在目前人口低生育率的情况下,合法的生育行为理应受到政府的鼓励,外来媳生育孩子,一定意义上可以说是为社会发展做贡献。目前特大城市的人口生育水平较低,广为社会关注和担忧,但是人们没有注意到生育水平低下的背后,是结婚人口尤其是初婚人口数量的不断下降,屡创新低。2016年,上海全市的初婚人口仅为13.79万人,为最多时2011年23.94万人的57.60%。理由三,全国早在20世纪90年代初期就实行了孩子户口随父随母自便的原则,外来媳只要在城市结婚生子,基本上孩子户口都直接落户特大城市,一定要把母亲和孩子的户口在一定时间内分离,于情于理很难说通。

第二,普遍缩短与上海市城镇居民结婚的外来媳妇申报上海市常住户口的时间。把外来媳妇申报户口的时间缩短到婚后5年左右,或者在外来媳户口的迁入过程中,考虑结婚年限、在沪居住时间、就业稳定性、交税交金情况、文化程度、社会贡献、家庭中是否有需要护理的户籍老人和残疾人等情况,进行统一打分,公开评分结果,根据分值的高低排队,加快解决的时间。

2. 提高外来媳弱势家庭的经济扶助覆盖面

首先,把外来媳及其子女纳入本市最低生活保障制度。其次,将外来媳直接纳入城市住房保障体系中,将公租房的政策对象扩大到外来媳群体。再次,在社区服务和社区救助中,要关爱外来媳弱势家庭。对于需要照顾老人的外来媳家庭,政府应提供"喘息式"服务。

3. 加强外来媳的养老社会保障

目前外来媳的养老保障还是有种种的后顾之忧的,需要进一步加强,保障其未来的养老生活。首先,要健全法律制度,严厉打击企业逃避缴纳外来媳社保基金的行为。尽管我国于2011年制定实施了《中华人民共和国社会保险法》,但该法律只是一部基本的框架性法律制度,针对实际执行过程中的违法行为没有严厉的制裁措施和手段。其次,要强化外来媳参加社会保险的意识。针对一部分外来媳只顾眼前利益,不顾家庭长远发展的思想,社区干部在提供就业援助中,要多多提示外来媳重视和及时办理有关社保手续。最后,加强社保政策的透明度和告知覆盖率。由于养老保险政策的设计非常仔细,而外来媳的文化程度有限,自身情况复杂多样,每个人享受的待遇计算有很大的不同,要在政策范围内尽可能给外来媳创造安享晚年的保障条件。

(二)通过多元化的项目服务,提高女性婚姻移民的社会融入和家庭发展能力

外来媳家庭总体上还是弱势家庭,其家庭发展能力有待全面提升。外来媳的生活需求是多方面的,家庭发展能力的提升是一个比较复杂、涉及诸多方面的概念。通过政府购买服务的项目化运行方式,可以针对外来媳家庭发展的现实问题和需要,通过社会组织专业、高效的运作,提供多元化的项目服务,可以切实提高外来媳家庭的发展能力。结合国家卫健委倡导实施的"新家庭计划——家庭发展能力"项目和外来媳家庭发展的实际,我们认为,在如下领域为外来媳家庭提供公益项目服务是非常有必要的。

1. 加强就业培训

针对外来媳在沪就业的弱势状态,从市、区层面上继续推进外来媳就业培训项目,在外来媳分布比较集中的社区开展外来媳就业援助项目,提供职业培训、职业交流和职业介绍。

2. 重视家庭文化建设

针对外来媳家庭代际关系复杂,成员多的状况,弘扬尊老爱幼、男女平等等家庭美德,促进建立和谐的家庭关系,优化社区环境。

3. 给予养老照护的支持

问卷调查表明,外来媳的家庭代际关系比一般市民家庭复杂,61.2%的

人和男方父母一起居住,因此,外来媳承担赡养老人的情况比一般家庭多见。要为这些家庭普及老年人慢性病的预防知识和常见病的干预手段,重点关注高龄老人、独居老人、失能老人等的身心问题,提高家庭成员居家照护老年人的能力。

4. 开展家庭育儿支持

普及 0~3 岁婴幼儿家庭养育的科学知识,帮助外来媳提升儿童抚育、儿童安全意识培养等方面的能力。

5. 促进家庭保健

通过健康咨询、健康教育等方式培养外来媳家庭成员健康的生活习惯,消除健康隐患,提高她们自我保健的意识和能力。

(三)以社区计生协会为平台,促进女性婚姻移民的社会融入和家庭发展

计划生育协会是一个以倡导人民群众计划生育/生殖健康为目标的群众团体,计生协会作为一个原计生系统的群众组织,在促进妇女发展和家庭幸福方面应该是大有可为的①。在外来媳比较多的社区,可以以计生协会作为平台和纽带,有组织地把她们吸纳到协会中,团结和凝聚她们,指导其进行自我管理、自我教育、自我约束和自我服务,增进她们的家庭健康、优生优育、生产和生活技能,促进社会融合。

1. 建立基层外来媳计生协会,规范运作机制

外来媳计生协会是团结和凝聚外来媳很好的平台,会员骨干无疑都是外来媳,同时兼顾吸收流动人口中的育龄妇女和未婚女青年。从浦东、徐汇等地的经验来看,外来媳计生协要持续发展,必须要规范运作机制。首先,基层政府予以一定的扶植和推动;其次,建立乐于奉献的志愿者骨干队伍,募集活动经费,减少对政府的依赖;最后,规范组织制度、内部管理运行

---

① 《中国计划生育协会章程》,2016 年 5 月 20 日中国计划生育协会第八次全国会员代表大会修改通过。

机制。

2. 开展丰富多彩的联谊培训活动,促进外来媳的社会融合

围绕促进外来媳的社会融合、带领外来媳走出家门,协会可以结合流动人口的实际情况,组织外来媳参加丰富多彩、贴近生活的活动,满足她们生活和身心健康的需要。一是生活技能类培训活动,二是就业培训,三是素质提高和权益维护,四是心理咨询和情感交流,五是健康生活方式倡导。

3. 帮扶困难家庭、提升家庭发展能力

外来媳计生协会要以关爱弱势群体为己任,探索和完善多途径、多功能、多元化的服务体系,以爱心帮助困难家庭提升家庭发展能力。为了充分调动来沪人员的自身服务能力,互助互惠,建立志愿服务"积分制",以服务他人和参与活动的时间为依据,给予一定的分值,积分可以不断积累,成为个人参加活动、服务的凭证。倡导"我为人人,人人为我"的精神,使外来媳在被服务和参与服务的熏陶中,提高综合素质和参与社会的竞争能力。

(四)因人制宜,运用社会工作方法帮助女性婚姻移民家庭和谐发展

家庭发展中的矛盾千差万别,部分外来媳家庭发展中的问题或者弱势特质,并非政府公共政策或者公共服务的短缺所致,可以依仗社会工作的介入来改善和消除。社会工作是基于人权与社会公正的基本原则而开展的,是一种专业助人的过程,是利他主义的社会互动,是由专业组织在特定的价值理论指导下,运用科学的方法和技巧而进行的助人服务活动。其宗旨就是预防和解决社会问题、恢复和增强人们的社会生活功能。家庭社会工作是以家庭为中心而进行的社会工作介入,为有困扰的家庭及其家庭成员提供家庭服务,以达到强化家庭生活,解决家庭问题,促进家庭关系和谐及其社会功能正常发挥的目的。

外来媳家庭发展出现的问题的核心是夫妻关系的平衡。作为外来媳妇,从外地嫁入上海,其所有社会关系网络往往以丈夫为结点而展开,没有亲人

和朋友的陪伴。当出现夫妻矛盾冲突和家庭问题时，她们往往无人倾诉，也得不到他人的帮助，这使她们承受较大的心理和精神压力而无法释放。这样不仅危害着她们的身心健康，也会造成更多的矛盾冲突和家庭问题，影响家庭的稳定和谐。家庭社会工作可以帮助家庭重建和谐的家庭关系，而难点就在于社会资源的整合和社会支持系统的建构。

参考文献

Bonney N., Love J.. Gender and Migration: Geographical Mobility and the Wife's Sacrifice. *Sociological Review*, 1991, (39).

丁金宏：《论城市两地户口婚姻的增长、特征及其社会政策寓意——以上海市为例》，《人口研究》1999年第9期。

周海旺：《上海市外来媳妇及其子女的户口政策研究》，《中国人口科学》2001年第3期。

赵丽丽：《中国女性婚姻移民研究的回顾与反思》，《同济大学学报》（社会科学版）2007年第4期。

邓晓梅：《农村婚姻移民的社会适应与时代变迁》，光明日报出版社，2014。

乔晓春、黄衍华：《中国跨省流动人口状况——基于"六普"数据的分析》，《人口与发展》2013年第1期。

胡莹、李树茁：《中国当代女性跨省婚姻迁移模式变迁研究》，《妇女研究论丛》2015年第1期。

田华：《西南农村妇女东迁婚配态势探析》，《南方人口》1991年第1期。

张和生：《婚姻大流动》，辽宁人民出版社，1994。

蔡竞：《到浦东找婆家——浦东新区外来妹的状况分析与思考》，《浦东开发》1999年第2期。

陆建民：《上海部分"外来媳"状况调查》，《中国妇运》2005年第9期。

孙阳阳：《外来媳妇的夫妻关系及其社工介入研究——以上海市浦东新区镇为例》，华东理工大学硕士学位论文，2011。

吴妨：《当代中国城市婚姻移民的融入困境：社会网络视角下的解析——以上海市芷江西路街道外来媳妇为例》，上海大学硕士学位论文，2006。

顾青：《角色理论视角下的外来媳多元化社会融合及其对策研究——以上海市a区z镇为例》，上海大学硕士学位论文，2016。

B.13
上海精准救助管理的实践与对策探讨

曹 康[*]

摘 要: 本文从社会救助政策和精准救助的理论研究出发,认为应从政策精准定位、对象精准识别、实施精准治理三个维度来定义精准救助。在实施精准救助管理时,应重点突出精准救助政策体系的制订、救助对象识别及其需求评估、严格规范救助运行机制、各类救助资源的统筹和管理、全面完善的救助保障和评价机制等五个方面。上海要建立与上海经济社会发展相适应的社会救助体系。

关键词: 上海 精准救助 社会救助管理

自1993年在全国率先建立城镇居民最低生活保障制度以来,上海社会救助工作已初步形成以最低生活保障、特困人员供养为基础,以支出型贫困家庭生活救助、受灾人员救助和临时救助为补充,以医疗救助、教育救助、住房救助、就业救助等专项救助为配套,社会力量充分参与的现代社会救助制度体系。随着上海"全球化大都市"的建设,以及"上海服务"的整体推进,上海社会救助工作必须顺应时代要求,通过精细化治理,保障社会救助制度更公平、更可持续。精准救助既是国家社会救助政策的导向,也是社会救助转型发展的新要求。上海要主动对标精准救助,解放思想、大胆探索,努力构建适合上海实际的精准救助制度体系。

---

[*] 曹康,上海市民政科学研究中心民政研究部主任。

一 精准救助的内涵

探讨和明确"精准救助"的内涵，是开展和推进社会"精准救助"的基础。综观社会救助各项政策从推出到完善的过程，不难发现，政策和研究始终是相互交错、相互促进并不断相互完善的。下面将从政策及科研两个方面来探讨精准救助的内涵。

（一）关于精准救助的相关政策

2014年5月，国务院正式颁布《社会救助暂行办法》，这是首次在国家层面以行政法规的形式建立健全我国社会救助制度体系，把以往分别制订实施的各类社会救助项目融合进统一的社会救助体系框架内，形成了最低生活保障、特困人员供养、受灾人员救助、医疗救助、教育救助、住房救助、就业救助、临时救助等八项制度。在此基础上，后续发布的社会救助政策逐渐向精准化、精细化发展，具体概括起来有四个方面。

一是进一步规范了救助对象的认定工作。完善城乡低保家庭经济收入状况核查工作，要求精准识别低保对象，2015年，民政部、国家统计局发布《关于进一步加强农村最低生活保障申请家庭经济状况核查工作的意见》（民发〔2015〕55号），民政部、中国银监会发布《关于银行业金融机构协助开展社会救助家庭存款等金融资产信息查询工作的通知》（民发〔2015〕61号）。2016年，民政部印发《关于贯彻落实〈国务院关于进一步健全特困人员救助供养制度的意见的通知〉》（民发〔2016〕115号）和《关于〈特困人员认定办法〉的通知》（民发〔2016〕178号），对特困人员从认定到终止救助供养作了明确的规定。

二是进一步规范了救助管理工作。2014~2018年，民政部等部门分别发布了《民政部关于开展"救急难"工作试点的通知》（民发〔2014〕93号）、《民政部财政部关于在全国开展"救急难"综合试点工作的通知》

（民发〔2015〕57号）、《民政部财政部关于进一步加强和改进临时救助工作的意见》（民发〔2018〕23号）等文件，将遭遇突发性、紧迫性、临时性基本生活困难的居民家庭和个人纳入临时救助范围，并不断完善临时救助制度，提升救助效益。

三是进一步加强救助的保障工作。2015年以来，民政部及相关部委发布了一系列保障性政策，如《关于加强推广应用全国最低生活保障信息系统的通知》（民函〔2015〕83号）、《关于指导村（居）民委员会协助做好社会救助工作的意见》（民发〔2015〕104号）、《关于进一步加强医疗救助与城乡居民大病保险有效衔接的通知》（民发〔2017〕12号）、《关于积极推行政府购买服务加强基层社会救助经办服务能力的意见》（民发〔2017〕153号）等，从政策、资金、信息化及基层工作能力等方面建立了相关保障制度。

四是进一步完善了救助工作的评价机制。2016年，民政部、财政部印发《困难群众基本生活救助工作绩效评价办法》（民发〔2016〕178号），对全国各地的社会救助工作进行综合评价。

与此同时，各省（区、市）积极贯彻落实《社会救助暂行办法》，并结合各地实际情况，出台了一系列社会救助领域的地方性政策。从各地的实际工作来看，精准救助已成为基本的工作目标。特别是北京市，推出了一系列精准救助的政策文件。

2016年，北京市人民政府办公厅印发《关于在"十三五"时期实施精准救助的意见》的通知（京政办发〔2016〕52号），提出以主动发现、严格管理、精准施救为工作重点，建立包括基本生活保障、医疗救助、教育救助、就业救助、住房和供暖救助、临时救助、慈善救助、专业社会工作服务的精准救助政策体系，建立健全包含发现机制、精准识别、台账管理、动态管理、救助监管、行政执法的精准救助管理体系，并从组织领导、社会动员、资金保障、监督检查、政策宣传方面给予相关保障。以此为指导，2017年，北京市民政局印发《关于成立困难群众救助服务指导中心开展精准救助试点的意见》（京民社救发〔2017〕

156号),明确建立市、区、街道(乡镇)三级协调联动的工作格局;出台《关于社会工作参与精准救助的实施意见》(京民社工发〔2017〕23号),建立了"专职工作人员+专业社会工作者"的社会救助工作队伍,推进精准救助工作专业化。2018年,北京市民政局印发了《关于建立困难群众精准救助帮扶台账的实施办法(试行)》(京民核发〔2018〕195号),明确了建档程序和台账标准,为困难群众建立精准救助帮扶台账,有针对性地开展资源链接、个案帮扶,以及数据统计分析。

北京市以《"十三五"时期实施精准救助的意见》为指导文件,不断补充完善相关配套政策,形成了一套关于实施精准救助的政策体系。

(二)关于精准救助的研究梳理

相对于精准救助在政策制订和实务领域的具体推进,理论界对精准救助的研究侧重于两个方面。

一是侧重于对精准救助内涵的研究。孙远太认为,相对于精准救助的政策目标,当前的社会救助运行体制存在精准识别障碍、精准帮扶障碍和精准管理障碍等问题。需要从对象识别、需求识别和加强信息化方面改进识别机制;从分类救助、差异化救助和服务购买方面改进帮扶机制;从就业激励、分类退出和代际贫困干预方面改进管理机制,从而推动社会救助走向精准救助。胡思洋认为精准救助有三个维度:社会救助制度的精准定位、救助对象的精准识别、道德风险的精准治理。在经济新常态下,要明晰救助、保险、福利、扶贫的项目边界,充分考虑制度的可持续性,并运用市场化、信息化、社会化等手段解决精准识别和道德风险。同时,要做好精准救助和精准扶贫的有效衔接,发挥民间慈善力量对社会救助的"盲点"进行补位。

二是侧重于精准救助管理的研究。李泉然认为,社会救助政策在实施过程中的核心目标是将社会救助资源精准地递送给政策的既定目标群体,这就需要我们反思当前社会救助政策的目标定位问题,即反思不同救助项目的既定目标对象，重新定义实践中社会救助对象的具体识别，统筹考虑社会救助与就业促进，从法治化、专业化、信息化、程序化和本土化五个方面构建现代化社会救助政策目标定位机制。李运华、魏毅娜对精准救助制度体制提出如下构想：按收入完善基本生活救助，按支出强化分类救助；以需求为导向，提高救助的整体性；从制度弹性、主体多元化、手段多样化等方面，提高制度的灵活性。创新社会救助管理体制机制则要注重实现管理体系一体化，管理方式信息化，救助程序规范化、科学化，救助服务专业化，以及救助考核全面化、动态化。

（三）精准救助的内涵及重点实施领域

综上所述，精准救助仍是一个较新的概念，但是在政策层面与理论研究层面上，依然存在很多的共识。以"救助什么——救助谁——如何救助"为主线，将上述政策和研究梳理进行归类可以发现，精准救助作为政策目标，主要包含三个维度：一是政策精准定位（救助什么），即社会救助政策体系各项救助政策的目标定位，以及政策之间的合理衔接；二是对象精准识别（救助谁），即怎么认定救助对象，如何确定救助对象的救助需求；三是实施精准治理（如何救助），即如何保证各类社会救助资源精准递送到政策既定的对象手中。

因此，可以尝试将精准救助定义为：国家和社会为解决困难群众的生活和发展需求，不断完善救助政策设计，统筹各类救助资源，运用信息化、专业化等手段，提供与经济社会发展水平相适应的各类救助和服务。从精准救助管理来看，重点实施领域应聚焦精准救助政策体系制订、救助对象识别及其需求评估、精准救助运行管理机制、各类救助资源的统筹和管理、全面完善的救助保障和评价机制。

二 上海社会精准救助管理的现状

上海社会救助工作坚持"托底线、救急难、可持续"的方针，不断完善社会救助政策体系，不断提升社会救助水平，积极推进社会参与，取得了显著成果。

（一）社会救助政策日益精细完善

2014年，上海积极贯彻落实《社会救助暂行办法》，建立了"9+1"社会救助体系，将最低生活保障、特困人员、支出型贫困与医疗、教育、住房、就业、临时救助、社会参与等纳入制度范围。通过实行分类救助政策，进一步关注了低保边缘人群的生活困难问题，强化了政策的针对性和精准性。

目前，上海的社会救助政策可以归为两大类型：一类是具有长效性的政策体系（见表1），如各分类救助政策、综合性政策以及相关配套政策等；另一类是年度动态性调整的政策（见表2）。

表1 上海市长效性的社会救助相关政策

类别	政策名称
综合	《上海市人民政府印发关于本市贯彻〈社会救助暂行办法〉实施意见的通知》（沪府发〔2014〕60号）
	《上海市民政局关于印发修订后的〈关于本市社会救助工作若干问题的规定〉的通知》（沪民规〔2017〕3号）
	《上海市发展和改革委员会、上海市民政局、上海市财政局、上海市人力资源和社会保障局、国家统计局上海调查总队关于进一步完善本市社会救助和保障标准与物价上涨挂钩联动机制的通知》（沪发改价督〔2016〕6号）
	《上海市财政局、上海市民政局关于印发〈上海市自然灾害生活救助资金管理暂行办法〉的通知》（沪财社〔2017〕62号）
最低生活保障	《上海市人民政府办公厅关于印发市民政局等六部门制订的〈上海市城乡居民最低生活保障申请家庭经济状况认定标准〉的通知》（沪府办发〔2014〕16号）
特困人员	《上海市人民政府印发〈关于实施本市特困人员救助供养的意见〉的通知》（沪府发〔2016〕109号）
医疗救助	《上海市民政局、上海市财政局、上海市人力资源和社会保障局等关于进一步调整完善本市医疗救助政策的通知》（沪民规〔2018〕17号）
	《上海市民政局、上海市财政局关于印发〈上海市城乡医疗救助资金管理办法〉的通知》（沪民规〔2017〕2号）

续表

类别	政策名称
医疗救助	《上海市民政局、上海市财政局、上海市人力资源和社会保障局、上海市医疗保险办公室关于调整和完善本市医疗救助制度加强住院医疗救助工作的通知》(沪民救发〔2015〕43号)
	《上海市卫生和计划生育委员会、上海市财政局、上海市公安局、上海市民政局、上海市人力资源和社会保障局、上海市红十字会关于印发〈上海市疾病应急救助制度实施细则(试行)〉的通知》(沪卫计医政〔2015〕040号)
	《上海市民政局、上海市发展和改革委员会、上海市财政局、上海市卫生和计划生育委员会、上海市人力资源和社会保障局、上海市医疗保险办公室、上海市总工会、上海市红十字会关于在本市开展城乡医疗救助"一站式"服务工作的指导意见》(沪民救发〔2015〕21号)
	《上海市民政局、上海市财政局关于取消低收入家庭住院医疗救助病种限制的通知》(沪民救发〔2013〕64号)
支出型贫困	《上海市人民政府关于印发修订后的〈上海市因病支出型贫困家庭生活救助办法〉的通知》(沪府发〔2016〕90号)
临时救助	《上海市人民政府办公厅印发〈关于加强和改进本市临时救助工作的实施意见〉的通知》(沪府办发〔2015〕1号)
	《上海市民政局、上海市财政局关于印发〈关于在本市开展"救急难"工作的实施意见(试行)〉的通知》(沪民救发〔2017〕30号)
生活无着人员	《上海市财政局、上海市民政局关于规范和加强中央财政流浪乞讨人员救助补助资金使用管理工作的通知》(沪财社〔2014〕82号)
专项救助	《上海市民政局关于转发〈"寒冬送温暖"专项救助工作手册(试行)〉的通知》(沪民救发〔2017〕29号)
	《上海市民政局关于印发〈上海市低收入困难家庭申请专项救助经济状况认定标准(试行)〉的通知》(沪民救发〔2014〕50号)
经济核对	《上海市民政局关于发布〈上海市城乡居民最低生活保障申请家庭经济状况核对实施细则〉的通知》(沪民救发〔2014〕15号)
	《上海市民政局关于本市医疗救助申请家庭经济状况核对工作有关事项的通知》(沪民救发〔2014〕53号)
工作评价	《上海市社会救助工作联席会议办公室关于印发〈上海市社会救助工作绩效评价办法(试行)〉的通知》(沪社救联办〔2015〕2号)
社会参与	《上海市民政局关于引导社会力量参与社会救助工作的意见》(沪民救发〔2018〕13号)
	《上海市民政局关于开展社会救助社会工作服务试点的通知》(沪民社工发〔2017〕6号)

表2　上海市年度动态调整的社会救助相关政策

类别	政策名称
专项救助	《上海市民政局关于调整本市低收入困难家庭申请专项救助收入标准的通知》（沪民规〔2018〕8号）
低保	《上海市民政局、上海市财政局关于提高本市城乡低保家庭中16周岁以下未成年人救助标准的通知》（沪民规〔2018〕9号）
	《关于调整本市城乡居民最低生活保障标准的通知》（沪民规〔2018〕10号）
综合	《上海市民政局、上海市财政局关于调整本市救济对象定期定量补助标准的通知》（沪民规〔2018〕11号）
	《上海市民政局、上海市财政局关于本市申请社会救助家庭就业人员收入豁免标准的通知》（沪民规〔2018〕12号）
特困人员	《上海市民政局、上海市财政局关于调整本市特困人员救助供养标准的通知》（沪民规〔2018〕13号）

为保障低保、低收入人群的基本生活，从2011年起，上海开始实施社会救助和保障标准与物价上涨挂钩联动机制，参考上年度城乡居民人均消费支出、城乡居民人均可支配收入、城乡低收入居民基本生活费用支出等数据，动态调整每一年度的各项保障标准，并于当年4月1日发布实施。2018年，上海城乡居民最低生活保障标准由每人每月970元，调整为每人每月1070元；低保家庭中的16周岁以下（含16周岁）未成年人，救助标准调整为每人每月1400元；特困人员日常生活供养和重残无业人员标准调整为每人每月1400元；低收入困难家庭申请专项救助的收入标准调整为城乡居民家庭月人均可支配收入低于2140元。此外，申请社会救助家庭中达到本市企业职工月最低工资标准的人员，本人的收入豁免标准为每人每月870元。

2018年11月22日，上海市人大常委会表决通过了《上海市社会救助条例》（以下简称《条例》），《条例》主要包含总则、社会救助对象、社会救助内容与方式、办理程序、社会力量参与、管理与服务、法律责任及附则等内容。与《社会救助暂行办法》相比，《条例》在救助对象方面增加了低收入困难家庭和支出型贫困家庭，进一步扩大了社会救助覆盖面。

（二）救助对象识别实现精准有效

2006年，上海率先在全国开展居民经济状况收入核对，积极与社会救助项目对接，初步实现社会救助体系全覆盖。

一是核对项目范围不断扩大。2017年底，核对项目总数有12个，包含共有产权保障房、廉租住房、最低生活保障、因病支出型贫困、医疗救助、教育救助、临时救助、养老服务补贴、残疾人生活补贴、农村危旧房改造、特困人员供养和就业援助。

二是核对时效不断提高，2017年底，建立了与政府有关部门及银行等单位电子信息比对的专线30条，比对频率从一周一次提高到一周两次，各救助项目的平均出证用时缩短到11.25个工作日。

三是核对结果精准有效。2017年底，全市共完成12个项目45.48万户的核对工作。其中：廉租房核对1.47万户，检出率14.58%；共有产权房核对3.78万户，检出率8.77%；低保核对25.8万户，差异率19.34%；因病支出型贫困核对2833户，差异率59.5%；医疗救助核对9.62万户，差异率12.17%；临时救助核对2.15万户，差异率38.12%；教育救助核对3969户，差异率28.38%；养老服务补贴核对1.35万户，差异率13.24%；残疾人生活补贴核对5595户，差异率26.47%；农村危旧房改造核对323户，差异率26.33%；特困人员供养核对554户，差异率45.87%；就业援助核对12户，差异率22.22%。

（三）社会救助整体水平稳步提高

目前，上海社会救助项目不断拓展，救助的人群不断扩大，投入的救助资金不断增加，社会效益不断提升。

1. 城乡居民最低生活保障发挥重要托底作用

最低生活保障金连年上涨。2010～2018年，上海城乡最低生活保障金大幅上涨，城镇最低生活保障金从2010年的450元/月，提高到2018年的1070元/月，累计涨幅达137.78%，年均涨幅为15.31%；农村最低生活保障金从2010年的300元/月,提高到2018年的1070元/月,累计涨幅达256.67%,年均涨幅为28.52%。二者远远高于近年居民消费价格指数的增长(见图1)。

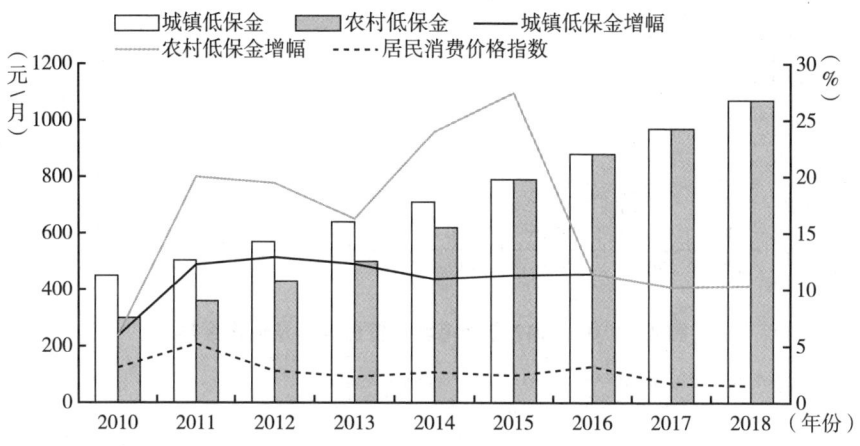

图1 2010~2018年上海城乡最低生活保障金

资料来源：上海市民政局。

低保资金支出不断增加。2017年,上海全市有城镇最低生活保障对象约11.26万户、15.71万人,全年城镇累计支出低保资金约16.90亿元；有农村最低生活保障对象约2.84万户、3.48万人,全年农村累计支出低保资金约2.69亿元(见图2)。

2. 特困人员供养保障水平大幅提升

2017年,根据《国务院关于进一步健全特困人员救助供养制度的意见》(国发〔2016〕14)文件要求,上海将城镇"三无"人员纳入特困人员供养,提高了城乡特困人员保障工作水平。

同年,上海特困人员日常生活供养标准调整为每人每月不低于1270元,比去年每人每月1150元提高10.43%。至2017年底,全市有特困救助供养人员3039人,全年支出供养资金3699.9万元。其中城镇特困供养人员747人,全年支出供养资金527.5万元；农村特困供养人员2292人,全年支出供养资金3172.1万元(见图3)。

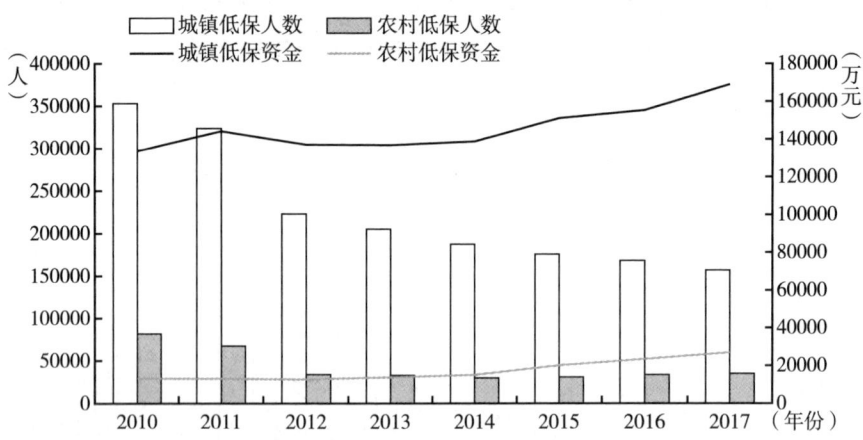

图 2　2010～2017年上海城乡低保人数及低保金额

资料来源：上海市民政局。

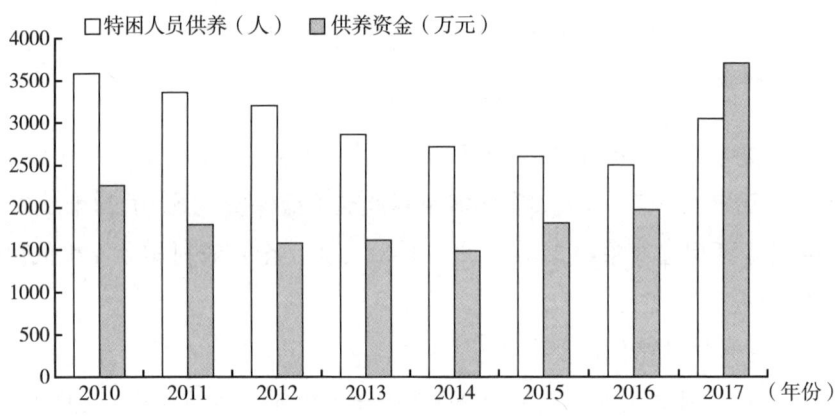

图 3　2010～2017年上海特困人员供养人数

资料来源：上海市民政局。

城镇特困供养人员中，残疾人有113人，约占城镇特困供养人员总数的15.13%；老年人有698人，约占城镇特困供养人员总数的93.44%。农村特困供养人员中，残疾人有587人，约占农村特困供养人员总数的25.61%；老年人有1940人，约占农村特困供养人员总数84.64%。

3. 医疗救助保障更加有力

2017年，上海全市民政部门直接医疗救助约29.63万人次（其中，实施住院救助10.38万人次，门诊救助19.25万人次），直接医疗救助支出2.64亿元；资助参加基本医疗保险7.48万人，资助参加基本医疗保险金额0.46亿元（见图4）。

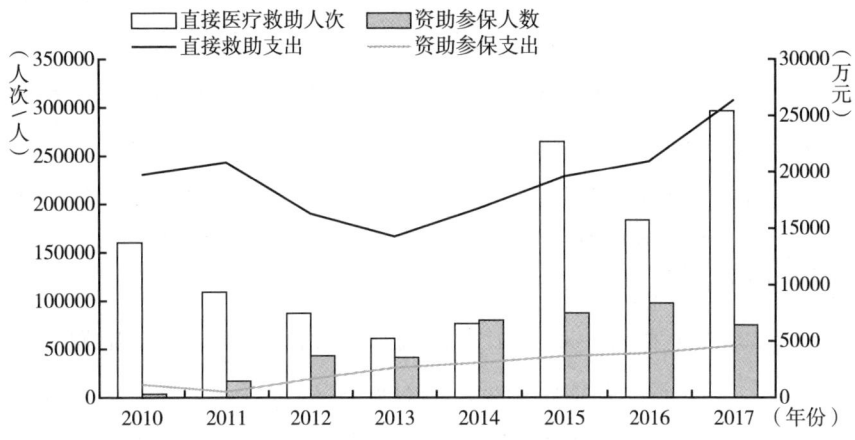

图4 2010~2017年上海医疗救助人数及支出

注：2014年后，医疗救助统计口径改为直接医疗救助和资助参保。2010~2013年的直接医疗救助人次为城市医疗救助人次与农村医疗救助人次数之和，救助支出为城市医疗救助支出与农村医疗救助支出之和。

资料来源：上海市民政局。

2017年底，全市累计实施医疗救助160.08万人次，支出资金3.97亿元；门诊起付线救助5.61万人次，支出救助资金1449.24万元；资助低保家庭居民参加居民医疗保险7.39万人，支出资金3819.14万元；资助低保家庭儿童参加少儿住院互助基金1.54万人，支出资金141.1万元。

4. 多种救助帮困实现有效补充

继续开展因病支出型贫困救助。2017年，上海全市因病支出型贫困家庭生活救助对象为4165户次、6335人次，其中城镇3515户次、5260人次，农村650户次、1075人次；全年累计支出因病支出型贫困家庭生活救助资金571.58万元，其中城镇493.86万元，农村77.72万元。

加大重残无业人员救助力度。2017年底，全市有重残无业人员4.92万人，比上年增加3.80%，其中城镇重残无业人员3.35万人、农村重残无业人员1.57万人；累计支出补助资金6.74亿元，比上年增加14.24%，其中城镇重残无业人员补助资金4.84亿元、农村重残无业人员补助资金1.90亿元。

临时救助覆盖到外地户籍。2017年，上海全市共实施临时救助约16.34万人次，其中本地户籍15.58万人次，非本地户籍0.76万人次；救助低保对象13.12万人次，特困人员0.80万人次，其他对象2.42万人次。共支出临时救助资金3905.5万元。

加强流浪乞讨人员救助管理。2017年，上海全市共救助流浪乞讨人员1.75万人次，其中有身份信息人员的救助约1.75万人次，无身份信息人员的救助5万人次。儿童救助1055人次。

继续实施粮油帮困工作。2017年底，全市城乡享受粮油帮困的对象有10.37万人，其中享受粮油帮困卡待遇对象有9.34万人，享受粮油帮困券待遇对象有1.03万人。全年累计支出粮油帮困资金8282.29万元，比上年度的6925.14万元，增加19.60%。

5. 促进就业政策效果明显

近年来，上海实施低保家庭救助渐退政策和低保家庭实际就业人员收入豁免政策，对积极就业的家庭和个人给予相应的资金支持。2017年底，全市享受救助渐退政策的低保家庭有332户，其中完全退出低保的家庭有314户。此外，2017年，上海收入豁免标准为每人每月870元，享受收入豁免的人员为10.13万人次。

（四）社区市民综合帮扶持续升温

2017年，上海开展元旦春节帮困送温暖活动，对9490户特困家庭进行了一次性节日帮扶，支出帮扶资金1696.22万元；对部分重点困难帮扶对象开展专项帮扶活动，共帮扶1666人次，支出帮扶资金296.07万元；开展了第三期"爱心传递"义务家教帮扶项目活动，12个区356名大学生志愿者为431名贫困家庭中小学生义务补习功课；组织开展了第二期"爱心助老"实物帮扶活动，敬老节期间共帮扶2290位困难老人；继续做好"医疗救助一卡通"发放工作，全年累计发放医疗帮困卡23902张；开展"普瑞送光明白内障复明"公益项目，全年共为老人免费进行白内障手术1598例。

至2017年底，市、区、街镇三级帮扶组织共实施社区市民综合帮扶6.57万人次，支出帮扶资金1.33亿元。其中，个案帮扶21841人次，支出资金9803.36万元，人均帮扶4488.51元；项目帮扶43889人次，支出资金3558.67万元，人均帮扶810.83元。

三 上海实施社会精准救助管理面临的问题

上海的社会救助工作取得了一定的成绩，但与精准救助对标，仍然存在一定的距离。

（一）理念方面

精准救助不是传统社会救助的查缺补漏，也不是在原有基础上的功能叠加。要真正实现精准救助的目标，就要从根本上改进政策理念，夯实理念根基。

1. 实现由维持社会稳定向促进社会公平的理念转变

随着经济社会发展，社会救助政策环境已发生了重大变化，政策目标已从维持社会稳定、保障经济发展，转变为解决经济社会发展带来的社会不平等现象，让人民群众共享经济社会发展成果。要实现精准救助，就需要重新审视政治稳定、经济发展和社会建设之间的关系，树立与当前上海经济社会的新形势、新要求相适应，促进社会公平的社会救助理念。

2. 实现从生存型救助向发展型救助的理念转变

从当前的社会救助体系和实施成效来看，社会救助工作仍然以保障困难群体的生存救助为基础，仅减缓或降低了困难群体的贫困程度。在救助形式上采取单向式救助，没有考虑救助对象的主体能动性，未能从根本上解决困难群体的脱贫能力和自身发展动力问题。要实现精准救助，就需要实现从生存型救助向发展型救助的理念转变，从保障生存到助人自助，促进救助对象自身能力提升，从而彻底摆脱贫困。

（二）制度方面

制度是落实政策理念、构建目标实施框架、推进目标稳步实现的重要保证。要实现精准救助目标，从制度层面看，在政策设计、管理体制、以及运行机制方面依然存在一些问题。

1. 政策设计方面

政策设计方面的问题突出体现为以下三点。

一是差别化政策导致"悬崖效应"。2014年，上海市政府印发《关于本市贯彻〈社会救助暂行办法〉实施意见的通知》，确定了"9+1"的上海社会救助政策体系。其中，最低生活保障家庭成员除享受最低生活保障外，还可享受医疗救助（门急诊和住院基本医疗费用救助）、教育救助、住房救助（廉租住房保障）、就业救助、临时救助（因生活必需支出突然增加超出家庭承受能力）。低收入困难家庭成员则享受医疗救助（住院基本医疗费用救助）、教育救助、住房救助（农村低收入户危旧房改造）。可见，享受低保家庭与低收入家庭之间已出现了明显的"悬崖效应"，部分享受多项救助"捆绑叠加"的低保家庭生活状况好于低收入家庭，许多低保家庭不愿意脱离低保身份。

二是收入型社会救助政策存在的问题日益凸显。生活成本增加、社会服务成本上升、医疗和教育消费增长、突发事件造成短期支出扩大等，导致支出型贫困家庭规模的不断扩大。2017年，全市因病支出型贫困家庭生活救助对象为4165户次、6335人次，较2016年的3173户次、4667人次分别增长31.26%和35.74%；累计支出救助金571.58万元，较2016年的388.91万元增长46.97%，其中农村累计支出资金增长达93.3%。同时，上海市城乡低保金为1070元/月，远低于2017年上海市居民人均可支配收入58988元，上海市居民人均消费支出39792元。另外，制度设计忽视了家庭规模、家庭成员构成和健康状况等重要因素对家庭消费、抵御风险能力的影响，救助效果差异大。

三是低保覆盖率仍然均较低。2010年以来，上海低保覆盖率不断降低，到2017年底，上海低保覆盖率约为1.33%。究其原因：一是上海经济持续较快增长，城乡居民人均可支配收入不断增加，原来覆盖的部分人群因为收入水平的提高逐渐退出了低保覆盖范围；二是社会救助各项政策发生联动效应，困难群体的脱贫能力提升；三是当前的低保标准设定主要采用基本生活费用支出法，仍以解决温饱为主，客观上将一部分处于低保边缘，生活同样比较困难的群体屏蔽在外。

2. 管理运行体制方面

一是参与社会救助的各部门间的统筹协调效果尚不明显。目前，除了民政部门外，人社、卫健、教育、住建、残联等部门针对不同贫困群体，均有相应的救助政策。这些政策与低保、低收入政策之间存在交叉重叠和衔接不畅的情况，形成各自为政、多头管理的现象。2014年，上海建立了社会救助联席会议制度，明确由民政牵头、其他部门配合的工作制度，但该制度对全市社会救助工作的统筹协调效果还不明显。

二是对社会救助资源筹集、整合能力尚需加强。除政府部门提供的社会救助项目外，企业和社会组织也各自为困难群众提供帮扶项目。但是，在社会参与社会救助的实践上，仅政府主导的社区市民综合帮扶项目有相关的资料可以查询，而其他项目诸如企业资助项目、各级基金会开展的帮扶项目、公益慈善类社会组织开展的帮困项目，以及专业社会工作机构开展的帮扶项目等都缺乏可以查询的项目备案，难以估算社会力量在社会救助活动中的作用，以至不能全面的把握当前社会救助的整体情况。

三是需进一步改进对救助对象的精准识别。上海在全国最早实行困难家庭居民经济状况核对工作，对目标救助对象的识别起到了重要的作用。但实际情况是，居民隐形就业、隐形收入、人户分离现象较为普遍，家庭收入情况非常复杂，涉及的有价证券、存款等隐性财产很难核查。如北京市在进行居民经济状况核查的同时，也利用社工组织进行家计调查，从而确保精准识别救助对象。

四是需加大政府购买社会救助服务的力度。社会救助既包括为救助对象提供资金和实物支持，也包括为其提供社会融入、能力提升和心理疏导等方面的社会救助服务。当前，单纯的资金救助已无法有效满足救助对象日益增长的救助需求，政府部门应加大购买社会救助服务的力度，通过专业社会工作机构的介入，从需求识别至需求满足，充分发挥社会救助综合效用。

（三）配套条件方面

精准救助的实施效果往往与救助投入有直接的关联，配套条件也是影响社会救助精准化、精细化的重要因素。

1. 人力资源投入不足

2017年，上海社会救助资金达到32.96亿元，较2016年的救助总额23.28亿元，增长了41.58%。资金投入增长、项目拓展，更突显出人力资源方面投入的不足。本市社会救助的具体实施主体在街道和居委（较大的街道由居委协助实施），街道办事处社区服务办公室则具体承担社会救助工作。根据街道办社区服务办公室的职责，一般社会救助专职工作人员往往兼顾其他多项工作，而各类救助的动态管理工作十分繁杂，工作人员少与工作量大的矛盾十分突出。部分街道依靠临时聘用人员协助调查核实，难以及时、准确收集和汇总救助对象的信息数据。

2. 社会救助信息存在共享障碍

社会救助参与部门多，且都自行排摸救助对象，部门间沟通协调不畅，信息数据也不能实现共享，因而，往往会存在救助对象多头受助，救助资源不能精准传递的现象。

3. 社会救助宣传力度不强

一是对社会救助政策的宣传不足，多数家庭对政策的具体规定不了解，从而产生了大量盲目求助者，导致在经济核对时存在较高的差异率。如2017年，因病支出型贫困差异率为59.5%，特困人员供养差异率为45.87%等。二是社会救助社会动员力度不足，社会参与度不高，还未形成一批有影响力的救助项目，需要营造一个关爱困难群体的社会氛围。

四 加强上海社会精准救助管理的政策建议

为建立与上海经济社会发展水平相适应的社会精准救助综合体系,为困难群体提供所需的精准救助和精准服务,促进上海社会救助的转型发展,本文提出以下建议。

(一)健全社会精准救助管理的政策体系

在坚持"托底线、救急难、可持续"的工作方针的同时,积极与当前上海的经济社会发展的形势和趋势相联系、相适应,发挥政府主体作用,建立健全上海社会精准管理的政策体系。

1. 加强政策设计,建立完善政策体系

一是将"维护社会公平、促进人的发展"作为社会救助政策理念,突出精准救助目标和工作的重点,形成一套以《上海市社会救助条例》为基础,以一系列配套政策为辅助的社会精准救助政策体系。二是梳理现有各项社会救助政策,按照《上海市社会救助条例》的相关分类,进行完善归纳,并将它们纳入政策体系。同时,注意各部门间的交叉政策,避免不同部门政策出现功能叠加等情况。

2. 加强政策配套,完善运行管理政策

一是根据《上海市社会救助条例》的相关要求,制订精准救助运行管理政策,形成一套覆盖对象识别、需求定位、救助输送、动态管理、对象退出等完整流程的配套政策,以此指导具体救助工作的开展,提高救助工作效率和效果。二是完善绩效考核机制,突出目标导向、问题导向、结果导向,制订绩效考核办法,纳入年度综合考核范围。积极引进第三方评估机制,重点对救助对象的识别度、工作精准度、群众满意度等进行科学评估,接受社会监督。三是加强社会救助资金的专项管理,制定相关的管理制度和审计制度,提高救助资金使用效率。四是加强社会救助统计工作,制订相关的统计制度,将社会力量参与的救助项目和服务纳入统计范围,综合考量社会救助统计成果。

3. 加强政策研究，提供相关决策参考

一是加强发展型社会救助政策的理论研究，探讨上海实施发展型社会救助的意义和路径，为上海社会救助工作提供指导参考。二是加强社会救助政策国内外的比较研究，重点研究社会救助政策在不同阶段的成效与问题，为社会救助工作稳定发展提供参考。三是加强上海不同时期社会救助政策的社会效应研究，分析不同时期救助政策的实施效果，以及救助对象的获得感和满意度，建立社会救助政策与经济社会发展的联动效应指标体系，提高救助政策的适应性。

（二）加强社会精准救助管理的运行机制

将社会救助的各项政策落到实处，必须明确各级政府、各部门的职责，形成救助工作运行网络，并完善相关的配套保障工作。

1. 加强统筹协调，实现多方资源融合

一是做实上海市社会救助联席会议制度，加强精准救助工作的统一组织领导。二是落实民政部门在社会救助工作中的主导地位，建立健全统筹协调运行机制，统筹各部门救助政策和资源，逐步实现资源共享、信息共享、数据互通的救助格局。三是健全完善市、区、街道三级救助机制，落实各级职责，统筹调配各类救助政策和帮扶力量。四是完善居村委网络机制，定期进行主动排查，协助基层救助工作人员完成相关工作。五是加强对社会资源的整合，畅通社会参与的渠道，积极推动慈善力量与社会救助项目对接。

2. 加强信息管理，搭建社会共享平台

一是建立大救助、大平台、大数据的概念，建立全市统一的社会救助信息管理平台，将分散在各部门的救助政策和项目统筹纳入平台，实现市、区、街道三级数据互通、政策互通和信息互通，形成纵向贯通、横向互联的社会救助信息共享平台。二是完善救助信息管理机制，明确各级、各部门的权责。市、区级部门发布、更新、汇总社会救助政策法规，指导基层救助工作；街道办负责搜集、录入救助对象信息，建立电子档案并实施动态管理及相关保密制度。三是建立慈善资源与救助需求的信息对接平台，畅通救助对象和慈善主体间的信息沟通渠道，提升社会救助效率。四是健全社会救助信用体系，对社会救助对象的失信行为认定、失信惩戒、守信激励、信用修复、异议处理等进行具体的规定。

3. 加强保障措施，促进工作有序运行

一是做好资金保障工作，满足社会救助资金不断增加的趋势。在财政资金、福彩公益金和社会捐赠的基础上，积极扩大资金来源渠道，合理设置救助项目，做好社会救助的资金保障工作。二是做好人员保障工作，满足社会救助工作的精准化、精细化要求。在各级政府尤其在街道层面，设立社会救助专职工作岗位，负责具体救助工作的管理和实施。三是做好宣传工作，在基层（街道和居村委）做好社会救助各项政策的宣传和解释，同时，做好救助理念、救助方式、慈善帮扶等方面的宣传。四是加强社会监督，鼓励群众对救助工作进行监督，对救助对象的认定提出质疑，对救助实施中的违法违规行为进行投诉和举报。

（三）完善社会力量参与社会精准救助的路径

社会组织是补齐民生短板的重要参与者和实践者，企业和个人在社会救助中同样发挥着重要的作用，积极推进各类社会力量参与社会救助，共建关爱困难群体的良好社会氛围。

1. 加强政府购买服务，完善社会工作介入方式

一是建立社会工作参与精准救助的工作机制。通过政府购买服务的方式，积极引导社工机构参与社会救助服务，尤其在主动发现、需求评估、政策宣传、专项服务和资源链接等方面发挥专业优势。二是建立基层社会救助管理部门与社工机构有效衔接的工作机制，为社工机构开展救助服务提供工作指导、条件支持、沟通协调、政策培训等，并对社工机构进行综合考评。三是加强培育社会救助服务类的社工机构。通过政策引导、支持、鼓励等措施，重点培育以老年人、儿童、残疾人为重点服务对象的社工机构，加大扶持和孵化力度，促进社会力量参与精准救助。

2. 动员各类社会组织，充分发挥资源和专业优势

一是充分发挥各类基金会在资金和物资筹集方面的优势，以及在公益项目运作方面的专业技能，鼓励其开展各类慈善救助类项目，拓展企业捐赠和公众参与渠道，形成良好的社会互动效应。二是发挥社区内各类公益社会组织数量大、种类多、功能各异的优势，鼓励其开展或参与各类社会救助项目及特色服务。如各街道开办的慈善超市，通过不同的运作方式为社区困难群众提供帮助；浦东塘桥街道的绿洲食物银行，通过共享冰箱，为困难群众提供食物帮助等。三是发动社区公益组织志愿者的连接功能，推进志愿服务记录制度，激发更多的人投入社会救助。

3. 运用市场机制功能，做好社会救助有效补充

一是借鉴其他国家和地方的经验，研究探索具有上海特色的社会救助与商业保险服务相结合的政策和项目，利用商业保险满足部分救助对象的特别需求，如护理需求等。二是发挥公益慈善在企业社会责任中的重要地位，积极推进上海本地企业履行社会责任，鼓励有条件的企业成立基金会或慈善基金。三是借助慈善信托各类帮困帮扶项目的开展，推进基金会项目与信托机构的对接，为上海社会救助工作贡献一份力量。

案 例 篇

Cases

B.14
在零公里社区建设"零距离家园"
——上海市黄浦区南京东路街道党建引领社区治理实践

张婷婷 任伟峰 沈云 肖磊 刘玉博 叶瑞[*]

摘　要： 为加强社区治理体系建设，推动社会治理重心向基层下移，南京东路街道先行先试、积极探索，通过切实发挥居民区党组织的领导核心作用，统筹凝聚各类党建资源、行政资源、社会资源，拓展居民区治理单元，推动居民区、商铺、楼宇等各方互联互动，引导多元主体有序参与社区治理，在零公里社区努力建设和谐有序、宜业宜居、活力盎然、融合共享的"零距离家园"。

---

[*] 张婷婷，南京东路街道党工委书记；任伟峰，南京东路街道办事处主任；沈云，南京东路街道党工委副书记；肖磊，南京东路街道办事处副主任；刘玉博，南京东路街道党工委副书记（挂职，派出单位为上海社会科学院城市与人口发展研究所）；叶瑞，南京东路街道党建办副主任。

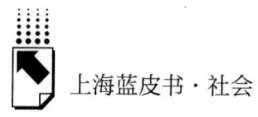

关键词： "零距离家园" 社区自治 南京东路街道

一 工作背景

十九大对党的总体建设和基层社会治理提出了新要求，要不断完善党委领导、政府负责、社会协同、公众参与、法治保障的社会治理体制，提高社会治理社会化、法治化、智能化、专业化水平。上海市委创新社会治理加强基层建设的"1+6"文件出台后，社区治理面临新形势新任务，对街道职能定位、属地托底责任、精准化服务和精细化管理都提出了更高的要求和标准。南京东路街道二元结构突出，面临外来人口高密度化、常住人口高龄化、商居高混合化"三高"的考验，民生保障、环境卫生、安全稳定等治理新矛盾和老问题交织，均衡发展需求强烈，迫切需要提高基层各方面统筹资源、解决问题的能力。面对新要求、新任务、新矛盾，南京东路街道党工委以提升组织力为重点，秉承"基层党建+社会治理创新"的理念，持续推进"零距离家园"建设，不断做实"零距离家园"理事会平台。2018年9月，"零距离家园"上升为全区推广的工作品牌。

二 主要做法

为加强党建引领下的社区治理体系建设，2017年起，南京东路街道先行先试、积极探索，深化"零距离服务"机制，推进"零距离家园"建设。通过切实发挥基层党组织的领导核心作用，做实居民区"零距离家园"理事会，以资源统筹提升党建组织力，以综合保障提升为民服务力，以行政支撑提升问题解决力，以多元参与提升社区自治力，推动居民区、商铺、楼宇等各方互联互动，引导多元主体共同参与社区治理，在零公里社区[①]建设服

[①] 由于上海市公路零公里处和上海城市坐标原点均位于辖区范围内，因此南京东路街道被称为"零公里社区"。

务居民零距离、议事协商零距离、条块协作零距离、多元互动零距离的南东家园。

（一）资源统筹提升党建组织力

以党建引领下的社区治理能力提升为重点，通过建立"零距离家园"理事会、楼宇片区联合党委等党建工作平台，探索形成"三建融合"整体性、系统性的党建工作体系，实现区域内85家社区单位、63栋重点楼宇、180余个"两新"组织党组织、19个居民区的片区制划分，打通了社区单位、居民区、楼宇企业之间的互联互通渠道，凝聚区域化党建、"两新"组织党建和居民区党建共建共治的工作力量。同时强化对居民区党建的组织保障、资源保障、制度保障、队伍保障，真正实现"眼睛向下、服务前移、效能提升"，实现居民区党总支资源统筹。通过力量和资源在一线汇聚，确保服务在基层提供、满意在基层的实现。

案例1　以片区工作体系打开资源互通的大门

南京东路街道共划分为八个片区，任务分割、区块推进、条线合作、全区整合。通过各片区专职社工定期走访收集，街道85家区域化党建共建单位和"两新"组织形成了一份资源"菜单"，"菜单"双向开放，共计107项，服务内容除了涉及专业党课、公共教育和资源共享等多个层面以外，还为社区居民提供帮困、助老、助学等"四助"服务。南京东路街道党工委像一只看不见的手，打通了社区单位之间资源互通的大门，发挥了区域化党建单位公共服务资源密集的优势，也更好地利用了"两新"组织的行业便利，向社区单位和居民提供精准和专业化服务。如经过协商，上海博物馆将不定期为南京东路街道社区青年举办文化体验活动，并与居委孤老和困难家庭学生结对，提供助老、助学服务。

（二）综合保障提升为民服务力

深化居委会"全岗通"，落实"包块走访制"，做好与"一网通办"、智慧养老等平台的衔接，优化服务流程，将居民日常所需的政务、生活、健康、文化等服务送到居民区，使群众少跑腿，就近享受优质服务。深化居民区党建（群团）服务站实体阵地建设，将各类服务资源送到居民身边，让居民享受家门口的服务、24小时的服务。落实每个居民区45万党组织服务群众专项经费和居民区自治金，建立"零距离家园"建设专项基金，保障重点为民服务实事项目。拓展年度自治申报项目，鼓励居民区灵活自主个性化地开展居民区建设活动；运用社区治理综合信息系统，加强数据的分析运用和社工管理，更好地掌握各类群体需求，更准确地判别积极行动者、培育自治团队"领头雁"，更精准地集聚和运用社区资源，实现社区治理和社区服务精细化。

案例2　议事协商"零距离"，重点保障为民服务项目

新桥居民区属于典型的二级旧里，外来人口比重为70%以上，人员结构复杂，小区综合管理难度大。其中新桥路52弄周边的新桥大厦及小餐饮店因配套设施不齐，缺少垃圾箱，长期将垃圾倾倒在居民区的垃圾箱房内，环卫一天清运3次仍不能缓解垃圾满溢的压力；弄堂口没有门禁且弄堂相对宽敞，社会车辆可自由进入小区，乱停车现象频发，居民反响强烈。

为解决这一问题，街道与居民区联合，推出解决方案。一是以问题为导向，"自下而上"听取社情民意。通过深入走访居民，了解问题所在并召开居民听证会，研究对策，归纳并完善居民意见，形成"三衔接"方案。第一步，在52弄弄口增设旋转式铁门，以控制车流量，同时防止周边餐厨垃圾整体性倒入。第二步，在相对比较宽敞的小区通道里开辟一条车行道，方便居民出行。第三步，走访周边商务楼及小餐饮店，听取垃圾清运需求，并联系环卫上门收缴垃圾，达成从源头上分流垃圾的目标。

二是"零距离"议事与听证，达成治理共识。将居民们群策群力提出的"三衔接"治理方案提交"零距离家园"理事会讨论，得到相关部门全力支持。街道通过小区"微实事"，按照居民实际需求在弄口安装铁门；绿化市容所结合居民区和商户各自特点，合理安排垃圾清运时间、路线。一个

月来，居民区的环境得到了较大改善，居民的满意度不断提升；周边新桥大厦、1277号大型餐饮企业以及周边零散小商铺的垃圾清运问题得到了同步解决；居民区的自治能力也在实践中得到了进一步的提升。

三是街居联动，推动问题根本性解决。在解决居民的实际问题后，理事会确定自治管理措施，确保治理成果长效。一是落实小区志愿者巡弄制度，对铁门、垃圾箱房、弄内停车等进行自主管理。二是依托自治项目——"猫头鹰"督查队一日三次对弄内情况进行督查，并及时反馈给"自治家园"。三是由街道出面协调推动新桥大厦已挪作他用的垃圾箱房重新建设并投入使用，用于解决楼内垃圾投放问题。在新桥大厦垃圾箱房建设启动时，经居民协商，确定在施工过渡时期，居民区特辟出专门地方用于大厦垃圾的临时堆放。目前，垃圾房重建项目已完工。

新桥居民区"零距离家园"理事会注重"软""硬"兼施，强调"疏""堵"结合，既治"标"也治"本"，为老小区注入了新活力。其中，社区协商贯穿了全过程。居民把问题"带"上来，也把解决方式"提"出来，成果的固守也由居民"接"过来。在此过程中，居民的意见建议得到了充分尊重和吸取，居民的自我治理意识也得到了充分彰显，真正体现了以自治为基础，社区协商破顽症。

（三）行政支撑提升问题解决力

以条线部门力量下沉为契机，改变以往场院所一人多头联系居民区的方式，由街道机关、公安派出所、市场监管所、绿化市容所、城管中队、房管办等单位分别派专人对口联系居民区并担任"零距离家园"联络员。通过落实委办局约请制度、一居委一法律顾问工作制度，实现约200人次对口19个居民区，每月联系走访约500人次，每月定期召开理事会会议38次。通过密切高频的联系走访，各部门立足各自职责，主动认领、充分参与、通力合作，专人属地对接居民区，"零距离"解决居民群众"急难愁盼"问题，促进政府公共服务管理与基层自治共治的有效衔接。

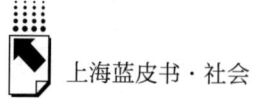

案例3 条块协作"零距离",行政支撑提升社区自治力

位于延安东路1060号的延安公寓俗称"八层楼",有着近80年的历史,楼内有住户63户,底楼均为商家,有奶茶铺、便利店、小吃店以及餐饮店。长期以来,住户与商家因环境卫生等问题时有争执,矛盾冲突不断;楼幢公用天井部位乱堆物、乱丢垃圾、高空抛物等脏乱差现象严重;楼内群租现象屡禁不止。在长期反复的整治过程中,居民区认识到,要从根本上破解小区顽症,使小区面貌有根本改观,必须改变单一的、自上而下的行政化管理方式,而要采用行政支撑下依靠激发居商自治意识、促进居商共治共管的方式予以解决。

一是发现"领头羊"。自治工作的根基在居民。一方面,居委通过社区的各类活动观察、走访小区居民,积极挖掘志愿者骨干;另一方面,通过深入沟通交流等方式,动员、鼓励这些"领头羊"发出正能量的号召,带动周围更多人积极参与小区自治管理。经过长期沟通合作,居委在延安公寓动员了以楼组长为代表的一批自治骨干。

二是成立居民自治小组。在自治骨干的带动下,延安公寓自治小组应运而生。以自治小组为平台,居民代表、公寓业委会成员以及一些感兴趣的居民经常自发在晚间召开自治小组会议,共同商讨如何搞好公寓环境卫生,使公寓更和谐、更文明。在自治小组成立前,居民遇事往往会直接找居委,一旦得不到有效解决就"怨天怨地怨政府";自治小组成立后,则逐步通过大家互相探讨、友好协商解决。

三是升级"零距离家园"理事会。自治小组的实践为居民自治打开了局面,但对于群租、外来人员的管理、监控探头的安装等问题,单纯依靠自治小组无法有效解决。因此,自治小组自我升级,探索成立了"零距离家园"理事会,以居民、商家、业委会、物业为主体,以街道科室、居委、民警、房管、市容绿化、市场监管等为支持单位,在理事会章程中明确理事义务、权利、职能范围及例会制度,构建了以居民商家为主体、职能单位为支撑的治理架构。"零距离家园"理事会的成立拓展了自治功能,整合了治理资源,实现了居民自治与各职能部门的有效对接,确保了小区自治管理的主动性、及时性、有效性。

延安公寓的"零距离家园"理事会可以说是"麻雀虽小、五脏俱全",特别是居民自发参与大楼自治管理,条块力量深入到楼幢、为理事会提供专业指导和支撑,使相关问题的解决更加"短平快",为化解"居商矛盾"这一老大难问题找到了一条有效途径,理事会的功能也在实践中不断得到深化拓展,真正体现了"条块力量沉到底、居民商家站出来"。

(四)多元参与提升社区自治力

居民区"零距离家园"理事会是家园建设中实现为民"零距离"服务的核心平台。它是居民区联席会议的增强版,由居民区党总支书记、居委会主任、业委会主任、居民代表、物业经理、"零距离家园"联络员、区域内"两代表一委员"、社区单位和社会组织代表、法律顾问等组成,涵盖了社区治理的各方力量,协商议事,不断提升居民区的自治能力。和过去往往是居民被动参与、参与力量集中在部分居民骨干的社区协商现状不同,"零距离家园理事会"专门扩大了居民代表和社区单位、两代表一委员等多元主体的参与范围,延伸了"事前、事中、事后"的全过程参与阶段,让更多的社区主体成为社区公共议题的提出者、社区事务的积极行动者,充分参与到社区各项事务中来,不断提高社区自治能力。

案例4 服务居民零距离,多元参与提升社区自治力

天津路426弄有户居民老李,老伴中风后又患上了尿毒症,每周三次透析治疗都需要推着轮椅进出,而三上三下的台阶更是让瘦弱的老李苦不堪言,邻居和居委干部看到总会搭把手,但是大多数时候这位上海爷叔默默地咬着牙硬挺。因此,"无障碍通道"的改造被提上议事日程。

一是"一米阳光"计划议题的出现。包块干部在走访中发现了老李的困扰,于是萌生了将三上三下的台阶改建成一米上一米下斜坡的"一米阳光"计划。这个计划被上传到"零距离家园"理事会微信工作群,引起了大家的热烈讨论。

二是多方参与下的"零距离"议事。房管办和物业的理事提出,如果改造这个公用部位的原有式样,需要物业同意、全体承租人同意;而律师提出,这个流程应该先由老李提出书面申请,再由居委出面协调具体操作才是合法合规的;派出所提出,既然改就要确保安全和牢固,人民生命财产安全是头等大事;街道机关联络员表示:大修,要改善大多数居民的生活条件,也要关注居民的个性化需求,特别是家中确实有困难的居民、老人、病人等弱势群体。

三是明确责任,整合资源分工落实。在律师的建议下请老李手写改建申请;通过房管办联系了黄浦置地大修工程负责人和施工队项目经理;联络整栋石库门十三户承租人开现场协调会。由理事会出面向全部承租人说明情况,解释改建方案和安全措施后,得到了全体居民的同意并书面确认。如今,"一米阳光"从计划变成现实,展现在居民面前,这位坚强的上海爷叔眼眶泛着泪花,双手将"为民办事,不忘初心"的锦旗递到了理事长手上。

居民区"零距离家园"理事会以微信群的形式进行了会议形式创新,理事会成员可以将遇到的棘手问题整理后通过文字配图片的形式发到该群,然后@相关部门同志,大家一起探讨解决方法,集思广益、群策群力。这种线上即时的交流互动和问题认领,进一步提升了议事效能。而法律顾问在议题讨论和具体实施环节的全过程参与,更是为依法合规地解决居民急难愁盼问题提供了助力,真正体现了法治来保障、服务群众"零距离"。

三 具体成效

(一)强化基层党组织核心作用,彰显了党组织的向心力

"零距离家园"建设实现了基层党建的平台建设与社区党员志愿者塑造

的有机结合，让基层党组织的领导核心地位更加凸显，也让一些原本走形式的参与方成为发挥实质作用的行动者。居民区党总支、党建群团专职工作者以及党建顾问、党建联络员、党员志愿者等党建工作队伍相互协同、形成合力，实现了区域组织优势、服务资源、服务功能的最大化。今年以来，在理事会平台的有序运作下，街道以需求为导向，凝聚辖区各类基层党组织的共建力量，联合推出了"行走南东——探访城市之心的印记""睦邻金融——身边的金融专家""持续的历史——南东街区百年历史变迁图片展""舌尖上的安全——居民身边的'食品药品科普站'建设"等八大区域化党建共治项目，以及24项社区自治项目，在素质文明、场地共享、金融风险防范、食品安全、社区公益等方面，进一步形成了多元化社会力量参与、社区共建共治的治理格局。

（二）落实各方力量一"沉"到底，促进了社区顽症的解决

"零距离家园"建设为居民区赋权增能。居民区党总支搭建平台，汇聚各方力量和资源到基层一线，同时又搭建了疑难问题提交街道网格平台处理的"出口"机制，真正做到既为居民区"减负"又为其"增能"，推动顽症问题处置更快速高效。"零距离家园"建设一年多以来，在居民区解决一线问题1405个，破解了一批以往想做但难以实施、反复打击又反复返潮的顽症和难题，如困扰新桥居民区长达八年之久的机动车违规停放问题、顺天村居民区多年闲置盲道拆除问题等。据统计，自该制度实行以来，街道信访总量同比下降36%（含重复件）。

（三）创新各方资源整合机制，探索了社区治理新路径

"零距离家园"建设通过顶层设计和制度规范，有效开拓了新时代社区治理"自下而上"的新路径。《"零距离家园"实施方案》《"零距离家园"联络员制度》《居民区"零距离家园"理事会制度》《居民区法律顾问制度》等配套文件，创新社区资源整合平台和工作机制，积极探索基层党建与社会治理无缝对接的工作模式。同时梳理制定《党支部工作规范清单》

《居民区工作清单》《居民区自治项目管理办法》等一系列制度规定，进一步规范基层党组织建设，持续固化居民区服务资源，强化居委会服务功能，夯实社区自治的资源基础。

（四）突出议事协商实效，营造了社区自治共治新环境

"零距离家园"建设在党建引领下，依托理事会平台，强化了居民群众、自治组织、社会组织、企事业单位、行政部门等各方力量的主体意识，通过健全协商议事规则，推动辖区各方围绕公共服务、公共管理和公共安全开展自治共治。江阴居民区首创的"道德评议台"在19个居民区推广复制，改"课堂式"为"大家评"；"最美南东人"的评选用身边的典型人物和优秀故事阐释、践行社会主义核心价值观，改"教科书式"为"身边故事式"；探索老旧小区"微更新"，改弄堂公共空间"政府建设"为"居民共建自管"；云中居民区探索的"商居睦邻汇"，改商居"矛盾关系"为"共建关系"，实现居民自我协商、自我管理、自我监督。

四 经验启示

一是只有坚持党建引领，才能有效推动社会治理创新。只有充分发挥基层党组织领导核心作用，加强对基层社区治理的政治引领、组织引领、能力引领、机制引领，有机联结区域内单位、行业及各领域党组织，引导社区多元主体聚焦"三个公共"；凝练共同话题，形成共同价值，在共建共治共享中强化家园意识；主动创新社区治理工作机制、积极探索实践社区治理新方式、有效激发社会参与活力，才能使社区治理更有保障、更具持续性。

二是只有坚持系统性整体性推进，才能发挥事半功倍的社区治理效应。推进零距离家园建设，要结合社区实际，系统性、整体性、持续性推进。要提升社区的组织、管理和服务水平，不仅要寻求社会多元治理主体参与社区治理、社会化资源支持社区的发育和成长，还要在不同治理理念上寻求支撑和互补，从治理效果出发求得治理模式的最大公约数，在自治、共治、德

治、法治互动融合的意义上形成社区治理的倍增效应。

三是只有坚持与时俱进重塑"家园"意识,才能形成有持久生命力的社区治理。社区治理重在家园意识,社区不会自动成为充满归属感和安全感的家园,需要最广泛的居民群众参与,以及最主动的、最自觉的参与精神。通过理事会平台的运作,给予各方居民群众更多的发声机会,让参与和监督变成可能、形成常态,让自治从项目自治到事务自治,激活其应有的社区责任感和家园意识,从而真正建成从"地理零距离"到"物理零距离"再到"心理零距离"的"零距离家园"。

B.15
黄浦区淮海中路街道商务楼宇社区治理模式的探索与实践

刘杨 张乃心 于腾*

摘　要： 黄浦区淮海中路街道立足辖区二元结构突出的特征，在排摸楼宇企业和白领需求的基础上，通过党建引领，以楼宇企业和白领需求为导向，以开展楼宇服务为抓手，搭建服务楼宇工作平台，形成了推进楼宇社区治理、促进楼宇与居民区融合发展的有效途径，使楼宇企业、白领和社区居民得到实惠，促进了社区治理活力的提升。

关键词： 楼宇社区　治理模式　淮海中路街道

改革开放40年来，我国经济社会发展取得历史性成就，在给当下经济结构、社会结构带来翻天覆地变化的同时，也极大地改变了原有社会治理模式。淮海中路街道地处上海市中心，二元结构特征明显。北部地区淮海中路、新天地商圈时尚繁华，高档商务楼宇和高端住宅集聚，辖区内共有商业商务楼宇31幢，每天在楼宇内工作的职业白领达到7万人左右；南部地区为生活居住区，还有部分成片的二级以下旧里，居住人口中老年人比例达到35%以上。面对"新群体、老土地"并存的现状，既凝聚新阶层、新群体，又服务好老社区、老居民，是街道推进社会治理中需要破解的一道难题。

---

* 刘杨，黄浦区淮海中路街道办事处副主任；张乃心，黄浦区淮海中路街道办事处副主任；于腾，黄浦区淮海中路街道社区自治办公室主任。

对此，淮海中路街道自2014年以来，通过走访楼宇和开展调研座谈，在摸清企业和白领现实需求基础上，以楼宇企业和白领需求为导向，以开展楼宇服务为抓手，在党建引领下，通过统筹场地、组织、人力、政策等资源，搭建服务楼宇工作平台，健全服务体系，推动楼宇服务"三个转变"，即服务范围由税收落地企业向驻区企业转变、服务对象由企业高管向白领转变、服务内容由经济服务向"三公"服务转变，逐步构建楼宇社区治理体系，并形成了推进楼宇社区治理、促进楼宇与居民区融合发展的有效途径。

一 淮海中路街道楼宇社区治理的主要做法

（一）党建引领增"磁性"，为楼宇社区注入"红色基因"

近年来，淮海中路街道持续推进商务楼宇内"两新"组织党建工作，在制定实施《黄浦区淮海中路街道党工委关于推进新时代楼宇社区党建工作行动方案》的基础上，进一步创新楼宇党组织设置，将党组织建在片区和楼宇上，在片区层面成立联合党委，在商务楼宇层面推动成立楼宇联合党委或楼宇党建促进会。通过在淮海路沿线楼宇内建立党建（群团）服务站，打通服务企业和楼宇白领的"最后一公里"，组织开展各种服务楼宇企业和白领的活动。

一是建立复合型的功能定位、散点状的服务阵地网络布局。建立了"一站多点"楼宇服务阵地，服务辐射辖区所有楼宇。"一站"即企业天地楼宇党建服务站，"多点"即金钟广场、柳林大厦、复兴SOHO等多个楼宇党群服务联系点，服务站与联系点有效实现了服务延伸、功能拓展和工作覆盖。

二是设置片区专职联络员，实行网格化服务和管理。根据楼宇分布情况，将辖区划分为五个片区，每个片区覆盖300~400家单位，安排2~3名专职党群社工负责具体联络企业。党群社工按照责任区域，定期走访联系片区内单位，了解掌握有关信息，实现服务的整合式提供。

三是探索"三联三共",实现扁平化管理。在管理机制上,实现了不同部门间平台联建、活动联办、队伍联管;在具体实务上,实现了工作共商、资源共享、覆盖共推。打破了各条线各自为政的局面,将原党建、工会、团委、妇联的工作人员全部纳入社区党建服务中心统一管理。同时,加强业务培训,提高了党群工作人员一专多能的综合业务水平。

案例1 "淮海+伯乐汇"

"淮海+",是淮海中路街道党建工作品牌。"淮海+"Logo,主体为石库门和红色飘带以及一个"+"号,石库门是淮海中路街道居民建筑主要特色,门柱是大写的H,正好是淮海两字拼音的首字母;淮海中路街道是中共一大会址所在地,红色飘带代表红色基因。

"淮海+伯乐汇"是在黄浦区委组织部、区人保局、区金融办等部门支持下,专门针对企业人才方面的实际需求,通过企业人力资源总监,在企业与街道之间搭建的一个服务交流平台。以商务楼宇社区的外延发展为基础,"淮海+伯乐汇"代表了优化营商环境的内涵要求,其核心在于打造"亲、清"政商关系。2017年4月20日,在淮海中路街道重点企业恳谈会上,陈卓夫副区长宣布"淮海+伯乐汇"平台启动。在摸排、调研、走访的基础上,召开了成员大会,成员单位达到46余家,参加的人力资源总监近50人,形成了《"淮海+伯乐汇"章程》,商定了平台目标、运行机制以及相关保障制度,该平台逐步延伸为政企互动、行业交流、双向服务、党建工作的多功能平台。

(二)贴心服务增"韧性",全面提升楼宇企业核心竞争力

一是坚持"六位一体"聚合力。在上海市统一取消街道招商引资职能后,街道主动作为、优化机制,完善了"六位一体"的组团式服务模式。即依托街道、在地统计办、楼宇租赁部、市场监管(税务)专管员、招商分中心、区属招商公司等六种力量,针对入驻初期的企业,联系区招商部门

主动上门,为企业商事注册登记、办公场地装修等提供便利化服务;针对租约到期的企业,提前介入"防流失",协调区相关职能部门和楼宇租赁部,做好场地续租和调整工作。

二是坚持需求导向强服务。针对企业和楼宇白领"就餐难""就医难"等问题,街道协调启动"金钟楼宇白领食堂""长征医院午间门诊"等项目;针对企业普遍关心的税收"营改增"问题,组织召开企业家座谈会,邀请分管区长、区金融办、区商委等部门领导现场为企业家作政策解读;针对员工关心的户籍、居住证积分、外国人工作签证等问题,邀请区出入境管理办、街道派出所等同志为大家答疑解惑。

三是坚持线上线下"零距离"。通过街道APP、微信公众号、微信群等信息化手段将日常分散在各个地区、楼宇和企业的楼宇白领,通过各类活动有效地连接起来。比如,定期召开的重点企业家座谈会建立了"淮海企业家微信群","淮海+伯乐汇"建立了"企业HR群",楼宇负责人联席会议建立了"淮海楼宇微信群",楼宇白领午间课堂、楼宇运动会等项目建立了"淮海楼宇白领活动群"。楼宇、企业、企业家、楼宇白领等不同群体的诉求都有相应的反馈渠道和解决路径,有效疏通了企情民意。

案例2 金钟白领食堂

针对白领普遍反映的就餐难、就餐贵问题,淮海中路街道联合上实集团推出了金钟白领食堂,不仅方便了楼宇内部的白领,也给周边楼宇的白领带来了实惠,有效增强了社区归属感。

2015年中旬,淮海中路街道通过集中走访商务楼宇、重点企业,召开楼宇负责人联席会议、重点企业家座谈会等,广泛搜集辖区企业和白领诉求,将比较集中的需求结合街道资源进行了二次开发,形成了淮海楼宇白领需求调查问卷,共采集到300多家企业近千份有效问卷。七成多的白领对午餐需求反映最强烈,白领需要的午餐价位集中在15~30元,最关心的是食品卫生安全。

针对白领需求最强烈的午餐问题,街道组织楼宇企业代表考察了多家知名标准化配餐企业,选定百颖餐饮和盒马外卖作为首批合作对象,为70家企业组织了56场试餐会,小红书等多家企业与百颖餐饮达成长期固定供餐合同。2017年与上实集团合作,启动金钟白领食堂项目,对原楼宇内部食堂进行改造,扩大经营面积,逐步对外开放名额。改造后,白领食堂面积达到1600平米,同时引进专业力量标准化运作,粗加工厂、厨房、餐厅分设,提供食堂座位450个,午餐可接待2200人次。自2017年4月运营以来,目前已经办卡3800多张,日均就餐达到1600人次,覆盖大上海时代广场、新茂大厦等多个楼宇。餐食价格更为合理优惠,早餐5~10元,午餐和晚餐18~35元。

(三)健全机制增"黏性",推动楼宇共建共治

一是注重家园"共建"。街道从资源共享、优势互补、服务双向、共建双赢的原则出发,在企业天地和金钟WE+社区先行建立了"淮海+"服务站,与金钟WE+联合办公空间合作,并与瑞安广场、金钟广场等8个楼宇签署了共建协议,在文明城区创建、旧区改造、重大项目建设、历史建筑风貌保护、生态环境综合整治、门责管理等方面达成建设"淮海家园"的共识。

二是注重社区"共治"。街道将"大安全"作为楼宇社区建设的重中之重,把街道平安建设和楼宇风险防范结合起来,将金融风险防范作为安全共建的重要内容,逐步完善淮海金融智库(辖区银行、证券、律所等)、企业负面名单等若干风险防范机制,有效建立了"早预防、早发现、早报告、早解决"的风险预警和防范机制。

三是引导企业"反哺"社区。辖区内的中银保险、雄狮旅行社、楷亚锐衡等企业积极参与社区服务,如针对辖区老年人多的特点,专门设计了防范旅游风险的讲座;膳魔师启动"情暖重阳·善爱老人"项目,走访慰问高龄和独居老人,组织员工走进街道老年日托所、孤寡老人家中,定期开展为老人理发、助卫、助浴等志愿活动。有的楼宇为居民提供"错时停车"服务,有效缓解小区停车难;有的企业为辖区困难居民提供公益岗位,帮助

他们实现就近就业。企业的社会责任有效增进了企业与社区、人与人之间的情感交流，形成了更为紧密的社区共同体。

案例3 楼宇平安工作室

面对发达且富有活力的商务楼宇社区，如何通过一系列行之有效的楼宇平安建设工作的方式方法，营造辖区安全、有序的营商环境，是值得思考的问题。淮海中路街道切实转变工作理念，转变方式方法，试点在商务楼宇内部设立"平安工作室"，搭建起街道综治工作中心、居委综治工作站之外的综治平安工作体系"第三极"。街道依托平安工作室建设，形成"自治+共治"合力，将原先消防、安全生产、治安防范、禁毒、金融风险防范等各项工作内容整合，在大上海时代广场、中环广场、力宝广场等11幢楼宇试点先行，探索楼宇平安建设工作的规范系统。

一是突出考虑辐射带动，科学选址平安工作室布局。如大上海时代广场有各类入驻企业75户，其中类金融8户、新入住24户，企业入驻率达90%，在淮海中路沿线各商务楼宇中具有较强的示范带动作用。

二是突出考虑实体运作，建立"三个一"工作模式。即建立一套工作制度，在工作室志愿队伍配置、工作例会、项目内容等方面予以规范；成立一支工作队伍，按照"自我组织、自我教育、自我服务、自我管理"的理念，以楼宇员工为主体，成立平安工作志愿督导队；三是制订一批项目清单，不断丰富充实平安工作室内涵。

三是突出考虑项目引领，确保工作室运转有抓手。平安工作室建立运转后的首批项目是围绕商务楼宇消防安全工作，结合楼宇消防站建设开展消防安全疏散演练和楼宇禁烟活动，成效初显。

（四）文化涵养增"品性"，不断满足职业群体文化需求

一是挖掘辖区文化资源和历史底蕴。街道与高校合作，全面梳理和提炼淮海中路街道社区的历史文脉，编纂了《漫步上海淮海街区》，集中展示

"淮海家"的红色文化、海派文化、石库门文化，通过优雅的文字和图文并茂的形式，将街道辖区内历史建筑、历史人物、历史故事娓娓道来，挖掘孕育并发展于革命场馆、历史街区中的红色基因，寻找渊源、收集故事，使楼宇企业员工在潜移默化中增强对淮海街道文化的认同。

二是打造一批优质文化品牌项目。如与华师大出版社合作，启动"幸福淮海·智慧人生"读书会；与瑞安房地产合作，启动楼宇白领剪纸午间课堂；与春美术馆合作，启动楼宇白领油画晚间课堂等项目。先后推出了"百姓戏舞情""文化e讲堂""淮海瑜美人秀""楼宇白领午间课堂""浦江国学班"等项目。其中"楼宇白领午间课堂"还荣获了"2016年上海公共文化建设创新项目"的称号。

三是加强文化阵地建设。街道以社区文化活动中心为主阵地，通过社会化和专业化的运营和管理，实现了文化活动从物理空间到内容创作到参与体验的全面拓展。社区文化活动中心服务项目从最初的23项增加到目前的40项，对辖区居民和楼宇白领的吸引力进一步提升，部分楼宇白领利用午休、下班后时间就近参加文化活动、体育健身和图书阅览。近年来，逐步形成了以街道社区文化活动中心（社区学校）为主，以K11、湖滨道、香港广场、大上海时代广场为辅的"一体多翼"文化网点布局，构建了10分钟公共文化服务圈。

案例4 白领午间课堂

白领午间课堂，与辖区楼宇合作，以非遗文化之舟为核心，逐步形成政策解读、非遗手工、时尚生活、读书会等四大类课程。自2016年6月8日启动以来，先后服务辖区20多个楼宇，共组织各类活动230场，吸引近6万人次参与互动，近万人次直接参与，被评为"2016年度上海市公共文化建设创新项目"。

2016年8月底，街道联合K11美术馆、瑞安房地产、香港广场、淮海集团等楼宇和企业，策划启动了"魅力淮海·缤纷八月"淮海楼宇社区居民午间文化周系列活动，将街道正在组织的剪纸、油画、陶艺等活动与辖区蒙娜丽莎、蒂姆伯顿个人展等活动结合在一起，最终形成文化展览、手工制作、音乐赏析等三大类15项活动。活动连续十天进行了集中展示，反响热烈，3300多名楼宇白领参与互动，15个商务楼宇47家企业的200多名楼宇白领参加了各类课堂活动，部分外区楼宇白领也闻讯前来。

白领午间课堂自启动以来，始终将非遗传承作为一项重要使命，2016年引入海派剪纸、陶艺、绒绣、扎染，2017年引入篆刻、木版水印、堑金彩塑、京剧脸谱扇绘、海派木偶制作、木结构营造（孔明锁），2018年引入衍纸、磁盘刻画、刨花创意画、彩色刻纸等非遗手艺。

2018年，街道启动"漫步淮海"文化品牌建设。结合淮海楼宇连廊非遗文化四季展，将非遗手工细化为12类若干场午间课堂，目前已经完成苏州桃花坞年画、御制耕织图、"弄堂记忆"展、"二十四节气"绘画摄影等，还组织木版年画、苏绣、剪纸等11类80多场活动。

二　楼宇社区治理主要成效

通过楼宇社区治理体系的构建，不仅形成了探索推进楼宇社区治理、促进楼宇与居民区融合发展的有效途径，还使楼宇企业效益实现提升，使楼宇白领和社区居民得到实惠，更进一步增添了社区治理的活力。

（一）楼宇企业增了效益

淮海中路街道以全区6.8%的土地面积，创造了黄浦区近1/4的经济贡献量。街道通过搭建平台，召开企业家座谈会、"淮海+伯乐汇"、楼宇租赁部负责人联席会议等，精准掌握企业的发展需求，推动企业投资与区域经济结构优化相协调，政府扶持政策与企业创新发展相配套，政府高效服务与企业需求相衔接，从而促进了楼宇企业的发展和经济效益的增长。以企业税收为例，2015~2017年，黄浦区实现税收超亿元楼有60多幢，其中18幢坐落于街道淮海中路沿线，占比近30%，三年来总体呈稳定增长态势。

（二）楼宇白领和社区居民得了实惠

街道从解决楼宇企业员工最关心、最直接、最迫切的利益问题入手，把企业中优秀员工吸纳进党组织，满足其政治发展的需要；针对企业员工午餐就餐难、看病难的问题，协调开展午餐白领食堂和午间门诊项目，满足他们基本生活需要；此外，还为企业员工提供潮汐式停车、午间课堂、学说上海话、科普项目进楼宇等活动，满足企业员工个性化需求。同时，街道楼宇企业也积极回馈居民区，组织员工为社区居民、养老机构等提供志愿服务，仅2017年楼宇企业就与街道居委会、阳光之家、综合为老服务中心等开展慰问和志愿服务活动60余次，受益人群达1600余人次。新天地社区境外人员服务站三年来累计为305人次境外居民提供便利服务。

（三）社区治理增添了活力

居民区和楼宇企业的互动、党员先锋模范作用的发挥、企业社会责任的辐射，延伸了楼宇社区发展。楼宇社区服务主体与居民区服务对象的直接对话交流，以及利益相关方与责任相关方的直接沟通，使原本需要借助外力协调的事，变成了社区与社区、企业与企业民主协商的事。楼宇治理使楼宇与居民区、楼宇与楼宇、人与人之间增进了关爱和友情，激发了活力，营造了和谐的社区氛围。近年来，淮海中路街道先后被上海市人民政府评为"上海市文明社区"，被上海市综治委命名为"上海市平安社区"。

B.16
以党建引领推动社会治理创新：
上海市普陀区石泉路街道的探索

宋胜利 张虎祥 李友权*

摘 要： 在新时代，城市社区如何推进服务与治理并顺利实现转型与发展，一直以来就是为人们所关注的焦点问题。近年来，普陀区石泉路街道坚持党建引领，在"同心家园"建设持续推进实践中，着力打造"宜居石泉"的品质与内涵，在社区更新、公共服务乃至社会治理方面不断推进创新探索，并由此形成了具有自身特色的工作路径与实现方式，主要体现在社区微更新、社会协同提升、线上线下联通、智能化治理及以激发社会活力、坚持党建引领等方面，对正处于快速转型过程中的街道社区具有一定的借鉴意义。

关键词： 党建引领 公共服务 社会治理 转型与发展

随着我国经济社会发展进入新时代，社会加速分化，不同利益群体日益形成且其诉求日益复杂化；同时，市场化与信息化也使得社会成员的自主性日益增强，社会治理的优化面临着新的现实挑战。作为基层基础基本的街道社区，进一步优化社会治理的路径与方式，将直接关系到社会领域的稳定与发展。可以说，基层社会的治理创新是城市社会治理的重中之重。近年来，

---

* 宋胜利，上海市普陀区石泉路街道党工委书记、人大工委主任；张虎祥，博士，上海社会科学院社会学研究所助理研究员；李友权，博士，上海社会科学院社会学研究所助理研究员。

普陀区石泉路街道坚持党建引领，在"同心家园"建设持续推进实践中，着力打造"宜居石泉"的品质与内涵，在社区更新、公共服务乃至社会治理方面不断推进创新探索，并由此形成了具有自身特色的工作路径与实现方式，对正处于快速转型过程中的街道社区具有一定的借鉴意义，这也是本研究所关注的焦点所在。

一 新时代石泉路街道面临的挑战

如前所述，进入新时代以来，我国经济社会领域发生了新的变化，面临新的形势、新的挑战。从现实来看，随着市场化与信息化的持续推进，社会成员的自主性日益增强，其自身诉求与利益表达日趋强烈，而传统的社会关系纽带日益松弛，社会整合的难度进一步提升。由此，新时代基层社会治理的变动，也对基层党和政府管理理念、能力和水平提出了新的更高要求。正是在这一背景下，伴随改革开放而形成发展起来的石泉路9街道，其在社区管理和治理实践中也面临着新的挑战。

石泉路街道成立于1991年9月，是在上海快速推进改革开放进程之初就建立并发展起来的社区，属于居住密集型的老城区。在20多年的快速发展实践中，石泉路街道日益呈现出经济社会快速发展、人口结构变动较快，社区结构日趋多样化等态势，这些情况也对社区民生建设与社区治理提出了新的要求。具体来说，这些要求和挑战主要体现在以下几方面。首先是深厚的历史底蕴与社区更新的挑战，社区内多为20世纪70年代末、80年代初建造的工人新村，以老式公房住宅为主，承载着历史记忆，但同时社区房屋设施老旧，旧改任务较为繁重。其次是社区人口结构多样化，公共服务的需求日益呈现多样化与复杂化。旧区改造、人口导入使得该街道人口属性日趋多样化，同时使其老龄化形势日趋严重。截至2017年6月底，石泉路街道60周岁以上老年人数占到35%，且80周岁及以上的老人占比接近10%，这对公共服务的要求也更高。最后是随着经济社会发展，居民自身的权利意识日益增强，产生了自治和参与的需求，但在实践中无法有效行使自身的权利,并由此产生了诸如物业关系等矛盾冲突,亟待有效引导并形成党建引领下的社会协同态势。从某种程度上看,石泉路街道所面临的这些挑战,是社区转型过程中所出现的一些现实问题,既是对基层政府决策与执行能力的考验,也对通过区域化党建引领日益发育的社会领域并由此实现社会治理创新提出了新的更高要求。

正是在这一背景下,面对社会治理所提出的现实挑战,石泉路街道在实践中不断创新理念,着力打造"宜居石泉"的品质与内涵,探索创新工作模式与方法,在着力推动社区管理与服务转型的同时,引导居民社会参与,提升社区技术治理,从而将社会治理的社会化、专业化、智能化要求落到了实处。

二 石泉路街道社区民生与治理实践的创新探索

近年来,石泉路街道党工委、办事处在区委、区政府的领导下,着力推进"同心家园,宜居石泉"建设,完善基础设施,强化城区管理,提升居住品质,提高社区公共管理水平;着眼民生需求,进一步提升为老服务、劳动就业、救济救助等社区服务功能,优化社区共治和居民自治机制,不断激发自治活力;坚守城市安全底线,不断巩固平安社区建设成果,打造安全、和谐、有序的社区生活环境,并由此形成了具有石泉特色的社区转型发展经验模式。

(一)以社区微更新提升居住品质

作为正处于快速转型中的社区,石泉路街道辖区有82个住宅小区,其中老旧小区多达55个,房屋与公共设施老旧使得居住环境以及社区(尤其是人文)环境的改善成为重要的民生需求。街道党工委、办事处敏锐地把握了居民的这一迫切需求,因势利导,引入专业化的团队,并有效激发居民参与的热情,逐步推进了社区更新的实践。

城市更新可谓世界性难题,不仅涉及物理空间的改造、提升与完善,更与居民或空间使用者各自的利益关联在一起而呈现出某种复杂性。对于石泉来说,进一步将专业力量与居民的需求和要求结合起来,是社区更新的关键所在。正是在这一思考下,2016年启动微更新项目时,街道首先委托上海骏地建筑设计公司全方位摸底调研社区公共空间、小区公共部位和邻近居民需求,梳理出了30多个可改造的街道项目和近30个可改造的开放空间项目。结合海绵城市、安全家园、低碳节能等理念,编制《石泉社区城市微更新设计导则》《石泉街道城市建设规划细则》,对区域内20条马路、2条河浜、17个商品房小区、65个公房小区进行设计,构建石泉街道城市微更新蓝图。

在微更新的思路上,主要凸显了以下几方面。以城市管理中遇到的突出问题为导向,针对违建集中区域、安全隐患较大区域优先安排微更新项目;以社区群众现实需求为导向,关注群众停车难、充电难等问题;以补充城市公共配套功能不足为导向,将社区单位部分封闭空间向社会开放,挖掘城市风貌,激发人文活力,对区域内2条河浜进行设计。在微更新的实践过程中,街道和第三方专业团队建管并举,强化运行机制,尤其是引入多元参与机制、居民自治机制,专业团队多次对更新点进行调研、分析,在此基础上设计方案并深入居民群众中征询意见、听取居民反馈,有效利用社会资源,确保项目运行取得良好社会效益。近年来,已经相继完成了管弄路景观街、管一"社区共享客厅"、石二"小西湖"、管三"社区活力森林"和石一"夕阳苑"等城市微更新项目。并且,原先改造集中在小区内部,现在开始逐渐向社区公共部位、城市道路等延伸,逐步从局部空间转向公共空间,这意味着石泉的微更新项目,始终兼顾居民日常生活与公共活动,并且将其统一于改造实践之中。更为重要的是,随着社区环境的改善,居民的社区认同感不断提升,又推动了社区的自治和共治。

从某种程度上看,石泉路街道的社区微更新,较好地将专业力量与居民需求有机地联系在一起,同时党工委、办事处和居民区又能够积极引导和配合,从而兼顾了专业性、社会性与参与性,走出了一条以社区微更新提升居住品质与社会生活的创新探索之路。

（二）以社会协同提升公共服务品质

作为老旧里弄，石泉路街道在面临艰巨的旧改任务的同时，也面临着不同居民群体公共需求日趋多样化、复杂化的现实状况。从现实来看，由于人口的快速流动和老龄化趋势的日益深化，相当部分的居民对基本公共服务的需求仍然较大，这就使得街道在提供公共服务方面面临着许多现实的挑战。正是在这一背景下，街道紧紧把握均等化、多样化以社会化的原则，以社会协同提升公共服务品质。

从实践来看，围绕为老服务，街道着力推进适老型宜居社区建设。加强与爱照护等社会组织合作，拓展石岚三村居家养老服务快捷站和管二等3家久龄家园功能。探索医养结合，推进敬老院与社区卫生服务中心的合作。不断深化"乐助乐龄"等为老服务品牌项目。同时，街道结合片区居民的实际需求，探索构建15分钟综合管理服务圈，解决居民公共服务"最后一公里"问题。依托网格片区建设，街道将其运用于完善为老服务的供给，如提供日间照料、助餐、助浴、康复管理等的综合为老服务，从而实现了为老服务类别化、精准化、片区化。

同时，街道还积极借助社区社会组织的孵化，如上海乐助乐龄为老服务中心开展的社区传统便民服务，有着十几年为社区居民服务的历史。石泉社区"大篷车"便民服务队在社区人人皆知，知名度很高。之后乐助乐龄继承了这一光荣传统，在原有基础上增加了许多服务项目，如理发、修磨刀剪、修钟表、维修小家电、配制眼镜、测量血压等服务项目，受到社区居民的热烈欢迎，尤其是老年居民的交口称赞。还有就是街道培育扶持的上海洄澜心理咨询中心开展的综合人群心理援助计划，其通过个案咨询、沙龙及讲座、"心灵氧吧"互动体验式活动等，提高居民的身心健康水平，解决心理需求，保证正常良好的生活。在这些公共服务的提供方面，专业性社会组织的作用日益凸显。

可以说，在公共服务的供给方面，石泉路街道已然形成了政府主导、社会协同的可喜格局。一方面，政府主推基本公共服务，持续整合资源并完善服务的类型与设施;另一方面,积极培育和孵化社会组织,提供专业化的服务。正是在这个过程中,石泉路街道形成了政府与社会之间的有效衔接。

(三)以线上线下联通提升自治实效

公众参与是实现社区自治的支撑性条件,也是社区自治得以实践的重要推动力量。新时期的社区自治,应以居民为主体,充分动员并使他们投入公共问题解决和公共事务的参与实践中,由此促成公共精神的形成。在石泉路街道,党工委和办事处从线上线下两方面着手,既从最基本的社区单位——楼组入手,推动楼组自治发展并以此来形成社区联动的态势,又借助网络信息技术实现了线上群众工作的拓展,并由此形成线上线下的联通,从而有效强化了社区自治。

楼组是社区治理的最小单元,也是老百姓生活的港湾,因此成为街道推进基层社会治理的基石。2015年,街道在辖区内挑选邻里关系较为和睦,楼组骨干较多的204个楼组,设置楼组互助基金,希望在挖掘和整合社区资源的基础上,发挥社区自治的能量。2016年,街道根据辖区内楼组居民的需求特点,引入专业性社会组织协助居民开展楼组自治增能项目。2017年,街道通过党建示范引领,坚持需求导向、问题导向和目标导向,在各居民区打造"同心楼组",形成各具特色的楼组自治。"睦邻""孝亲""健康""书香""巧手""法治""绿色""食尚"等不同特色的楼道在石泉孕育而生,为推进楼组自治建设奠定了良好基础。2018年,街道逐步建立完善了楼组与楼组、楼组与居委会、楼组与业委会、楼组与物业公司等社区治理主体的互动机制,建立以社区党组织为领导核心,居委会、业委会、物业公司、社区民警"五位一体"共同合作,社会组织和群团组织广泛参与的基层工作网络,通过楼组居民自下而上的自治参与,进一步发挥好居委会的协调作用,推动小区物业建设与管理良性发展。

与此同时,线上的自治群落也迅速发展起来,并与社区自治产生联通。如品尊国际社区是一个高档商品房小区,入住居民多为企业家、白领精英等人群,年龄结构也以青年人为主。在居委会筹建之初,社区干部以传统工作方法难以打开局面。在街道党工委的指导下，居委会创新工作方法，借助QQ、微信等社交媒体平台（如2010年建立了"品尊一家亲"QQ群），从听取居民意见开始，不断扩展其影响力，规模由当时不到100人到如今几乎每户都参加。在此基础上，居委会又拓展了社交媒体平台的功能，根据居民的爱好兴趣（如健身、亲子等）等来建设微信群（2014年又建立"品尊一家亲"微信群），目前，正在筹建单身群、党员群等。借助新媒体优势，品尊居民区通过网络平台加强了组织动员，并与线下的各种社区活动相互呼应、联通，营造出睦邻友好的社区氛围，真正实现了社区管理与居民需求的有效对接。

正是通过线上线下的相互联通，社区自治从最基本的单位起步并逐步扩展，将居民的需求诉求真正反映到居委会和街道，又反过来促进社区内聚力的生成。可以说，通过线上线下的协同，源于基底的社区自治真正实现了其本源内涵。

（四）以"智慧社区"建设推动智能化治理

随着移动互联技术的普及运用，利用大数据建设智慧社区，不仅能够为公共服务提供精准化的信息，也能够提升社区智能化，解决之前难以解决的一些难点和焦点问题。作为"智联普陀"的一部分，石泉路街道在智能化治理方面也进行积极的探索。

从公共服务提供来看，智能化能够更精准地把握焦点人群的生活状态并提供及时的服务。作为居住密集型的老城区，石泉社区老年人口占比高达1/3，为保障安全，更好地满足老年群体，尤其是独居老人的需求，街道通过门磁统计门的开合情况、红外识别探测老人的活动状态，通过智能床脚垫检测心跳次数和呼吸频率，利用无线烟感监测可能发生的火情，利用无线可燃气体监测检查可能由于忘关煤气或天然气发生的燃气泄漏，等等。正是通过这种精准的信息把握，老年人的生活和服务得到了有力的支撑。从社区管理来看，智能化能够提升社区安全保障。如在太浜巷小区，车主经常私拉电线将电动车停放在楼道里充电，日益成为小区重要安全隐患。如今，有了

"城市大脑"的支持,太浜巷小区安装了智能充电桩、电弧灭火保护器、烟感等设备。在增加充电桩数量的同时还采用了网络支付等方式,使得充电付款简便易行,充电异常时自动切断,并自动推送信息给车主和相关管理人员。

智能化的介入,在解决居民现实问题的同时,也提升了社区的安全水平。除了助力社区精准服务,面对那些城市管理中的棘手问题,"城市大脑"也自有一套办法。如热闹的兰田路一直是城市管理中的老大难问题,店铺跨门营业、占道经营以及流动摊贩时有出现,而满地的果皮、垃圾耗费了城管部门大量的人力物力,但治理效果仍难以持久。引入智能化监控之后,通过无线视频监控智能报警,及时对背街小巷出现的流动摊贩或跨门营业等问题进行预警,提升了整治效率。此外,针对高空抛物、新增违建、群租房等基层难点焦点问题,通过"城市大脑平台"实时监控,从被动应付向主动发现转变,破解了城市管理中发现难、取证难、管理难的各类问题,推进精细化管理的全覆盖、全过程、全天候。

通过智能化建设的推进,石泉路街道在整合信息资源并加以有效利用方面进行了积极的探索,这种探索进一步深化了数据共享与数据挖掘,将城市精细化管理相关部门数据统一接入城市大脑,通过资源整合及平台"串联",发挥"城市大脑"的核心驱动作用,并由此实现了全区域的精细化管理。

(五)以激活社会参与提升治理实践

社会治理离不开党建引领下多元主体的参与,社会力量的激发乃至于作为主体参与到社区服务和治理的实践中,对于提高社区自治共治极为关键。近年来,石泉路街道一方面积极孵化和培育专业性社会组织,另一方面也利用社区基金会,鼓励居民自主申报实施自治项目,从而有效地实现了社会协同和公众参与,取得了积极的效果。

从街道发展社会组织的现状来看,街道现有社会组织48家,其中民办非企业43家、社会团体4家、基金会1家;社区生活服务类21家、社区公益慈善类6家、社区文体活动类7家、社区专业调处类4家,其他包括教育、培训等 10 家。在实践中，街道社会组织服务中心加强辖区内社会组织的孵化培育，为社会组织健康发展提供指导性建设性的服务。社会组织孵化培育需要经历四个阶段：孵化培育期，提供所需资源进行支持，如在资金、场地、信息及综合服务等方面为社会组织提供所需能量；成长期，提升自身活动能力，主要规范社会组织运作，如在获取平台项目、开展项目活动、提供服务等方面的专业能力；发展期，深入社区参与"同心家园"主题建设，服务中心召开社会组织推荐会、居民区对接会等，彼此了解沟通，提供符合居民需要的公共服务；成熟期，服务中心对发展成熟的社会组织保持长期的追踪和支持，如辖区内的上海正心社区服务中心，始终把自身最强的服务实力放在为社区居民服务上，始终以"双赢"获得社区居民的称赞与支持。

与此同时，依托石泉社区基金会参与社区服务党建服务平台的项目，也有效地动员了居民区乃至居民参与的积极性。如"同心建家园、名医在身边"整合社区卫生服务中心资源，组织市级医院专家下驻社区，成立"泉馨堂"石泉专家工作室，有效提高了社区医疗卫生及健康宣教服务水平。太浜巷居委的"置造家"楼组改造，通过多方筹资的方式，在条件成熟的楼组中进行环境改造，营造人人参与的自治模式，进一步开展创新社区治理模式的探索和尝试；"孝亲公益活动"，结合街道志愿者服务中心开展的"孝亲公益"系列爱心义卖活动，建立爱心助老订菜、送菜项目，从而营造良好的孝亲敬老氛围，努力消除空巢老人等人群的孤独感。镇坪居委的"高老师爱心小屋"的功能，主要包括免费为居民缝补衣服、拷边、心理咨询、矛盾调解、疏导服务、小家电家具维修、爱心捐献物资流通等便民服务。石一居委的"同心圆楼组自治"通过楼组"六字诀"管理模式，培养居民服务骨干，孕育楼组特色，满足居民需求；以社区文化宣传和教育为抓手，从而形成建设"同心家园"的良好氛围，拉近居民关系；"商务结对定向助"通过企业捐赠基金会，一次性定向资助社区困难居民，从而发挥社会捐赠在社区建设中的积极作用。还有其他居委开展的自治项目，如"薪火志愿者服务队""阿拉爱环保"等，多方位、多侧面展示了社区自治与共治建设的良好氛围。

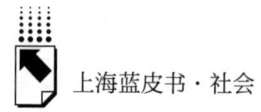

通过孵化引导社会组织发展以及推进实施社区自治金项目，石泉路街道初步形成了推动社会力量有序发育并参与社区自治共治实践的有效机制。而正是这一机制，有效地优化了社区治理的整体格局，对于新时代基层社会治理的探索创新具有积极的意义。

（六）以"凝聚石泉"加强党建引领

在社会治理的创新实践中，党建引领至关重要，尤其是政治、思想和组织引领，在积极激发社区自治活力的同时，还进一步整合区域资源，做大社区资源的总盘子，引入外生资源来推动社区发展。近年来，石泉路街道持续完善区域化党建格局，在拓展工作平台的同时也进一步整合各方面社会资源，共同助力社会治理创新。

石泉路街道的区域化党建工作，在完善组织架构、深化制度建设、强化保障体系等方面进行了探索尝试，取得了积极效果。为深入贯彻落实"1+6"文件精神，完善区域内各类基层党组织和全体党员共同参与的区域化党建格局，提高党建工作整体效应，2015年底，石泉路街道成立了"凝聚石泉"区域化党建联席会。自联席会成立以来，街道以"党建联建、资源互享、服务群众、合作共赢"为宗旨，以"同心家园"建设为目标，不断健全"1+2+2+X"组织架构，优化联席会议工作平台，完善"党工委—党建工作职能部门—基层党组织"三级联动运行机制。截至目前，联席会共有2个分会，85家成员单位，涵盖了居民区、"两新"组织、驻区单位、"两代表一委员"所在单位等多个组织。

党员志愿、率先垂范拓展党员服务社区新内涵。街道持续深化党员"双报到""双报告"制度，以"两个覆盖"为契机，首先对驻区单位和在职党员进行了摸底走访，并由此加强了居民区与驻区单位、在职党员的供需对接服务，使党组织、党员及其他各类组织、群体找准各自的工作着力点，形成党建工作合力。其次，街道适时开展了"微公益微服务"志愿行动，发动党组织和党员开展小区巡逻、卫生包干、捐款捐物等随手公益，从自身做起，从点滴做起，传递"志愿石泉"精神。

突出优势、共享资源构建社区自治共治新格局。街道深化组团式联系服务群众、党建联席会议、党员代表会议、楼组建设等工作机制和载体,推进社区共建单位积极参与小区自治共管。同时,推进"两代表一委员"联系社区,通过组织代表接待日、调研督查、服务社区、解决问题等活动,充分发挥"两代表"在帮助基层解决问题和参与社会治理中的引领、凝聚和服务作用。2018年,街道作为全区首个政协委员联络组在街镇的试点单位,邀请"两代表一委员"出席社区代表会议,就小区治理、民生服务、社区发展等自治、共治方面的议题进行协商议事,进一步提高了社区事务协商参与度。同时,街道加强共建单位资源优势和基层党员群众需求之间的对接,通过项目管理的方式,推动驻区单位和社区融合发展。如区教育学院与和平居民区党总支牵头的"书韵和平教育服务站"等项目群众评价高、工作成效显,项目内容涵盖为民服务、心理疏导、党建文化互动等多个方面,有效促进了共建单位和社区之间的优势互补和共赢互利。

区域化党建的推动和实践过程中,石泉路街道始终将党建引领作为社会治理创新探索的重中之重,以党建平台拓展社会空间,整合社会资源,统筹居民区和社区企事业单位党组织、党员、群团组织之间的资源,搭建多方议事平台,推动社区融合发展与社会治理的有效实现。

三 石泉路街道社会治理创新实践的启示

党的十九大报告提出,"打造共建共治共享的社会治理格局。加强社会治理制度建设,完善党委领导、政府负责、社会协同、公众参与、法治保障的社会治理体制,提高社会治理社会化、法治化、智能化、专业化水平。""加强社区治理体系建设,推动社会治理重心向基层下移,发挥社会组织作用,实现政府治理和社会调节、居民自治良性互动。"习近平同志在考察上海时也指出,加强社区治理,既要发挥基层党组织的领导作用,也要发挥居民自治功能,把社区居民积极性、主动性调动起来,做到人人参与、人人负责、人人奉献、人人共享。这些指示为新时代城市基层治理创新指明了方向。2018年以来,市委、市政府出台《关于加强本市城市管理精细化工作的实施意见》,进一步明确了城市管理"三全四化"的精细化要求。而石泉路街道近年来的创新探索,也践行了党中央和市委、区委的相关要求,并且逐步探索出了适合转型社区的社会治理创新的现实路径。具体来说,石泉路街道的探索为我们带来以下启示,以便为将来的社会治理挑战提供参考,主要体现在以下几方面。

首先,要坚持和贯彻党建引领社会治理创新的格局。作为基层社会的领导核心,党组织必须首先完成对自身组织体系的调整:重组党的基层组织以建设和组织行动网络;转变运行机制以促进党对基层党员的整合与凝聚;创新工作平台以提升党组织的影响力。然后在此基础上进一步引导基层社会政治有序、持续、稳定地发展,最终推动社会治理实践。换言之,党的建设始终是社会治理的核心所在,而只有在社会日常生活中,党的建设才能够找到发展的空间。展望今后基层治理的发展趋势,要进一步提升党建引领的有效性,就要进一步探索党员先锋模范作用的有效实现形式,以及党组织引领居民、社区单位与社会组织的有效方式和路径,就要更多地通过挖掘社区能人,借助情理法等多样化渠道实现社会动员,使党能够站高一级,发挥并实现政治引领、思想引领和组织引领的现实效果。

其次,要进一步激活社区社会治理所依托的内在活力与外在推力。从社区内在活力来看,最重要的是在公共事务中发挥居民的主体性作用,培养公民精神,进而促进社区社会化参与。"要健全基层党组织领导的充满活力的基层群众自治机制,扩大基层群众自治范围,完善社区民主制度",不能仅依赖党和政府来管理社区事务,而要更多地激发居民的参与热情,从而在共同建设美好生活的过程中,潜移默化地将党的主张、民主意识传递给居民,使他们在这些活动中受到教育。同时,要进一步依托党建联建共建的区域化党建平台,充分调动辖区内的各类社会资源如驻区单位、社会组织等,并使其与社区内在活力形成共振与合力,进一步提升社会治理的能级。在这个过程中,要实现社区内在活力与外在社区推力之间的有效衔接,还必须引入专业化的功能与项目设计策划,以项目形式形成推进合力,在不断积累社区社会资本的同时提升自治共治的有效性。

最后，要在党建引领下推动社会治理的体制机制与路径创新。社会治理的现实目标在于解决当前社区建设过程中面临着的现实问题，并由此促成基层社会共同体的有效运作。从社会治理的实现过程来看，其离不开体制机制的创建和完善，还需要从动态的角度引入项目化运作的方式，通过这一过程激发广大社区居民的参与热情和公共意识，使他们能够在日常生活中学会以自主的方式来介入社区公共事务和公共问题的解决过程。因此，从根本上看，社会治理有助于基层社会生活的民主建设。也正因为如此，要创设有利于居民群众在日常生活中自我发现、解决与满足自我需求的社会机制，就需要在坚持原则的基础上增强制度的灵活性，以适应不断流变的石泉路社区。

从石泉路街道近年来的实践看，其已然形成了党建引领社区公共服务与公共治理的大格局。在社区内部，居民通过自由而平等的对话、讨论、审议等方式，参与公共决策和政治生活。石泉路街道建立健全各种有效的社会协商机制，充分调动广大群众参与共同体建设的积极性，把基层社会工作与群众性社团活动有机结合起来，从而形成党建引领、政府指导、社会参与、群众监督的社会共治模式，并由此将社会治理创新与社会公共性的建构有机结合，共同推进了基层社会的发展。

B.17
杨浦区社会资本参与养老服务事业的现状、困境和建议

刘汶蓉*

摘　要： 社会资本是发展养老服务业，推进社会养老服务体系建设的重要力量。本报告梳理了"十三五"以来，上海市杨浦区在深度老龄化趋势下，引导民营资本和社会力量参与兴办养老机构、开展养老服务的现状和工作经验，着重分析了目前面临的困境和问题。从机制、政策、服务和监管等角度，提出了六点建议，以加大对社会资本的引入和引导，解决养老服务模式单一、设施配备不齐、人才匮乏、服务质量有待提高等问题。

关键词： 杨浦区　社会资本　养老服务　养老机构　养老床位

一　现状和成绩

社会资本①是发展养老服务产业，推进社会养老服务体系建设的重要力量。"十三五"以来，杨浦区深入贯彻《上海市老年人权益保障条例》、《上海市养老机构条例》和《上海市人民政府关于加快发展养老服务业推进社会养老服务体系建设的实施意见》，积极落实《上海市老龄事业发展"十三

---

* 刘汶蓉，博士，上海社会科学院社会学研究所副研究员。
① 本文指民营资本和社会力量，不同于社会学意义上的社会资本概念。

五"规划》、《关于推进本市"十三五"期间养老服务设施建设的实施意见》及《杨浦区加快发展养老服务体系的实施意见》等纲领性文件的要求，大力引进社会资本参与兴办养老机构和开展养老服务[①]。

（一）社会资本的参与现状

截至2018年9月底，杨浦区共有养老机构72家，其中保基本（公办）养老机构26家，占36.1%；非保基本（社会办）养老机构46家，占总数的63.9%。从床位分布看，杨浦区养老机构目前共有床位9150张，其中公办养老机构床位3576张，占39.1%；民办养老机构床位5574，占60.9%。从运营管理情况看，社会力量是主导力量。目前全区养老机构中，公建公营的养老机构有4家，占5.6%；而由社会力量运营管理的总体比例达94.4%，其中公建民营22家（占31.0%），民建民营45家（占63.4%）。在26家公办养老机构中，选择委托社会力量运营管理的达84.6%。

（二）主要工作经验和成绩

"十三五"时期以来，杨浦区主要开展了以下几个方面的工作举措，积极引导社会资本进入养老服务业，开办养老机构，参与公建养老机构的运营管理。一是落实各项财政补贴和优惠政策。包括完善、落实非营利机构一次性建设补贴、年度运营补贴、水电煤民用价格及税收优惠等扶持政策。二是加大指导和服务力度。加强在政策指导、人员培训、行业监管等环节提供指导和服务，努力让社会养老机构"请得进、留得住、管得好"。三是搭建企业之间的合作互信的交流平台，支持薄弱养老机构采取服务外包、专项合作等方式与优质民营企业"大手牵小手"。比如，2018年已经促成了红日集团与上海阳光养老院的合作关系，推动连锁经营，打造迎合杨浦老年人实际需求的养老服务品牌。杨浦区虽然已经取得了一定的经验和成绩，但总体来

[①] 本文主要数据来源于2018年6月至9月在杨浦区进行的养老服务工作专题调研，在此感谢杨浦区民政局为本次调研提供的丰富资料与大力支持。

说，如何通过机制创新、政策创新、服务创新，加大对社会资本的引入，进一步解决养老服务模式单一、设施配备不齐、人才匮乏、服务质量满意度有待提高等问题，仍然亟待加强研究和探索。

二 困境和问题

据调研，目前杨浦区引入社会资本参与机构养老服务建设仍面临较大压力，影响因素包括宏观与条线政策和工作机制整合不足、扶持政策力度不大、人力资源短缺和不稳定等多个方面。具体来说，主要面临以下困难和问题。

（一）引入社会资本的需求和压力较大

"十三五"期间，杨浦区人口结构将进入深度老龄化阶段。据统计，目前杨浦区有60岁及以上的老年人口37.6万人，其中80岁及以上的高龄老人为6.56万人。据预测，今后五年杨浦区户籍老年人口将增加近10万人，届时老龄化比重可能超过37%。从家庭代际结构看，目前60岁的老年人几乎只有一个孩子，依靠家庭养老的可能性较小，未来5~10年老年人对机构养老的需求将大幅度增长，且多元化需求的趋势也将更加凸显。因此，养老机构的设施建设、供给效能、服务质量总体上都面临较大压力，对社会资本有效参与的引入、引导和监管压力也将增大。

根据规划，至"十三五"时期末，杨浦区要建成养老床位10800张，其中保基本养老床位数不低于区域户籍老年人口总数的2%，全区养老机构床位总数要达到户籍老年人口总数的2.5%，且各街镇原则上至少有1家公办养老机构，养老机构内部设置老年护理床位要达到户籍老年人口总数的0.75%[1]。截至目前，全区养老床位缺口达1650张，且受滨江开发和旧改动迁的影响，"十三五"期间预计还将有1209张床位流失，必须通过新增

---

[1] 参见《杨浦区加快发展养老服务体系的实施意见》（杨府发〔2018〕3号）。

更多床位来弥补,建设任务比较艰巨。而在布局方面,江浦、新江湾城街道尚无养老机构,平凉、定海街道未建公办养老机构。按照规划,从2018年至2020年,全区将建设11家养老院,其中公办7家、民办4家。而这些养老机构80%以上仍需依赖民非机构的运营。但就目前状况来看,公建民营的模式,以及政府与社会资本合作的方式(PPP模式)都还在起步和探索阶段。

(二)建设审批过程瓶颈多

首先,开办养老机构项目审批涉及民政、规划、住建、消防等部门,报建部门多,审批流程烦琐、周期长,加之建设地块规划调整等问题,很多社会资本只能"知难而退"。其次,社会资本利用旧厂房等改建养老机构还涉及土地变性问题,前置条件是将工业企业用地变为社会公共服务用地,并支付高额的土地出让金,企业开办养老机构的成本高昂。最后,虽然国家及市级宏观层面均对利用闲置厂房等资源兴办养老机构有明确规定,但具体到建管、规土、消防等业务条线却缺少相应政策支持,在建设标准上也缺乏必要的政策细化调整,导致改建项目的建设及消防审批程序难以通过。

(三)扶持政策面窄力薄

首先,扶持政策的种类不多。目前对养老机构的扶持政策主要是运营补贴、公共事业费的减免,而在房屋租金、员工税收、融资贷款等方面,扶持政策尚无涉及。其次,政策的覆盖度也有待提高。目前只有通过民非组织登记设立的社会资本养老机构才能享受日常运营考核奖励,而经工商登记设立的则不在考核奖励范围之内。最后,政策的扶持力度还有待提升。比如,目前日常运营考核奖励最高为100元/(床·月),该标准自2008年制定至今一直未作相应调整,致使社会资本参与养老机构建设管理运营的积极性不高。

(四)既有机构安全存隐患

截至"十二五"时期末,杨浦区共有成立10年以上的存量养老机构32

家,占全区机构总数的57.14%。这些存量养老机构开办时间较长,服务设施老化,并且受运营管理成本限制,对安全设施的投入普遍不足,存在较多安全隐患。此外,区级层面在督促和引导社会资本养老机构主动加大投入,做好安全工作方面缺少相应的激励机制。

(五)护理人员队伍不稳定

据调研,民营养老机构的养老服务人员主要存在"两高"(人员流动率高、劳动强度高)和"三低"(工资收入低、社会地位低、服务水平低)问题。目前,杨浦区的一线护理人员收入基本在4000~5000元/月,每天工作时间约为12小时,人员流动率最高接近20%。这一方面受运营管理成本限制,很多社会资本养老机构在人才队伍建设方面存在短板,吸引力不足,导致人员队伍不稳定;另一方面调研发现,长护险试点以来,因为长期护理站护理员的工作劳动强度相对较低,待遇相对较好,对养老机构的护理员队伍产生一定的冲击。

(六)行业自律和监管力度不足

服务质量不高的微观原因主要在于目前护理人员队伍流动性大,且普遍存在学历低、年龄偏大、专业技能不高的情况。从宏观上看,全区机构养老的行业自律和监管力度有待加强,专业化、多元化和品牌化效应未能形成。调研显示,养老机构参加星级评定的意识普遍比较薄弱,目前杨浦区共有33家养老机构获得全市等级评定,占养老机构总量的45.8%。其中2家机构为"三级"(区社会福利院、延吉街道养老院),6家机构为"二级",25家机构为"一级"。建立养老机构评估标准体系,提供分等级的机构供应商清单是整体提升养老服务质量的必要趋势。

三 对策和建议

民营资本和社会力量的引入、引导和监管是杨浦区落实养老"十三五"规划的关键。针对目前存在的问题，我们认为应根据市有关政策和杨浦区实际，进一步理顺工作机制，加强研究和制度设计，落实和完善扶持政策，加大日常考核激励力度和奖励标准，激活既有资源，提高养老机构服务质量。

（一）加强研究和制度设计

加强对各级和相关条线的政策研究，支持开展与老龄化相关的基础和前瞻性研究，联合学界、非营利组织围绕老龄化趋势、不同需求层次的老年人规模，以及独居老人、失能老人对长期护理的需求程度，家庭照护和邻里互助的特征、可持续性及其社会意义和经济价值等重大课题开展持续性研究，在多元化的研究主体、方法和结论的交流中寻找最可行和有效的社会资本介入模式。进一步推进养老服务的社会化发展，强化市场化机制和契约化手段，结合智能养老的实践探索，推动服务从以往的"资源导向"向以使用者或被服务者体验为中心的"需求导向"转变。积极研究和探索政府与社会资本合作的多种方式，吸引社会资本和专业团队参与养老机构的运营和管理，完善养老机构的公建民营模式。支持养老服务项目的社会组织参与和市场化运作，推进养老服务项目化、品牌化、连锁化发展，培育养老服务品牌企业、龙头企业。

（二）拓宽参与渠道和领域

在研究的基础上加强规划，拓宽社会资本参与养老服务的渠道和领域，推进养老服务事业的多元格局建设。充分考虑不同层次的养老需求，重点解决失智、失能、低能老人的养老问题，进一步推动医养融合发展和智能化养老，加大对民营医护型养老机构的投入，在相关人才的引进和培养方面给予扶持。进一步推动社会力量向社区居家养老服务延伸，最大限度地发挥社会专业力量，提升服务质量，通过上门服务、专业化料理等，建立虚拟养老社区。进一步鼓励市场化的高层次养老服务社区建设，提升低龄健康老年人的独立养老比重和生活品质。

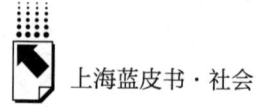

（三）强化统筹和协调机制

进一步发挥区养老服务体系建设领导小组的协调推进作用，着力解决政策衔接不足和不协调问题，尤其是各部门在项目审批上沟通协调不畅的问题。加强多部门合作，加强养老服务体系的统筹与整合，既包括政策的整合、服务内容整合、服务渠道整合，也包括居家 - 社区 - 机构服务的整合，正式照护与非正式照护的整合，形成连续性的、随老人生命周期变动而变动的、弹性化的老年照料服务体系。协调各成员单位，为社会资本参与养老服务项目提供包括规划选址、政策指导、报建审批等事项的全流程指导和服务，尝试开辟建设、消防、内设医疗、医保联网审批绿色通道等。对老旧厂房在土地性质变更、结构加固、电梯安装、土壤修复等环节遇到的矛盾进行梳理，报送市级部门进行研究推进。完善重大养老设施建设项目推进机制，对于社会资本建设 100 张床位以上的养老机构项目，建议将其纳入区重大工程项目中加以推进。

（四）完善和创新扶持政策

加大财政对非营利性养老机构的运营补贴力度，推动落实养老服务设施在税费、土地、融资等方面的优惠政策。首先，落实"以奖代补"区级配套资金，落实并加大对市有关非营利性养老机构"以奖代补"政策的区级配套资金和力度。其次，尝试突破工商登记养老机构扶持政策，将区级日常运营考核奖励政策覆盖范围扩大至商登记的纯养老服务机构，并适当提高运营考核奖励标准。最后，根据国家、市相关政策，进一步创新扶持政策，尝试为民营养老机构提供金融政策（比如贷款倾斜和担保等）和技术信息政策（比如技术指导和转让、人员培训和信息咨询等），以及房租减免、员工个税优惠等。

（五）改善和激活既有资源

首先，改善存量养老机构的安全管理。以提升养老机构服务质量能级为抓手，建立养老金机构安全改造专项基金；督促养老机构落实主体责任，鼓励引导养老机构加大投入进行安全改造，建立安全考核评估机制，设置养老机构安全奖。其次，协调推进存量资源改建养老机构。继续支持民营企业利用厂房等闲置资源兴办养老机构，在规划选址、报建审批、施工建设及执业许可等环节做好政策指导，协助企业与建管、消防等部门做好沟通协调。最后，进一步搭建企业合作交流平台，支持薄弱养老机构采取服务外包、专项合作等方式与优质民营企业合作，逐步发展连锁经营模式，提升全区养老服务行业整体品质。

（六）加强行业监管和自律

加强养老行业的监督管理和自律，开展行业标准化建设，推动养老服务质量评价和监测的规范化、制度化建设。首先，要强化与消防、食药监、质监、卫生等多部门联合监管的工作机制和街镇属地化安全监管网络，提高行政监管的效能。其次，在组织第三方年度评估的同时，运用"彩虹桥"平台及公众微信号，在机构评估中引入老年人满意度测评反馈。最后，进一步开展养老机构等级评定，充分发挥区养老服务协会在行业自律、诚信建设、机构评估、调处纠纷等方面的作用，提升养老机构接受行业监督、进行质量认证的意识，在评比中提升养老院的设施设备条件、管理水平、服务质量和社会信誉。根据实际工作的开展情况，研究制定等级评定与"以奖代补"政策、养老机构收费政策、长期护理保险签约服务政策等有效挂钩的政策。在推广等级评定的基础上，建立全区层面的养老服务供应商清单，逐步实现老年人自主选择服务供应商，提升服务质量和满意度。

B.18
杨浦区养老护理员队伍建设的成绩、问题与对策

于 宁[*]

摘　要： 随着人口老龄化进程的加速，养老护理员队伍建设在养老服务优化过程中发挥着日益重要的作用。本文总结了杨浦区民政局养老护理员队伍建设的主要成绩，分析了当前面临的主要问题与原因，在此基础上提出优化养老护理员队伍建设的对策建议。

关键词： 杨浦区　养老服务　养老护理员

一　主要成绩

随着人口老龄化进程的加速，养老护理员队伍建设在养老服务优化过程中发挥着日益重要的作用。近年来，杨浦区在养老护理员队伍建设方面开展了大量工作，取得了显著成绩，主要体现在以下四个方面[①]。

（一）积极开展职业培训

依托区养老服务协会及区社会福利院全市护理实训基地的教育资源，推

---

[*] 于宁，博士，上海社会科学院城市与人口发展研究所副研究员。
[①] 本文主要数据来源于2018年6月至9月在杨浦区进行的养老服务工作专题调研，在此感谢杨浦区民政局为本次调研提供的丰富资料与大力支持。

进养老机构从业人员培训及专业储备人才培养，2016年与2017年，平均每年开展养老机构护理人员上岗证、初级证、中级证、高级证及继续教育培训约41次，覆盖护理人员1344人次。

（二）有序推进产教融合

2009年起杨浦区社会福利院与长沙、江西、武汉、安徽等地的专业院校合作，安排毕业生赴区社会福利院实习（137人左右，最终留下30余人），部分优秀学生已在分院长至一线护理员等重要岗位正式就职，并组成专业护理班组（其中分院长共5人）。

2015年起与长沙民政职业技术学院探索建立了定向委托培训机制，包括减免学员学费、支付赴上海实习路费及定岗实习工资等举措。2018年为本区养老机构储备、输送21名优秀毕业生。

这些学生不仅用自己的职业技能提升了杨浦区护理团队水平，也通过自己的努力赢得了荣誉与尊重。2016~2017年，杨浦区先后有两名护理员荣获上海市五一劳动奖章，两名护理员成为光荣的共产党员，他们都来自江西民政职业学校，且都已成长为区社会福利院的分院长。

（三）系统提升管理能力

上海市民政局于2017年起与上海开放大学合作成立老年服务与管理专业，借此提升养老从业人员的职业素质，致力于培养养老行业的在岗"专才"。首批学生全部来自各区养老机构的在职管理人员，学制为2年，毕业后颁发大专学历文凭，杨浦区每年选送约15人至开放大学进行学习。该专业实行"理论+技能+人文"的教学模式，采用线上线下相结合的教学方式，并依托成人教学管理和学习支持服务。这些都有助于文化基础相对薄弱的养老从业人员接受在职学历教育，系统化地提升养老服务与管理能力。

（四）多元树立职业认同

一方面，杨浦区认真执行"以奖代补"相关规定。根据《关于对本市非营利性养老机构实施"以奖代补"扶持政策的通知》（沪民规〔2017〕6号），2016~2017年，杨浦区累计支出持证人员以奖代补资金132.93万元，每年有27家左右养老机构获得补贴（部分养老机构因护理人员不缴金等问题无法享受）。

另一方面，注重完善护理员队伍扶持政策。2017年，由区总工会牵头，杨浦区研究制订了"医养结合护理员工会"方案，全区1000余名护理员拥有了自己的组织工会，每年可享受价值300元的工会福利。杨浦区还运用捐赠资金及福利彩票公益金组织实施了"美丽学院"和"美的映像，爱的传承"等特色拓展培训课程，帮助护理人员增强职业认同感及价值感，提升自身职业素养。

二 主要问题与原因

当前，杨浦区户籍人口年龄结构已进入深度老龄化阶段。截至2017年底，全区60周岁及以上户籍老年人口达37.6万人，占全区户籍人口的34.9%，80周岁及以上老人达6.56万人，占60周岁及以上老年人口的17.4%。据预测，"十三五"时期末全区户籍老年人口将达43.17万，届时老年人口比重可能超过37%。由于杨浦区老年人口规模将在2025年达到峰值，因此，养老服务需求还将不断增加，养老护理员队伍的专业化、职业化、稳定化要求与压力也将长期存在。现阶段，杨浦区养老护理员队伍建设还面临以下主要问题，其深层次原因也需深入探究与讨论。

（一）主要问题

1. 供需缺口大

杨浦区民政局提供的2017年上海市杨浦区养老机构从业人员基本情况统计表数据显示，护理员人数为1448人；2017年上海市杨浦区养老机构入住人员情况统计表数据显示，入住老年人数为6669人。由此可知，当前杨浦区的机构养老护理员与被护理老年人数之比为1∶4.6，国际上通常的标准则为1:2或1:3，杨浦区养老服务的供需缺口比较明显。随着人口老龄化、高龄化程度的不断加深，老年人口与高龄人口的数量与比重在相当长的一段时期内都将持续上升，与此相对应的则是劳动年龄人口比重下降，养老服务需求的显著增加与供给的逐步减少使养老护理员队伍建设面临严峻的挑战。

2. 队伍不稳定

目前，杨浦区的一线护理人员流动率最高接近20%。全区1448名护理员中，入职年限达到5年及以上的为441人，仅占30.46%。入职年限在1~5年的约占一半（53.66%），为777人。其中，入职满3年但不足5年的为377人，占26.04%；入职满1年但不足3年的为400人，占27.62%。同时，入职不足1年的为230人，占15.88%。由此可见，杨浦区养老机构一线护理人员中，能长期从事该项工作达5年以上人员的比例偏低，多数人员在此岗位上工作不满5年就已流失，养老护理员队伍的稳定性亟待提高。

以杨浦区社会福利院为例，2013~2017年的养老护理员流失率均在20%左右，2013年为23%，2014年为24%，2015年为26%，2016年为19%，2017年为23%。最近五年数据显示，每年都有相当数量的养老护理员在经过杨浦区社会福利院的专业培训并获得相关资格证书后离开该岗位，转而从事其他相关护理工作。

3. 专业水平低

就年龄构成而言，2017年全区1448名机构养老护理员中，50周岁以上者超过六成，为894人，占61.74%；35~49周岁者超过三成，为486人，占33.56%；35周岁以下者不到一成，仅为68人，占4.70%，其中将近一半（31人）供职于杨浦区社会福利院。养老护理员整体年龄偏大，一方面不利于护理知识与技能的学习、更新，另一方面也不利于护理员队伍的梯队建设与可持续发展。

就学历构成而言，2017年全区1448名机构养老护理员中，大专及以上学历者仅有21人，占比仅为1.45%；高中或中专学历者为167人，占比为11.53%；初中（初职）学历者为681人，占比为47.03%；小学及以下学历者为579人，占比为39.99%。将近九成护理员的学历在初中水平及以下，其中小学及以下学历者占比近四成。整体学历偏低的客观情况制约了养老护理员学习与掌握不断更新的养老服务与护理技能，造成整体服务专业化水平偏低的客观局面。

就专业技能等级构成而言，2017年全区1448名机构养老护理员中，仅1人持有技师及以上专业技能证书，占0.07%；21人持有高级（三级）证书，占1.45%；154人持有中级（四级）证书，占10.64%；292人持有初级（五级）证书，占20.17%；897人持有上岗证，占61.95%；另有83人持有其他（护工、家政等）证书，占5.73%。整体来看，养老护理员队伍的专业技能普遍偏低，六成以上的护理员仅持有上岗证作为其技能等级的证明，这使得全区养老服务专业化水平的提升受到限制，被服务老年人的用户体验也还有很大的改善空间。

（二）原因分析

1. 劳动强度高

本次调研了解到，杨浦区的一线护理人员每天工作时间约为12小时，根据上海市质量技术监督局发布的《养老机构设施与服务要求》，其具体工作内容相当繁重，涉及老人日常照护的各个方面，包括进食、修饰及洗浴、穿（脱）衣、如厕、移动、压疮护理、物品整理、用药、膳食、洗涤等，同时还要负责老人的清洁卫生、预防保健、社交娱乐等多方面工作。养老护理员每天凌晨起床，不停歇地忙到晚上，这样高强度的工作不仅需要纯粹的体力劳动，而且需要具备一定的医学基础知识和护理技能，同时掌握心理慰藉方面的技巧，因此不是所有人都能承受并且胜任的。很多年轻人即便学习的是护理专业，也因为这份工作的辛苦而不愿涉足。

2. 收入水平低

杨浦区养老护理员的收入水平偏低，一线护理人员收入基本在4000～5000元/月。该收入水平与住家保姆的收入水平相当，而住家保姆仅需为一个家庭中的一到两名老人提供服务，其工作强度不可同日而语。

就具体的工资构成而言，以杨浦区社会福利院为例，养老护理员工资水平的核定参考的是全区行业内市场价格，工资构成包括以下四个部分：①基本工资，全市最低工资标准+工龄工资；②安全奖，老人无安全事故，查房状况好；③绩效工资，老人护理等级、工作量、质量、技术水平；④技术工资，通过全体护理员均需参加的技术考试。由于受到运营管理成本限制，很多养老机构在人才队伍建设方面存在短板，吸引力不足，养老护理员的收入水平偏低是养老机构面临的普遍问题。例如，杨浦区社会福利院每年人力成本占运营成本的比重达 75%～80%，将护理费收入全用于人员成本后，2018 年至今还亏 300 万，缺口需由财政补贴。长此以往，护理员收入难以显著提高，薪酬水平与其劳动强度难以匹配，队伍稳定性难以保障。

3. 社会地位低

由于社会观念与认知的滞后，养老护理员工作的社会地位偏低，处于"本地人不愿干，外地人不愿说"的困境之中。

就户籍构成而言，2017 年全区 1448 名机构养老护理员中，上海本市户籍者仅有 56 人，占比仅为 3.87%；外省市户籍者占绝大多数，为 1392 人，占比高达 96.13%。由此可见，上海本地人极少愿意从事该项工作。

外省市护理人员受同样观念原因的影响，也很少愿意对老家人详细说明自己的具体工作，往往用一句"在上海打工"含糊交代。事实上，很多人对护理员工作的认识不够，认为养老护理员是又脏又累、"伺候人"的体力劳动，其实这个工作的技术含量非常大，需要丰富的护理知识和良好的职业道德，应当受到人们的尊敬。

4. 长护险冲击

调研发现，长期护理保险的试点实施对机构养老护理员队伍与居家养老服务员队伍的稳定性都造成了一定程度的冲击，相当一部分护理员因此转换到长期护理站从事相关服务与护理工作。

就机构养老护理员队伍而言，长期护理保险的筹资与计发方式的特性，造成了护理站护理员与机构护理员之间同工不同酬的现象。同样内容与要求的护理工作，机构养老护理员完成后并不能得到额外的服务费收入，这笔保险费用资金按规定是应通过机构直接返还给老人的；但是，护理站的养老护理员完成该项工作后却能获得相应的服务费用，因为这笔保险费用资金按规定是通过长期护理站发放给护理员的。

就居家养老护理员队伍而言，长期护理保险与居家养老服务的出资渠道不同，也造成了护理站护理员与居家养老服务员之间同工不同酬的现象。凡是长期护理保险与居家养老服务目录中核定的相同的工作，长期护理站的护理员计费标准是40元/小时，居家养老服务员的计费标准是25元/小时，两者的差异显而易见。

基于以上分析，长期护理保险试行阶段，政策衔接与整合方面的不足，对机构养老与居家养老服务队伍的稳定性形成冲击，在改革进程中还需不断完善。

三 对策建议

（一）待遇提升：入职补贴，配套激励

首先，结合最低工资标准、社会平均工资水平、工作强度与难度、岗位供需情况等多方面因素综合制定行业指导性工资标准，逐步提升行业内市场价格，以不低于社会平均工资水平作为养老护理专业人员的薪酬待遇提升目标，增强行业吸引力。同时，将养老护理员岗位纳入公益性岗位给予适当补贴，这也是发达国家普遍采用的政策手段①。例如，英国养老护理员的年薪相当于当地刚参加工作的大学教师收入的一半，同时政府还给予其劳动补贴、免费医疗方面的待遇；法国政府为在公共部门和非营利性部门工作的人才支付80%的最低工资，其余部分由雇主支付。此外，为了维护养老护理员队伍的稳定性，还应对从事养老服务一线工作满一定年限的养老护理员给予相应的艰苦岗位长期服务补贴，例如，满五年给予一次性补贴5000元，

---

① 陈卓颐、陈伟然：《我国养老护理员队伍建设现状与对策》，《长沙民政职业技术学院学报》2009年第4期。

满十年给予一次性补贴2万元,等等。随着社会经济的发展,我国各级政府从公共财政中安排一定资金对养老护理员这类公益性岗位给予适当补贴也是有其现实可能性的。

在提升基本薪酬待遇、工资水平的同时,入职补贴与配套激励也是稳定并扩大护理员队伍的有效手段。

就入职补贴而言,新入职从事养老护理服务一线工作的人员,凭所持有的本科、大专、中专等经国家教育部门承认的相关学历证书,入职满规定年限后(例如一年或两年)由用人单位代为申请入职补贴。补贴标准与其所持学历证书相对应,可参照虹口区等兄弟区县的标准执行,例如:中专学历5000元/人,大专学历10000元/人,本科及以上学历20000元/人。根据政府财力,可以一次性补贴到位,也可以在规定的若干年内足额补贴到位。非全日制毕业生则按照全日制毕业生的相应比例进行补贴,例如70%。

就配套激励而言,要探索建立与业务技能水平相匹配的收入增长机制。对取得养老护理职业资格初级及以上等级证书,并在本养老机构服务一定年限(如一年)以上的护理人员,应给予护理岗位专技人员奖励。配套奖励标准与证书等级相对应,例如:初级证书每人200元/月,中级证书每人300元/月,高级证书每人400元/月。给予养老护理从业人员持续性的岗位补贴,有助于吸引更多劳动者特别是年轻人从事这一职业。

(二)政策倾斜:改善环境,积分落户

1. 住房政策优惠

首先,探索完善人才公寓政策,由民政和人社部门制订相应标准,建立养老护理人才库,入选者在上海没有住房的,可通过用人单位申请租房补贴,入住人才公寓,由此缓解养老护理人才紧缺局面。其次,对于一线养老护理员,如果夫妻双方都从事养老服务行业,工龄满若干年后,可通过用人单位申请租房补贴,或在申请公租房的租金方面享受一定优惠。通过政策倾斜使养老护理人员有安定的居所也是稳定当前护理专业人员队伍的一大要素。

2. 积分落户政策优待

根据2017年1月发布的《关于加快推进本市养老护理人员队伍建设的实施意见》，对于所学专业属于本市紧缺急需专业目录且工作岗位与所学专业一致的养老护理人员，在申办《上海市居住证》积分时，可以按照规定予以加分。对照《上海市居住证积分指标体系表》的加分指标规定，上述人员可因此获得30分的积分值。

在此基础上，结合我国户籍制度改革有关调整户口迁移政策与"严格控制特大城市人口规模"的指导思想来看，对于特大城市如何设计合理的积分落户制度，以下三点不可忽视。第一，分值标准与时俱进、动态变化。城市经济社会的发展与需求变化决定了不同时期主要指标的分值也应动态变化，从而有利于引入城市发展急需的各类人才。随着上海老龄化进程的加速，养老服务与管理人才的急需性与紧缺程度不断提高，应将这方面的相关人才与人力资源纳入紧缺人才与急需岗位目录，同时在落户积分评定时给予一定优先待遇。第二，在积分落户制度的实际执行中不应排除基础行业劳动人员。积分落户制度的合理性不仅应当体现出对城市发展急需的高端人才的优先引进，还应当考虑维护城市正常运行所必不可少的基础行业劳动人员，特别是其中已在当地生活多年的常住人口。第三，积分落户制度对人口规模的调控功能应体现为"合理疏导，有进有出"。一方面吸引并接纳高素质、紧缺型人才（如科技、金融、教育等行业的高端人才）以及维持城市日常运行所必需的基础行业从业人员（如环境卫生、养老护理等行业的从业人员）优先落户，另一方面则合理引导农业转移人口中从事其他普通行业的劳动者向周边地区流动、落户，以特大城市为中心，带动周边城市群联动发展。

根据《上海市居住证积分指标体系表》的规定，加分指标中，可加分的特定公共服务领域仅限定为环卫领域，在该领域就业满5年开始计入总积分，满1年积4分。结合上海人口老龄化与高龄化的快速进程，建议将养老护理领域也纳入特定公共服务领域，作为居住证积分指标体系中的加分指标，使广大一线养老护理员有更多机会实现积分落户，在上海的养老护理行业真正扎下根来。

（三）制度衔接：平衡长期护理保险

结合调研中了解到的实际问题，在推行长期护理保险试点实践的过程中，要注意做好政策衔接、整合与相应的补贴工作，保障机构养老护理员、居家养老服务员与长期护理站的护理员实现同工同酬，维护养老服务市场的全面稳定。

对于机构养老护理员，要做好劳动权益保障工作，使其在完成与长期护理站护理员同样内容与要求的护理工作后，也能获得相同的服务费收入。建议这部分费用的计发方式在长护险试点过程中进行调整，统一为通过养老机构或长期护理站发放给护理员，保障两类护理员同工同酬。同时，也可借鉴丹麦政府的长期护理津贴制度，采用多种补贴形式进行发放：①直接提供给被护理者的津贴；②被护理者主动与为其提供非正规护理的亲属共享津贴；③直接提供给非正规护理员的津贴；④以补贴或税收减免等形式，提供给正规护理机构的津贴①。第一种津贴形式能够提高被护理者享受护理服务的经济能力；第二种和第三种津贴有助于壮大社会护理团队力量，弥补养老护理人员的不足；第四种津贴直接作用于正规护理机构，是政府对正规护理机构的政策性补偿措施，能够帮助其增加对护理人员的培训与薪酬，提高养老护理服务质量。

对于居家养老护理员，要做好劳务差价补贴工作，统一养老服务市场的劳动定价，不论是居家养老提供的服务还是长期护理站提供的服务，都应当保障服务人员同工同酬。由于出资渠道不同造成的服务定价差异，建议由政府有关部门提供相应财政补贴，改善居家养老服务员服务收费偏低的现象。

只有通过上述政策衔接、调整与补贴，才能有效平衡长期护理保险试行过程中产生的冲击，避免机构与居家养老护理人员过多流失到长期护理站从事相近或相同的工作，从而充分维护养老服务市场与养老护理队伍的全面稳定与健康发展。

---

① 余星、姚国章：《国外养老服务人才队伍建设比较研究》，《经营与管理》2017年第6期。

（四）技能优化：学校委培，在职培训

优质的养老护理服务需要经过专业的学习与培训才能达成，为提高养老护理人员的服务技能，应当双管齐下，将学校（委培）教育与职业（在职）培训充分结合。

就学校（委培）教育而言，其目标是使学生经过若干年的系统学习，掌握专业化、高技能的养老护理知识，成为理论与实践、护理与管理相结合的养老护理人才。在当前养老护理专业人才队伍亟须充实的形势下，杨浦区不断探索与拓展的定向委托培养是一条行之有效的促进策略①。同时，除了提高人才培养的质量之外，现阶段加大招生就业政策支持力度的措施也很有必要。具体来说，应将高层次养老与家庭服务专业人才纳入各级人才支持计划，提升其社会地位和职业认同，增强行业吸引力与专业报考吸引力。建议对相关专业给予一定政策倾斜，例如实行单独招生计划，适当提升相关专业生均拨款；通过学费减免、专项奖助学金等政策激励，有效扩大专业招生规模；同时，将相关专业毕业生纳入就业政策扶持范围，打通职业发展通道，以就业带动招生，不断扩大人才培养规模。

就职业（在职）培训而言，其目标是为有意从事养老护理与服务领域的非专业人士提供岗前培训与在岗期间不定期的技能培训，使其通过职业资格考试获取相应等级的技能证书，帮助其不断提升自身的服务能力和综合素质。政府对养老护理员的职业（在职）培训应予以大力支持，通过大量财政补贴减轻养老机构与护理人员的培训成本负担，使其更积极、更充分地接受各类职业培训，提高服务技能。2016年4月印发的《上海市养老护理人员技能提升专项行动计划》②规定，"根据本市经济社会发展，适时调整养老护理等职业培训费补贴标准。经认定的养老护理从业人员参加养老护理相关职业岗位培训，培训后鉴定考核合格，按当年度补贴目录内岗位培训项目

---

① 杨兰英：《养老人才培养，内外功不可偏废》，https：//www.linkolder.com/article/10594982。
② 上海职业培训指导服务网，http：//www.12333sh.gov.cn/wsbs/zypxjd/2007zpsy/07zxdt/201604/t20160426_1244180.shtml。

的课时补贴标准和实际课时，核定培训补贴经费。经认定的养老护理从业人员，通过养老护理相关职业专项能力或国家职业资格培训，参加鉴定考核合格取得专项能力或国家职业资格证书的，按照规定标准给予80%培训费补贴。"在此基础上，建议区政府加大补贴力度，经认定的养老护理从业人员在取得专项能力或国家职业资格证书之后，除享受上述《行动计划》中规定的人社部门补贴的培训费80%外，还可通过培训机构，向区民政部门提出申请，享受剩余的培训费20%补贴。

（五）地位提高：荣誉表彰，人文关怀

对优秀养老护理员进行荣誉表彰是提升养老护理行业社会地位与职业认同的有效措施。《关于加快推进本市养老护理人员队伍建设的实施意见》指出，要积极推荐养老护理员优秀代表参加敬老爱老模范人物、劳动模范、三八红旗手、优秀农民工等评选活动[①]。2017年，由市老龄事业发展中心主办、市社会福利行业协会承办的"寻找最美养老护理员"活动在全市范围内展开，经过层层筛选，产生了首批50名最美养老护理员，并给予了表彰奖励。2018年，为深化促进活动意义和影响，又组织该50名"最美养老护理员"开展多种形式的学习交流活动，旨在为他们不断搭建学习平台，创造展示自我风采的舞台，使每位养老护理员都成为知识的接收者、受益者和传播者，进一步提升了他们的养老护理技能和综合素养，也更进一步发挥出标杆示范的引领作用，做到由点及面、辐射带动，从而推动整体养老护理员队伍的能力素质提升。市级层面的评选活动经验值得推广到区级层面，建议今后定期在全区范围内开展"最美护理员"评选活动，同时将类似评选活动向下延伸至街道、居委层面，使更多的养老护理员获得职业认同与社会荣誉，同时也使他们在多种形式的学习交流中不断提升服务技能与综合素养，为全面提高杨浦区养老护理服务质量打下扎实基础。

---

① 《"最美养老护理员"活动续篇开启》，http：//www.yanglaocn.com/shtml/20180516/1526421532114808.html。

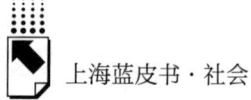

同时，还要给予养老护理员广泛的人文关怀，使其感受到工作岗位与工作单位的温暖与凝聚力。建议将杨浦区社会福利院的经验做法推广到全区各养老机构，为护理员开设丰富多彩的拓展课程；同时与区总工会加强协调，为护理员在现有基础上争取更多劳动福利，每年为护理员提供免费体检等健康保障；此外，还可邀请优秀员工家属前来机构参观，以为其报销路费、食宿费用作为对优秀员工的激励，使家属与员工团聚的同时，了解养老护理员工作的艰辛繁重与崇高意义，由此提高养老护理工作的社会地位。

（六）队伍壮大：立足本区，挖掘潜力

在巩固与扩大现有养老护理人员两大主要来源（即外省市来沪务工人员与养老护理专业院校毕业生）的同时，也要立足本区，挖掘潜力，进一步扩大养老服务人员队伍的来源渠道。例如，鼓励卫生专业技术人才转岗至养老行业，鼓励家政服务人员、医院护工和本区城镇就业困难人员从事养老服务，鼓励退休医务工作者、身体健康的低龄老人参与提供为老服务，鼓励本区全职主妇利用家务闲暇时间弹性从事养老服务工作，等等。通过多渠道开拓，结合本区实际不断扩展壮大养老服务人员队伍，以满足老年群体的服务需求。

附 录
Appendix

B.19
附录一 上海社会发展统计指标

平均每天的社会、经济活动情况

指标	计量单位	1990年	2000年	2009年	2010年	2013年	2014年	2015年	2016年	2017年
上海市生产总值(GDP)	亿元	2.14	13.07	41.22	47.03	59.18	64.55	68.40	75.25	82.56
第一产业	亿元	0.09	0.21	0.31	0.31	0.35	0.34	0.3	0.3	0.27
第二产业	亿元	1.39	6.05	16.44	19.78	21.99	22.37	21.76	21.90	25.35
工业	亿元	1.29	5.48	14.82	17.91	19.83	20.17	19.48	19.58	22.75
建筑业	亿元	0.10	0.57	1.62	1.87	2.17	2.26	2.35	2.41	2.68
第三产业	亿元	0.66	6.81	24.47	26.94	36.84	41.84	46.34	53.05	56.94
其中:交通运输、仓储和邮政业	亿元	—	—	1.74	2.29	2.56	2.86	3.10	3.18	3.68
批发和零售	亿元	—	—	5.98	7.11	9.68	10.44	10.48	11.05	12.04
金融业	亿元	—	—	4.94	5.35	7.74	8.95	11.10	13.05	14.6
房地产业	亿元	—	—	3.39	2.75	3.68	4.19	4.65	5.82	4.69
一般公共预算收入	亿元	0.46	1.36	6.96	7.87	11.26	13.35	15.12	17.55	18.20

续表

指标	计量单位	1990年	2000年	2009年	2010年	2013年	2014年	2015年	2016年	2017年
一般公共预算支出	亿元	0.21	1.71	8.19	9.05	12.41	14.20	16.96	18.96	20.68
最终消费	亿元	0.98	6.15	21.56	25.82	34.55	37.97	40.7	44.32	
居民消费	亿元	0.78	4.81	15.84	19.95	26.02	28.52	30.38	32.86	
农村居民消费	亿元	0.18	0.48	0.83	0.93	1.42	1.57	1.74	1.92	
城镇居民消费	亿元	0.60	4.33	15.01	19.02	24.61	26.95	28.64	30.94	
政府消费	亿元	0.20	1.34	5.71	5.87	8.53	9.45	10.31	11.46	
能源终端消费量	万吨标准煤	8.49	14.32	27.27	29.59	31.38	30.91	31.64	32.50	
生产消费量	万吨标准煤	7.81	13.06	24.66	26.84	28.04	27.77	28.30	28.86	
生活消费量	万吨标准煤	0.68	1.26	2.60	2.76	3.34	3.14	3.08	3.64	
社会消费品零售总额	亿元	0.91	5.11	14.17	16.63	22.06	23.89	27.76	29.99	
出生人数（户籍统计）	人	359	190	253	275	298	340	290	354	307
死亡人数（户籍统计）	人	236	259	292	298	320	327	340	312	333
结婚对数	对	295	255	411	357	410	389	388	343	
离婚人数	人	90	174	264	256	381	336	365	226	349
城市自来水售水量	万立方米	336	541	659	670	683	680	673	692	672
用电量	万千瓦时	7253	15327	31599	35503	38647	37508	38508	40713	41829
城市煤气供应量	万立方米	348	584	389	352	149	82	14.79	10.9	
旅客发送量	万人次	10.51	18.88	30.51	36.80	43.65	47.15	50.88	53.60	57.14
出版图书、杂志	万册	129	120	124	128	137	129	132	114	116
出版报纸	万份	443	460	447	436	361	314	296	276	250
发生火灾事故	起	6	14	17	16	26	16	13	12	
发生交通事故	起	21	113	8	6	5	3	3	2	
市区清运垃圾	吨	10466	23507	19452	24384	20164	20345	21616	22650	24644
市区清运粪便	吨	6658	7014	6055	5507	6082	5479	4740	4384	

注：生产总值中三个产业行业按新行业分类标准统计；2004年新交通法实施后，交通事故认定标准有变化。

附录一 上海社会发展统计指标

主要社会指标一览

指标	计量单位	1978年	1990年	2000年	2010年	2013年	2014年	2015年	2016年	2017年
全市常住人口	万人	1104	1334	1608.60	2302.66	2415.15	2425.68	2415.27	2419.70	2418.33
全市户籍人口	万人	1098.28	1283.35	1321.63	1412.32	1432.34	1438.69	1433.62	1439.5	1445.65
户籍人口迁入	万人	—	12.18	15.16	17.22	12.12	11.55	11.61	11.25	
户籍人口迁出	万人	—	10.72	5.32	4.97	6.06	5.78	5.32	4.64	
人口密度	人/平方公里	1785	2104	2537	3632	3809	3826	3809	3816	3814
人口中男性比例	%	49.4	50.4	50.4	49.8	49.7	49.7	49.6	49.6	
常住人口自然增长率	‰	—	—	0.27	2	3.18	4.19	2.45	4.0	2.8
户籍人口自然增长率	‰	5.1	3.5	-1.9	-0.6	-0.54	0.32	-0.78	1.1	-0.6
婴儿死亡率	‰	15.49	10.95	5.05	5.97	5.73	4.83	4.58	3.76	3.71
平均期望寿命	岁	73.35	75.46	78.77	82.13	82.47	82.29	82.75	83.18	83.42
男性	岁	70.69	73.16	76.71	79.82	80.19	80.04	80.47	80.83	80.98
女性	岁	74.78	77.74	80.81	84.44	84.79	84.59	85.09	85.61	85.85
老龄(60岁及以上)人口数量	万人	—	—	—	331.02	387.62	413.98	435.95	457.80	539.12
已婚育龄妇女人数	万人	—	—	—	217.13	210.03	204.85	204.85	204.23	
城镇居民人均居住面积	平方米/人	4.5	6.6	11.8	16.7	17.5	17.8	18.1	36.1	36.7
出生人口数量	万人	—	—	—	10.02	10.89	12.41	10.59	13.07	
城镇登记失业人数	万人	10	7.7	20.08	27.73	26.37	25.63	24.81	24.26	22.06
城镇登记失业率	%	2.3	1.5	3.5	4.2	4.2	4.2	4.05	4.1	3.9
小学在校学生人数	万人	87.06	110.19	78.86	70.16	79.25	80.3	79.87	78.97	78.49

续表

指标	计量单位	1978年	1990年	2000年	2010年	2013年	2014年	2015年	2016年	2017年
学龄儿童小学入学率	%	98.7	99.9	99.99	99.99	99.9	99.9	99.99	99.9	99.9
初中在校学生人数	万人	—	—	55.6	42.55	43.67	42.68	41.23	41.33	41.17
初中毕业生升学率	%	—	75.9	97	96.5	97	96.9	97.0	98.7	
高中（含中专、技校）在校学生人数	万人	—	—	49.69	32.65	28.96	26.98	15.82	25.33	25.03
高等学校在校学生人数	万人	5.06	12.13	22.68	51.57	50.48	50.66	51.16	51.47	51.49
普通高校录取率	%	—	51	67.4	85.1	88.7	89	89	89.8	
研究生在读人数	千人	1.25	9.57	30.61	111.72	134.80	133.6	138.3	145	151.5
成人高等教育在校学生人数	万人	1.08	6.09	11.49	19.86	18.37	16.87	15.8	14.39	
每万人在校大学生	人	46	90	141	224	209	209	212	213	
每万人拥有医生	人	30	44	31	22	24	25	26	27	25
每百人拥有报纸	份/天	16	33	28	19	15	13	12	11	10
人均公共图书馆藏量	册、件	0.96	1.19	3.42	2.96	3.00	3.04	3.13	2.9	
人均生活用电量	千瓦时	48	108	331	734	849	717	768	900	946
人均生活用水量	立方米	32.3	45.8	88.7	80.9	81.53	81.04	81.32	84.40	82.66
人均拥有道路面积	平方米	0.79	1.34	7.17	11.12	11.3	11.51	11.83	12.09	
每万人拥有公共交通车辆	辆	2.7	4.7	12.08	12.46	12.11	11.97	12.36	12.70	
每万人拥有出租车辆	辆	1.56	8.47	25.61	21.72	20.96	20.92	20.53	19.54	

注："每万人"和"人均"指标均按当年年末常住人口数计算；成人高等教育在校学生数中未包括网络教育在校学生。

居民生活

指标	计量单位	1978年	1990年	2000年	2010年	2013年	2014年	2015年	2016年	2017年
城镇居民家庭人均年可支配收入	元	406	2183	11718	31838	43851	47710	52962	57692	62596
城镇居民家庭人均年生活消费支出	元	357	1936	8868	23200	28155	30520	36946	37458	42304
其中：食品消费支出	元	—	—	3947	7777	9823	10677	9691	10004	
衣着消费支出	元	—	—	567	1794	2032	2038	1711	1993	
居住消费支出	元	—	—	794	2166	2848	3031	12137	9566	
医疗保健消费支出	元	—	—	501	1006	1350	1449	2362	2840	
交通与通信消费支出	元	—	—	759	4076	4736	4885	4457	4384	
娱乐、教育、文化消费支出	元	—	—	1287	3363	4122	4931	4046	4544	
每百户城镇家庭年末耐用消费品拥有量：										
洗衣机	台/每百户	—	72	93	99	—	—	92	95	
电冰箱	台/每百户	—	88	102	104	—	—	97	100	
彩色电视机	台/每百户	—	77	147	188	—	—	177	185	
家用汽车	辆/每百户	—	—	—	17	—	—	26	30	
热水淋浴器	台/每百户	—	—	64	98	—	—	91	95	
家用空调器	台/每百户	—	—	96	200	—	—	191	205	
家用电脑	台/每百户	—	—	26	129	—	—	126	141	
移动电话	台/每百户	—	—	29	230	—	—	221	230	
农村居民家庭人均可支配收入	元	281	1665	5565	13746	19208	21192	23205	25520	27825

续表

指标	计量单位	1978年	1990年	2000年	2010年	2013年	2014年	2015年	2016年	2017年
农村居民家庭人均年生活消费支出	元	—	—	4138	10225	13425	15291	16152	17071	18090
其中:食品消费支出	元	—	—	1823	3807	5334	6188	5660	5736	
衣着消费支出	元	—	—	201	554	771	801	857	871	
居住消费支出	元	—	—	724	2070	2260	2747	4161	4097	
医疗保健消费支出	元	—	—	209	585	1181	1308	1464	1707	
交通与通信消费支出	元	—	—	279	1459	1719	1891	2046	2390	
娱乐、教育、文化消费支出	元	—	—	559	1012	964	1069	893	1127	
每百户农村家庭年末耐用消费品拥有量:										
洗衣机	台/每百户	—	45	69	95	—	—	70	81	
电冰箱	台/每百户	—	29	74	103	—	—	84	91	
彩色电视机	台/每百户	—	25	97	198	—	—	148	166	
家用汽车	台/每百户	—	—	—	6	—	—	14	21	
热水淋浴器	台/每百户	—	—	44	96	—	—	66	76	
家用空调器	台/每百户	—	—	14	147	—	—	101	129	
家用电脑	台/每百户	—	—	5	60	—	—	47	51	
移动电话	台/每百户	—	—	19	194	—	—	187	208	

社会保障与就业情况

指标	计量单位	1978年	1990年	2000年	2010年	2013年	2014年	2015年	2016年	2017年
城镇基本养老保险参保人数	万人	—	—	675.32	894.89	1342.98	1373.37	1411.44	1333.43	1432.97
#城镇职工	万人	—	—	431.27	522.04	922.43	936.99	961.05	957.91	995.65

续表

指标	计量单位	1978年	1990年	2000年	2010年	2013年	2014年	2015年	2016年	2017年
领取养老金的离退休人员	万人	—	—	234.23	352.02	390.63	404.07	415.81	375.52	437.32
职工基本养老保险年末基金累计结存	亿元	—	—	—	3.89	744.7	928.75	1103.87	1276.96	2029.34
城镇基本医疗保险参保人数	万人	—	—	—	566.73	999.74	1325.50	1353.57	1377.32	1404.00	1496.78
#城镇职工	万人	—	—	—	364.59	608.41	955.70	967.64	980.54	975.09	1005.40
当年享受城镇基本医疗保险人次数	万人次	—	—	—	—	11171.33	18847.79	17138.27	18120.08	19090.11	19533.02
享受大病、重病患者或病疗减负人次	万人次	—	—	—	34.14	448.25	500.2	526.83	552.28	605.17
医疗保险年末基金累计结存	亿元	—	—	—	29.69	679.43	876.1	1107.31	1402.98	2079.63
城镇职工失业保险参保人数	万人	—	—	434.86	556.2	625.74	634.08	641.77	947.32	961.84
当年享受城镇职工失业保险人数	万人	—	—	—	24.37	9.93	9.81	9.54	10.54	11.13
失业保险年末基金累计结存	亿元	—	—	—	10.95	150.86	157.03	170.09	181.18	169.87
城镇职工生育保险参保人数	万人	—	—	—	657.3	713.90	717.54	735.41	956.09	972.04
当年享受城镇职工生育保险人数	万人	—	—	—	7.71	11.25	12.4	11.95	14.81	19.08
生育保险年末基金结存	万人	—	—	—	-1.26	1.14	6.70	17.19	31.63	42.06
城镇职工工伤保险参保人数	万人	—	—	—	556.12	904.08	920.49	932.87	943.55	958.06
当年享受城镇职工工伤保险人数	万人	—	—	—	1.66	6.59	6.86	7.02	6.53	6.40

续表

指标	计量单位	1978年	1990年	2000年	2010年	2013年	2014年	2015年	2016年	2017年
工伤保险年末基金结存	亿元	—	—	—	7.75	48.01	52.07	57.19	60.18	68.23
全市从业人员	万人	698.32	787.72	828.35	1090.76	1368.91	1365.63	1361.51	1365.24	
第一产业	万人	240.06	87.25	89.23	37.09	50.65	44.81	46.01	45.45	
第二产业	万人	307.48	467.08	367.04	443.74	479.22	476.87	459.74	448.50	
其中:工业	万人	—	—	330.02	347.65	367.03	366.14	351.03	342.14	
建筑业	万人	—	—	37.02	96.09	111.07	110.09	108.33	106.36	
第三产业小计	万人	150.78	233.39	372.08	609.93	839.04	843.95	855.76	871.29	
其中:交通运输、仓储和邮政业	万人	—	—	—	54.97	88.21	87.55	88.20	89.73	
批发和零售业	万人	—	—	—	180.69	231	235.52	238.31	239.06	
金融业	万人	—	—	—	24.11	32.89	34.42	35.07	36.42	
房地产业	万人	—	—	—	35.94	48.38	48.64	49.84	50.01	
从业人员构成	%	100	100	100	100	100	100	100	100	
第一产业	%	34.38	11.08	10.77	3.40	3.7	3.28	3.38	3.33	
第二产业	%	44.03	59.30	44.31	40.68	35.01	34.92	33.77	32.85	
第三产业	%	21.59	29.63	44.92	55.92	61.29	61.80	62.85	63.82	

注：1. 2005年以后按新行业分类标准统计，2000年没有新行业的分类统计。

2. 根据《中华人民共和国保险法》，2011年对社会保险政策进行了调整。原参加"小城镇社会保险"和"来沪从业人员综合保险"的从业人员被纳入城镇职工保险范围内，并对养老、医疗、工伤、失业、生育保险的相关政策作出了调整。

B.20
附录二 全国直辖市主要社会指标

指标	计量单位	北京			天津		
		2000年	2016年	2017年	2000年	2016年	2017年
城市常住人口	万人	1364	2173	2171	1001	1562	1557
城市户籍人口	万人	1108	1363	1359	912	1044	1050
非农业人口	万人	761	1132	1132	533		
农业人口	万人	347	231	228	379		
常住人口自然增长率	‰	0.90	4.12	3.76	1.55	1.83	2.60
城镇居民家庭人均年可支配收入	元	10350	57275	62406	8141	37110	40278
城镇居民家庭人均年消费支出	元	8494	38256	40346	6121	28345	30284
其中:食品消费支出	元	3083	8070	8003	2455	8680	9456
衣着消费支出	元	755	2643	2429	544	2114	2119
居住消费支出	元	587	12128	13347	561	6187	6470
医疗保健消费支出	元	589	2630	3088	408	2172	2600
交通与通信消费支出	元	605	5087	5396	349	3992	3924
教育文化娱乐服务消费支出	元	1284	4055	4325	788	2644	2979
家庭设备用品及服务消费支出	元	1098	2511	2633	722	1664	1774
城镇居民恩格尔系数		36.3	21.10	19.8	40.1	30.6	31.2
每百户城镇家庭年末耐用消费品拥有量							
洗衣机	台/每百户	103	95	95	98	102	102
电冰箱	台/每百户	107	97	97	100	103	103
彩色电视机	台/每百户	146	127	126	132	117	116
移动电话	部/每百户	28	223	224	—	220	221
热水淋浴器	台/每百户	74	93	92	70	92	94
家用空调器	台/每百户	70	166	168	66	134	135
家用电脑	台/每百户	32	103	105	16	79	79

续表

指标	计量单位	北京			天津		
		2000年	2016年	2017年	2000年	2016年	2017年
家用汽车	辆/每百户	3	49		—	41	42
农村居民家庭人均年纯收入	元	4687	22310	24240	4370	20076	21754
农村居民家庭人均年消费支出	元	3441	17329	18810	2393	15912	16386
其中:食品消费支出	元	1264	4667	4653	1020	4981	4852
衣着消费支出	元	262	1095	1025	223	1088	1128
居住消费支出	元	539	5199	5588	452	3198	3354
医疗保健消费支出	元	276	1347	1699	152	1334	1407
交通与通信消费支出	元	217	2306	2730	108	2647	2902
文教娱乐用品及服务消费支出	元	495	1342	1314	205	1299	1343
家庭设备用品及服务消费支出	元	252	1157	1595	135	1091	1101
农村居民恩格尔系数		36.7	26.90	24.7	42.6	31.3	29.6
每百户农村家庭年末耐用消费品拥有量							
洗衣机	台/每百户	85	94	94	85	99	100
电冰箱	台/每百户	84	101	103	65	100	100
彩色电视机	台/每百户	107	138	138	98	120	121
家用汽车	辆/每百户	—	38	38	—	36	39
照相机	架/每百户	26	20		15	9	6
家用电脑	台/每百户	7	74	74	—	45	45
家用空调器	台/每百户	20	135	141	—	77	82
移动电话	部/每百户	14	243	244	—	210	215

指标	计量单位	上海			重庆		
		2000年	2016年	2017年	2000年	2016年	2017年
城市常住人口	万人	1608	2420	2418.33	2849	3048	3075
城市户籍人口	万人	1322	1440	1445.65	3091	3392	3389
非农业人口	万人	986			661	1616	1637
农业人口	万人	335			2430	1777	1753
常住人口自然增长率	‰	0.27	4	2.8	—	5.76	-1.1
城镇居民家庭人均年可支配收入	元	11718	57692	62596	6276	29610	32193

附录二 全国直辖市主要社会指标

续表

指标	计量单位	上海			重庆		
		2000年	2016年	2017年	2000年	2016年	2017年
城镇居民家庭人均年消费支出	元	8868	37458	42304	5475	21031	22759
其中:食品消费支出	元	3947	10004		2214	6884	7305
衣着消费支出	元	567	1993		551	1939	1951
居住消费支出	元	794	9566		494	3801	3960
医疗保健消费支出	元	501			293	1700	1883
交通与通信消费支出	元	759	4384		406	2574	2992
教育文化娱乐服务消费支出	元	1287	4544		786	2232	2528
家庭设备用品及服务消费支出	元	683	1873		476	1466	1592
城镇居民恩格尔系数		44.5	25.1		42.2	32.7	32.1
每百户城镇家庭年末耐用消费品拥有量							
洗衣机	台/每百户	93	95		95	97	98
电冰箱	台/每百户	102	100		100	101	102
彩色电视机	台/每百户	147	185		132	130	129
移动电话	部/每百户	29	230		—	252	257
热水淋浴器	台/每百户	64	95		83	95	95
家用空调器	台/每百户	96	205		81	181	184
家用电脑	台/每百户	26	141		14	76	75
家用汽车	辆/每百户	—	30		—	25	28
农村居民家庭人均年纯收入	元	5565	25520	27825	1892	11549	12638
农村居民家庭人均年消费支出	元	4138	17071	18090	1396	9954	10936
其中:食品消费支出	元	1823	5736		748	3851	3993
衣着消费支出	元	201	871		62	591	598
居住消费支出	元	724	4097		199	1660	1967
医疗保健消费支出	元	209			69	852	884
交通与通信消费支出	元	279	2390		61	1067	1334
文教娱乐用品及服务消费支出	元	559	1127		155	1073	1226

续表

指标	计量单位	上海			重庆		
		2000年	2016年	2017年	2000年	2016年	2017年
家庭设备用品及服务消费支出	元	225	802		67	703	749
农村居民恩格尔系数		44.1	33.6		53.6	38.7	36.5
每百户农村家庭年末耐用消费品拥有量							
洗衣机	台/每百户	69	81		9	78	80
电冰箱	台/每百户	74	91		6	94	95
彩色电视机	台/每百户	97	166		31	113	114
家用汽车	辆/每百户	—	21			12	12
家用电脑	台/每百户	5	51		—	22	20
移动电话	部/每百户	19	208		—	238	242

指标	计量单位	北京			天津		
		2000年	2016年	2017年	2000年	2016年	2017年
1. 用水							
自来水生产能力	万吨/日	367	504	522	347	455	468
供水管道长度	公里	7610	15742	16105	5049	18249	18541
全年售水总量	亿吨	7.54	11.4	11.06	6.11	7.56	7.28
其中:生活用水	亿吨	5.89	5.9	9.56	2.57	3.91	4.09
人均日生活用水量	升	146			132		132
城市人口饮用自来水普及率	%	100	100	100	100	100	100
2. 燃气							
液化石油气销售量	万吨	19.06	47.5	45.7	4.42	5.42	5.63
家庭用量	万吨		16.7	14.7		4.0	4.1
家庭使用液化石油气用户	万户	124.5	307	276.3	31.91	22.85	16.65
天然气管道长度	公里	4232	—		4268	18671	20706
天然气销售量	亿立方米	9.59	166	15.77	2.35	330923	407669

附录二 全国直辖市主要社会指标

续表

指标	计量单位	北京			天津		
		2000年	2016年	2017年	2000年	2016年	2017年
家庭用量	万吨		12.8	16.4		3.8	4.7
家庭使用天然气用户	万户	135.4	600	652.7	104.97	39.33	420.53
城市燃气普及率	%	99.3	—		96.8	100	100
3. 城市交通							
营运的公共交通车辆数	辆	14191	27892	30966	5385	12699	12686
每万人拥有公共交通车辆	辆	—	12.83	14.26	—	9.4	8.1
公交车客运总数	亿人次	40.67	73.5	71.34	5.34	14.99	13.81
人均城市道路面积	平方米	3.61	—		—	15.39	
营运的出租汽车年末数	辆	65127	68484	68484	31939	31940	31940
4. 环境卫生							
城市下水道总长度	公里	4847	7889	10207	7032	20951	21240
污水处理厂能力	万吨/日	129	612	666	61	289	249
城市生活垃圾清运量	万吨/日	0.81	2.39	2.53	0.61	0.74	
城市粪便清运量	万吨/日	0.75	0.56	0.59	0.05	0.08	
5. 住房与环境							
城镇居民人均住房使用面积	平方米	16.8	32.4	32.6	—		
农村居民人均住房面积	平方米	28.9	44.5	44.9	—		
人均公共绿地面积	平方米	9.7	7.82	16.2	5.4	10.6	11.48
6. 技术进步							
专利申请数	件	10344	177497	189129	2787	106514	86996
专利授权数	件	5905	102323	106948	1611	39734	41675
7. 教育与卫生							
每万人拥有在校大学生	人	207	271		118	331	330
每万人拥有医生	人	38	46	48	30	24	26
指标	计量单位	上海			重庆		
		2000年	2016年	2017年	2000年	2016年	2017年
1. 用水							
自来水生产能力	万吨/日	1048	1152	1184	427	618	656
供水管道长度	公里	15943	36642		6367	18735	19626
全年售水总量	亿吨	19.75	25.24	24.52	7.07	13.9	14.99
其中:生活用水	亿吨	14.26	20.42	19.99	4.19	6.8	7.01
人均日生活用水量	升	114	118		160	147	

续表

指标	计量单位	上海			重庆		
		2000年	2016年	2017年	2000年	2016年	2017年
城市人口饮用自来水普及率	%	99.97	99.99	99.99	70.31	97.03	97.86
2. 燃气							
液化石油气销售量	万吨	45.94	39.79	34.80	8.29	9.9	8.8
家庭使用液化石油气用户	万户	239.3	332.80	281.40	28	32.29	30.16
家庭用量	万吨	—	21.97		—	5.7	5.4
天然气管道长度	公里	1742	29554		5264	—	
天然气销售量	亿立方米	2.16	73.52	77.20	7.53	40.9	49.1
家庭使用天然气用户	万户	38.09	675.2	700.60	123.95	585.8	645.7
家庭用量			14.25			15.5	18.7
城市燃气普及率	%	100	100	100	36.35	95.73	96.06
3. 城市交通							
营运的公共交通车辆数	辆	17939	16693		4656	13026	13734
每万人拥有公共交通车辆	辆	11.15	19.54		1.63		
公交车客运总数	亿人次	2.65	23.91		7.9	27.1	26.5
人均城市道路面积	平方米	7.17	12.09		—	11.81	12.23
营运的出租汽车年末数	辆	42943	47271		16798	23749	23940
4. 环境卫生							
城市下水道总长度	公里	3920	24293		2806	17522	19575
污水处理厂能力	万吨/日	463	734	832	14	296	367
城市生活垃圾清运量	万吨/日	1.76		2.47	—		
城市粪便清运量	万吨/日	0.7	0.4		—		
5. 住房与环境							
城镇居民人均住房使用面积	平方米	11.8	36.1	36.7	10.7	34	35.3
农村居民人均住房面积	平方米	53.6			29.6	53.7	54.8
人均公共绿地面积	平方米	4.6	7.8	8.02	1.0	16.18	16.43
6. 技术进步							
专利申请数	件	11337	119937	131746	1780	59518	64648
专利授权数	件	4050	64230	70464	1158	42738	34780
7. 教育与卫生							
每万人拥有在校大学生	人	141	213		47	306	303

续表

指标	计量单位	上海			重庆		
		2000年	2016年	2017年	2000年	2016年	2017年
每万人拥有医生	人	31	27		16	53	56
8. 文化和体育							
电影放映单位	个	445	245		—	—	—
艺术表演场馆	个	44	47		—	—	—
艺术表演团体	个	29	205		35	770	1283
艺术表演团体国内表演场次	次	—	22930		—	89900	151500
9. 法律、公证							
主要年份公安机关立案的刑事案件情况	起	104946	187958		—	167519	132699

注：1. 上海农村居民家庭人均年纯收入为当年农村居民家庭可支配收入替代；

2. 重庆的煤气、液化石油气、天然气销售量均由当年城镇供应量替代，全年售水总量由当年供水总量替代；

3. "—"表示无资料来源。

B.21

附录三 上海小康生活标准综合评价值

指标	单位	1978年	1990年	2000年	2010年	2013年	2014年	2015年	2016年	2017年	小康值
综合评价值											
经济水平											
人均国内生产总值	元	2485	5911	30047	76074	90993	97370	103795	113511	124606	2500
物质生活											
人均收入水平											
城市居民家庭人均可支配收入	元	406	2182	11718	31838	43851	47710	52962	57692	62596	2400
农村居民家庭人均可支配收入	元	281	1665	5565	13746	19208	21192	23205	25520	27825	1200
人均居住水平											
市区人均使用面积	平方米	4.5	6.6	11.8	16.7	17.5	17.8	18.1			12
农村人均(钢砖木结构)住房面积	平方米	—	37.1	53.6	59.7	58.48	58.92	—			15
人均蛋白质摄入量	克	—	70	>75	—						75
城乡交通状况											
城市人均拥有铺路面积	平方米	0.79	1.39	6.16	18.13	11.3	11.51	11.83	12.09		8
农村通公路行政村比重	%	—	100	100	100	100	100	100	100		85
恩格尔系数(城市居民)	%	—	52.5	44.5	33.5	34.9	35	26.2	25.1		50
人口素质											

364

续表

指　标	单位	1978年	1990年	2000年	2010年	2013年	2014年	2015年	2016年	2017年	小康值
成人识字率（15岁及以上人口）	%	—	88.9	93.8	97						85
居民平均期望寿命	岁	73.35	75.46	78.77	82.13	82.47	82.29	82.75	83.18	83.42	
婴儿死亡率	‰	15.5	10.95	5.05	5.97	5.73	4.83	4.58	3.76	3.71	31
精神生活											
教育娱乐消费支出比重（城市居民）	%	—	11.9	14.5	14.5	14.6	16.2	11	12.1		11
电视机普及率	%		70.9	100	100	100	100	100			100
生活环境											
森林覆盖率	%	—	5.5	9.2	12.58	13.1	14	15	16		15
农村初级卫生保健基本合格以上县百分比	%	—	100	100	100	100	100	100	100		100

注：1. 本表中小康值是根据2000年国家统计局《全国人民小康生活水平的基本标准》确定的。其中，人均国内生产总值按常住人口计算；

2. "恩格尔系数"和"教育娱乐消费支出比重"仅是城市居民家庭，不包括农村居民家庭；

3. "人均国内生产总值"、"市区人均使用面积"根据人口普查后调整的人口数重新计算，婴儿死亡率2008年开始改为常住人口口径；

4. "—"表示没有指标数据来源。

B.22 后　记

我国经过改革开放40年的快速发展，人民的生活水平和生活质量有了巨大改变，我国的基本矛盾已经转化为人民日益增长的美好生活需要和不平衡不充分的发展之间的矛盾。党的十九大报告指出，"必须多谋民生之利、多解民生之忧，在发展中补齐民生短板、促进社会公平正义。"

2018年上海成功举办了"进博会"，主要目的就是增加优质商品的进口，满足人民群众对美好生活的需求。当前，上海在就业、社保、教育、卫生、城市建设和管理等方面都存在发展不平衡的问题，这些问题直接关系到民生水平，关系到老百姓对改革成果的"获得感"。如何在全面改善民生的进程中，逐步解决社会发展领域不平衡、不充分和可持续的问题是需要深入研究的课题。

因此，2019年的《上海社会发展报告》以关注民生为年度主题，总结上海民生政策和民生事业发展的实际情况，分析存在的问题，提出符合时代需要和上海实际的一系列对策建议。

本年度《上海社会发展报告》的撰写从2018年6月启动，由上海社会科学院社会学研究所所长杨雄研究员、城市与人口发展研究所副所长周海旺研究员、社会学研究所卢汉龙研究员共同提出选题及研究框架设计，并组织实施。研究报告主要利用上海社会科学院人口发展与社会政策、社会事业与社会治理等领域的骨干研究人员，同时吸收对本报告相关论题富有经验的院外研究机构专家及部分政府部门的领导和专家共同参与。全部报告最后由周海旺统稿审定。除各章作者以外，本书附录部分2017年度数据由周肖燕收集整理，部分英文摘要由张茜和周之禾翻译。

在这里，我们谨向参与本报告的研究和支持配合本研究的有关专家学者

后 记

和有关部门表示诚挚的敬意,感谢他们为本报告的写作与发表所做出的努力。

本书编委会
2018 年 12 月

Abstract

The Party's 19th National Congress Report pointed out that the principal contradiction facing Chinese society has evolved. What we now face is the contradiction between unbalanced and inadequate development and the people's ever-growing needs for a better life. We are required to pay great attention to the welfare of the people's livelihood, complement the shortcomings of the people's livelihood in development, and promote social fairness and justice. Since the reform and opening up, Shanghai has been actively improving people's livelihood and welfare in education, housing, employment, medical treatment, social security and other aspects. The quality of life of the general public has been continuously improving. However, there are still insufficient and imbalanced problems, such as the shortage of high-quality educational resources and the large gap of 0 - 3 - year - old kindergarten services, which have affected the people's fertility desire and caused the imbalance of the city's population structure to become more and more serious. Under the downward pressure of the economy, the employment contradiction is becoming more and more acute. Although the level of social security is constantly improving, there are still about 3 million employees who do not participate in social security. The sustainability of the social security system is facing great challenges. If these social contradictions and problems can not be well solved, they will directly affect the harmonious and stable development of Shanghai's social economy. Therefore, the annual theme of Shanghai Social Development Report 2019 is "Paying attention to people's livelihood". This paper makes an in-depth analysis of the development process and existing problems of Shanghai's livelihood and welfare policies, and puts forward a series of forward-looking countermeasures and suggestions.

There are seven parts in this book. The first part is the general report. Based on the data of the 2018 Shanghai People's Livelihood Poll, this paper analyses the overall situation of people's livelihood in Shanghai, and puts forward some countermeasures and suggestions to promote employment, increase residents' income, improve the sustainability of social security, promote social integration and value identification.

The second part is the social development and urban management. It evaluates the overall situation of Shanghai's social development since the 13th Five-Year Plan, looks forward to the potential problems that Shanghai may face in terms of people's livelihood and social stability in the coming years, and puts forward countermeasures and suggestions to improve the level of urban management, consolidate the foundation of people's livelihood, deal with the interests of social strata, and control urban contradictions and risks.

The third part is the development of children and adolescents. Based on the data of the national fertility survey in 2017, this paper analyses the current situation and problems of the level of Shanghai, and puts forward a series of suggestions to improve the fertility welfare policy, the fertility desire and the fertility level. In this part, there are two chapters which focus on the healthy development of adolescents.

The fourth part is about employment and social security, using a large number of survey data to make a thorough analysis of the employment service situation and women's employment problems in Shanghai, and systematically analyze the development and existing problems of Shanghai's five major social security systems in 2011 – 2017, highlighting some aspects that need to be improved.

The fifth part is about social undertakings and social welfare. By using authoritative statistical data, the author makes a thorough analysis of Shanghai's compulsory education, community health service system development and precise poverty alleviation, and proposes forward-looking suggestions. In this part, another chapter studies the urban integration and development of strange wife, which is also an important issue related to the harmony and stability of marriage and family in Shanghai.

The sixth part is a case study, in which three chapters respectively introduce the experience of relying on the leadership of Party building, building " zero distance home" in Nanjing East Road Street of Huangpu District, discussing the

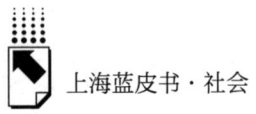

community governance model of commercial buildings in Middle Huaihai Road Street of Huangpu District, and promoting innovation of social governance in Shiquan Road Street of Putuo District. There are two chapters in this part, which respectively introduce the situation of Yangpu District using social capital to promote the development of pension services and the construction of nursing staff.

The seventh part is the appendix, which records the social development process of Shanghai and several municipalities directly under the Central Government with statistical data.

Keywords: Social Development; Focus on People's Livelihood; Better Life

Contents

I General Report

B. 1 Ensuring and Improving Living Standards
Through Development　　　　　　*Yang Xiong, Hua Hua* / 001

Abstract: People's livelihood and public opinion in the new era fully reflect the people's yearning for a better life and show new characteristics and development trends of the society. The study finds that the overall situation of Shanghai's people's livelihood and public opinion development in 2018 continues to be on the upper middle level. The development level of people's livelihood and people's opinion are relatively consistent, but the latter is slightly higher than the former. Compared with 2017, the scores of public opinion index such as happiness, security and confidence increased significantly. Some long existing "short board" of people's livelihood has been made up to a certain extent, such as the expansion of social security coverage, the improvement of the balance of public culture services, the improvement of supporting functions of housing and so on. However, there is still a gap between the needs and the services, such as providing a better employment environment, achieving balance between income and consumption, and enhancing the variety and quality of social services. Therefore, the construction of Shanghai's livelihood needs to further create a decent working environment, broaden the income channels of residents, strengthen the supply of social security, enhance the quality of public service experience, improve the social risk management mechanism, promote social integration and value recognition.

Keywords: New Era; The People's Livelihood and Public Opinion; Better Life

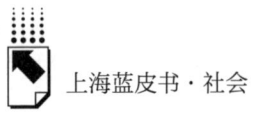
上海蓝皮书·社会

Ⅱ Social Development and Urban Management

B.2 Relaunch the Reform: Evaluation and Forecast of Shanghai's Social Development since the 13th Five-Year Plan

Yang Xiong, Zhang Huxiang / 020

Abstract: Over the past two years since the implementation of the 13th Five-Year Plan, Shanghai's social development has been at a medium-to-high level. The social development has made positive achievements, greatly improved the people's livelihood, and the subjective feelings of citizens' satisfaction, sense of attainment and well-being are also at a high level. Looking forward to the development in the latter half of the 13th Five-Year Plan, Shanghai is facing challenges of deep aging, overlapping of old and new dual structures, economic risks conveying to and triggering social contradictions, management of mega-cities, continuous social differentiation, guidance and management of social organizations, etc. It is necessary to consolidate the foundation of people's livelihood, deal with the interests of social strata, and control urban contradictions. Also we should make great efforts to activate social vitality, promote urban identity and social integration, and create an open and harmonious social psychological fields.

Keywords: The 13th Five-Year Plan; Social Development; Relaunch Reform

B.3 The Innovative Practice and Prospect of Excellent Global City Integrated Management in Shanghai *Tao Xidong / 039*

Abstract: The characteristics of global cities, such as multi-factor agglomeration, complexity, pluralism and uncertainty, determine the integrated management ability and level of cities, and play an extremely important role in the safe and high-quality development of cities. As an excellent global city, it is more necessary to implement a comprehensive management that integrates government, market and society. In recent years, Shanghai has accumulated relevant experience by establishing integrated management concept and adopting comprehensive management practice. This paper summarizes the practice of urban comprehensive management, and puts forward the direction and path of deepening reform in the future.

Keywords: Shanghai; Excellent Global City; Integrated Management

Ⅲ Fertility and Adolescent Development

B. 4 Analysis on the Influencing Factors of the Change of Fertility Level in Shanghai and Discussion on the Policy of Fertility Welfare *Zhou Haiwang, Gao Hui* / 056

Abstract: Using mainly 6000 Shanghai sample data from the 2017 National Fertility Status Sample Survey, this article analyzes the changes in fertility levels in Shanghai under the background of a comprehensive two-child, as well as the main factors affecting fertility levels and fertility willingness. Combined with in-depth interviews to 55 women of childbearing age and a series of seminars, this article puts forward targeted countermeasures to deal with Shanghai's ultra-low fertility level, such as: to deep up the possibility of comprehensive liberalization of the fertility policy and response plans, to improve employment-related policies and regulations, to improve the maternity insurance system, to strengthen support for the two-child family, and to provide public welfare matchmaking services.

Keywords: Shanghai; Two-Child Policy; Fertility Level

B.5 Research on the Growth and Development
of Shanghai Minors *Wei Lili, Qiu Xiaolan* / 080

Abstract: In order to promote the ideological and moral construction of minors and the comprehensive physical and psychological development, various relevant departments in Shanghai have done a lot of work. Shanghai minors have made developments in moral, intellectual, physical, aesthetic and labor. The minors have good moral character development, strong innovation ability and scientific literacy, a broad international vision and artistic accomplishment. Minors pay attention to urban development, and are willing to actively participate in social construction. At the same time, the moral education of Shanghai schools has been promoted, the campus culture construction has achieved remarkable results, the coverage of after-school activity places has expanded, and the service function has been continuously improved. It can be said that Shanghai is striving to move towards a child-friendly city. And the problems such as insufficient time of sleep and physical exercise, high academic pressure, and low interest in learning still need to be brought to the attention of families, schools and society.

Keywords: Minors; Growth and Development; Child-friendly

B.6 Monitor Pubertal Sexual Health, Promote Juvenile
Healthy Growth *Qiu Xiaolan* / 098

Abstract: Pubertal "sexual health" is an influential factor to individual growth, is important to juvenile psychological well-being and improvement of population quality. Our research has identified the following characteristics of juvenile group in Shanghai: its "advance" of sexual physiological maturity has been slowing down; its sexual psychology has become increasingly open and more tolerant; its sexual behavior frequency has increased to some extent; while its knowledge on sex is inadequate. In reality, juvenile still have to find their own way of acquiring sexual knowledge. The contradiction between juvenile's increasingly open attitude towards sex and the lack of proper sexual education has become more acute. It has become an urgent issue that for the healthy growth of next generation, we need to work with school, family and society together to create a systematic sexual education system.

Keywords: Juvenile; Puberty; Sexual Health; Sexual Education

Ⅳ Employment and Social Security

B. 7 Strengthen the docking of supply and demand of human resources and improve the level of public employment services

Yue Han / 114

Abstract: With the economic and social transformation, the industrial structure adjustment and upgrading, there has been an imbalance and insufficient problem between the employment demand of enterprises and the supply of human resources. These problems have affected industrial development and employment promotion. At present, the public employment service work has achieved good reputation. In order to get a deeper understanding about the market of human resources, this research used the sample survey to find the demand for enterprises and the requirements for the employments. It is find that there are many problems, such as structural imbalance in human resources market, the mismatch of public employment services, the imbalance between vocational skills training in the new era. At last, the paper suggest that we should promote the public employment services, achieved higher quality and more adequate employment.

Keywords: Human Resources; Public Employment Services; Vocational Skills Training

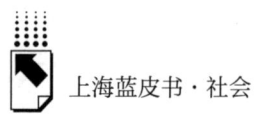
上海蓝皮书·社会

B.8　A Study on the Employment of Women in Shanghai under the Background of the Comprehensive Two-Child Policy

Wang Daben / 135

Abstract: Under the background of the aging and less children of China's population, the government began to advocate one couple to have two children, but the improvement of female fertility rate in recent two years is lower than expected. Relevant departments are studying policies to encourage the birth of two children, but if most of these policies need to be paid by enterprises, it will inevitably lead to enterprises to reduce the recruitment of young women in order to reduce the cost of employment, which will make it difficult for women to obtain employment. Female fertility is not only a family affair, but also a state affair. Therefore, the cost of female fertility should be borne by the society, and efforts should be made to balance the relationship between female reproduction and work.

Keywords: Second Child Policy; Shanghai; Woman; Employment

B.9　The Achievements, Problems and Countermeasures of Shanghai Social Insurance Development

Zhou Haiwang, Sun Xiaoning, Song Yingjie, Liu Jiao
Dai Rui, Zhang Xi and Liang Mengyu / 161

Abstract: In this paper, we make a comprehensive analysis of the development and changes of the five major social insurance systems, including endowment insurance, medical insurance, unemployment insurance, maternity insurance, and industrial injury insurance in Shanghai from 2010 to 2017. We consider the number of insured persons, the number of persons enjoying, the income and expenditure of funds, the accumulation of funds, and so on. In addition, we comb the development and evolution of the social security system and analyze the outstanding problems in the development of the social security system. According to analysis, we propose some policy suggestions including expanding the coverage of endowment insurance and maternity insurance, further reducing the contribution rate of endowment insurance, speeding up the integration of medical services in the Yangtze River Delta, and giving full play to the role of unemployment insurance in promoting employment.

Keywords: Social Security; Endowment Insurance; Medical Insurance; Unemployment Insurance; Maternity Insurance; Industrial Injury Insurance

V Social Undertaking and Social Welfare

B. 10 Research on Shanghai Compulsory Education Balanced Development of the High Quality

Shanghai CPPCC Committee on Education, Culture,

Health and Sports / 206

Abstract: The current compulsory education in Shanghai is in the new stage of balanced development of high quality, for a comprehensive review of this city compulsory education balanced development of the high quality of experience and problems, the Shanghai Municipal CPPCC by conducting the survey found, the municipal government as a whole strength effectively, the related policy measures effectively promote the compulsory education reform and development of urban and rural integration, improved the quality of school education and education level; However, we should also see that the city's compulsory education is "unbalanced and insufficient" in its development. In view of the key tasks faced in the transformation to high-quality and balanced development, such as "urban-rural integration" and "comprehensive human development", relevant policy Suggestions are put forward.

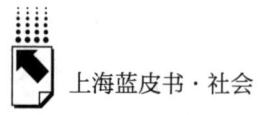

Keywords: Shanghai; Compulsory Education; Basic Public Education Services

B. 11 Study on the Development of Community Basic Public Health Service System in Shanghai　　　*Jin Chunlin* / 231

Abstract: Chinese government launched a new round reform of health care system in 2009, and the implementation of public health services equalization is one of the five key strategies. Community health service centres are important carriers for implementing the national basic public health service projects. The basic public health service system has been gradually improved after ten years of development in Shanghai, and abundant implementation experience has been accumulated. Moreover, it is necessary to summarize and evaluate for the development of its basic public health service system, which could provide the policy advice for future development of Shanghai basic public health service system. Therefore, based on the Shanghai statistical data of basic public health service projects in 2009 – 2017, this paper summarizes the development process, implementation, effectiveness and challenges, and put forward next development recommendations.

Keywords: Shanghai; Community Health Service; Basic Public Health Service Project

B. 12 Research on Social Integration and Family Development of Shanghai's Non-registered Daughters-in-law

Hu Qi / 253

Abstract: With the development of the times, there are more and more marriage phenomena of "Registered Shanghai men marry with non-registered women" in Shanghai. Taking Shanghai as an example, this paper comprehensively studies and analyses the social integration and family development status and problems of female marital migrants in mega-cities at the present stage. Some suggestions are put forward to improve the household registration management policy of married immigrants and to improve the family development ability of non-registered daughters-in-law through diversified community services.

Keywords: Female Marriage Migrants; Social Integration; Family Development

B. 13 The Practice and Countermeasures of Precise Assistance Management in Shanghai   *Cao Kang* / 274

Abstract: Based on the theoretical study of social assistance policy and "precise assistance", this paper holds that "precise assistance" should be defined from three dimensions: precise orientation of policy, precise identification of objects and precise governance. In implementing the management of "precise assistance", emphasis should be laid on the five aspects, including formulation of the precise assistance policy system, the identification of rescue objects and their needs assessment, the standardization and rigorous assistance operation mechanism, the overall planning and management of various assistance resources, and the comprehensive and perfect assistance guarantee and evaluation mechanism. Shanghai should establish a social assistance system suitable for Shanghai's economic and social development.

Keywords: Shanghai; Precision Assistance; Social Assistance Management

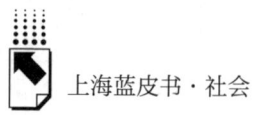

Ⅵ Cases

B. 14 Building a "zero-distance home" in the Zero-kilometer Community
—Community Governance under the Guidance of the Party in East Nanjing Road Sub-district

Zhang Tingting, Ren Weifeng, Shen Yun, Xiao Lei,
Liu Yubo and Ye Rui / 295

Abstract: In order to strengthen the construction of community governance system and push the focus of social governance to the grassroots level, East Nanjing Road Sub-district have made the first step. Through the effective play of the leading role of the Party Organizations in the residential community, we co-ordinate various resources, including Party resources, administrative resources, and social resources, to expand the governance units in residential community. Meanwhile, we aim to promote the interconnection and interaction of residential community, shops, business buildings and other unites, guide the multi-subjects to participate in community governance in an orderly manner, and in the end to build a harmonious, orderly, livable and viable "zero-distance home" in the zero-kilometer community.

Keywords: Zero-Distance Home; Community Autonomy; East Nanjing Road Sub-dsitrict

B. 15 Exploration and Practice of Commercial Buildings Community Governance in Huaihaizhonglu Sub-district of Huangpu District *Liu Yang, Zhang Naixin and Yu Teng / 306*

Abstract: Based on the outstanding dual structure of the jurisdiction, Huaihaizhonglu sub-district explored building community governance model. Firstly, officers of sub-district found out needs of enterprises and white-collar workers by visiting and talking. Then, they built work platforms for serving enterprises and white-collar workers by organizing and providing varied activities and services. In the end, an effective governance model was established, and it promoted integration and development of buildings and residential areas. Enterprises, white-collar workers and community residents all benefited from the model, and the vitality of community governance was also enhanced.

Keywords: Building Community; Governance Model; Huaihaizhonglu Sub-district

B. 16 Promoting Social Governance Innovation under the Leadership of Party Construction: Exploration of Shiquan Road Street Putuo District in Shanghai *Song Shengli, Zhang Huxiang and Li Youquan / 315*

Abstract: In the new era, how to promote service and governance and smooth transformation and development of urban communities, that has always been on the focus. In recent years, Shiquan Road Street in Putuo District adheres to the leadership of CPC, in the practice of continuous promotion of "concentric homeland" construction, efforts have been made to build the quality and connotation of "livable Shiquan", and innovative exploration has been continuously promoted in community renewal, public service and social governance, thus forming its own path with its own characteristics, mainly

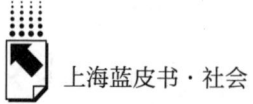

reflected in community micro-renewal and social governance, collaborative promotion, online and offline links, intelligent governance, stimulating social vitality, adherence to the leadership of CPC, etc. It has certain reference significance for the street community which is in the process of rapid transformation.

Keywords: Leading of Party Building; Public Service; Social Governance; Transformation and Development

B.17 Roles, Difficulties and Suggestions: Social Participation in the Services System for the Elderly in Yangpu District of Shanghai *Liu Wenrong* / 328

Abstract: The private capital investment and social participation are important for the development of the social service system for the elderly. This report reviews the current situation and work experience of social forces involved in the establishment of old-age care institutions and services since the 13th Five-Year Plan in Yangpu District of Shanghai, where is in the trend of deep aging. In addition, the current difficulties and problems are analyzed in detail. Finally, from the perspectives of working mechanism, policy, service and supervision, six suggestions are forwarded to increase the attraction and guidance of the social participation, focusing on the problems of underequipped, understaffed, simplification of care provision, and the unsatisfied quality of service.

Keywords: Yangpu District; Social participation; Social services for the elderly; Old-age care institution; Nursing bed.

B. 18 Achievements, Problems and Countermeasures of Team Development of Nursing Assistants in Yangpu District of Shanghai　　　　　　　　　　　Yu Ning / 336

Abstract: With the acceleration of population aging, team development of nursing assistants has been playing a more and more important role in the process of improvement of elderly-care services. This paper analyses the main achievements and problems of team development of nursing assistants in Yangpu District and proposes the countermeasures of improving team development of nursing assistants in Yangpu District.

Keywords: Yangpu District; elderly-care services; nursing assistants

Ⅶ Appendix

B. 19　Appendix 1　Social Development Indicators of Shanghai　/ 349
B. 20　Appendix 2　The Main Social Indicators of the Municipalities
　　　　　　　　　　　　　　　　　　　　　　　　/ 357
B. 21　Appendix 3　Comprehensive Evaluation Value of a Well-off Standard of Living Shanghai　/ 364
B. 22　Postscript　　　　　　　　　　　　　　　/ 366

权威报告·一手数据·特色资源

皮书数据库
ANNUAL REPORT(YEARBOOK) DATABASE

当代中国经济与社会发展高端智库平台

所获荣誉

- 2016年，入选"'十三五'国家重点电子出版物出版规划骨干工程"
- 2015年，荣获"搜索中国正能量 点赞2015""创新中国科技创新奖"
- 2013年，荣获"中国出版政府奖·网络出版物奖"提名奖
- 连续多年荣获中国数字出版博览会"数字出版·优秀品牌"奖

成为会员

通过网址www.pishu.com.cn访问皮书数据库网站或下载皮书数据库APP，进行手机号码验证或邮箱验证即可成为皮书数据库会员。

会员福利

- 已注册用户购书后可免费获赠100元皮书数据库充值卡。刮开充值卡涂层获取充值密码，登录并进入"会员中心"—"在线充值"—"充值卡充值"，充值成功即可购买和查看数据库内容。
- 会员福利最终解释权归社会科学文献出版社所有。

数据库服务热线：400-008-6695
数据库服务QQ：2475522410
数据库服务邮箱：database@ssap.cn
图书销售热线：010-59367070/7028
图书服务QQ：1265056568
图书服务邮箱：duzhe@ssap.cn

基本子库 / SUB DATABASE

中国社会发展数据库（下设12个子库）

全面整合国内外中国社会发展研究成果，汇聚独家统计数据、深度分析报告，涉及社会、人口、政治、教育、法律等12个领域，为了解中国社会发展动态、跟踪社会核心热点、分析社会发展趋势提供一站式资源搜索和数据分析与挖掘服务。

中国经济发展数据库（下设12个子库）

基于"皮书系列"中涉及中国经济发展的研究资料构建，内容涵盖宏观经济、农业经济、工业经济、产业经济等12个重点经济领域，为实时掌控经济运行态势、把握经济发展规律、洞察经济形势、进行经济决策提供参考和依据。

中国行业发展数据库（下设17个子库）

以中国国民经济行业分类为依据，覆盖金融业、旅游、医疗卫生、交通运输、能源矿产等100多个行业，跟踪分析国民经济相关行业市场运行状况和政策导向，汇集行业发展前沿资讯，为投资、从业及各种经济决策提供理论基础和实践指导。

中国区域发展数据库（下设6个子库）

对中国特定区域内的经济、社会、文化等领域现状与发展情况进行深度分析和预测，研究层级至县及县以下行政区，涉及地区、区域经济体、城市、农村等不同维度。为地方经济社会宏观态势研究、发展经验研究、案例分析提供数据服务。

中国文化传媒数据库（下设18个子库）

汇聚文化传媒领域专家观点、热点资讯，梳理国内外中国文化发展相关学术研究成果、一手统计数据，涵盖文化产业、新闻传播、电影娱乐、文学艺术、群众文化等18个重点研究领域。为文化传媒研究提供相关数据、研究报告和综合分析服务。

世界经济与国际关系数据库（下设6个子库）

立足"皮书系列"世界经济、国际关系相关学术资源，整合世界经济、国际政治、世界文化与科技、全球性问题、国际组织与国际法、区域研究6大领域研究成果，为世界经济与国际关系研究提供全方位数据分析，为决策和形势研判提供参考。

法律声明

"皮书系列"(含蓝皮书、绿皮书、黄皮书)之品牌由社会科学文献出版社最早使用并持续至今,现已被中国图书市场所熟知。"皮书系列"的相关商标已在中华人民共和国国家工商行政管理总局商标局注册,如LOGO( )、皮书、Pishu、经济蓝皮书、社会蓝皮书等。"皮书系列"图书的注册商标专用权及封面设计、版式设计的著作权均为社会科学文献出版社所有。未经社会科学文献出版社书面授权许可,任何使用与"皮书系列"图书注册商标、封面设计、版式设计相同或者近似的文字、图形或其组合的行为均系侵权行为。

经作者授权,本书的专有出版权及信息网络传播权等为社会科学文献出版社享有。未经社会科学文献出版社书面授权许可,任何就本书内容的复制、发行或以数字形式进行网络传播的行为均系侵权行为。

社会科学文献出版社将通过法律途径追究上述侵权行为的法律责任,维护自身合法权益。

欢迎社会各界人士对侵犯社会科学文献出版社上述权利的侵权行为进行举报。电话:010-59367121,电子邮箱:fawubu@ssap.cn。

社会科学文献出版社